近世中国朝鮮交渉史の研究

松浦　章　著

思文閣出版

序

明清時代における中国と朝鮮国との関係を考える場合の基本は、『大明会典』『大清会典』に見える朝貢規定であろう。万暦『大明会典』では国別に関係する事項が列記される形式で記載されており、康熙・雍正『大清会典』においてもその形式が継承されている。

ところが乾隆『大清会典』は記述形式が一変し、新しく編纂された乾隆『大清会典事例』に朝貢関係の記述が詳細に収録され、勅封、貢期、貢道、貢物、朝儀、賜予、迎送、市易、賙卹、拯救、従人、官生肄業、館舎、象訳の一四項目に細分化された。同じく一四項目に分けられているのが嘉慶『大清会典事例』であり、その方針がより明確化されることになった。嘉慶『大清会典事例』においては巻三九二より巻四〇一までの一〇巻が礼部、朝貢であるが、それも右と同じ一四項目に細分化されている。朝貢に関するすべての事項がこれで包括されていると考えられた。この方針は光緒『大清会典事例』においても踏襲されている。

これらの記述のうち、具体的に両国の人と人との交流という視点から見るならば、いつ接触が行われたのかが最初に注目される点であろう。

中国と朝鮮国との関係についていえば、万暦『大明会典』巻一〇五、朝鮮国の条に、

永楽初、賜印誥、自後毎歳聖節・正旦嘉靖十年、外夷朝正旦者、俱改冬至。・皇太子千秋節、皆遣使奉表朝賀貢方物。

とあり、朝鮮国は、中華皇帝の誕生日、元旦、皇太子の誕生日と一年に三度の使節を派遣する規定であった。このうち、嘉靖十年（一五三一）以降は元旦の使節は冬至節に変更されるが、朝鮮国は中国に対して一年に三度の使節派遣が基本であった。

それが清代になると、嘉慶『大清会典』巻三一、礼部、凡入貢各定其期の条によれば朝鮮国の場合、一年に四回の朝貢が認められ、琉球や越南の二年一貢に比較しても特別扱いであったことがわかる。

明清時代においては、朝鮮国の中国への定期的な使節派遣が基本的な交流の形式であった。この定期的な使節の派遣は万暦『大明会典』巻一〇五、礼部六三、朝鮮国の条に、

貢道由鴨緑江、歴遼陽・廣寧、入山海關、達京師。又中国漂流人口至本国者、量給衣量送回。

と規定され、また清代においても嘉慶『大清会典』巻三一に、

朝鮮貢道、由鳳凰城至盛京入山海関。

とあるように、朝鮮半島から鴨緑江を渡り、中国の東北地域を経由し山海関を経て北京にいたる路程とされていた。

このような明代、清代の中国と朝鮮王朝との交渉について述べたのが本書である。

近年は中国と朝鮮国との交渉に関する歴史研究にとって重要な朝鮮使節の『燕行録』に関する膨大な記録が林基中編『燕行録全集』（全一〇〇冊、東國大学校出版部、二〇〇一年十月／全五〇冊、東國大学校出版部、二〇〇八年三月）として刊行され、またベトナム使節の北京への上京の記録が上海の復旦大学文史研究院とベトナムの漢喃研究院により共同編集され『越南漢文燕行文献集成』（中国・復旦大学文史研究院、越南・漢喃研究院合編全二五冊、二〇一〇年五月）として刊行され、ベトナムの陳朝時代から後黎朝、西山朝、阮朝にかけての八〇種に近い記録の存在が明らかとなっているように、中国と朝鮮のみならず、近世の東アジア世界の交渉に関する研究環境は大変良くなってきた。本書がこれらの研究をさらに発展させる礎となれば幸甚である。

二〇一三年五月

松浦　章

序

近世中国朝鮮交渉史の研究

序章

一　緒言

中国と朝鮮国の交渉の歴史は、朝鮮王朝の始祖李成桂が、明朝の洪武帝から冊封を受けた時から始まる。明の万暦『大明会典』巻一〇五、朝貢一、朝鮮国の条に次のようにある。

> 〔洪武〕二十五年、李成桂代王氏、請更其國號、詔更號朝鮮、永楽初賜印誥、自後毎歳聖節・正旦、嘉靖十年、外夷朝正旦、倶改冬至。皇太子千秋節、皆遣使奉來朝賀、貢方物、其餘慶慰謝恩無常期。若朝廷有大事、則遣使頒詔於其國、國王請封、亦遣使行禮、其歳時朝貢視諸國最爲恭順[1]。

高麗国王の王氏に替わり建国した李成桂は、洪武二十五年（一三九二）に明朝の洪武帝に国号を改めることを要請し、洪武帝から朝鮮の国号を与えられた。その後、永楽初期に朝鮮国王としての印綬と誥命を受けて、明朝の朝貢国となった。その朝貢は、毎年の皇帝の誕生日、正月元旦、そして皇太子の千秋節を祝賀するための使節を派遣することになる。正旦節は嘉靖十年（一五三一）に冬至節と改められたが、使節派遣が継続され、中国にとって朝鮮国は友好な隣国であった。

朝鮮国の使節は、『大明会典』巻一〇五、礼部六三、朝鮮国の条に、「貢道由鴨緑江、歴遼陽・廣寧、入山海關、達京師」とあるように、朝鮮国の都から陸路により鴨緑江を越え、渤海沿海の地である遼陽や広寧を経て山海関にいたり、中国の都に達したのであった。

清代になると嘉慶『大清会典』巻三一、礼部、凡入貢各定其期の条には、

朝鮮毎年四貢、於歳杪合進。琉球間歳一貢、越南二年一貢。四年遣使來朝一次、合両貢並進。

とあるように、朝鮮国の場合、一年に四回の朝貢が認められ、琉球や越南の二年一貢に比較しても特別扱いであったことがわかる。

このような中国と朝鮮国との交渉の歴史はどのようであったかを課題として本書で述べたい。

二　朝鮮王国の北京への使節派遣

清朝中国と朝貢関係にあった朝鮮王国は、王都から北京へ使節を派遣した。清朝と朝鮮国との朝貢関係について先駆的な業績をあげたのは全海宗氏[2]や張存武氏[3]である。とりわけ台湾中央研究院近代史研究所の張氏は、清国と朝鮮国との朝貢関係を朝貢貿易の視点から分析し、朝鮮使節の清国への派遣によって行われた貿易の形態を「使行貿易」[4]として捉え詳細に検討している。さらに国境付近で行われた貿易に関しては「辺市」[5]として扱い講究した。

朝鮮使節団の構成に関して、清朝の規定である『大清会典』によれば、

朝鮮貢使、正副使各一員、以其國大臣或同姓親貴稱君者、充書状官一員、大通官三員、護貢官二十四員、従人無定額、賞額凡三十名。[6]

とあるように、朝鮮国の朝貢使節は正使、副使、書状官が各一名、大通官が三名、護貢官が二四名と合計三〇名が規定の人員で、従者に関しては定数がないとされていた。

これに対して、朝鮮国側の事情はどのようであったろうか。朝鮮国王純祖の八年（一八〇八）頃に完成したと

いわれる『万機要覧』財用編五、燕使に、

仁祖乙酉、因勅諭、幷冬至・聖節・正朝及歳弊、爲一行、毎年六月都政差出。而都政雖差退、必於六月内差出。(7)

とある。仁祖二十三年（一六四五）に清朝皇帝の勅諭により、朝鮮王朝では冬節・聖節・正朔の使節、翌年の派遣に備え前年の六月のうちに員数・人選を決定していた。

北京に派遣される人員は次の人々であった。

正使一員　副使一員　書状官一員　堂上三員　上通事二員　質問通事一員　次上通事一員　歳弊領去官三員
歳弊米領去官二員　方物領去官七員　清學新逓兒一員　偶語別差員二員　醫員一員　寫字員一員　畫員一員
日官一員　軍官一員　彎上軍官二人　御醫員一員(8)

これらが主要な人員で三三名となり、定例の朝貢の使節団の定員であった。他に特別な場合には別請訳官が一、二名や別遣訳官が加わった。

この他に、これらの定員を補佐する業務の人々がいた。それは、「驛卒　軍牢　奴子　驅人(9)」などであった。駅卒は、

咨文馬頭一名、方物馬頭二名、歳弊馬頭二名。正使書者馬頭・左牽籠馬頭・乾粮馬頭・日傘奉持各一名、引路二名、轎子扶囑四名、厨子二名、書状官書者馬頭・左牽籠馬頭各一名、首堂上馬頭一名、以上兩西駅卒帯去。(10)

とあり、駅卒だけで二二名にのぼり、

軍牢、安州・義州各一名。奴子、正使・副使各二名、書状官一名、堂上譯官・上通事・掌務官・寫字官各一名。軍官・中堂上各一名、御醫・別啓請・別遣各一名。驅人、驛馬・卜刷・刷馬・自騎馬・私持馬、皆有驅

人。而名數隨馬匹増減[11]。

とあるような人員が必要であり、最終的には使節団は、

毎行、員人名數不同、而並計上下牽夫、則假令爲三百一、二十人[12]。

と、その人員は三〇〇名を越えて三一〇～三二〇名になったのである。

約三〇〇名の一団が北京を目指した目的の第一は中華の皇帝に対する朝貢であるが、朝鮮国側には他にも目的があった。張存武氏が「使團除朝貢外交外、尚有商務・文化・情報・觀光等多種任務、是一綜合性、多姿多彩的使團[13]」と指摘されたように、外交以外に貿易、文化交流、情報収集があった。

中国と朝鮮国との貿易は国境で行われた。清朝の規定では、

朝鮮與盛京八旗臺站官兵貿易、毎歳於中江春秋二市、至寧古塔人往朝鮮會寧歳一市、庫爾喀人往来朝鮮慶源間歳一市、均由［禮］部具題[14]。

とある。両国の国境貿易は中江での春と秋の二回の交易、朝鮮の会寧での交易、そして慶源での交易が清朝礼部の許可のもとに行われていた。

それに対して、使節団にも貿易が認められていた。清朝の規定は、

各國貢使附載方物、自出天力、攜至京城、於頒賞後、在會同館開市、或三日、或五日。惟朝鮮・琉球不拘限期[15]。

とあるように、使節団が北京で滞在する会同館において開催される開市があった。

これらのことは張存武氏が『清韓宗藩貿易』において述べている。清朝と朝鮮国との朝貢による貿易を、張氏は図1のように図式化した。

一方、朝鮮国の事情については、『万機要覧』財用編五、燕行八包に、

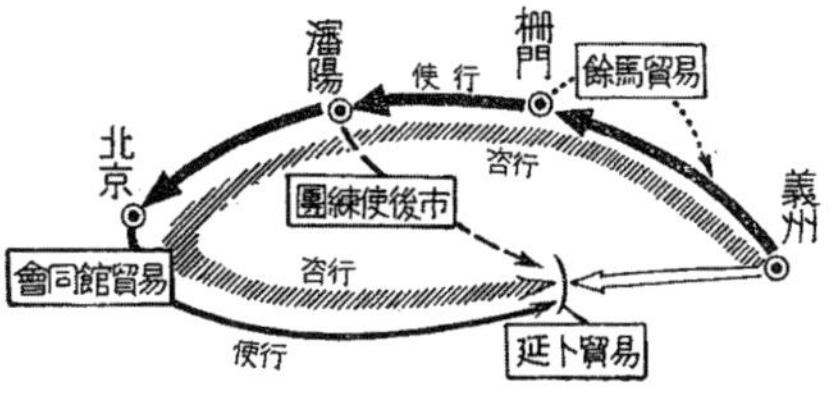

図1　張存武氏による清朝—朝鮮国の朝貢貿易図式
（張存武『清韓宗藩貿易』63頁より）

　國初、赴京人員帯銀貨、以爲盤費・貿易之資(16)。

とあるように、朝鮮王朝と中国との朝貢関係が始まった当初から、中国に赴く使節団員は旅費と貿易の費用として銀を持参していた。しかし、

　宣徳年間、以金銀非國産奏請免貢。自是赴京買賣、禁賫銀貨、代以人蔘、人各十斤、後漸濫觴、其數浸多、至崇禎初毎人許賫八十斤、此所謂八包也(17)。

とあり、宣徳年間（一四六二～一四三五）に朝鮮国では金銀の産出が極めて少ないことから、中国へ貿易のために赴く際に銀を持参することを禁じた。銀に代わるものとして持参が認められたものが人参、すなわち薬用として需要の高い朝鮮人参であった。当初は一人当たり一〇斤と定められたが、次第に増加し、明末の崇禎初年には一人当たり八〇斤となり、これを「八包」と呼称したようである。

　其後又許帯銀子、蔘毎斤折銀二十五兩、八十斤共銀二千兩、爲一人八包(18)。

その後の中国への旅行には再び銀の持参が認められた。人参が一斤につき銀二五両に換算され、八〇斤では二〇〇〇両にも達した。清朝時代の順治元年（一六四四）には、

　順治甲申、戸曹判書鄭太和以爲、在前赴瀋之人、以紙・草・雜物、換銀以來、今則入燕京者必賫銀子、日本之銀亦不如前(19)。

とあり、瀋陽に赴く派遣人員には紙や草や雑物を用いて銀に換金していたようである。その後、北京に赴く者は必ず銀を持参していたのである。

『粛宗実録』巻六、粛宗三年（康熙十六、一六七七）八月丁卯（二十三日）の条に、大使諫李元禎が次のように述べている。

元禎言、比年赴燕商賈車輛、倍蓰於前、彌亘數十里。此由於八包之法廢閣、商賈齎銀、靡有限節故也。所貿唐貨、轉販倭館、而倭館物力、不能抵當。目今倭人之未償者、百萬餘兩、此皆各衙門生息之物、而收捧無期。申飭八包之法、使無如許煩雜之弊似可矣。上命嚴明申飭。[20]

北京に赴く使節に随行する商人の荷車が数十里にわたり、これまでの八包の法が崩れ、商人が銀を持って北京に行くことが常例となっていた。その銀で購入された中国製品は、最終的には釜山にある倭館に転売されたのであるが、倭館でもそれをすべて購入できないほどに膨れあがっていたのである。[21]

さらに『粛宗実録』巻三二上、粛宗二十四年（康熙三十七、一六九八）六月壬申（二十八日）の条には、謝恩使徐文重と備局有司堂上崔奎瑞が朝議において答えている中に、

時、議者多言、彼人私米、既以銀貨罄竭、不許和買、今於使行、多送銀貨、彼必以前言謂非實狀、銀貨決不可入送。領府事南九萬主此議、領議政柳尚運、左議政尹趾善謂、彼境凡于需用、皆資銀貨、今難一切禁斷、而員役所持去、自有八包之制、今以堂上三千兩、堂下二千兩爲式、商賈則各別嚴禁爲宜。[22]

とあり、朝鮮使節に対して清朝人は銀をもとめ、伝統的な物々交換である和売を認めようとしなかった。そして使節が清国へ赴く際には、堂上官は三〇〇〇両、堂下官でも二〇〇〇両の銀が必要であった。

ついで『粛宗実録』巻六三、粛宗四十五年（康熙五十八、一七一九）正月戊戌（二十五日）の条に、

世子引接大臣、備局諸宰。領議政金昌集言、平安監司李肇、因義州府尹金有慶文報、請改許柵門後市矣。八包定數之後、開市收稅路絶、官用苟艱、民人失利、今若許之、則在本府、不無所益、而潛商之弊、恐不可禁。右議政李健命、吏曹參判金楺皆言、不可輕許。世子令勿許。[23]

とあり、朝鮮と清国の国境で行われる辺市においてもさまざまな弊害が生じていたことがわかる。朝鮮国境で行われた通商である辺市に関しては寺内威太郎氏が成果を上梓している。[24]

清国と朝鮮国との間に見られた文化交流に関しては藤塚鄰氏の成果がある[25]。清朝の文化が朝鮮使節の北京への往来によって朝鮮国にもたらされた問題を、清中期の嘉慶・道光期を中心に考察したものであり、朝鮮使節となった金阮堂らを文化の伝搬者として考察している。藤塚鄰氏の視点は、「清朝文化の東漸、一つは海上長崎から日本へ、他は陸路朝鮮へと、二道に分かれて行われた。しかも其の流入傳播の様式に於て、これを受け取る心持ちに於て、これを消化する力に於て、はたまた兩國文化の上にもたらした結果に於て、兩者の間に、大なる逕庭を認めざるを得ない。この二つの比較は、近世文化史上重要なる問題であり、殊に清朝経学の研究に没頭してをる自分にとっては、なおさら異常の興味を唆られる[26]」と、清朝文化の東漸の重要なルートとして陸路による朝鮮と清国との朝貢による文化伝搬、特に経学の東漸を究明したのであった。

これに対して夫馬進氏[27]も経学の東漸の形態を、朝鮮王朝を中心に清朝そして日本との関係からとらえ、清朝への使節である燕行使と日本への通信使がになった文化伝搬の側面を考察した。

今日、中国と朝鮮国との交渉に関する膨大な史料が刊行され、研究の細密化が進展しているが、この分野においていち早く大きな成果を上梓したのが、台北の中央研究院近代史研究所の張存武氏である。張氏は、韓国で刊行された清代の朝鮮使節の記録を中心とする『燕行録』について、『思与言』第四巻第五期（一九六七年一月）において「介紹一部中韓関係新史料——燕行録選集」（四一～四二頁）と題し最初に重要な紹介文を書き、さらに近代史研究所の研究叢刊として『清韓宗藩貿易（一六三七～一八九四）』（中央研究院近代史研究所専刊三九、一九七八年六月初版、一九八五年六月再版）を発表、清国と朝鮮国との関係史研究の重要な成果を公表した。

北京へ派遣された朝鮮使節の多くは、中国情報を収集することが大きな任務の一つであったことから、多くの記録を残した。それらは「燕行録[28]」として紹介されてきたが、特に近年、大部の史料集として刊行され注目されている[29]。さらに清初の清朝中国と朝鮮王朝との間で交わされた国書等が張存武氏と葉泉宏氏[30]によって翻刻され、利用しやすくなった。その後の時代の記録に関しては『同文彙考』として刊行されている。『同文彙考』には、朝鮮使節が北京で収集した中国および海外諸国関係の情報を多く収録している。朝鮮使節が北京で収集した中国や海外諸国の情報の一部は『同文彙考』補続・使臣別単に収録された。『同文彙考』は韓国の国史編纂委員会が影印出版した四冊本に収録され補続・使臣別単一は同書第四冊[31]に収められている。これらは朝鮮国が中国情報をいかに重視していたかを示す具体的な事例であり、それらの情報の内容に関しては本書第三部において述べた。またこの記録は、『《同文匯考》中朝史料』として吉林文史出版社からも刊行されている[32]。

日本では夫馬進氏が、中国と朝鮮との関係史に多くの成果をあげている。最近それらの一部が、中国語訳され、上海古籍出版社から刊行された。『朝鮮燕行使与朝鮮通信使——使節視野中的中国・日本[33]』である。

また邱瑞中『燕行録研究[34]』は、上編では「燕行録闡幽——燕遼紀事」として嘉靖・万暦帝の記事から明末清初の東方地域に関する記述を、下編では「燕行録学引論」として関係史料を紹介するが、総合的な「燕行録」の研究にはまだ進展していない。

他方、朝鮮使節の燕行録のみならず、近年は北京に赴くベトナム使節の記録が刊行され明らかとなった。上海の復旦大学文史研究院とベトナムの漢喃研究院で共同編集された『越南漢文燕行文献集成[35]』により、ベトナムの陳朝時代から後黎朝、西山朝、阮朝などの八〇種に近い記録の存在が明らかとなっている。

三　本書の課題

第一部・第二部においては、毎年定期的に朝鮮国から北京に派遣された使節の問題に関して論述した。

朝鮮国の『通文館志』巻三、事大上、赴京使行の条に「國初歳派遣朝京之使有冬至、正朝、聖節、千秋四行、謝恩、奏請、進賀、陳慰、進香等使[36]」と記すように、朝鮮国から中国の首都北京に派遣される使節を「赴京使」

と呼称した。ここでは赴京使の北京への派遣に関する諸問題について述べたい。

第一部は、朝鮮使節の北京への道程をとりあげた。朝鮮国から中国への使節は本来的には陸路を行ったが、明末の使節は東北地方に興起した満洲族のため一部海路を使用せざるを得なかった問題について、第一章で、北京に到着した朝鮮使節がどこに宿泊したのかに関しては第二章で述べ、臨時的な宿泊所であった智化寺については現地調査によって補論で触れている。第三章は北京に赴いた朝鮮使節がその道程において客死した事例について考察したものである。第一部は嘉慶『大清会典事例』の記述により換言すれば「貢道」を扱った二編の論文と、「館舎」「賙卹」に関する論文からなる。

第二部は、上記の朝鮮使節が中国へ赴いたことでどのような中国情報を入手していたのかについて述べたものである。朝鮮王朝は中国の動勢に強い関心を持ち、時には日本からも情報収集を図っていた[37]。

朝鮮王朝にとっても、北京で清朝中国の動勢のみならず諸外国の情報を収集することは極めて重要であり、そのことは古くから指摘されていた[38]。本書では、明末清初の時期における情報収集、清初期の台湾が清朝の版図に入る前の状況、そして康熙帝と乾隆太上皇帝の訃報に対して朝鮮国がどのように対応したかという問題に関して検討を加えた。いずれもこれまで注視されてこなかった問題である。

第三部・第四部では、従来看過されてきた中国大陸と朝鮮半島の間に介在する渤海・黄海・東シナ海を通じての航運による交渉がどのように展開していたかを述べている。

中国と朝鮮国との関係は使節の派遣に関するものだけではない。たとえば万暦『大明会典』巻一〇五、朝鮮国の条に、

中國漂流人口至本國者、量給衣糧送回[39]。

とあるように、海難事故により生じる漂流問題もある。

そこで第三部は「中国漂着朝鮮船と朝鮮漂着中国船」とし、上記の定期的な使節の派遣とは別に、不定期に発生した両国の交流の一端について述べている。嘉慶『大清会典事例』の記述によれば「拯救」に該当する問題である。

このような船舶の漂着問題に関しては、『朝鮮王朝実録』に早くもみられ、『太宗実録』巻一一、太宗六年（永楽四、一四〇六）六月辛未（十三日）の条に、

> 命濱海州縣、如有中國船隻遭風漂至者、厚慰遣之。初、有船一艘至忠清道庇仁縣南徒芚堂。監務林穆、使人問所從來、有屈得者使二十餘人下岸、以言語不通、作書告云、我是中國浙江路漕運船百戶。漂風至此、不知去向。且問、是何國地面。穆疑其有異、不告國名、且令軍馬、整陣分屯、得等疑之、卽擧帆而去。事聞、上初欲罪穆、既而以其無他貸之、乃有是命。

とあり、太宗は太宗六年に、朝鮮半島沿海に中国船に漂着が見られれば、救済し厚遇するように命じた。これより前、一隻の船が忠清道の沿海に漂着し、乗員等とは言語が通ぜず、筆談によって、彼らは中国浙江路の「漕運船百戸」と称したが、面談した林穆はそれを疑って、彼らを船で自力運航させた。この事件をうけて太宗は、中国船の救済・厚遇を全土に命じたのであった

明代においていわゆる海禁政策が施行されたこともあり、中国船の朝鮮漂着は多く見られないが、明代中国に漂着した朝鮮人に関しては決して少なくはない。

そこで第三部第一章においては明代中国に漂着した朝鮮船の事例の検討を行う。いつの時代も海難事故に遭遇した人々を確認するのに、言語の問題で苦労している。[40] 明代においても同様で、中国に在留する朝鮮人を探して、難民の調査を行った具体的事例が知られる。一方、第二章においては朝鮮に漂着した中国船を扱い、朝鮮国の顕宗八年（一六六七）に漂着した中国船の筆談記録「漂人問答」と、朝鮮国の粛宗の時代に漂着した台湾鄭経配下

の商船に関する稀有な史料を紹介するとともに、その船舶の送還をめぐる朝鮮朝廷の動揺について述べた。第三章においては、清末の時期に朝鮮半島に漂着した中国商船に関し朝鮮王朝記録の一つである『各司謄録』に見える中国船の漂着記録に関して述べている。朝鮮半島に漂着した商船は多くを数えるが、朝鮮官吏と漂着中国人との間において交わされた筆談の記録が多く残され、重要な史料となっている。[41]

第四部は黄海を通じた交渉をとりあげる。中国と朝鮮国とは陸路を鴨緑江・豆満江（図們江）が隔てるも、その交通は容易である。その一方、黄海を隔てた海による交渉も看過できない。その一端として、明末に渤海・黄海付近を跋扈し中国と朝鮮との間を暗躍した毛文龍の活動、朝鮮国の飢饉による清朝中国の海上輸送による救済活動の状況、清末の中国帆船による朝鮮国の仁川との航運活動に関して述べている。

本書で掲げた問題の多くは、中国と朝鮮国との交渉史においてこれまでほとんど論じられることのなかったものが大部分を占めており、両国の交渉史の解明の一助になればと考えるものである。

（1）李東陽等撰、申時行等重修『大明会典』第三冊（全五冊）、広陵書社、二〇〇七年一月、一五八五頁。
（2）全海宗『韓中関係史研究』ソウル・一潮閣、一九七〇年。
（3）張存武『清韓宗藩貿易　一六三七～一八九四』中央研究院近代史研究所、一九七八年六月。
（4）同右書、六一～一六六頁。
（5）同右書、一六七～二二二頁。
（6）嘉慶『大清会典』巻三一、使各辦其数の条。
『欽定大清会典（嘉慶）』文海出版社、近代中国史料叢刊三編、第六四輯、一三六〇頁。
（7）『万機要覧』六九七頁。
（8）『万機要覧』六九七～六九八頁。
（9）『万機要覧』六九八～六八九頁。

(10)『万機要覧』六九八〜六八九頁。

(11)『万機要覧』六九九頁。

(12)『万機要覧』六九九頁。

(13)前掲注(3)張存武『清韓宗藩貿易　一六三七〜一八九四』二四頁。

(14)『欽定大清会典（嘉慶）』一三八二頁。

(15)『欽定大清会典（嘉慶）』一三八二頁。

(16)『万機要覧』七一一頁。

(17)『万機要覧』七一一頁。

(18)『万機要覧』七一一頁。

(19)『万機要覧』七一一頁。

(20)『李朝実録』第三九冊、学習院東洋文化研究所、一九六四年九月、一六二頁。

(21)朝鮮国と日本との貿易に関しては、田代和生『近世日朝通交貿易史の研究』（創文社、一九八一年二月）、三七〜七五頁参照。

(22)『李朝実録』第四〇冊、学習院東洋文化研究所、一九六四年十二月、二六三頁。

(23)『李朝実録』第四一冊、学習院東洋文化研究所、一九六五年三月、五七一頁。

(24)寺内威太郎「李氏朝鮮と清朝との辺市について　一・二――会寧・慶源開市を中心として――」『駿台史学』第五八・五九号、一九八三年三月・九月。第五八号、一〜二四頁。第五九号、三五〜五一頁。

同「慶源開市と琿春」『東方学』第七〇号、一九八五年七月、七六〜九〇頁。

同「義州中江開市について」『駿台史学』第六六号、一九八六年二月、一二〇〜一四四頁。

同「柵門後市管見――初期の実態を中心に――」『駿台史学』第八五号、一九九二年三月、二九〜四三頁。

同「柵門後市と湾商」『清朝と東アジア　神田信夫先生古稀記念論集』神田信夫先生古稀記念論集編纂委員会、山川出版社、一九九二年三月。

同「近世における朝鮮北境と中国――咸鏡道の国境貿易を中心に――」『朝鮮史研究会論文集』第三六号、一九九八年十月、一一七〜一四四頁。

同「朝鮮北境の国境交易と民衆——李彝章の開市改革を中心に——」『駿台史学』第一〇六号、一九九九年三月、一〜二二頁。

同「初期の会寧開市——朝鮮の対応を中心に——」『駿台史学』第一〇八号、一九九九年十二月、一〜二〇頁。

(25) 藤塚鄰著、藤塚明直編『清朝文化東傳の研究——嘉慶・道光學壇と李朝の金阮堂——』国書刊行会、一九七五年四月。

(26) 同右書、六頁。

(27) 夫馬進著、伍躍訳、復旦文史叢刊『朝鮮燕行使与朝鮮通信使』上海古籍出版社、二〇一〇年十二月。

(28) 張存武「介紹一部中韓関係新史料——燕行録選集」『思与言』第四巻第五期、一九六七年一月、四一〜四二頁。
張徳信・松浦章「一部研究中朝関係的重要史料——『朝天録』評価之一権近『奉使録』——」『史学集刊』一九九九年第三期、七〇〜七五頁。

(29) 林基中編『燕行録全集』全一〇〇冊、東國大学校出版部、二〇〇一年十月。
夫馬進「日本現存朝鮮燕行録解題」『京都大学文学部研究紀要』第四二号、二〇〇三年三月、一二七〜二三八頁。

林基中編『燕行録全集』全五〇冊、東國大学校出版部、二〇〇八年三月。

(30) 張存武・葉泉宏編『清入関前与朝鮮往来国書彙編　一六一九—一六四三』國史館、二〇〇〇年九月、五八一頁。

(31) 『同文彙考』四、大韓民国文教部国史編纂委員会、一九七八年十二月。

(32) 『同文匯考』中朝史料【二】、吉林文史出版社、二〇〇四年十月。

(33) 夫馬進著・伍躍訳『朝鮮燕行使与朝鮮通信使——使節視野中的中国・日本——』上海古籍出版社、二〇一〇年十二月、三七〇頁。

(34) 邱瑞中『燕行録研究』広西師範大学出版社、二〇一〇年四月、三五六頁。

(35) 中国・復旦大学文史研究院、越南・漢喃研究院合編『越南漢文燕行文献集成』全二五冊、二〇一〇年五月。

(36) 『通文館志』民昌文化社、一九九一年八月、一二三頁。

(37) 松浦章『海外情報からみる東アジア　唐船風説書の世界』清文堂出版、二〇〇九年七月、八〇〜一三一頁。

(38) 杉本正介「英仏軍の北京侵入と朝鮮」『民族と歴史』第六巻第一巻、一九二一年七月、一〇一〜一〇五頁。

松浦章「明朝末期の朝鮮使節の見た北京」岩見宏・谷口規矩雄両氏編『明末清初期の研究』京都大学人文科学研究所、一九八九年三月、本書第二部第一章参照。

三好千春「両次アヘン戦争と事大関係の動揺——特に第二次アヘン戦争時期を中心に——」『朝鮮史研究会論文集』第二七号、一九九〇年三月、四七～六八頁。

(39) 前掲注(1)李東陽等撰、申時行等重修『大明会典』第三冊、一五八六頁。

(40) 松浦章『近世東アジア海域の文化交渉』思文閣出版、二〇一〇年十一月、二五五～二八三頁。

(41) 松浦章『清代帆船沿海航運史の研究』関西大学出版部、二〇一〇年一月、七五～二〇七頁。

第一部　朝鮮使節の北京への道程——赴京使による交渉（一）

第一章　袁崇煥と朝鮮使節

一　緒　言

明清時代の対外交通史を概観した時、不可解な問題がある。それは、遼東地域が後金軍の支配下に落ちた後、朝鮮使節はなぜか安全な山東半島経由の貫路によって北京に入貢せず、渤海を縦断して覚華島（菊花島）を経由する危険な海上航路を取ったからである。その理由についていささか考察してみたい。

明朝と朝鮮国との関係は、高麗末期に親明派の李成桂が朝鮮国を興してより宗属関係が維持された。しかし、明代末期に満洲族が興起すると、二度に及ぶ満洲族の朝鮮侵攻により、両国の関係は断たれたのである。この間、両国の通好関係は二百二十余年の永きにわたっている。

朝鮮国は定期的に使節を明朝に派遣している。その貢道は万暦『大明会典』巻一〇五、礼部六三、朝鮮国の条によれば、

貢道由鴨緑江、歴遼陽・廣寧、入山海關、達京師。

とあるように、朝鮮半島北都の鴨緑江を越え、遼東を経て山海関を通過して北京に向かう経路が取られた(1)。ところが、明末に満洲族が興起するとこの経路に大きな変化が生じた。すなわち、満洲族が遼東地域に進出したため、朝鮮使節が中国への道とした遼東を通過することが出来なくなり、朝鮮半島の北西沿海部より遼東半島南岸沿海

を航行して山東半島の登州にいたり、山東省を経て北京に達する経路を取らざるを得なかったのである。朝鮮国の使節にとって航海という困難が生じたのである。

さらに、寧遠の防禦にあたった袁崇煥の議により朝鮮使節の中国への貢路は上記の航路から山東半島に渡らず、遼東半島先端から北に渤海を縦断し寧遠にいたり、同地より陸行して、山海関を経て北京に達する経路をとらざるを得なくなった。朝鮮使節にとっては山東半島経路より困難な貢路となったが、明朝崩壊直前までこの経路が使われた。

本章では、この時期の朝鮮使節の貢路変更に関係した袁崇煥のことを中心に述べたい。

二　朝鮮朝貢路の変更

明初より遼東経由の貢路を取っていた朝鮮使節は貢路の予期せぬ変更を余儀なくされた。理由は満洲族の遼東進出であった。『光海君日記』巻一六三、光海君十三年（天啓元、天命六、一六二一）三月庚午（二十八日）の条に次のようにある。

義州府尹鄭遵馳啓、本月十三日、奴賊大勢攻陥瀋陽、十九日進犯遼陽。

天啓元年三月十三日、後金軍の攻勢により明の瀋陽衛は陥落した。このため遼東は明朝にとって危険な状況になったのである。

この時、すでに北京に滞在していた朝鮮使節は往路の遼東経路が使用できなくなり、帰路には、山東経由の陸路および李朝の使節としては初めて海路を渡航することになったのである。この結果、彼らは別の困難に遭遇している。

『光海君日記』巻一六四、光海君十三年四月甲申（十三日）の条には次のように見られる。

赴京使臣朴彝敍、柳澗回自京師、遭風漂没、時遼起遮断、赴京使臣創開水路、未諳海事、行至鐵山嘴、例多敗没。

北京からの帰路、山東から海路を利用した朝鮮使節は、遼東半島先端の鉄山嘴沖において海難に遭遇したのであった。しかし、これ以後、朝鮮国の明朝への貢路に関する記録はこの経路より他になく、幾度かの海難に遭遇しても継続されたのである。

ところが、朝鮮使節にとって不慣れな海路をさらに長く航海する経路を取るように明朝から求められた。『仁祖実録』巻二〇、仁祖七年（崇禎二、一六二九）閏四月丙子（二十一日）の条には次のようにある。

中朝改定我國貢路、由覺華島、従經路袁崇煥議也。

朝鮮国の明朝への貢路は、明側から寧遠（興城）近海の覚華島（菊花島）を経由するように変更を求められたのである。これは袁崇煥の提案により決定されたのであった。

それでは、なぜ、袁崇煥がこのような提案をしたのであろうか。それには、この決定の約二カ月前の次の記事が参考になろう。すなわち『崇禎実録』巻二、崇禎二年三月の条に、次のようにある。

袁崇煥奏設東江餉司于寧遠、令東江自覺華島轉餉、禁登萊商舶入海、毛文龍累奏不便、崇煥不聽。

袁崇煥は海島によって明朝に協力しない毛文龍を経済的に孤立させる策として山東沿海地区のとりわけ登州・萊州の商船の海上航行を禁じたのであった（毛文龍については第四部第一章参照）。寧遠に拠点を置く袁崇煥は渤海の海上権を明朝のもとに掌握しようとしたものと考えられる。

また『東江始末』に次のように記されている。

改貢道於寧遠、皆所以圖文龍也(2)。

朝鮮使節の貢路を寧遠を経由する経路に改めたのは毛文龍に対処するためであったとある。毛文龍は皮島によりあたかも独立政権のようであり、明朝にとって害あるも功なき存在であった。

毛文龍が海島によった状況について、兵科都給事中張鵬雲が崇禎二年六月二十三日付の題本の中で次のように記している。

　数年来、逃難遼民、集聚各島、文龍借之以冒兵、借之以冒餉矣。[3]

毛文龍は満洲族の遼東侵攻により遼東半島近海の島々に避難してきた遼東民を兵とし、またそれを口実に明朝に軍餉を求めた。その費用を張鵬雲は次のように見積もっている。

　文龍、費國家數百萬金錢、竟無一實。[4]

毛文龍が明朝より窃取した費用は、数百万両にも達したにもかかわらず、何らの成果も見られなかった。その上、張鵬雲は毛文龍を次のように評している。

　文龍拠海、自恣繇于事権太重。[5]

彼は皮島によって独立政権を樹立していたのである。

この毛文龍を孤立させる海上封鎖策、すなわち袁崇煥が取った政策の一環が朝鮮使節にも関係したのであった。この結果、朝鮮使節は袁崇煥の指示する覚華島を目指して航行し、寧遠に上陸ののち、同地から旧来の陸路を経由して北京にいたる貢路を取ることになったのである（図1）。

しかし、この経路は朝鮮使節にとって、先に天啓元年（一六二一）に変更した山東経由の貢路よりもさらに困難を強いたのである。

このことは鄭経世の『愚伏先生文集』巻三、奏文に見える仁祖八年（崇禎三、天聡四、一六三〇）の「請復登州旧路奏文」からも明らかである。

　崇禎三年四月初四日、拠進賀兼謝恩陪臣李忔在山海關馳啓、臣等一行、乗船五十日、始到覺華島、得達寧遠、

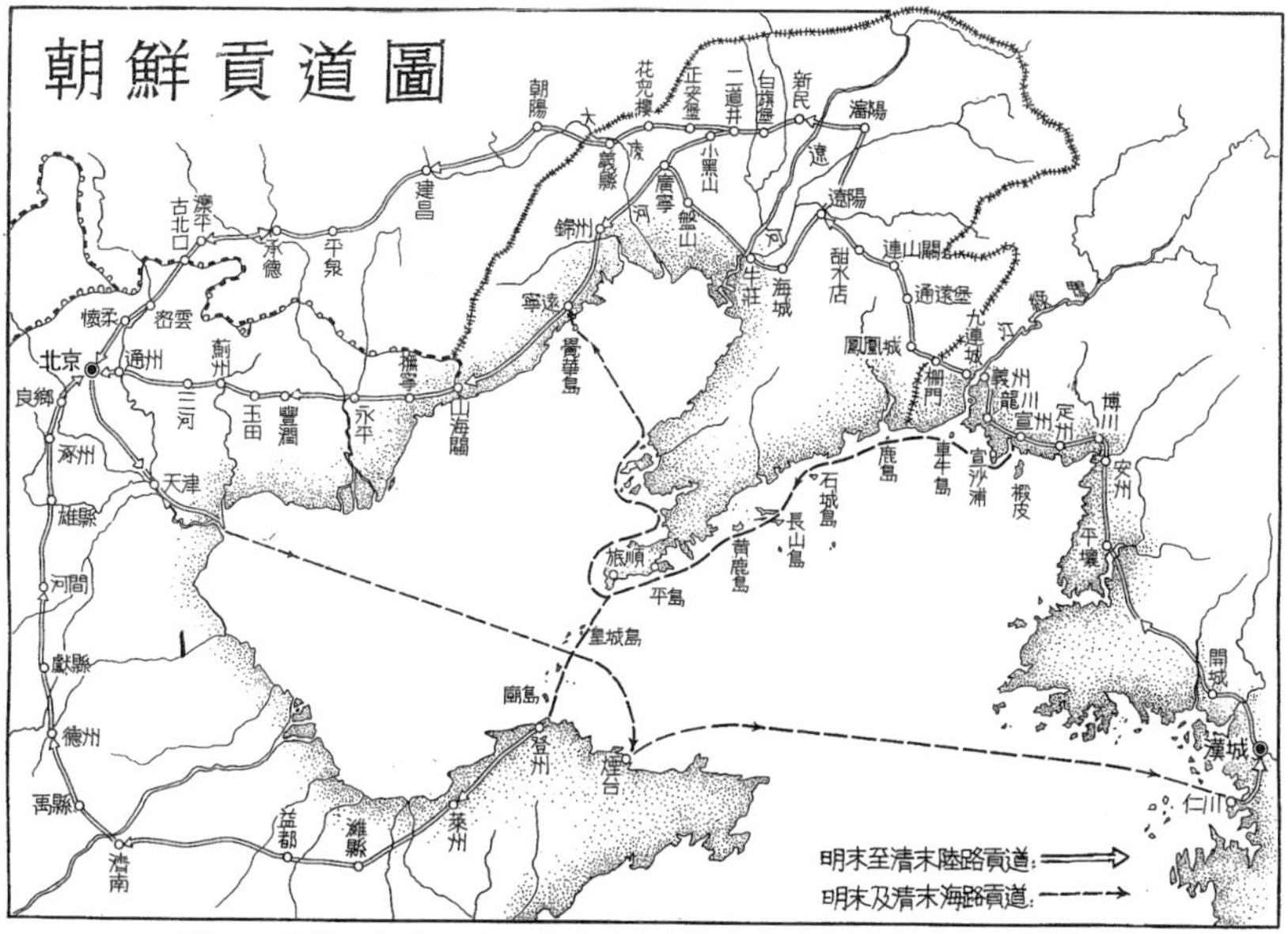

図１　崇禎２年（1629）～崇禎９年（1636）の朝鮮使節の貢路概略図
北京―［陸路］―山海関―［陸路］―寧遠…（海路）…覚華島…（海路）…朝鮮国・宣州
（張存武『清韓宗藩貿易　1637～1894』中央研究院近代史研究所、1968年６月、32頁による）

海程之険、有難盡陳、自平島至登州、風便一日程、而至覺華島、則殆将倍之、所謂雙島者、南・北汎口、相去絶遠、中間又無島嶼・依泊之處。目見冬至使尹安國、到此洽没。

朝鮮国の港を出帆した使節は遼東半島南岸の沿海を航行し、順風を得られればわずか一日で遼東半島先端から山東半島の登州へ到着することができた。しかし、覚華島を目指せば、朝鮮国の港を離れて五〇日も要する航海であった。その上、金州衛近郊の北汎口から覚華島までは途中の海上において停泊する島嶼もなく大変困難な航海であったのである。

事実、この時の朝鮮使節李忔らの本国から寧遠までの貢路の経過地点は『続雑録』第三、仁祖己巳、十二月の条に見える。主な経過地点を列記すれば次のようになる。

八月二十六日　広鹿島
九月初二日　平　島

初六日　旅順口
初八日　鉄山嘴
十三日　南汎口
十四日　北汎口
十月十九日　覚華東辺海岸
二十一日　寧遠城[6]

彼らは結局、寧遠城に到着するまで、

臣等一行、自大同江乗船、五十日得達寧遠[7]。

といっているように、朝鮮使節は朝鮮国の大同江を出発して五〇日にしてようやく寧遠城に到着したのであった。このため鄭経世は、同奏文によって、再度明朝に貢路の変更を願い出たのである。その中で彼は、

乞聖明、許復登州舊路以便。

と、山東半島の登州を経由する貢路の復活を奏請したが、明朝からは許可が得られなかった。

崇禎九年（一六三六）の使節も同様の航路を取っている。遼東半島を離れた一行は九月十八日にはるか彼方に覚華島を見た。

西北望覚華島、杳然若一點弾丸[8]。

覚華島を望んだが、実際に通過したのは同月二十一日のことである。

二更過覺華島、到泊寧遠前洋[9]。

覚華島の島影を見てより三日を要している。

以上のように、明朝崩壊直前の崇禎九年における朝鮮国派遣の最後の使節まで貢路は改変されることなく、袁

崇煥の議によって決定された渤海縦断の海上航路が使用されたのであった。

三　朝鮮使節の見た袁崇煥

袁崇煥は上述の朝鮮使節の貢路変更に関係したのであるが、簡略ながら袁崇煥が遼東と関係するようになった経緯について触れておきたい。

袁崇煥は万暦四十七年（一六一九）の進士であり、その後福建の邵武県の知県となった。光緒『重纂邵武府志』巻一四、邵武県の知県の条に任官の事実が知られる。同書巻一五、名宦に伝記がある。

袁崇煥、字元素、東莞人、萬暦進士、天啓初任。明決有膽、畧盡心民事、冤仰無不伸、素趫捷有力、嘗出救火着靴上牆屋、如履平地、後以邊才。薦累官、遼東経畧。

とあるように、天啓元年（一六二一）に福建省邵武県の知県となった袁崇煥は民心を掌握した活動的な知県であったことが知られる。

天啓二年（一六二二）に天啓帝に朝覲した袁崇煥は、正月甲子（二十八日）に御史侯恂が遼東警護に有力な人材を必要とするとの意見をした際に北京にとどめ置かれた。このことは次の記事に見える。

見在朝覲邵武縣知縣袁崇煥、英風偉畧、不妨破格留用[10]。

そして同年二月壬午（十六日）には、

邵武縣知縣袁崇煥、爲兵部職方司主事[11]。

と、兵部職方司主事に任じられている。それから間もなくの同年二月甲午（二十八日）には、

陞兵部主事袁崇煥爲山東按察司僉事山海監軍[12]。

とあるように、袁崇煥は山東按察司僉事山海監軍に昇任したのである。

その後、天啓六年（一六二六）三月には巡撫遼東山海等処[13]となり、天啓七年（一六二七）十一月には都察院左都御史兼兵部右侍郎添註[14]、崇禎元年（一六二八）二月には兵部尚書兼右副都御史督師薊遼登萊天津移駐関門[15]となった。そして崇禎二年（一六二九）十月には太子太保[16]に進んだ。しかし毛文龍を殺害した事により崇禎三年（一六三〇）八月に処刑された[17]。袁崇煥の主要な官歴は遼東の防禦と深く関係する。

袁崇煥が遼東の防禦の任に当たっていたことに関して、朝鮮側では次のように評価していた。『続雑録』第二、仁祖丙寅（仁祖四年、天啓六年、一六二六）九月の条に次のように記されている。

天朝得袁崇煥爲經略、時年二十七、智慮深遠、用兵如神、今在廣寧、多設方略、臨敵策應、發謀千萬、優備火具、以逸待勞、㺚奴大擧累進、連敗而還[18]。

この記事より朝鮮側では袁崇煥を一六〇〇年（万暦二十八）頃の誕生と推察していた。当時弱冠二十数歳[19]という年齢にもかかわらず、思慮が深く、決断が迅速で的確であったと評価していた。

その上、この記事からは袁崇煥が後金軍の攻勢に対抗するために十分な軍陣を整え、火砲等も準備していたことが知られる。このため、後金軍は袁崇煥の軍陣を突破することが困難とされ、朝鮮側からも袁崇煥は遼東防備の旗主として高く評価されていたのである。

しかし、この袁崇煥も崇禎二年末頃には後金軍の攻勢のため東奔西走の状態であった。そのことは、『仁祖実録』巻二二、仁祖八年（崇禎三、一六三〇）四月癸丑（四日）の条に次のようにある。

進賀兼謝恩使李忔在北京、馳啓曰、臣行入寧遠、値袁軍門、出巡錦州、留待踰月、始向前路、奴賊於十一月二十七日（崇禎二年）夜、自棚路潘家口、毀長城而入、克漢兒庄、進圍遵化縣、京外震驚、袁軍門、領兵過關。臣令譯官問安、仍探賊報、則曰奴賊竊發、本来如此、不之憂也、然不可輕進、須更觀勢、發行云。軍門領諸将及一萬四千兵、發向西路、而遵化已陥、總兵趙率教、遇賊戰死、軍門入薊門、賊到城外不攻、径赴西路、軍門由間路、馳進北京、與賊對陣于皇城・齊華門、賊直到沙窩門、袁軍門・祖総兵等、自午至酉、鏖戰十數合。

崇禎二年に寧遠に到着した朝鮮使節李忔は、後金軍が攻勢をかけてきたため、袁崇煥が出陣していたことを知った。さらに、後金軍は長城を侵し北京にいたり、北京皇城の斉華門・沙窩門付近で明軍と対戦したのである。この時のことは、清『太宗実録』巻五、天聡三年（崇禎二年、一六二九）十一月辛丑（二十日）の条に見える。

見寧遠巡撫袁崇煥、錦州總兵祖大壽兵二萬、屯沙窩門外。

袁崇煥と祖大寿らが率いた明軍二万が沙窩門外に駐屯していたことを伝えている。この時の明の兵力は朝鮮使節の伝えた数より六〇〇〇も多く見積もられている。

ところで、進賀使李忔が崇禎二年十月二十三日に寧遠衛において本国朝鮮国に出した状啓が『続雑録』第二、仁祖己巳（仁祖七年、崇禎二年、一六二九）十二月の条に見える。その中で李忔は、十月二十二日に袁崇煥と会見することが出来、その際に袁崇煥は李忔に次のように述べたと伝えている。

軍門亦言、自遼被兵、無鮮使之跡久、信使重来、再見漢官威儀、今昔之感、欣然愴然、云云。[20]

袁崇煥は遼東が満洲族に脅かされてより、朝鮮使節の往来がなくなり明朝の威信が落ちたことを極めて遺憾に思っていたことが知られる。明朝の威信を再び回復することとは、袁崇煥自身にとって、寧遠地域における満洲族に対する強固な防備体制の樹立であり、ひいてはこの地域を再び朝鮮使節が往来するように安定させることであったと考えられる。

袁崇煥と行をともにした祖大寿も同様な考えであったことが知られる。同書に、

錦州衛總兵祖大壽、曽従其父承訓、往來我國、故見瑤倍加慇懃、至送諭帖于臣曰、我遼與貴國、唇歯相倚、自奴賊肆凶、貢途由登、不睹星軺者、十年餘矣。[21]

とある。朝鮮使節李忔と話した祖大寿はかつて父の祖承訓に従い朝鮮国に行ったことがあり、遼東が後金軍の支配下に入り、朝鮮使節が山東半島の登州経由の貢路をとっていたため、朝鮮使節と寧遠において邂逅したのは十年余ぶりと感慨深く語ったことから明らかであろう。

袁崇煥の建議により、朝鮮使節が再び寧遼を経過することは、朝鮮使節にとって極めて困難な入貢路であった。しかし、袁崇煥にとっては「再び漢官の威儀を見る」という重要な意味があったのである。

四　小　結

上述のように、明末において朝鮮使節の北京への貢路が変更された問題の背景には、晩明期に興起した後金軍の遼東地域への進出があっただけでなく、袁崇煥が遼東地域を守護したことが大いに関係したことを述べた。

袁崇煥にとって、満洲族から遼東地域を守ることとは、満洲族の攻勢に対し遼東地域に強固な防備体制を布くことのみならず、この地を再び朝鮮使節が訪れ、安全に北京へ入貢することをも意味した。そのことが明朝の威信を再度内外に誇示する最大の政治的効果と考えたためと思われる。

袁崇煥は、朝鮮使節にとり海上を航行し、覚華島に達する貢路を取ることが極めて困難であることは十分知っていたであろう。しかし、袁崇煥にとって明朝の、すなわち中国の威信を改復することが最大の急務であったのである。

（1）明朝へ行った朝鮮使節の貢路に関する研究の専論は、管見の限りないが、貢路の大要は次の研究により知られる。
孫縄祖「明與朝鮮国交之検討」『文史雑誌』第四巻七・八期合刊、一九四四年十月。
商鴻逵「明代的中朝友好関係」『五千年来的中朝友好関係』開明文史叢刊、一九五一年十月。
全海宗『韓中関係史研究』韓国・一潮閣、一九七〇年五月。

これらの研究にも、明末における朝鮮国の中国への貢路に関しては詳論されていない。明朝末期の朝鮮使節の貢路に関しては松浦章「明朝末期の朝鮮使節の見た北京」（岩見宏・谷口規矩雄編『明末清初の研究』京都大学人文科学研究所、一九八九年三月）参照。

（2）中国歴史研究資料叢書『東南紀事』上海書店、一九八二年九月、三三三頁。

（3）『明清史料』甲編第八本二二丁表。

（4）『明清史料』甲編第八本二二丁表。

（5）『明清史料』甲編第八本二二丁表。

（6）『乱中雑録』ソウル・民族文化推進会、一九七七年十二月、二八五頁。

（7）『乱中雑録』二八五頁。

（8）金堉「朝京日録」、『燕行録選集』上巻、ソウル・成均館大学校大東文化研究所、二〇八頁。

（9）同書、二〇八頁。

（10）『熹宗実録』巻一八、天啓二年正月甲子（二十八日）条。

（11）『熹宗実録』巻一九、天啓二年二月壬午（十六日）条。

（12）『熹宗実録』巻一九、天啓二年二月甲午（二十八日）条。

（13）『熹宗実録』巻六九、天啓六年三月壬子（九日）条。

（14）明『□宗□皇帝実録』、天啓七年十一月己丑（二十六日）条、『中央研究院歴史語言研究所校印本明実録附録』一、四六頁。

（15）『崇禎実録』巻一、崇禎元年二月甲辰（十二日）条。

（16）『崇禎実録』巻二、崇禎二年十月戊午（七日）条。

（17）『崇禎実録』巻三、崇禎三年八月甲寅（七日）条。

（18）『乱中雑録』二四五頁。

（19）袁崇煥の生年は明・万暦十二年（一五八四）四月二十八日、没年は崇禎三年（一六三〇）とされている（閻崇年等編『袁崇煥資料集録』上、広西民族出版社、一九八四年四月、前言、一頁）から、当時袁崇煥は四三歳であったと思われる。

(20)『乱中雑録』二八五頁。

(21)『乱中雑録』二八五頁。

〔付記〕本章は、一九八八年八月二十四日より同二十七日までの間、中国遼寧省興城市で開催された国際袁崇煥学術討論会で報告した内容を基に作成したものである。

第二章　朝鮮使節の記録に見る北京の会同館

一　緒　言

中国は古くから外国との関係を朝貢という形態によって行ってきたため、京師に到着した外国使節を滞在させる宿舎が必要であった。特に、明清時代において外国使節を滞在させる宿舎は「会同館」と呼ばれた。そのことは、『明史』巻五六、礼儀志一〇に、

凡蕃國遺使朝貢至驛、遣應天府同知禮待。明日至會同館、中書省奏聞、命禮部侍郎於館中禮待如儀。

とあり、会同館は藩国や外国の使節を接待する主要な公館であった。

明清時代の会同館に関して先駆的な研究をしたのは、矢野仁一氏である。矢野氏は「北京の露国公使館に就いて」（『藝文』第六年第九号・第一〇号、一九一五年九月・十月）において、同論文の註（三）「明の会同館に就て」（四九〜五三頁）、同（四）「清の会同館に就て」（五三〜五四頁）、同（五）「会同四訳館に就て」（五四〜五五頁）、同（五）「高麗館に就て」（五五〜五七頁）。同（六）「琉球及び交趾支那諸国の館舎に就て」（五七〜五八頁）において、明代以降の会同館の変遷について述べた。これらの論考は、矢野氏の『支那近代外国関係研究――ポルトガルを中心とせる明清外交貿易――』（弘文堂書房、一九二八年九月）の第三章、補註一「会同館に就いて」に「一　明代の会同館に就いて、二　清代の会同館に就いて、三　会同四訳館、高麗館及び琉球、交趾支那諸国の館舎に就い

て、其の一　会同四訳館、其の二　高麗館、其の三　琉球及び交趾支那諸国の館舎」（一二三～五〇頁）としてほぼ再録されている。矢野氏は清末の対外関係について、公使館を解明する関係上、これらの会同館について述べたのであった。

その後、香港大学の趙令揚氏が「記明代会同館」（『大陸雑誌』第四一巻第五期、一九七〇年九月）を発表し、「会同館」の由来、明代の会同館について論じた(1)。

これら先学の研究により会同館に関して研究の余地がないように思われるが、本稿は、先学が依拠しなかった史料、特に会同館に関して多くの記述を残している朝鮮使節の記録を中心に、明清時代北京の会同館の実態解明のための一試論としたい。

二　明代の会同館

明朝建国当初、藩国や外国の使節が来朝した際に、京師に宿舎を設けていたことは、正徳『大明会典』巻一一九、兵部一四、駅伝一、会同館に、

国初改南京公館爲會同館。

とあるように、京師南京に会同館が設けられていたことが知られる。

『明太祖実録』巻四五、洪武二年（一三六九）九月壬子（二十一日）の条に、

凡蕃国遣使朝貢至龍江驛、遣應天府同知禮待如蕃王朝貢禮、明且、同知與蕃使、至會同館接伴。

とあり、すでに明初の洪武二年には藩国の使者や外国使節が京師到着の際に、宿泊接遇を受けた場所が会同館であった。

明の京師は永楽十九年（一四二一）に北京に遷都されるが、遷都以前の北京に会同館が置かれている。正徳『大

明会典』巻一一九、兵部一四、駅伝一、会同館に、

永楽初、設會同館於北京、三年、併烏蠻驛入本館。

とあり、永楽三年（一四〇五）前に北京に会同館が設置された。『明太宗実録』巻四五、永楽三年八月丁丑（十四日）の条に、

修會同館、時四夷朝貢之使、充溢館舍、命併烏蠻驛之。

とあり、正徳『大明会典』に記すように、永楽初めにはすでに北京に会同館が設置されていたことが知られる。その後、朝貢使節の急増に間に合わず会同館の増設を行っている。『明太宗実録』巻八二、永楽六年（一四〇八）八月辛巳（六日）の条に、

設北京會同館、改順天府燕臺驛爲之、置大使・副使各一員。

とあり、永楽六年に北京において会同館が設置されたが、会同館の建物として順天府の燕台駅が転用されたことが知られる。

この順天府の燕台駅には、北京遷都以前において朝鮮使節が宿泊している。権近の『陽村先生文集』巻六、奉使録によれば、洪武二十二年（一三八九）七月に権近らは北京に到着した。

入北平城、前元首都也。……到燕臺驛、進見燕府、先詣典儀所、所官入啓、以是日先大后忌不受禮、命奉嗣葉鴻伴接到館、七月十五日也。(2)

北京に到着した朝鮮使節は、当時の燕王、のちの永楽帝に拝謁しようとしたが、忌祭のため困難であった。しかしこの記事より、朝鮮使節は燕台駅に入り接遇を受けていたことが知られる。

以上より、会同館が北京に設置されたのは、永楽初年であったことは明らかであろう。

他方、南京の会同館も存続している。永楽四年（一四〇六）に安南へ派遣された黄福の『奉使安南水程日記』に、

　永楽四年、有事于安南、舟車所抵、耳目所得、具筆于後。

と記し、その初めに、

　七月初一日入辭、是日會同館起馬、宿龍江驛。

とあり、中国から派遣される外国への使節が、駅逓制度としての会同館を出発の起点としていた例が知られる。

この時期、南京の会同館が北京のそれとともに機能していたと考えられる。

その後、会同館は、正徳『大明会典』巻一一九、兵部一四、駅伝一、会同館に、

　正統六年、定爲南・北二館、設大使一員、副使二員、内副使一員。分管南館。

とあり、正統六年（一四四一）に会同館は拡大し、南館と北館の二館となった。

会同館が増設された最大の理由は、規模が手狭になったためと思われる。『明英宗実録』巻七九、正統六年五月甲寅（十九日）の条に、

　北京會同館大使姫聖等奏、大慈恩等寺分住國師禪師剌麻阿木葛等三百四十四人、占用館夫二百一十三人。

とあり、大規模な使節には会同館の収容面積では足りないため、大慈恩寺等に分散居住していた状況が知られる。大慈恩寺については『欽定日下旧聞考』巻四三、城市、内城中城一に「慶壽寺亦名大慈恩寺、在禁牆西」と内城にあり、他の使節も内城の寺院に分散居住していたものと考えられる。このためか正統七年（一四四二）に会同館が建造されている。

『明英宗実録』巻八九、正統七年二月壬子（二十日）の条にも、

　造會同館、及觀星臺。

と、会同館の建造を記しているが、詳細は不明である。しかし正統六年には会同館の南館・北館が揃った。

正統七年以降の会同館の状況は、朝鮮の済州より漂流し中国へ漂着して救済された崔溥の『錦南先生漂海録』

巻三、弘治元年（一四八八）三月二十八日の条よりその一端が知られる。

二十八日、至北京玉河館。……臣等歩入皇城東南崇文門、行至會同館、京師乃四夷所朝貢之地。會同本館之外又建別館、謂之會同館。臣等所寓之館、在玉河之南、故亦號爲玉河館。(3)

崔溥らは玉河館と呼称された会同館に滞在している。この記事は明らかに会同館の北館・南館を記している。
景泰四年（一四五三）九月二十六日に北京に到着した日本の遣明使が、

赴京、晩入崇陽門、官人記人員姓名。引達于會同館。(4)

と、会同館への入宿を記している。
弘治三年（一四九〇）の英国公張懋の「陳禁革処置夷情事宜」には、会同館の状況が記されている（『明孝宗実録』巻三五、弘治三年二月己亥〈十七日〉の条）。

京城原設兩會同館、各有東西前後九照廂房、專以止宿各處夷使、及王府公差内外官員、但北館有宴廳後堂、以爲待宴之所、而南館無之、毎賜宴、止在東西兩照房、分待褊迫、不稱乞勅、工部将近日、折卸永昌等寺木料、改造宴廳于南館、仍葺兩館、頽壊墻屋、至設宴之日、該宴者諭令依次序坐、未該預宴者、勿令近前混壊。

北京に南北二つの会同館の建物があった。しかし両方は同規模ではなく、北館の方が南館より大きかった。南館には招宴の場所がなかったのである。

上記の北京の会同館はどこにあったのであろうか。明代の史料では、その所在に関して書かれたものは少なく、清代の『欽定日下旧聞考』巻六三、官署には、

明會同館在玉河橋西、國朝改設會同四譯館。

と、玉河橋の西にあったとしている。

嘉靖十八年（一五三九）の朝鮮使節であった権撥の『冲斎先生文集』巻七、朝天録、嘉靖十八年十月十九日の

条に、

　到皇城、由朝陽門而入、至玉河館、寓東照、即東館也。[5]

と記されており、彼は玉河館の東側の建物に入ったことが知られる。

　嘉靖十九年（一五四〇）三月二日に北京に到着した日本の遣明使一行の策彦は、

　入京、従崇文門而入、日本二十丁餘而就玉橋館、将入此館之外面陌頭、有石橋、橋頭有門、掲「玉河橋」三大字。舊年進貢差使臣等、就會同館。日人久不修職貢、故館亦荒涼、今雖假就玉河館、來由安處、傍有一宇、梓匠方修補焉、生等僂指竣之、于時朝鮮、琉球・韃靼人進貢。割拠于本館、館門掲「會同館」三大字。[6]

と、会同館に入った。策彦も会同館を玉河館と記している。

　嘉靖二十八年（一五四九）四月十八日に再度北京に赴いた策彦は、

　達京、依舊例従崇文門而入。就玉河館。嘉靖十八年進貢之時、就西館、今東館修復、以故就東館。[7]

と、嘉靖十九年は玉河館の東館すなわち東側の棟で、嘉清二十八年は同西館すなわち西側の棟を使用したとしている。

　嘉靖三十九年（一五六〇）の張爵の『京師五城坊巷衚衕集』によれば、會同館の所在について中城の南薫坊の中に「會同南館、即烏蠻驛」とあり、澄清坊の中に「會同館北館」の名が見える。[8]両坊は正陽門内の東側で、正陽門から東に南薫坊、その東に澄清坊が位置するから、策彦や朝鮮使節が記す玉河館とは会同館南館であった。

　万暦二年（一五七四）の趙憲の『朝天録』中、八月初四日の条に、「玉河橋入玉河館」[9]とあり、同九月初六日の条に記すように、

　城中玉河諸水會注于此、舟船之自通州而上者、皆泊于此。[10]

と、玉河水が通州に通じていた。

万暦十五年（一五八七）の朝鮮使節裵三益は、

　夕宿玉河館西照、蓋東照失火、尚不修建故也[11]。

と、玉河館の東照すなわち東側の棟が失火によって焼失したことを伝えている。

万暦二十五年（一五九七）の朝鮮使節権挾も『石塘公燕行録』万暦二十五年三月初二日の条に「暫憩于東嶽廟、即由朝陽門而入、抵玉河館[12]」と、玉河館に入宿したことを記している。

天啓四年（一六二四）の朝鮮使節であった洪翼漢は『花浦先生朝天航海録』の天啓四年十月十二日の条に「入朝陽門、渡玉河橋、館于會同館[13]」と記録している。

　以上のように、明代において北京の会同館は皇城内の玉河橋と近接する地にあり、この会同館とりわけ南館は朝鮮使節等より「玉河館」の別称で呼ばれていたのである。

三　清代の会同館

一六四四年北京に入り、中国を支配した清朝も会同館を設けている。光緒『欽定大清会典事例』巻五一四、礼部、朝貢、館舎によれば、

　順治初年、設會同館、以待外國貢使。

とある。入関まもない順治初年に、北京に会同館を設けた。

順治六年（一六四九）に北京に赴いた朝鮮使節鄭太和の『陽波朝天日録』順治六年五月十一日の条に、

　到北京城外東嶽廟、改服、山海関護来馬把、率其甲軍前導、到玉河橋邊空家、此即近日使臣入接之所云[14]。

とある。ここでは、会同館とは記されていないが、玉河橋付近の空き家に入ったとあることから、玉河館すなわち会同館であったことは明らかである。

順治十三年（一六五六）の朝鮮使節麟坪大君は『燕途紀行』中、順治十三年九月二十二日の条に、

皆由齊華門正路行、是京師正東門、一號朝陽。……由海岱門入、是皇城小南門、麗譙雄壯、従大街中行。向北折西、又向直北、抵別館。……別館是籍没王公家舎、爲余行空之以待云、館宇正堂、宏敞。[15]

と記し、このときは別館を使用している。

康熙二十九年（一六九〇）の朝鮮使節徐文重の『燕行日録』康熙二十九年十二月の次の各条に、玉河館のことが記されている。

二十六日、……入燕京城、……入玉河館、館宇亦且宏。

二十七日、……朝陽門即燕京東門。入門向西、而望見宮闕、即折而南及城、又西折而爲玉河館、自館而西爲正陽門、即正南門也。[16]

玉河館の規模や付近の地理関係などが知られる。

康熙三十二年（一六九三）十二月二十三日に、北京へ到着した柳命天は『燕行日記』の同日の条に記すように、

二十三日……午前入北京、止宿於朝陽門内智化寺。……玉河館、蒙使等當住、故館我輩於智化寺。寺域廣濶、房堗皆久廢。[17]

と、玉河館ではなく朝陽門内の智化寺に宿泊している。

康熙五十一年（一七一二）四月二十日に北京に到着した閔鎮遠も『燕行日記』の同日の条に、

二十日、……達于京城、……止接於智化寺、蓋玉河館方有大鼻達子使者留住故也。[18]

と、この時も智化寺に宿泊している。いずれも先客があったためこの寺院を利用したのであった。特に、康熙五十一年の時は、ロシア使節の来朝があったためである。

臨時の宿泊所となった智化寺であるが、『欽定日下旧聞考』巻四十八、内城東城四に、「黄華坊四牌二十一舗、

有武學、王府倉、禄米倉、……智化寺、二郎廟」とあり、編者の按語に「智化寺今存、在禄米倉東」とある。また光緒『順天府志』京師志巻一六、寺観一、内城寺観に、

智化寺、在朝陽門内禄米倉東。寺正統間太監王振建、天順元年四月、復王振官、並賜振碑文、立旌忠祠於寺内、塑像祠之、本朝乾隆八年毀像及碑、御史沈廷芳奏請也。

と、智化寺の来歴を記しているが、明の正統年間（一四三六〜四九）に創建されたため、上記の使節が使用した康熙年間にはかなり傷んでいたものと思われる。

康熙五十一年（一七一二）の朝鮮使節正使金昌業の『老稼斎燕行日記』康熙五十一年十二月二十七日の条には、玉河館へ入宿の様子が詳しく記されている。

入朝陽門、即北京城東門也。……城門是爲崇文門、即都城東南門也、未至門數百歩許、折而西行一里、有石橋即玉河橋也、……過玉河橋數百歩許、至館。館在路旁北邊、通官輩皆在大門内、以迎使臣擧手爲禮、而過入中門、門内有東西廊屋、皆崩塌、此員譯輩所處也。又入一小門、始有正堂、及左右月廊、而庭宇荒涼、塵土満屋。[19]

朝陽門より玉河館までの道程、玉河館での清側の出迎えの様子が知られる。

同じ使節にいた崔徳中が『燕行録』の日記の康熙五十一年十二月二十七日の条に「至北京玉河館、一名會同館、玉河之南[20]」と記し、同書の「入京式」において、

使行入京日、迎送官衙譯、先站馳進告、知于禮部會同館、俗名玉河館、……由齊華門、而入館于玉河館、差他國使先入、則移館他處。[21]

と、会同館が古くから朝鮮使節より玉河館と呼称されていたこと、そしてもし他の国の使節が会同館に入っていたら、他の場所に滞在するとある。

康熙五十九年（一七二〇）の朝鮮使節李宜顕の『庚子燕行雑識』上において、

申時、入北極寺宿、以大鼻達子先已來、接玉河館、故自禮部、移送我國使臣於此寺、使之留接、而荒廢已久。[22]

と記しているように、李宜顕らは北極寺に入った。それは玉河館がロシア使節によって先に使用されているため、朝鮮使節一行は北極寺を使用することになったのである。

北極寺については李宜顕が、

萬曆甲申年間所剏也。殿宇五楹三間、佛像皆黙昧、外廊三間、安關帝像、後廊五間、有三炕。[23]

と記すように、万暦甲申すなわち万暦十二年（一五八四）に創建されたという寺であった。仏像が安置されていたが、関帝像も安置されていた。

北極寺の場所については、『欽定日下旧聞考』巻一〇七、郊坰北に「徳勝門土城外有北極寺」とあり、皇城外北に位置していた。

上述のように、朝鮮使節は会同館以外の施設も使用していた。その状況は清朝にとって好ましいものではなかった。『高宗実録』巻一六七、乾隆七年（一七四二）五月己卯（二十一日）の条に見える礼部左侍郎張廷路の奏称によると、朝貢使節が北京で重複する場合が恒常的に見られたようである。

京師舊設有會同館南北二處、爲各國貢使居住之所。設如朝鮮・琉球等國使臣、同時並集、臨時未免周章、若借住寺廟、兵丁看守、固属不便、於規制亦覺非體、請令内務府、将空間官房、指定一二處、以備各國貢使届期分住、應如所奏、從之。[24]

清朝も明代と同様に会同館は南館と北館との二カ所が設置され、それを使用していた。しかし朝貢使節が多く来朝した際には宿泊場所が不足したため、一般的には寺院や廟などを借用して滞在させたのであった。これでは警備上にさまざまな支障が生じるため、内務府の使用していない官房のうち一、二カ所を指定して外国使節の滞在場所とさせることになったのである。

会同館南館の位置は、乾隆四十三年（一七七八）の朝鮮使節李徳懋の『青荘館全書』巻六七、「入燕記」下、乾隆四十三年五月十五日の条に「朝陽門十八里、南館留宿[25]」と記されているように朝陽門から一八里のところにあった。

会同館に関する記録は、道光十二年（一八三二）より翌十三年に北京へ行った朝鮮使節の金景善の『燕轅直指』巻二、出彊録の道光十二年十二月十九日の条に「行渡玉河橋至館所[26]」と記し、さらに詳細な記録として、同書の同日の条に記された「玉河館記」がある。そこでは、

　明時、我使到燕、寓接於禮部近處旅邸、順治初、爲設此館、以處我使、以其在於玉河之傍、故名玉河館、或稱南館[27]。

と、清代後期になると明代の状況は忘却されていたのであろうか、礼部の近く旅邸に宿泊していたとある。しかし、順治以降については、玉河の傍らに設けられていたため、玉河館と呼称されていたこと、またこの玉河館が会同館の南館であったことを正確に記している。ついで、同書は、

　乾隆壬辰賜名會同館、舘門扁以會同四譯舘[28]。

と、乾隆三七年（一七七二）に会同館の名を賜わったこと、またその扁額に会同四訳館の名が記されていたと伝える。

道光時期の会同館の状況は、さらに同書に詳しい。

　中間爲鄂羅斯人所占、其人性甚凶悍不可制、遂更設一舘於乾魚衚衕、名曰西舘、移接我使[29]。

ロシア使節が会同館を使用するようになり、諸々の障害が生じるために、新館を乾魚衚衕に建設し、それを西館と呼び朝鮮使節を接遇したとある。

ロシア使節の接遇に関して新館を建設したことについては、『欽定大清会典事例』巻五一四、礼部、朝貢、館舎に、

雍正二年議准、會同館舎、仍令外國先到者居住、別撥乾魚衚衕官房一所、交該部管理。如俄羅斯人先入會同館、即令朝鮮人居住此處、再撥玉河橋官房一所、亦交該部、以備他國使臣、同時至京者居住。

とあり、雍正二年（一七二四）に会同館とは別に、乾魚衚衕の一官房が用意され、礼部が管理することになった。ロシア使節の北京到着が先であれば、彼らを会同館に宿泊させて、朝鮮使節を乾魚衚衕の官房にて宿泊させ、さらに他国の使節があれば、玉河橋の官房を使用させることに決められたのであった。

雍正十年（一七三二）の朝鮮使節韓徳厚の『燕行日録』雍正十年十月初七日の条に、

由朝陽門進城。朝陽者南門也……入留乾魚衚衕、新創之館。[30]

と、朝鮮使節が乾魚衚衕の館舎を使用している。

乾魚衚衕は明の『京師五城坊巷衚衕集』では、中城の澄清坊内に当たり光緒『順天府志』京師志一三、坊巷上によれば、「乾魚」は「亦作甘雨」とあり、「在王府街東、馬市街南、就日坊大街西、長安街北、與中城南城界」に囲まれた一郭にあった。

その後の状況は、さらに『欽定大清会典事例』巻五一四、礼部、朝貢、館舎に、

乾隆二年奏准、自雍正二年定議、俄羅斯人到京、准於會同館居住、自是以来、俄羅斯人到京、必入會同館、朝鮮人役到京、毎令住乾魚衚衕官房、人馬多不便、應将此房繳還工部、別擇安定門大街、内務府属官房一所、以待朝鮮毎年貢使、至玉河橋官房、仍留以備他國来使之用。

とある、乾隆二年（一七三七）にロシア使節の北京来朝の際、会同館が使われた。そのため朝鮮使節は、乾魚衚衕の官房を使うことになっていたが、収容能力が少ないため新たに、玉河橋官房を朝鮮使節の来朝に際して使用

することになったのである。

前述の「玉河館記」には、西館が建築物として玉河館より優れていたため、

鄂羅人又移占之（西館）、以故我使復舘玉河、或使行二輩相値、則分寓西舘、鄂羅人甚厭苦之、故近則雖相値之時、同住此舘。[31]

とあるように、ロシア使節が西館を使用するようになり、朝鮮使節は玉河橋官房すなわち玉河館を再び使用するようになったのである。

『欽定大清会典事例』巻五一四、礼部、朝貢、館舎に、

（乾隆）八年覆准、内務府将正陽門外横街、官房一所、指定三十七間半、與玉河橋、及乾魚衚衕、官房二所、作爲會同館。

と、乾隆八年（一七四三）に内務府の正陽門外の官房を会同館の建物とすることになり、会同館の建物は三カ所に分散して建物が設けられた。

この三カ所の会同館の館舎の所在地は、『欽定大清会典事例』巻五一四、礼部、朝貢、館舎に、

館舎舊有三處、一在玉河橋、一在安定門大街、一在正陽門外横街。

と、玉河橋近くに一カ所、安定門大街に一カ所、正陽門外貨衡に一カ所であった。

しかし、乾隆十三年（一七四八）に安定門大街の館舎が使用されなくなったため、新たに地安門外に館舎を設けた。そして、『欽定大清会典事例』巻五一四、礼部、朝貢、館舎に、

（乾隆）二十一年（一七五六）、移地安門外貢使館舎、於宣武門内瞻雲坊。

とあるごとく地安門外の館舎に替わり、宣武門内の内城西城に位置する瞻雲坊にあった館舎が使用されている。その館舎の所在は光緒『順天府志』京師志一三、坊巷上の内城西城、瞻雲坊北大街、旧刑部街の京畿道衚衕に

「有禮部會同館」とあることから知られる。

乾隆三十七年（一七七二）の朝鮮使節の一員洪大容は『湛軒燕行雑記』三、同十二月二十七日の条に「入皇城也」とし、その後、

至崇文門内、西渡玉河橋、至朝鮮館、前対南城、號曰南館、屋凡四重正堂[32]。

と、玉河館に入宿したことを記している。このころ玉河館は朝鮮館とも呼称されていた。

乾隆四十二年（一七七七）の李坤は『燕行記事』上、乾隆四十二年十二月二十七日の条に、

橋之南有玉河館、順治初、設於玉河西岸上、以接我使。近来大鼻達子連爲来留爲於此、不肯往他所、清人亦不敢怫其意、遂移我使館所於橋南、行一里許、遵城底而西行少許、曰南小館[33]。

と記し、南小館と呼んでいる朝鮮館に滞在している。

乾隆四十五年（一七八〇）の朝鮮使節朴趾源の『燕巌集』巻一二、関内程史、同年八月初一日の条には、

詣館所、順治初、設朝鮮使邸于玉河西畔、称玉河館。後爲鄂羅斯所占、鄂羅斯所謂大鼻達子最凶悍、清人不能制、遂設會同館于乾魚衚衕[34]。

とあり、同書巻一五、「熱河日記」、黄図紀畧、西館には、

西館、在瞻雲牌昼内大街之西、白廟之左。在正陽門之右者。称南館、皆我國使館也[35]。

とある。また、同書巻一五、「熱河日記」、謁聖退述、朝鮮館に、

朝鮮館使之所、初名玉河館、在玉河橋上、爲鄂羅斯所占、今在正陽門内東城墻下乾魚衚衕、翰林庶吉士院隔墻、年貢使先至在館、而更有別使、則分処西館、故此名南館[36]。

とあり、会同館南館が玉河館と朝鮮使節から呼ばれ、さらに朝鮮館とも呼ばれていたとわかる。

乾隆五十二年（一七八七）の冬至使兪彦鎬の『燕行日記』十二月二十四日の条によると、「到北京、住接於南小

舘[37]」と南館に入宿している。

嘉慶六年（一八〇一）の冬至使書状官李基憲は『燕行日記啓本』同年十二月二十四日の条に「入城直入南小舘[38]」と記し、『燕行日記』下、同日の条に、

有大石橋、即玉河橋也。過橋數百歩至館。館即會同館、而一名南小館也[39]。

と記している。

嘉慶八年（一八〇三）の朝鮮使節徐長輔らの記録『薊山紀程』巻二、同年十二月二十四日の条に、

玉河館。入朝陽而路折……有石橋、橋名曰玉河橋。橋凡十二間而、有左右欄。館在橋西北。名曰玉河館、亦謂之南館。若我國別使同時入城、則又設一館於北門内、故有南北館之別也。館凡百餘間、皆縦横爲一字[40]。

とあって。この時期の朝鮮使節も玉河館に滞在していることがわかる。

道光八年（一八二八）の朝鮮使節の『赴燕日記』では、道光八年六月初九日の条に、

到南館、南館在内城南城下、即所謂玉河館、而朝鮮館前在玉河橋邊、令移入焉南館[41]。

と記している。やはり玉河館に滞在したのである。

同年十二月二十四日に、朝鮮使節の朴思浩は『心田稿』「燕薊紀程」において「入皇城、抵南小館。……有玉河館。一名南小館[42]」と記し、また『心田稿』「燕行雑著」の鄂羅斯館記に、「鄂羅斯館在玉河橋傍[43]」とあり、さらに同書の蒙古館記に、「蒙古館在玉河橋傍、非止一處[44]」と、鄂羅斯館や蒙古館の位置を記している。

道光十一年（一八三一）の冬至使鄭元客の『燕行日録』道光十一年十二月十八日には「抵南館[45]」と南館への入宿を記している。

道光十二年の書状官金景善の『燕轅直指』巻三、留館録上、道光十二年十二月二十三日の条の「琉球館記」に、琉球使節の館舎について、

琉球館在玉河館百數百歩、中國接待之節、與我使同然(46)。

とし、同書、同十二月二十六日の条の「鄂羅斯館記」はロシア使節の館舎を、

鄂羅斯館在玉河館後街乾魚衚衕、不過半里許、鄂羅斯或稱阿羅斯、或稱俄羅嘶、以其人皆鼻大、故或稱大鼻達子、即蒙古別種也(47)。

としている。当時、ロシア使節が乾魚衚衕に宿泊していた。

咸豊五年（一八五五）の朝鮮使節徐慶淳の『夢経堂日史編』二、咸豊五年十一月二十七日の条には、

由朝陽門、一名齊華門、入門、……玉河橋、止于館所、即南小館、而華人所謂、四夷館也。……皇明時、朝鮮館近爲蒙古所館、即今所住乃會同館、而大門内即方物所貯甓大廳也。其内則正使所館、又其内爲副使所館、又其内爲書状所館(48)。

とあり、南館が四夷館と呼称されていたことを伝えている。

光緒二年（一八七六）の朝鮮使節の林幹洙の『燕行録』光緒二年六月初十日の条によると、「玉河館　扁楣曰會同四譯館(49)」とあり、滞在した玉河館の軒の扁額に会同四訳館とあったという。

光緒『順天府志』巻七、衙署、会同四訳館には、「礼部冊」を引き、

會同四譯館、舊在正陽門外楊梅竹斜街。乾隆十三年歸併禮部會同館……其外有朝貢使人之公館、一在宣武門内京畿道衚衕、一在宣武門外横街、一在東江米巷御河橋。

と、会同四訳館が乾隆十三年（一七四八）に会同館の管理下に入ったこと、その他、朝貢使節を接遇した公館は宣武門内京畿道衚衕、そして宣武門外横街と東江米巷御河橋とに置かれていたことを伝えている。

このうち東江米巷御河橋の公館とは、『宸垣識略』巻五に、

玉河橋在東城根者、曰南玉河橋。在東江米巷者、曰中玉河橋。在東長安街者、曰北玉河橋。

と記されている「中玉河橋」の近くにあったもので、すなわち朝鮮使節等が記した玉河館であることは明らかであろう。

四　会同館における諸行事

（1）下馬宴・上馬宴

会同館に入った外国使節が、会同館で最初に出会う中国側の公式行事の一として「下馬宴」があった。

康熙五十一年（一七一二）の朝鮮使節崔徳中は『燕行録』の「下馬宴」の項において、

舊例行下馬宴於會同館、使以下具公服待候於東廊、禮部尚書至、使以下出中門外、拜班祇迎、以入西階、上設龍亭一坐、尚書率使以下於龍亭前、一時行一拜三叩頭[50]。

云々と記している。

他方、使節が帰国する際に、会同館で行われた行事が「上馬宴」である。上馬宴については同書に、

行于館所、饌品節次、與禮部下馬宴同、而坐次則尚書居東、三使居西、郎中居尚書之後、一行居三使之後[51]。

と記している。

下馬宴・上馬宴は会同館において、中国側が外国使節を歓迎、送別するための宴席であった。同様の記述は朝鮮の『通文館志』巻三、事大、下馬宴と上馬宴の項目にも記されている。

（2）開　市

明清時代における外国使節にとって最大の関心事の一つに、会同館での開市があった。

明代の場合は、正徳『大明会典』巻一〇二、交通朝貢夷人禁令に、

> 夷人朝貢到京、會同館開市五日、各鋪行人等、入館両平交易。

と、会同館において使節等一行を対象にした交易が開かれていた。その期間は五日間であった。

しかし、清代の場合は、光緒『欽定大清会典事例』巻五一〇、礼部、朝貢、市易に、

> 順治初年定、凡外國貢使來京、頒賞後、在會同館開市、或三日、或五日、惟朝鮮・琉球不拘期限。

とあり、会同館での開市は一般に三日ないし五日であった。ただ、朝鮮と琉球についてのみ開市に期限はなかったのである。

このことは、朝鮮の『通文館志』巻三、事大、告示にも、

> 凡外國朝貢來京頒賞後、在會同館開市、或三日、或五日、惟朝鮮・琉球不拘期限。

と、朝鮮と琉球についてはその期限に制限がなかったことを明確に記している。

会同館における朝鮮使節との開市に関係した商人に関しては、洪大容の『湛軒書』巻七、燕記、鋪商に詳しい。

> 數十歳以前、使行入燕、凡公私買賣、惟有鄭・黄兩姓當之、皆致鉅萬。鄭商尤豪富、交通王公連姻[52]。

朝鮮使節の公私にわたる交易に介在したのが鋪商であった。この鋪商の中には巨万の富を有し、王公等と誼を通ずる者もいた。これらの鋪商については、畑地正憲氏[53]が詳細に論じている。このような北京での開市は明清時代を通じて行われていた[54]。

交易されたものに関しては、『燕轅直指』巻二、「出疆録」の「館所衙門記」の中で、金景善が朝鮮で好まれた中国製品について次のように記している。

> 凡燕貨之稍雅、如書籍・圖畫・香茶・筆墨之屬[55]。

書籍、図画、茶、筆、墨などが最も好まれたものであった。また、朝鮮使節として北京に赴き記録を残した人々が文人であったことによるためか、彼らの記録に琉璃廠へ行き、書籍を求めた記述が多いことが知られる[56]。

五　小結

上述のように、明清時代の北京に来朝した外国使節を滞在させ接遇する公館として会同館が設置されていた状況の変遷を、毎年のように会同館を使用した朝鮮使節の記録を中心に述べた。

明代の北京の会同館は、皇城内玉河橋に隣接する地にあり、使節の急増とともに、別館が建てられ。会同館は北館と南館の二カ所が利用され、その南館は所在地によって朝鮮使節等から玉河館と呼称された[57]。

清代の会同館は、明代のものを継承したと考えられるが、会同館管轄の公館は増加している。会同館の位置は、清初は玉河橋の隣接地にあったが、その後に新館がいくつかの地に設けられた。その最大の原因は、明代には見られなかった新たな使節、ロシア使節団の来朝[58]があったためといえるであろう。

（1）この他、蘇同炯氏が『明代駅逓制度』（台湾書店、一九六七年六月）で会同館（一一～一四頁）について触れられている。明代において外国の国書を翻訳した四夷館についての研究は神田喜一郎氏の「明の四夷館に就いて」（『史林』第一二巻第四号、一九二七年十月）がある。四夷館に関するその他の研究については趙令揚氏が論考の中で掲げており、参考になる。

（2）『朝天録　明代中韓関係史料選輯二』第一冊、台北・珪庭出版社、一九七八年四月、五五頁。以下『朝天録』と略記。

（3）『燕行録選集』下巻、ソウル・成均館大学校大東文化研究院、一九六二年十二月、五六頁。

（4）『続史籍集覧』史籍集覧研究会、一九七〇年二月、五二八～五二九頁。

（5）『朝天録』第一冊、二〇三頁。

（6）牧田諦亮『策彦入明記の研究』上、法蔵館、一九五五年十月、一一三頁。

（7）同書、二五四頁。

（8）『京師五城坊巷衚衕集　京師坊巷志稿』北京古籍出版社、一九八二年一月、五頁。

(9)『朝天録』第一冊、三四三頁。

(10)『朝天録』第一冊、三九九頁。

(11)『朝天録』第二冊、五四一頁。

(12)『燕行録選集』上巻、ソウル・成均館大学校大東文化研究院、一九六〇年七月、一〇六頁。

(13)『燕行録選集』上巻、一四八頁。

(14)『燕行録選集』下巻、一〇五頁。

(15)『燕行録選集』下巻、二二九頁。

(16)『燕行録選集』下巻、二六九頁。

(17)『燕行録選集』下巻、二九七頁。

(18)『燕行録選集』下巻、三三六頁。

(19)『燕行録選集』第四輯、ソウル・成均館大学校大東文化研究院、一九七六年十二月初版、一九八六年三月再版、七〇頁。

(20)『燕行録選集』下巻、三八六頁。

(21)『燕行録選集』下巻、三五八頁。

(22)『燕行録選集』下巻、四八六頁。

(23)『燕行録選集』下巻、四八六頁。

(24)『清実録』第一一冊「高宗実録」(三)、中華書局、一九八五年十一月、一一六頁。

(25)『青荘館全書』第七、ソウル・成均館大学校大東文化研究院、一九八〇年九月初版、一九八三年十一月再版、九三頁。

(26)『燕行録選集』上巻、一〇一二頁。

(27)『燕行録選集』上巻、一〇一三頁。

(28)『燕行録選集』上巻、一〇一三頁。

(29)『燕行録選集』上巻、一〇一三頁。

(30)『燕行録選集』下巻、五三三、五五二頁。

(31)『燕行録選集』上巻、一〇一三～一〇一四頁。
(32)『燕行録選集』上巻、三二四、三二五頁。
(33)『燕行録選集』下巻、五八九頁。
(34)『燕巌集』ソウル・景仁文化社、一九七四年十一月、一九六頁。
(35)『燕巌集』、三〇一頁。
(36)『燕巌集』、三一三頁。
(37)『燕行録選集』下巻、一二〇〇頁。
(38)『燕行録選集』下巻、七二二頁。
(39)『燕行録選集』下巻、七六六頁。
(40)『燕行録選集』上巻、七二三頁。
(41)『燕行録選集』下巻、八三九頁。
(42)『燕行録選集』上巻、八四七頁。
(43)『燕行録選集』上巻、九〇一頁。
(44)『燕行録選集』上巻、九〇二頁。
(45)『燕行録選集』下巻、九一二頁。
(46)『燕行録選集』上巻、一〇四〇頁。
(47)『燕行録選集』上巻、一〇四六頁。
(48)『燕行録選集』第一一輯、ソウル、一九七七年十月初版、一九八六年三月再版、一四〇～一四一頁。
(49)『燕行録選集』下巻、一二二三頁。
(50)『燕行録選集』下巻、三五九～三六〇頁。
(51)『燕行録選集』下巻、三六一頁。
(52)『燕行録選集』上巻、二五九頁。
(53)畑地正憲「清朝と李氏朝鮮との朝貢貿易について――特に鄭商の盛衰をめぐって――」『東洋学報』第六二巻第三・

四号、一九八一年三月。

(54) 明清時代北京の開市に関しては次の研究がある。
小葉田淳『中世南島通交貿易史の研究』刀江書院、一九六八年九月再版、三一九～三二一頁参照。同『中世日支通交貿易史の研究』刀江書院、一九六九年一月再版、四三二～四四二頁参照。

全海宗『韓中関係史研究』ソウル・一潮閣、一九七〇年五月、一〇二～一〇三頁。

張存武『清韓宗藩貿易　一六三七～一八九四』台北・中央研究院近代史研究所、一九七八年六月、六一～六九頁参照。

(55)『燕行録選集』上巻、一〇一五頁。

(56) 一ノ瀬雄一「琉璃廠書肆に関する一考察——朝鮮使節の記録を中心に——」『史泉』第六七号、一九八八年三月参照。

(57) 矢野仁一氏は、日本の使節策彦周良の記事より玉河館の呼称と、それが会同館の一部であったことを指摘したが（『支那近代外国関係研究』弘文堂書房、一九二八年九月、一三七頁）、本章で明らかにしたごとく、玉河館とは会同館南館の別称であった。

(58) 吉田金一『近代露清関係史』近藤出版社、一九七四年十月参照。

補　論　朝鮮使節が宿泊した北京の智化寺

一　緒　言

北京の旧内城の東中央部付近に智化寺がある。智化寺（写真1）は安藤更生氏が編輯した『北京案内記』[1]の内城の部において、「智化寺　内一区禄米倉東口　朝陽門内禄米倉東口の路北にある山門内の一郭は、明代の巨閹として知られた王振の創建に因つて名高い智化禅寺の古刹である」[2]と記される。智化寺（写真2～4）は現在も保存されており、公開はされていないが、外部から旧時の景観をうかがうことが出来る。ここに若干紹介したい。

二　智化寺と王振

智化寺は王振が創建したとされる。光緒『順天府志』巻一六、京師志一六、寺観一、内城寺観に「智化寺、朝陽門内禄米倉東にあり。寺は正統間に太監王振が建てる」とある。王振は英宗・正統帝に付いていた宦官である。『明史』巻三〇四、宦官一、王振伝には「正統七年に至り、太皇太后崩じ、……振ついに跋扈し制するべからず。大第を皇城の東に作り、智化寺を建て、土木を究極する」とあるように、張太皇太后が没したのち、王振は他の閹臣を排斥して権力を極めた。その時期に建築されたのが智化寺であった。正統七年（一四四二）以降に建立されたようで、『北京案内記』には「寺の創建は正統九年正月とは言われるが、実は同八年の起工で翌九年三月の

写真1　智化寺正面（著者撮影）

竣工になるものの様である」[3]とある。

正統十四年（一四四九）モンゴル族率いるエセンが大同に侵略してきたため王振は英宗・正統帝に親征を勧めた。しかしこの遠征は失敗に終わり、エセン率いるモンゴル軍に明軍は全滅させられ英宗は捕虜になった。これが有名な「土木の変」であり、王振はこの事件の直接関係者であった。英宗は翌年返されるが、すでに弟の代宗・景泰帝が帝位にあり、帰国後は南宮に幽閉の扱いとなった。ところが景泰七年（一四五六）に景泰帝が没すると、英宗は天順帝として復位したのである。復位した英宗は宦官劉恒の言を入れて智化寺に王振を祀る祠を建て、精忠と名付けている。

この祠は光緒『順天府志』巻一六に「乾隆八年、像及び碑を毀す、御史沈廷芳の奏請なり」とあり、『清史稿』巻四八五、沈廷芳の伝に「都城の智化寺内の明閹王振の造像及び李賢が撰するところの頌徳碑を毀す」と記しているように乾隆八年（一七四三）に御史沈廷芳の奏請によって破壊されている。

三　智化寺と朝鮮使節

筆者は一九九九年八月二十七日の朝七時前に宿舎の干麵胡同にある紅十字会賓館を出て禄米胡同にある智化寺に行った。智化寺は禄米胡同五号にあり、正面門の上部に「勅賜智化寺」と掲げられている（写真2）。現在の智化寺は幅およそ六〇歩、約四〇メートル、奥行き七〇～八〇メートルの敷地に保存されているが公開はしていないようであった。正面にはめ込まれたプレートには「全国重点文物保護単位　智化寺　中華人民共和国国務院　一九六一年三月四日公布　北京市文物事業管理局　一九八一年七月立」（写真3）とあり、中国の重要な保護文物に指定されている。

智化寺は朝鮮国から使節として北京に来着した朝鮮使節も北京滞在中に宿泊施設として利用している。康熙三十二年（一六九三）十二月二十三日に北京に到着した柳命天は『燕行日記』において、

二十三日、晴、……午前入北京、止宿於朝陽門内智化寺、通州四十四里也。(4)

と記し、午前に北京に入り、朝陽門内の智化寺に宿泊している。

康熙五十一年（一七一二）四月二十日に北京に到着した閔鎮遠も彼の『燕行日記』の中で、

二十日壬申、朝乍雨、……入城門、止接於智化寺。蓋玉河舘方有大鼻達子使者留住故也。(5)

写真２　「勅賜智化寺」正面門上部

写真３　智化寺正面横のプレート

写真４　禄米胡同から見た智化寺

（いずれも著者撮影）

と記し、智化寺に宿泊している。本来は会同館とされる紫禁城の南にあり、朝鮮使節が「玉河館」と呼称した施設に宿泊するのであるが、柳命天らの場合は蒙古の使節が、閔鎮遠らの場合はロシア使節等がすでに来着し会同館を使用していたためであった。

智化寺入接後、大通官、次通官、禮部提督一員、員外郎云。開市官一員、筆帖式、即官之下云。守舘伴接而太師一人、筆帖式之下、胥吏之上云。坐於門内、行中日用分付追排、所謂追排、皆給倍直。章京一員率甲軍十名、守在大門。禁我人不得出入。粮豆鶏猪柴草、自入柵後、毎宿站自官覔給者例也。而粮米皆陳腐、不堪炊飯、驛卒輩無不稱免可矜。歴路或給或不給、而此後能計日臣給、未品亦不勝。

智化寺では大通官以下が出迎えてくれた。朝鮮使節の館外への出入りは禁止され、食料は清朝から給付されたが、米穀は新鮮なものではなく「不堪炊飯」とわざわざ記しているように、おそらく古米が支給されていたのであろう。

閔鎮遠は四月二十一日以降において日記に「留智化寺」と記し、六月初五日に、

初五日丁巳、晴、留智化寺、朝、通官等前導詣闕、入東華門外下馬入門、而西進北渡石橋、即通州河鑿引之水。

とある。会同館は現存しておらず、その意味で智化寺は朝鮮使節が宿泊したことが判明する現存の重要な史跡ともいえる。

四　小　結

ところで北京の胡同の地番であるが、東西の胡同は北側が奇数で東が側は数字が小さく、西側は数字が大きくなる。南北の胡同は西側が奇数で北側は数字が少ない。

智化寺のある禄米胡同は、朝陽門南小街に直角に連なり東西に長い胡同であるから五号は北側にあり、朝陽門南小街から離れた東側寄りにあることがわかる。

智化寺のある禄米胡同の禄米倉は光緒『順天府志』巻一〇、倉庫に「禄米倉、計五七廒、在朝陽門内南小街」とあり禄米倉には五七の米倉があった。この米倉は『阡陵』第二〇号（一九八九年十月）に「明清時代北京の倉庫」と題して紹介した倉庫群の一つであった。

現在もその地名は残されているのである。

（1）安藤更生編輯『北京案内記』新民印書館、一九四一年初版、一九四三年一〇版。
（2）安藤更生編輯『北京案内記』、七九頁。
（3）安藤更生編輯『北京案内記』、八〇頁。
（4）『燕行録選集』下、ソウル・成均館大学校大東文化研究院、一九六二年一二月、一二九七頁。
林基中編『燕行録全集』第二三冊、東国大学校出版部、二〇〇一年一〇月、四七四頁。
（5）『燕行録選集』下、三三六頁。
林基中編『燕行録全集』第二四冊、東国大学校出版部、二〇〇一年十月、三六八頁。
（6）『燕行録選集』下、三三六頁。

【参考文献】

博光・言牛「智化寺」『紫金城』一九八七年第五期。

第三章　朝鮮使節の客死

一　緒言

清朝中国の朝貢国であった朝鮮王国は、毎年使節を北京に派遣したが、朝鮮国の都漢城より陸路を経て、国境の鴨緑江を越えて現在の遼寧省に入り、山海関を経由して清国の都北京に赴いた。その旅程においてはさまざまな困難が待ち受けていた。彼らの旅程は、二〇〇〇里を越えていた。この間の苦労は計り知れないものがあったに違いない。彼らはその困難を乗り越えて使命を果たさねばならなかったが、生前中に実現出来なかった使節もいた。それは派遣された使節が客死した場合である。

朝鮮使節の清国領内での死去の例は、琉球国の事例[1]に比べれば遙かに少ないものであったが、それでもいくつかの事例が知られる。本章では、若干の事例について検討を加えてみたい。

二　朝鮮使節の北京への行程

朝鮮使節が王都を離れ、清国北京へ赴く行程について、『通文館志』巻三、事大の「先文」に経由する地名が列記されている。その地名は、碧蹄、坡州、長湍、開城府、金川、平山、葱秀站、瑞興、劔水站、鳳山、黄州、中和、平壌、順安、粛川、安州、嘉山、定州、雲興、林畔、車輦、良策、所串、義州指路[2]と中朝国境までの宿駅の名が見られる。

『大東地志』巻二八、程里考、撥站[3]に、

宣祖三十年丁酉、承旨韓浚謙請依中朝例設擺撥以傳邊書。

とあり、「西北至義州大路騎撥」として、

京都　畿營站　敦化門外、……官門站　二十五里　平壌……所串站、三十里、義州、官門站三十里、義州、共四十一站、一千五十里。[4]

とある。王都ソウルから義州まで一〇五〇里の距離があった。

義州は、中朝国境の重要な位置にあった。『新補東国輿地勝覧』巻五三、義州、楼亭によると、使節を迎接する施設として義順館があったことがわかる。

義順館、舊名望華楼在城南二里、鴨緑江濱、迎候中朝使臣之所、我世祖朝撤楼置館。[5]

これらを朝鮮国の一七一〇年頃の「東国輿之地図」（図1）によれば、王都漢城（図1右下の京都）から朝鮮半島西側に沿ってほぼ北上する路程である。

清国領内の路程に関しては『通文館志』巻三、事大の「中原新貢路程[6]」には次の地名が記される。

自鴨緑江至鎮江城　二十里。

湯站　七十里。

柵門　二十里。

鳳凰城　二十里。

鎮東堡　四十里。

鎮夷堡　六十里。

図１　「東国輿之地図」（部分）
（1710年頃、114.8×73.0㎝、彩色筆写本、ソウル・中央地図文化社影印）

連山關　七十里。
甜水站　三十里。
遼東　九十里。
十里堡　六十里。
盛京　六十里。
邊城　六十里。
巨流河　四十里。
白旗堡　七十里。
二道井　五十里。
小黒山　五十里。
廣寧　六十里。
閭陽驛　三十里。
石山站　四十里。
小凌河　六十里。
杏山驛　三十八里。
連山驛　五十里。
寧遠衛　五十里。
曹庄驛　十五里。
東關驛　五十里。

沙河驛　三十六里。
前屯衛　五十里。
高嶺驛　五十里。
山海關　五十里。
深河驛　六十里。
撫寧驛　四十里。
永平府　七十里。
七家嶺　六十里。
豊潤縣　一百里。
玉田縣　八十里。
薊州　七十里。
三河縣　七十里。
通州　七十里。
北京　四十里。

　共二千四十九里爲二十八日程[7]。

清国領内の路程二〇四九里を二八日の行程で進むことになる。一日の進行は平均七三・二里の計算で、約四〇キロであったと思われる。

一日約四〇キロの旅を、中国国内だけで約一カ月、ソウルからすれば二カ月続けることになる。大変な苦労であったことだけは確かである。

当然、使節団全員が順調に使命を果たしたわけではない。『通文館志』巻七、人物の趙東立の条に、

随閔尚書聖徽、赴燕中路、遇閔公疾病、躬執湯薬、及抵玉河館、而閔公卒。(8)

とあるように、閔聖徽という人物が北京において急死したことを記している。これについて『仁祖実録』巻四九、仁祖二十六年（一六四八）正月戊午（二十二日）の条に、

謝恩副使閔聖徽卒于北京。聖徽爲人明敏有才局、然過剛而濫殺、人多疾之。

とあり、仁祖二十五年に謝恩副使として北京に派遣された閔聖徽が北京で死去したことがわかる。

このような朝鮮使節の客死に対して清朝がどのように対処したのかを次に述べたい。

三　朝鮮使節の客死と清朝の対応

光緒『大清会典事例』巻五一三、賙卹に、

（道光）九年奏准、朝鮮國副使呂東植、在楡關病故、賜銀三百兩。(9)

とあるように、道光九年（純祖二十九、一八二九）の進賀使の副使であった呂東植が中国で客死し、清朝から銀三〇〇両を下賜されている。

この進賀使節は、『純祖実録』巻三〇、純祖二十九年四月己卯（十六日）の条に、

召見進賀正使徐能輔、副使呂東植、書狀官兪章煥、辭陛也。王世子亦召見之。(10)

とあるように、四月二十六日に純宗に挨拶をして都漢城を出発した。しかし、『純祖実録』巻三〇、純祖二十九年八月丁卯（六日）の条に、

謝恩正使徐能輔、以副使呂東植、病卒於楡關站、馳啓。教曰、謝恩副使事、聞極驚惻、未抵北京、中路不淑、尤爲慘然。凡係護送之節、另飭兩西道臣。年前一繡衣、雖是域内、尚施録孤之典、況異域啣命之人乎。如有

其子、待闕服調用[11]。

とあるように、清国内の楡関站において病死したのであった。北京に到着し公務を果たす前の死去であった。

清の『宣宗実録』巻一五八、道光九年七月丁酉（五日）の条に、

直隷総督那彦成奏、朝鮮國使臣進京謝恩、行抵撫寧縣、副使呂東植因病不能前進、停留調治、正使徐能輔等先行、該副使病愈、即令進京、得旨該副使病痊、無庸前來、著在彼等候正使、偕回本國可也[12]。

と、呂東植は撫寧県において病に伏せて、北京へ赴くことが困難となった。さらにこの時の詳細は、那彦成の七月初四日付の奏摺に見える。

直隷総督那彦成跪奏、爲朝鮮使臣、中途患病恭摺、奏聞仰祈聖鑒事、竊臣接據撫寧縣知縣嘉禄、據朝鮮國進京謝恩使臣正使徐能輔、副使呂東植、於六月初六日、抵該縣、副使呂東植因病、不能前進、停留調治、正使徐能輔等均、於十六日先行起程、進京等語[13]。

ついで、七月十四日付の那彦成の奏摺には、

據署撫寧縣知縣嘉禄等稱、該副使呂東植、于七月初四日、在該縣官中、因病身故、該縣同通事金順禧已妥爲料報、俟正使徐能輔回歸、帯回旋國等語[14]。

とあり、呂東植は七月初四日に撫寧県において死去したのである。彼の遺骸は、先行して北京に赴いた正使徐能輔が、公務を終えたのち、帰途に本国へ持ち帰るとのことであった。

また、英祖十三年（乾隆二、一七三七）には陳賀兼謝恩使が派遣された。『英祖実録』巻四四、英祖十三年六月戊辰（十一日）に次のようにある。

以金始炯爲都承旨、海興君橿爲陳賀兼謝恩正使、金龍慶爲副使、安相徽爲書狀官[15]。

金始炯を都承旨として海興君橿を陳賀兼謝恩正使、金龍慶を副使、安相徽を書状官として北京に派遣したので

あった。

しかし副使の金龍慶が、中国国内の豊潤県において死去した。『英祖実録』巻四十七、英祖十四年（乾隆三、一七三八）三月壬午（三十日）に、

副使金龍慶卒於彼地豐潤。上聞而傷悼、令沿路運喪、賜葬需(16)。

とある。豊潤県は、先に示した路程に明らかなように、北京、通州、三河県、薊州、玉田県の次に名の知られる地である。北京からいえば、四三〇里の地点にあった。

金龍慶の死去に対して、英祖は、彼の死去を公事として丁重に処置している。そのことは、『英祖実録』巻四七、英祖十四年四月丙戌（四日）の条に、

上御晝講。知事宋眞明曰、隱卒崇終、乃聖王之政、而冬至副使金龍慶萬里銜命、身沒異域、可謂死於王事也。先朝故判書李光夏以正使赴燕身沒、故別加褒贈、似宜用此例矣。上命依例超贈(17)。

と記されていることからも知られよう。

この金龍慶の豊潤県での死去に際して、清朝が対応した記録が、台湾の中央研究院が所蔵する明清史料に残されている。

經筵講官議政大臣協辦內閣大學事務禮部尚書仍官太常寺鴻臚寺事加二級、臣三泰等、謹題為賜卹事。據朝鮮國大通官鄭泰賢等報稱、朝鮮國副使吏曹判書金龍慶、自在京身得浮脹之症、日漸危重、三月初十日、到豐潤縣、病復添重、於十二日身故。謹此報明等因前來、查乾隆二年四月、琉球國進貢耳目官毛光潤、在閩病故、經臣部照例議給棺價銀二十兩、内閣撰擬祭文、該布政司備辦祭品、委官一員讀文致祭一次、如欲将骨骸帶回本國、聽其帶回、如欲留閩、令其置地、營葬立石、封識等因、具題奉旨。依議欽此欽遵、在案(18)。

同題本によると、その処置は次のようであった。

該臣等議得、朝鮮國差來進貢副使吏曹判書金龍慶、事竣回國、在豊潤縣病故。應照例給與棺價銀二十兩、內閣撰擬祭文、直隷布政司備辦祭品委官一員讀文致祭一次、如欲将骨骸帶回本國、聽其帶回、如欲留豊潤縣、令其置地、營葬立石、封識可也。臣等未敢擅便、謹題請旨。

乾隆叁年叁月　貳拾陸　日

經筵講官議政大臣協議辦內閣大學士事務禮部尚書仍官太常寺鴻臚寺事　臣　三泰
經筵講官禮部尚書加一級　臣　任蘭枝
左侍郎加十級紀錄四次　臣　木和林
工部左侍郎署理禮部左侍郎事加二級紀錄十次　臣　王紘
右侍郎一字太常寺行走加三級紀錄二次　臣　滿色
右侍郎加二級　臣　吳家騏
祠祭清吏司郎中　臣　觀音保
郎中　臣　周廷燮
員外郎　臣　長庚
主事　臣　永常
主事　臣　郝霔
額外主事　臣　易洪周
額外主事　臣　程錫琮
額外主事　臣　鄒士隨
額外主事上學習行走　臣　李玉鳴

額外主事上學習行走　　臣　王雲煥
協辦司事行人司行人　　臣　王開銓[19]

と、乾隆三年三月二十六日付で主要な閣僚が署名した題本が作成されたのである。金龍慶は北京での公務を終えたものの、北京ですでに病が重く、帰途で日に日に重症となり、三月初十日に豊潤県に到着したときは危篤状態となった。そして十二日に死去したのである。このとき、このような朝貢使節の前例として右の題本にあげられた乾隆二年四月に琉球国の進貢耳目官であった毛光潤が福建で病死したものが参照され、清朝礼部は前例により棺の費用として価銀二〇両を給付し、内閣が祭文を作成し、当該の布政司が祭祀の品を準備するとしたのであった。

さらに乾隆三年四月初三日付の兵部尚書であった李衛の題本がある。

太子少保兵部尚書兼都察院右副都御史・總督直隷等處地方紫荊密雲等關監提督軍務兼理糧餉加十二級紀錄二
十二次、又軍功紀錄一次、駐劄保定府臣李衛謹題、為報明事。據直隷布政使司布政使張鳴鈞呈稱、乾隆三年
三月十九日、據署豊潤縣知縣楊大崑詳稱、本年三月十二日、准朝鮮國鄭泰賢等報稱、本國副使吏曹判書金龍
慶、自在京內身得浮脹之症、日漸危重、本月十一日、到豊潤縣、病漸添增、於十二日未時身故、謹此呈明等
情到縣准此、查貢使吏曹判書金龍慶、於本年三月十一日、到縣、留住調治、業經通報在案。今准通官鄭泰賢
等單報、病故前來、除一百協同料理、備棺收殮、幷加意安慰外、所有病故、日期具文詳報查核、再查朝鮮國
貢使各官役等、在縣的於何日起程回國、容俟另文申報、合併聲明等情、據此隨卽轉報飭查間、又據豊潤縣申
稱、朝鮮國進貢副使金龍慶病故、同來使臣李櫑等、於本月十五日、扶柩起程歸國等情。到司據此、該本司查
得、朝鮮國貢使、自京回國、於乾隆三年三月十一日、到豊潤縣、適副使吏曹判書金龍慶患病、留豊調養、業
據該縣申報詳蒙分咨在案、茲據該縣續報、副使金龍慶、自京身得浮脹之症、日漸沉重、調治不痊、於本年

三月十二日、在豊病故。協同料理、備棺收殮、加意安慰。卽於十五日、同來使臣、扶柩回國等情、前來。査定例外國貢使或在途病故、禮部具題、令內院撰祭文所在布政司遣堂官致祭一次、仍置地塋葬立石封識、若同來使臣、自願帶回骸骨者聽等因、今據該縣申報、副使金龍慶病故、同來使臣、卽扶柩起程歸國、不及委員致祭、合將朝鮮國進貢副使吏曹判書金龍慶、在途病故、扶柩歸國、日期擬合詳請題報等因、呈詳到臣、該臣査得、朝鮮國貢使、自京回國、於乾隆三年三月十一日、到豊潤縣、有副使吏曹判書金龍慶染患浮脹、病症留養、調治不痊、於本年三月十二日未時、在豊病故、該縣當卽為之料理、備棺收殮。卽於十五日、同來使臣李橿等、扶柩起程回國。據布政使張鳴鈞査明呈請、題報前來、所有朝鮮國進貢副使吏曹判書金龍慶、在途病故、幷料理扶柩回國緣由、理合具題。伏乞皇上睿鑒、施行謹具題聞。

乾隆三年四月初三日　太子少保兵部尚書兼都都察院右副都御史總督直隷等處地方紫荊密雲等關監提督軍務兼理糧餉加十二級紀錄二十二次又軍功紀錄一次駐劄保定府臣李衛[20]

金龍慶が豊潤県で死去したのは三月十二日の未の刻であった。清朝は棺を準備し、同地での葬儀をと準備したが、朝鮮使節一行は、金龍慶の棺を携えて本国に持ち帰ることを願い出たのであった。同題本の要旨は以下のようである。

太子少保兵部尚書兼都都察院右副都御史總督直隷等處地方紫荊密雲等關監提督軍務兼理糧餉加十二級紀錄二十二次又軍功紀錄一次駐劄保定府臣李衛謹題、為報明事。該臣査得、朝鮮國貢使、自京回國、於乾隆三年三月十一日、到豊潤縣、有副使吏曹判書金龍慶、染患浮脹、病症留養、調治不痊、於本年三月十二日未時、在豊病故。該縣當卽為之料理、備棺收殮。卽於十五日、同來使臣李橿等、扶柩起程回國。據布政使張鳴鈞査明呈請題報前來、所有朝鮮國進貢副使吏曹判書金龍慶、在途病故、幷料理扶柩回國緣由、具題聞。[21]

金龍慶の遺骸は使節により本国に輸送された。その棺の費用として清朝側は銀二〇両を給付した。

四　小結

清朝中国の朝貢国であった朝鮮は毎年のように北京に使節を派遣していた。同じく朝貢国であった琉球国のように那覇から福州へ東シナ海を渡航するという航海の危険はほとんどなかったものの、三一〇〇里におよぶ陸路の旅程があった。それは北京での滞在や途中での短期宿泊を含めほぼ一六〇日、半年近くに及ぶ困難なものであった。このため途上や帰路にて体調を壊す者などもいたが、最悪の場合には死にいたる危険があったのである。その具体的な事例が、乾隆三年三月に北京での公務を終えて帰路に就いた副使の金龍慶が北京から四百余十里の豊潤県で死去し、清朝政府から棺の費用として銀二〇両の提供を受けたケースであり、彼の遺骸は同伴の使節団に運ばれて帰国したのであった。また道光九年の副使呂東植が楡関において病死したさいには銀三〇〇両が下賜されている。

朝鮮国使節の中国国内での客死は、琉球国の事例より[22]遙かに少ないためか、記録は多くないが、清朝としては朝貢国の使節の客死に際して、棺の費用や下賜銀などの扱いを同等に行っていたことがわかる。

(1) 松浦章『清代中国琉球国交渉史の研究』関西大学出版部、二〇一一年十月、一〇五～一六四頁。
(2) 『通文館志』景仁文化社、一九七四年二月、二八頁。
(3) 『大東地志』下冊、忠南大学校附設百済研究所、一九八二年五月、八九三頁。
(4) 『大東地志』下冊、八九三～八九四頁。
(5) 『新増東国輿地勝覧』明文堂、一九九四年八月、九六四頁。
(6) 『通文館志』三九頁。
(7) 『通文館志』四〇頁。

(8)『通文館志』一〇七頁。

(9)『清会典事例』第六冊、中華書局影印、一九九一年四月、九四一頁。

(10)『李朝実録』第五一冊、学習院東洋文化研究所、一九六六年八月、二八五頁。

(11)『李朝実録』第五一冊、二八九頁。

(12)『清実録』第三五冊、中華書局影印、一九八六年十月、四二九頁。

(13)『清代中朝関係檔案史料続編』中国檔案出版社、一九九八年一月、一三〇頁。

(14)『清代中朝関係檔案史料続編』一三〇～一三一頁。

(15)『李朝実録』第四四冊、学習院東洋文化研究所、一九六五年八月、九二頁。

(16)『李朝実録』第四四冊、一二八頁。

(17)『李朝実録』第四四冊、一二八頁。

(18・19)　台湾・中央研究院歴史語言研究所蔵明清史料、登録番号〇四九八五一による。

(20・21)　台湾・中央研究院歴史語言研究所蔵明清史料、登録番号〇七〇三一七による。

(22)　松浦章『清代中国琉球交渉史の研究』一〇五～一二九頁。

第二部　朝鮮情報から見る中国

――赴京使による交渉（二）

第一章　明朝末期における朝鮮使節の見た北京

一　緒言

高麗末期に親明派の李成桂が新王朝朝鮮国を建国すると、明朝との間に宗属関係が樹立された。その後、両国の関係は絶えることなく続き、朝鮮国は定期的に使節を明朝に派遣している。友好関係は二百二十余年の長きにわたってる(1)。

しかし、両国の関係を微視的に見る時、複雑な国際関係が微妙に影響した時期がある。それは明朝末期に中国東北地方に興起した満洲族が遼東地域に進出した時である。

満洲族が明朝治下の遼東都司管轄の渤海沿海地区へ進出し、朝鮮国が明朝への朝貢路としていた経路が満洲族の支配下に入ると、朝鮮国の使節は陸路ではなく、一部海上航路を経なければ北京へ赴くことができなくなったのである。遼東廻りの陸路によって北京を訪れていた朝鮮使節は海路を使用せざるを得なくなったため従来に比べ遙かに困難を強いられ、海難に遭遇した朝鮮使節も見られた。

このような困難を重ね中国へ赴いた朝鮮使節が見た北京は、明朝末期の腐敗した政局であった。明朝末期の朝鮮使節は明朝政局の腐敗や、新たに台頭してきた満洲族の動向を冷静に直視し記録している。

そこで、本章は明朝末期に朝鮮使節がどのような朝貢路を取って北京に赴いたのか、またその途上で見聞した満洲族の動静、そして北京で見た明朝政局の状況等々について述べてみたい。

二　明末における朝鮮使節の朝貢路

（1）朝鮮使節の朝貢路概要

明代において朝鮮使節が北京へ赴いた経路は通常、高麗末期に定められた経路を遵守してる。『明史』巻三二〇、朝鮮伝に、「洪武七年（一三七四、高麗・恭愍王二十三年）、（中略）貢路は陸に従り、定遼よりし、海を渉るなかれ[2]」とある。

彼らは遼東都司治下の定遼衛を経て遼東湾に沿って山海関に赴き、北京にいたった。朝鮮国が樹立されても、この経路を利用したことは、万暦『大明会典』巻一〇五、朝貢一の朝鮮国の条に見える次の記事からも知られる。「貢道は鴨緑江より、遼陽・廣寧を歴て、山海関に入り、京師に達す[3]」とあるように、朝鮮国から鴨緑江を渡り、遼東都司治下の遼陽すなわち現在の遼陽市、広寧すなわち現在の錦州市を経過して山海関を通り、北京にいたったのである。

朝鮮使節の北京への朝貢路の一例として、右の経路によって北京へ赴いた鄭経世の場合を彼の『愚伏先生別集』巻四、付録、年譜によって見てみたい。

鄭経世は万暦三十七年（光海君元、一六〇九）の三月に冬至使に任命された。彼は八月乙卯（七日）の条に、「表を奉じ、朝を辞す。副使呂公裕吉、書状李公芬偕行す[4]」とあるように、都漢城（ソウル）を出発している。鄭経世が正使で呂裕吉が副使、李芬が書状官であった。

彼らは八月丙寅（十八日）に平壌にいたり、同月戊寅（二十九日）に鴨緑江南岸の義州に着いた。鴨緑江を渡ったのは九月丁亥（九日）である。そして、同癸巳（十五日）に遼東の懐遠館に到着した。その後、十月乙亥（二十七日）に山海関にいたり、十一月庚寅（十三日）に北京の玉河館に到着している。[5]
玉河館とは皇城内にある外国使節の宿泊する会同館のことで、皇城の玉河のそばにあったため、朝鮮使節からは玉河館と呼ばれた。[6]
上述のように朝鮮使節は朝鮮国から鴨緑江を渡り、遼東都司治下の遼東湾岸の地域に沿って山海関にいたる経路を長期にわたって取った。これが通常の朝貢路であった。
この朝貢路に異変が生じたのである。

（2）天啓年間の朝鮮使節の朝貢路

光海君十二年（泰昌元、一六二〇）に北京へ赴いた朝鮮使節は、帰路である遼東経路が後金軍に奪われてしまったことを知る。

『満文老檔』天命六年（天啓元、光海君十三、一六二一）三月十三日の条に、次のようにある。

> かように固守した城（瀋陽）を攻めるため、我が兵は辰の刻に到着すると、同刻直ちに攻め取って、七萬の敵兵を皆殺した。[7]

さらに、

> 十八日に我が軍は遼東城に向かって出発し、十里河に泊った。十九日の午の刻に遼東城に到着した。[8]

とあるように、明の瀋陽城は後金軍の攻勢により陥落したのであった。このことは、直ちに朝鮮国にも伝えられた。

『光海君日記』巻一六三、光海君十三年（天啓元、天命六、一六二一）三月庚午（二十八日）の条に、「義州府尹の鄭遵啓を馳せ、本月十三日奴賊の大勢瀋陽を攻略し、十九日に遼東を進犯すと[9]」あるように、鴨緑江南岸にある義州府の長官鄭遵によって、三月十三日に瀋陽が満洲族により陥落し、十九日には遼陽が攻められたことが伝えられた。

この結果、北京に滞在中の朝鮮使節は帰路を変更せざるを得ない状態になった。彼らの帰途の様子は『光海君日記』巻一六四、光海君十三年四月甲申（十三日）の条に、「赴京使の朴彝敍・柳澗が、京師より回るに、風に遭い漂没す[10]」とある。朝鮮使節等一行は海路によって帰国したが、海難に遭遇したのであった。彼らが、海路を取った理由と、その航路について同書には「時に遼路遽に断たれ、赴京使臣創めて水路を開くに、いまだ海事を諳んぜず。行きて鐵山嘴に至らば、例として多く敗没す。使臣の康昱と書状官鄭應斗等もまた相継いで溺死す。是より人皆規避して、賂を行い、免れんことを得んとする者多しと云う[11]」とあるように、遼東経路を断たれた朝鮮使節は海上路を使った。その路程は、遼東半島先端にある鉄山嘴を通る航路、すなわち山東半島から遼東半島沿岸に沿った海上路であった。

朝鮮使節にとって初めての船舶使用であったこともあり、海難に遭遇したのである。このため康昱らの溺死者を出す結果となった。

『通文館志』巻三、事大、航海路程によれば、「我朝、永楽己丑（七年）より陸より天に朝す。天啓辛酉（元年）にいたり、遼・瀋の路梗がれ、また海路による[12]」とあるように、永楽七年（太宗九、一四〇九）より、陸路によって朝貢したが、天啓元年（光海君十三、一六二一）に遼東経路が満洲族の進出により遮断され、朝鮮使節は南宋時代における高麗の中国朝貢以来、再び海路を使うことになったのである。

海路を取らざるを得なくなった朝鮮使節は以後難渋を重ねている。

『仁祖実録』巻六、仁祖二年（天啓四、天命九、一六二四）五月戊辰（十五日）の条によれば、朝鮮使節にとって朝鮮半島の出帆港がとりわけ不便であった。「赴京使臣をして安州において乗船せしむに、ひとたび遼路断絶の後より、朝天の行は、つねに宣（川）、鐵（山）の間に留滞し、風を候ちて去《ゆ》かしむ。装船・夫馬の弊種々支え難し[13]」とあるように、使節の船は宣川、鉄山の近海で風待ちをしなければならず、また使節の派遣にともなう装船や人夫による運送等に種々の弊害を生じたのである。

このため、以後この安州より使節が乗船することになった。

海上路によって北京へ行った使節の日記が知られる。それは天啓四年（一六二四）に北京へ赴いた洪翼漢の『花浦先生朝天航海録[14]』二巻である。この記述により経過地点を中心に作成したのが表1である。

表1　天啓四年（一六二四）朝鮮使節路程表

○往路　『花浦先生朝天航海録』巻一（『燕行録選集』上冊所収）

日付	記事
天啓4年4月	朝廷以僉知中樞權啓、爲聖節兼冬至使、聘于京職
7月3日	辭朝
18日	始抵平壤
8月1日	得達宣沙浦
4日	乃開洋
5日	泊木美島港
6日	泊椵島東港
7日	留宿椵島後港
11日	車牛島・竹島・大小猜子島・薪島、以後非我國地、……過鹿島……
12日	向石城島
14日	入長山島
15日	向廣鹿島
天啓4年8月20日	忽後平島
21日	自上年參將張盤、勒三千兵、把守旅順口
22日	泊廟島前港
23日	泊登州水門外
9月10日	晴、早朝、黄孝誠等、自軍門持勘合票文來
11日	留登已經十餘日、……黄孝誠等曰、書狀官、自古於遼路例、以馬坐赴京、于今不然
12日	宿黄縣、是日行六十里
13日	宿黄山驛舘
14日	往朱轎舗、……止宿、是日行六十里
15日	宿萊州掖縣城東關裏、六十里
16日	是日行六十里、宿灰埠驛
17日	宿昌邑縣東舘裏、……是日行八十里
18日	宿濰縣北舘裏、是日行一百里

日付	記事
天啓4年9月19日	是日行五十里、宿昌樂縣南關裏
20日	宿青州益都縣南關裏、是日行七十里
21日	抵金嶺鎭止宿、是日行四十里
22日	入長山城裏、……留宿、是日行八十里、
23日	今日行路多不過三十里
24日	渡縷江橋、橋在章丘城
25日	行四十里、宿龍山驛
26日	晴、食後、行過寒山店・呂公井橋、三十里、中火、長和店。午後、行三十里、宿濟南府城南
27日	晴、留濟南
28日	宿濟河縣北關裏、是日行四十里
29日	晴、自濟河縣蓐食、行三十里、歷遠城縣、中火象家店、行四十里、宿禹城縣裏
30日	中火、平丘店、行至平原縣、止宿、行七十里

日付	記事
天啓4年10月1日	行五十里、中火、譚家舗、行三十里、至徳州西關衛河邊、寄宿徳州
2日	渡衛河、行三十里、中火、樓子舗、行三十里、入景州南關裏、寄宿
3日	行五十里、僅得入阜城縣東關裏、寄宿
4日	夜入獻縣、止宿
5日	抵河間府、止宿、是日行六里
6日	宿任丘縣南關裏
7日	宿雄州南關裏
8日	入新城牒縣、止宿
9日	宿琢州北關裏、是日行六十里
10日	至良郷縣、止宿、……是昌行七十里
11日	至長店、止宿。北距京裏、四十里云
12日	晴、食後、行十里、抵桑乾河、渡蘆溝橋、……入朝陽門、渡玉河橋、舘于會同舘

○帰路　『花浦先生朝天航海録』巻二

日付	記事
天啓5年2月25日	晴、早朝登行、自玉河舘、出崇文門、到昌義門……達長店留宿
27日	宿琢州南關、行一百里
28日	中火、新城縣南關
29日	宿任丘縣
3月1日	中火于河間中和店……夕抵獻縣商客林劉芳家寄宿
2日	宿阜城縣南關陸迂配家

日付	記事
天啓5年2月3日	宿徳州南關陳參家
4日	宿盤河店李進材家
5日	至濟陽縣西舘王洪恩家留宿
6日	宿鄒平縣西關張東藩家
7日	至金嶺鎭張思禮家止宿
8日	至青州張孟口店
9日	宿濰縣北關李棉家
10日	宿新河店富姓家

日付	記事
天啓5年2月11日	晴、朝霧、至沙河店張居士家、中火。到萊州西關
12日	陰、中火、朱橋舖
13日	到北馬舖劉世寬家留家
14日	到登州
20日	晴、子夜、往船所行開洋、……午初、發行、泊廟島前洋
25日	透入鐵山嘴前洋、……黎明、抵平島

日付	記事
天啓5年2月26日	到長山島留泊
28日	留石城島
4月1日	郭山凌漢山、宣川・木美島、鐵山・龍骨山最著於前
2日	入椵島港口
3日	宿定州私舍
9日	午後、到平壤、舘于私舍
14日	達開城府

洪翼漢は朝鮮国の宣沙浦より乗船し、遼東半島南岸に沿って西し、遼東半島の先端より山東半島の登州に向かって舳を替え、宣沙浦を出帆より以来二三日を要して登州に到着している。

その後、洪翼漢らは登州より陸路北京に赴き、帰路も登州から船で同様の航路により十数日を要して帰国している。

(3)　崇禎九年（一六三六）の朝鮮使節

崇禎年間に入るとさらに朝貢路の変更が見られる。

朝鮮側では朝鮮の出帆港の変更が要望されていた。『仁祖実録』巻一八、仁祖六年（崇禎元、天聡二、一六二八）六月辛亥（二一日）の条にそのことが見られる。「冬至使宋克訊啓して曰く、臣伏して聞するに、今より京に赴く使臣、まさに大同江において乗船すべし、永く恒式と為さんと云う。陸路平壌より石多山に至らば、則ち一日の程に過ぎず、水路大同江より海口に回転すれば、則ち甚だ険にして、且つ遠し（中略）請うらくは前例に依りて、石多山において乗船せん。許されず[15]」とあるように、朝鮮の出帆港の不便を改め、平壌に近い石多山より出帆し

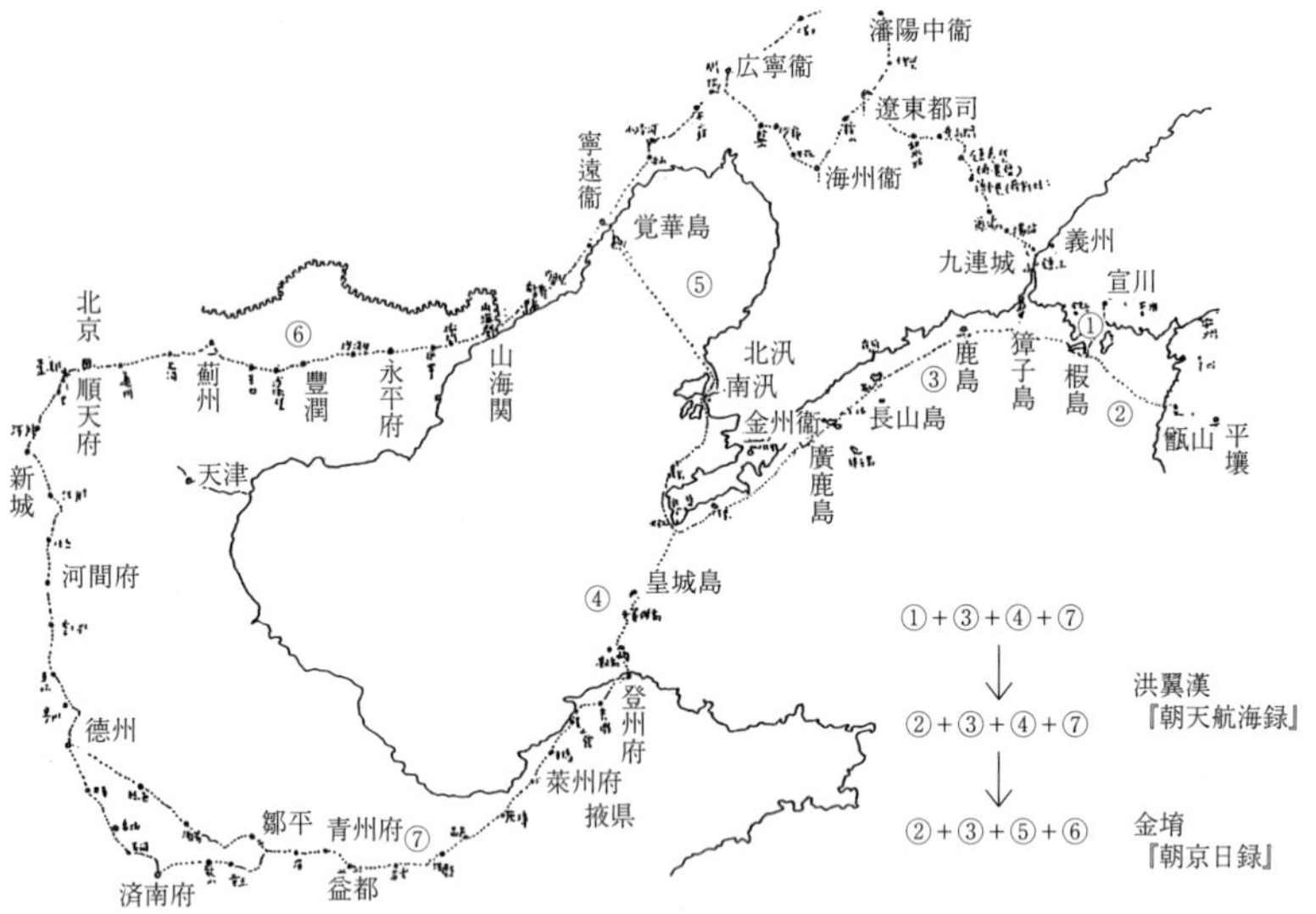

地図　『朝天航海録』『朝京日録』による貢路

てはとの冬至使宋克訒の意見であったが、このときは認められなかった。

しかし、この要望は翌年認められた。『仁祖実録』巻二〇、仁祖七年（崇禎二、天聡三、一六二九）六月乙卯（二日）の条に見えている。「謝恩使李忔、冬至使尹安國啓を馳せて曰く、臣等の行、まさに船を大同江より發せんとす。而れども陸路なれば則ち平壌の甑山を去ること纔に八十里。水路なれば、則ち大同より石多山に到るは、ただに水浅く礙多きのみに非ず、或いは八・九日にて達するを得と云う。請うらくは石多山より乗船せんと。上これを許す[16]」とあるように、朝鮮の朝貢使節が出帆する所は石多山に変更されたのである。

ところが、同じ年に、明朝側から朝鮮国に対してそれ以上の大変更が行われたのである。

『仁祖実録』巻二〇、仁祖七年閏四月丙子（二一日）の条に、「中朝、我が国の貢路を改定するに、覺華島に由らしむ。経略袁崇煥の議に従うなり[17]」とあるように、寧遠にいた袁崇煥によって朝鮮使節の北京への朝貢路が大きく変更された。袁崇煥には、明朝が遼東を確保していることを誇示する狙いがあったものと思われる。[18]

この結果、朝鮮使節は朝鮮国の港を出帆して遼東半島南岸に沿って西し、遼東半島先端から山東半島に向かわず、北に進路を取り渤海を縦断し、寧遠の沖の覚華島を目指す航路を取り、寧遠に上陸ののち、寧遠より陸路によって山海関を経て北京に赴く経路を取らざるを得なくなったのである。

明朝の朝貢路変更にたいして、鄭経世は旧来の登州上陸の貢路に復活してほしいと求めている。鄭経世『愚伏先生文集』巻四、奏文「請復登州旧路奏文」によれば、覚華島へ向かう航路は極めて困難で、「崇禎三年四月初四日、進賀兼謝恩陪臣李忔、山海関にありて、啓を馳せるに據るに、臣等一行、乗船すること五十日にして、始めて覺華島に到りて寧遠に達するを得たり、海程の險、盡くは陳べ難きことあり。平島より登州に至るは風便なれば一日の程にして、覺華島に至るは則ち殆どまさにこれに倍せんとす。所謂雙島は南・北汛口相い去ること絶遠にして、中間も又島嶼の依泊の處無し[19]」と記しているように、遼東半島先端から覚華島を目指す航路は朝鮮使節にとって極めて困難な朝貢路であった。

しかし、鄭経世の懇願にも係わらず、朝貢路の変更は行われず、崇禎九年（一六三六）の明朝最後の朝鮮使節まで使われた。この朝貢路で北京に赴いた朝鮮使節の日記が残されている。それは金堉の『朝京日録[20]』である。『朝京日録』に基づき、経過地名を記したのが表2である。

表2　崇禎九年（一六三六）朝鮮使節の路程

○往路　金堉『朝京日録』（『燕行録選集』上冊所収）

日付	記事
崇禎9年6月15日	晴、與書状官李晩栄往議政府
17日	晴、早晩、詣闕
25日	未時、到平壌
崇禎9年7月13日	過甑山縣、直到石多山
15日	晴……一行員役・梢工・格軍于海汀、凡一百六十人

日付	記事
崇禎9年7月17日	未時、到鬱美島
20日	二更、到皮島
24日	夕到車牛島
26日	巳時、過鹿島。酉時、過石城島、二更初到長山島……長山島以西至旅順口、属金州云
8月1日	過廣鹿島、午時到福子島、……福子山舟人謂之［入山］神島
6日	夕到平島
8日	過旅順口鐵山嘴、黄昏到雙島、……平明過猪島
9日	到泊南汎口
15日	従南汎口後浦、泊于汎中
16日	都督兵船列泊汎中者、八十餘隻、船檣森立、旗織飄揚
18日	西北望覺華島
21日	二更過覺華島、到泊寧遠前洋、一船先泊、三・四船繼來、此海大約八百餘里
10月16日	時風寒、午後發寧遠、……過曹家庄・沙河所・曲流河堡、夕宿東關驛、凡行六十里
17日	朝陰、午後大風、渡六州河、入中後所少憩

日付	記事
	到沙河驛點心、夕宿前屯衛、凡行六十里
崇禎9年10月18日	夕到山海關羅城、凡行六十里
23日	晴温、平明發行、點心于范家庄、夕宿楡關、凡行七十里
24日	晴、過撫寧縣、點心于雙望堡、夕刻永平府南門外、凡行七十五里
25日	過沙河驛新店、夕宿針子店、凡行九十里
26日	晴、點心于板橋店、早到豊潤驛、凡行四十里
27日	晴、行過高麗村、點心于沙流堡、過梁家店。夕宿玉田縣、凡行七十里
29日	晴、過羅山店、點心于別山堡、夕到薊州、凡行六十里
11月2日	晴、點心于夏店玉皇廟、夕到通州江、乗船以渡、……宿西門店舎
4日	晴、夕與書状、歩往城北、觀漕河
5日	陰早朝發行、渡大通橋、橋在通州西十里許、……過到東獄廟、少憩、……到朝陽門、宦者守門、……到玉河館、……黄昏入宿東房
6日	晴、呈報單于鴻臚寺、是夜始雪、暁即晴

○帰路

日付	記事
崇禎10年4月22日	晴、晩、詣闕謝恩
閏4月22日	移泊覺華脇浦口
閏4月27日	酉時到泊北汎口北赤岸灣
5月1日	到鐵山嘴

日付	記事
崇禎10年5月2日	平明、到平島
3日	午時、到長山島
5日	行到石城島
7日	平明、始到鹿島南洋

日付	記事
崇禎10年5月8日	過鹿島、宿於洋中
9日	晴、泊大華島
10日	行到石多山前洋
11日	酉時、到泊石多山、甑山縣令邊大中來見

日付	記事
崇禎10年5月12日	夕宿甑山縣
13日	到江西縣
6月2日	晴、朝、詣闕、上引見于文政殿

金堉らは崇禎九年（仁祖十四、崇徳元、一六三六）七月十五日に朝鮮国の石多山を出帆し、途中遼東半島南西部の南汎口に数日停泊したものの、覚華島を通過し寧遠に到着したのは八月二十一日（九月十九日）と、三六日を要している。鄭経世の懇願の背景がこのことからも知られるであろう。

三　朝鮮使節の見た明朝末期の北京

上述のような困難な朝貢路によって、北京へ赴いた朝鮮使節であったが、彼らは朝貢途上や北京で、急激に変貌する中国社会をどのように見ていたであろうか。

(1)　魏忠賢の隆盛と衰微

天啓年間の朝鮮使節の記録の中で、最も話題を提供している人物は魏忠賢である。

無頼の徒であった魏忠賢が宦官となって、天啓帝の寵愛を得て権力を握り、横暴の限りを極めたことは『明史』[21]をはじめとする史書に詳しいが、朝鮮使節も詳細な記録を残している。

洪翼漢の『朝天航海録』巻一、天啓四年（一六二四）十月十九日の条に、魏忠賢の来歴と、当時の権勢の様子を、

「太監魏晋忠は、泰昌皇帝東宮に在りし時、自宮して内竪となり、今の天子に寵を得たり。天子即位の初め、名

を忠賢と賜わり、龍寵之を異にし、是より中に居りて事を用い、威勢日々盛んなり。遂に皇上保姆客氏と深く相い締結し、表裏煽動し、禍福は皆その手より出ず。朝野側目して、言いて曰く、天下威権在るところは第一に魏太監、第二に客奶姐、第三に皇上と云うと。客氏年四十を踰るも色貌かわらず、性もまた慧朗にして、才藝後宮に冠たり。よく上旨を承り、恩眷比るもの無し。醜聲頗る外に聞こゆ(22)」と記している。

魏忠賢は天啓帝より寵愛を得て権勢を傘に着て、さらに天啓帝の保姆の客氏とともに宮廷内で大きな権力を掌握していた。当時の中国では魏忠賢の権力は皇帝天啓帝よりも上にあったと人々から見られていたのである。

さらに、その魏忠賢の党派について、洪翼漢は、同書、十二月十一日の条に、「原任崔景榮入りて吏部尚書となる。魏忠賢の腹心にして、首め在籍より起こる。文官朱童蒙、郭允厚、李春燁、徐大化、呂鵬雲、孫杰、霍維華、王志道、郭興治、徐昌濂、賈繼春、楊維垣等原職に復す、皆魏忠賢に党する者なり(23)」と記している。『明史』の魏忠賢伝には天啓四年当時、朱童蒙、郭允厚は太僕少卿、呂鵬雲、孫杰は大理丞に、霍維華、郭興治は給事中に、徐昌濂、賈継春、楊維垣は御史になったことを記しているように(24)、彼らも魏忠賢の権勢を背景に政局に権力を振るっていたのである。さらに、洪翼漢は翌日十二日に同書に、「禮部右侍郎溫體仁、父の喪をもって位を去る。閣老朱國禎、朱延禧章を連ね退くを乞う。都下の人心愕然とす。もし相い失わば、忠賢専恣日々甚だし。其の族、魏良弼、魏良材、魏良卿、魏希禮及び外甥傅應星等、要地に布列し、中より事を用い、内は客氏に結び。外は魏廣微を援け、凡そ大小の政事、必ず廣微の進閣を待ち、然る後に處決せん。他の閣老位を充たすのみ。此をもって時議に附せざる者は、幷せ引去するを欲し、仕宦するの意無きなり(25)」と記している。

魏忠賢の一派が急速に政局内に勢力を伸ばしていった状況が知られ、その党派に属さない官僚たちは政治に対する意欲を喪失していたことが知られる。

天啓七年（一六二七）に帰国した謝恩使金尚憲と書状官金地粋とは朝鮮国王仁祖から五月十八日に、「中原の事情如何に」と、中国の事情を聞かれた。さらに仁祖が魏忠賢に開することを質問したのに対して、金尚憲は答えて、「凡そ己の罪を論ずるもの、忠賢皆必ず陰に之に中てるに法をもってし、而して一門に至る。皆其の侵害を被る。故に諫官も亦言を盡くすことあたわずと云うなり[26]」と述べている。

さらに金尚憲は魏忠賢一派の様子を、「魏忠賢の姪、既に封伯となり、又田千頃を給せらる。王夢尹、同僚と此の事を言及す。此をもって罪を得たりと云うなり[27]」と述べている。

魏忠賢の一族は明朝において特権を得ており、しかもそのことを批判する官吏は魏忠賢一派から罪を受けるという陰湿な政治が展開されていたのである。このような同僚間の話が魏忠賢の耳に達していたことから、魏忠賢配下の間諜が宮城内にも多く放たれていたと考えられる。

このように権勢を極めた魏忠賢も天啓帝の逝去とともに、一挙に官界から排斥されることになる。

帰国した奏聞使権怗らが、仁祖六年（一六二八）正月己丑（二七日）に、仁祖から、「中朝の事情未だ如何なるかを知らず」と質問された。権怗は山東の登州より、前年の八月北京にいたり、八月二十二日に天啓帝が逝去したことを知った。その時の様子を、「新天子即位の後、多く改紀の事有り。士類を引用し、魏宦の党を退斥し、朝に清朗を著す[28]」と述べている。新たに即位した崇禎帝は政局の人事刷新をはかり、魏忠賢一派を排斥する方針を取ったことが朝鮮使節等にも聞知されていた。

さらに権怗は二月癸卯（一一日）に、「兵部詔書崔呈秀、党兇にして権を擅まにし、給事中楊孔修はじめて之に罪せんことを請う。監察御史楊維垣これを繼ぐ。呈秀出て原籍に還るに、中途にして拿命を聞き、自ら縊死す。其の妾蕭氏も亦自刎す。盡く其の家を没す。閻鳴泰代わりて兵部を判す[29]」と報告している。

まず第一に、魏忠賢に与した兵部尚書崔呈秀が免職され、本籍地に戻る途中、自分の逮捕命令が出たことを聞き自殺し、彼の妾蕭氏も自殺して、彼の家は籍没されたことを報告している。

そして権怗は、魏忠賢のことを「宦者魏忠賢初め鳳陽に配せられ、行きて阜城に至り、亦自ら縊死す。其の子良卿も并せこれを誅し、家財を籍没す。十三省の總督の宦官たるは盡く撤回せらる(30)」と報告している。

魏忠賢も阜城で自殺した。彼の自殺に関して、『明史紀事本末』巻七一、魏忠賢乱政、天啓七年（一六二七）十一月庚午（七日）の条に、「魏忠賢阜城尤氏の邸舎に宿す、其の党密かに上旨を報じ、免れざるを知り、夜李朝欽と同に自經す(31)」とあるように、朝鮮使節の報告には魏忠賢の自殺した地名まで詳細に報告されていた。

以上のように魏忠賢の権勢とその末路にいたるまで朝鮮使節は記録にとどめている。

（2）明朝官吏の腐敗

魏忠賢のみならず、明朝末期の官僚たちの腐敗した状況についても朝鮮使節は詳しく記している。

洪翼漢の『朝天航海録』巻一、天啓四年（一六二四）十月十七日の条に、朝鮮使節等の所に来た小甲の徐継仁らが上通事に述べたことが、「近來各部の人情、昔時に倍す。仍上年奏請の時の人情の單字を出し、以て考証に憑らしむ。人參は多きこと数十斤に至り、他物是に称う(32)」と記されており、中国官吏から朝鮮使節の持参する薬用人参の要求が多く、昔のような状況でなくなっていたことがわかる。

同様なことは、天啓七年（一六二七）五月十八日に、仁祖の質問に対する金尚憲の答えからも知られる。仁祖が、「中原の貪風大いに振るうと云う。今則ち如何に」と問うたのに対し、金尚憲は、「天下皆然り、紀極有る罔し、臣等の行、方物上納の時、亦銀・参を受けたり、而して提督も亦いまだ價を捧るを免れず、殊に寒心を極めたり(33)」と答えているように、中国官吏が朝鮮使節に賄賂として銀や薬用人参を公然と要求していた状況を具体的に伝えている。

さらに、仁祖十一年（崇禎六、一六三三）に帰国した奏請使張洪霣に仁祖が、「中朝の形勢前に比べ如何に」と質問したのに対し、その返答は、「譯官等皆言う、物力昔日の全盛に如かず、而して士大夫の貪風大いに振るうと云うなり[34]」と、明朝末期の士大夫の貪欲な態度に驚いたことを如実に報告している。

ついで、金堉の『朝京日録』の崇禎九年（一六三六）十二月十五日に、「蓋し皆賄を欲するなり、近來の搢紳の間、貪風ますます熾にして、賂を行う者、黄金をもって書を作り冊中に鎮挟して、之を進めるなり。金價甚だ高しと云う[35]」と記している。

北京での明朝官吏の貪風の一例を記している。さらに、崇禎十年（一六三七）三月二十九日の条に、朝鮮使節の侍医であった陸国相[36]が金堉の所に来たさいの会話が記されている。

金堉が、「余曰く、外に奴賊有り、内に流賊有り、天旱此の如し、而れども朝廷大官只是銭を愛す。天朝の事も亦憂う可きなり[37]」と述べたのに対して、陸医は、「曰く是なり。大官愛銭の四字においては上は珠を貫く。而して笑うなり[38]」と応じているように、明朝官吏の貪暴さは当時の人々からも呆れられていた。そして、金堉はその状況を具体的に述べている。

金堉によれば「余曰く、大堂銀百両をもって、蔘十四斤を求め、通官等収合して之を送り、并せ其の銀を與えて持去しむ。此蔘銀をもって之を折すれば、則ち四百二十両なり、此の事如何に[39]」とのことであった。

明朝の大官から銀一〇〇両で薬用人参一四斤を求められた朝鮮使節は、通事たちの持ち合わせを集めて送った。そして銀一〇〇両も差し出したところ、それも持ち返った大官の厚かましさに驚嘆している。当時薬用人参一四斤は、銀四二〇雨にも相当し、しかもそれを銀一〇〇両で求め、その代價をも持ち返る明朝の大官に呆れている。これに対して陸医は、「笑いて曰く、固より此等の事有るなり[40]」と、朝鮮使節の話に驚きもしていない。明朝官吏の拝金主義が、当時の明朝の人々にとっても当然のごとく見られていたのである。

（3）明朝の社会情勢

朝鮮使節は、さらに社会不安に関する情報も記している。

洪翼漢は、天啓四年（一六二四）十一月四日に北京で得た情報として、「時に妖賊大頭目黄小泉・苗短子・王明宇、窩主陳文擧・崔豹・喬化宇等衆を聚め、鄒滕・迤東二岐に横行す。しかれども摠兵曹鳴雷、游撃蔡時春、千總陳奇僅かに朱奪・劉永進を捕獲し、而して妖氣息まず。又蜀、黔に大賊有り、連結構亂すと云う[41]」と記している。

そして、翌五年正月三十日に北京で得た情報として、「歸徳府鎮南に楊老人有り、妖賊を集めたり。又楊桓なるもの有り、山東の白蓮餘党を糾合し、自ら義俠と号し、或いは靖王と称す。又八天教主なる者有り、潁州碭山に潜布す。且つ黄臨寰なるもの妖言し衆を惑わし、潁州の人苗短子と同に豊縣に在って起兵を謀る。李仲峯自ら小主と号し、僭して懿徳元年と爲す[42]」と記している。

これらの記事に見られるように、各地に妖賊が出没していたが、明朝にはもはや平定できる余裕がなかったものと思われる。

天啓七年（一六二七）金地粹は、「雲南・貴州等地の賊、搶掠やまず。東胡も亦然り[43]」と、満洲族のみならず、雲南や貴州等においても流賊が横行していたことを伝えている。

李自成の乱に関しては、仁祖十一年（崇禎六、一六三三）五月壬寅（十一日）の条に、洪霣が、「山西の群盗大いに起こり。州縣を攻掠するも、朝廷禁ずるあたわずと云う[44]」と述べている。

帰国した金堉は、崇禎十年（一六三七）六月二日に仁祖の問いに答え、「内賊蜂起し、窟穴無しと雖も、聚散常無く、腹心の疾と爲すべきなり[45]」と述べている。崇禎十年、当時李自成の反乱はさほど大きくなるとは思われていなかった。しかし、将来明朝を崩壊させる危険性を金堉は予見していたようである。

四　朝鮮使節の見た後金・清の動向

洪翼漢は後金軍と直接接触する貢路を通っていないので、その動向について多くは記していないが、天啓四年（一六二四）十一月一日に、「大學士孫承宗三大将を帥い、出て山海關に屯す。衆十四萬、糧草器械も亦かくの如し(46)」と、孫承宗の関東方面への出陣を伝えている。

しかし、朝鮮側では明朝の後金軍に対する防備の状況に強い関心を持っていた。仁祖九年（崇禎四、一六三一）八月甲辰（三日）に仁祖は、陳慰使鄭斗原、冬至使羅宜素から後金の動向を聞いている。鄭斗原は、「臣道路の言を聞くに、皆曰く皇上聖明と云う。且砲聲連日絶えず。想うに鋭意賊を討つなり(47)」と答えている。鄭斗原らは渤海縦断航路により寧遠に上陸し、北京に赴く貢路を行ったため山海関外での明軍と後金軍との戦闘の一端を知り得る状況にあった。この報告によるかぎり、崇禎帝に対する期待と明軍の攻勢を切望する朝鮮側の様子が知られる。

さらに、仁祖が明軍側の名将について質問し、鄭斗原はそれについて「斗原曰く、孫承宗首将をもって軍務を總裁す。登州軍門孫元化等の如きは皆承宗より稟裁して、諸将楽しみて之が用となるなり(48)」と答えている。

右のように、孫承宗が後金軍防御の総指令官として高い評価を受けていた。しかし、崇禎九年（仁祖十四、一六三六）になると明朝にとって事態は急速に悪化していた。金堉の『朝京日録』から清軍の動向が詳細に知られる。金堉は北京へ朝貢の途上、崇禎九年八月二十一日より十月十日まで寧遠に滞在していた(49)。

同書、八月二十二日の条に、「聞くに、奴賊の大陣、武清に在り、武清北京東南百三十里に在り、賊孔・耿両賊及び尚可喜を封じて主と爲し、三賊郷導して行く。又萬餘の兵有り、まさに錦州衛に到る。此を去ること百二十里、寧遠・山海等處、皆戒厳す。海辺の鋪子皆城裡に倦入せしむ(50)」とあり、清軍は北京近くの武清に拠点をおき、錦州衛まで進んだため、明朝にとって緊張した状況になっていた。

同書に見える孔・耿賊とは孔有徳と耿仲明のことで、二人は崇禎六年（一六三三）五月に後金に降り、尚可喜とともに崇徳元年（崇禎九、一六三六）四月、孔有徳は恭順王、耿仲明は懐順王、尚可喜は智順王に封建されている(51)。

『朝京日録』の記事はその封建から間もない時期のものである。そして、同二十六日には、「聞くに、關內の賊、永平府に到り、砲聲關內よりして來り、連続して絶えず(52)」と、清軍が永平府に迫っていた。

その後、九月一日には錦州の清軍に関する情報が記されている。「聞くに、錦州の賊、なお未だ退かず、兵を分かちて前屯衛に向かう。錦州城中に内應する者有り、現に捉えられ誅せらる。寧遠城中も亦四人を捉え得て之を囚にす(53)」とある。

明側の情報が清軍に漏れていたのである。このことは、清軍側の記録からも確認される。『満文老檔』崇徳元年（崇禎九、一六三六）八月の記事に、

> 同じ二十七日、大明國の錦州地方に出征した和碩豫親王の遣わした黄鑲のSungei、……蒙古人十五人が、錦州城内から崔應時が遣わした門世文といふ明人を送って情報を報告に来、到着した。その明人を崔懸時が遣わした理由は次の通りである。「『八月二十二日に、聖皇帝の兵は外から攻めよ。我は一百人を率いて内から亂さう』と約束していたが、約束を失すると城内の者が覺って我等を捕へて牢に監禁した。我等は死ねばどうしようもないが、生きていれば本意を忘れない。聖皇帝と、慮れ」と門世文を遣わしたのである(54)。

と、朝鮮使節の記録と清軍側の記録ともに錦州城内に清軍側に内応する明人がいたことで一致している。

さらに同書、九月六日の条に、

> 明国の錦州地方に出征した和碩豫親王の處からNauma、……が、錦州城から逃げ込んで来た門二といふ名の明人を連れて情報を告げにやって来た。[55]

と記しているように、錦州から清軍に内応する明人は多かったものと思われる。

『朝京日録』九月十八日には、「砲聲なお止まず、頃日錦州衛伏路軍、真韃一名を捉へ得たり。自ら云うに、四王子の壻なり。金汗三萬の兵を關外に送り、八城を攻打せしめ、必ず一城を得、然る後に乃ち歸らんと。八城とは錦州・杏山・松山・寧遠・沙河・中後・中前・前屯なり[56]」と記している。

清軍側の人物一人を捕らえ、清軍側のホンタイジの明朝攻撃の情報を得ている。

明側も寧遠の防御に軍を派遣して来た。同書、九月二十日の条に、「夕に聞くに、賊兵城下に追薄すと。午後、祖大壽、祖大楽、趙宦、呉翔、孟道等馬八千を率い、随後して来たる。賊寧遠を過ぎてにぐ。諸将寧遠城中に寄入す[57]」とあり、守備隊が到着した。このうち、祖大楽はこれから四年後、崇禎十三年（一六四〇）に清軍に捕えられ殺されている[58]。

五　小結

明朝末期に北京へ朝貢した朝鮮使節は、満洲族の遼東進出により、いく度か貢路の変更を強いられた。とりわけ袁崇煥の議によって変更され渤海を縦断し寧遠を経て北京にいたる貢路は最難関であった。

このような困難を経て北京に到着した朝鮮使節が直面した明末の中国社会は、長年にわたって見てきた社会ではなかった。

特に、官界は魏忠賢らの宦官一派が権力を掌握するのみならず、官吏の間に拝金主義が横行する腐敗した世界であった。そのことは、明朝最後の朝鮮使節となった金堉が帰国後、崇禎十年（一六三七）六月二日に、仁祖に答えた内容に象徴されている。金堉は、「中朝物力雄偉なれば、しばらく一朝の危きは無からん。しかれども但朝士の貪風日々甚だしく、宦官の驕横制する莫し。此をもって之を見れば、中朝も亦固からざるなり(59)」と述べた。

この金堉の推測通り、こののちわずか七年にして明朝は崩壊した。

明朝へ使節として行った朝鮮使節が見聞し、記録したものは、朝貢路の枠の中に限られている。しかし、朝鮮使節の多くは漢学を習得した高度な教養人であった(60)。彼らの鋭い洞察力によって記録されたものには、明朝側の記録に見られない重要な指摘が随所に見られる。本章でその一端を述べたとおり、明朝末期の中国社会の変貌を的確に予見していたといえるであろう。

（1）朝鮮国の明朝との朝貢・事大関係に関する研究は少ないが次の研究が参考になる。
孫縄祖「明與朝鮮国交之検討」、『文史雑誌』第四巻第七・八期合刊、一九四四年十月。

商鴻逵「明代的中朝友好関係」、『五千年来的中朝友好開係』開明文史叢刊、一九五一年十月。

全海宗『韓中関係史研究』ソウル・一潮閣、一九七〇年五月。本書所収の朝貢関係研究は次の二編である。「韓中朝貢関係概観」二六～五八頁（原載、『東洋史学研究』一、一九六六年十月）。「清代韓中朝貢関係考」五九～一一二頁（原載、『震檀学報』二九・三〇、一九六六年十二月）。後者は、陳明崇氏が『食貨月刊』第六巻第五・六期、一九七六年八・九月に中国語翻訳されている。

王儀『朱明与李氏朝鮮』人人文庫、一七一六～一七一七、台湾商務印書館、一九七一年九月初版。

（2）『明史』巻三二〇、朝鮮伝「洪武七年……貢道従陸、由定遼、毋渉海……」。

（3）万暦『大明会典』巻一〇五、朝貢一、朝鮮国、「……貢道由鴨緑江、歴遼陽・廣寧、入山海関、達京師……」。

（4）『愚伏先生別集』巻四、附録、年譜。
己酉、萬暦三十七年、光海君元年、先生四十七歳。

三月（中略）差冬至使。（中略）

八月乙卯、初七日、奉表辞朝、副使呂公裕吉、書状李公芬偕行。

(5)『愚伏先生別集』巻四、附録、年譜。

(八月)丙寅到平壌。(中略)戊寅、到義州舘聚勝亭。(中略)(九月)丁亥、渡江。癸巳、到遼東懐遠舘。(中略)(十月)乙亥、入山海関。(中略)(十一月)庚寅、玉河舘。

(6) 矢野仁一「会同館に就いて」、『支那近代外国関係研究』弘文堂書房、一九二八年九月。『明清北京城図』、新華書店、一九八六年六月参照。本書第一編第一章参照。

(7) 満文老檔研究会『満文老檔』一、東洋文庫、一九六二年三月、二八五頁。

(8) 同書、一、二八七頁。

(9)『光海君日記』巻一六三、光海君十三年三月庚午の条に、「義州府尹鄭遵馳啓、本月十三日、奴賊大勢攻略瀋陽、十九日進犯遼陽」とある。

(10)『光海君日記』巻一六四、光海君十三年(天啓元、天命六、一六二一)四月甲申(十三日)の条に、「赴京使臣朴彝敍、柳澗同回京師、遭風漂没。時遼路遽斷、赴京使臣創開水路、未諳海事、行至鐵山嘴、例多敗没。使臣康昱、書状官鄭應斗等亦相繼溺死。自是人皆規避、多行路得免者云」とある。

(11) 同書。

(12)『通文館志』巻三、事大、航海路程。

……我朝自永楽己丑(七年、太宗九、一四〇九)従陸朝天、至天啓辛酉(元年、光海君十三、一六二一)遼瀋路梗、復従海路。……

自宣川沙浦、發船至鐵山・椵島、車牛島、鹿島、石城島、長山島、廣鹿島、三山島、平島、皇城島、鼉礒島、廟島、登州、以上海路。

自登州至黄縣、黄山驛、朱橋驛、萊州府、灰埠驛、昌邑縣、濰縣、昌樂縣、青州府、金嶺驛、長山縣、鄒平縣、章丘縣、龍山驛、濟南府、濟河縣、禹城縣、平原縣、徳州、景州、阜城縣、富庄驛、獻縣、河開府、任丘縣、雄縣、新城縣、琢州、良郷縣、大井店、京都、共水路三千七百六十里、陸路一千九百里。

(注記)崇禎己巳(二年、仁祖七、天聡三、一六二九)爲鈐制椵島帥毛文龍、寧遠督臣建請、易路自平島、分路四十里、到旅順口、四十里、到鐵山嘴、八十里、到羊島、四十里、到雙島、五百里、到南汎口、一百七十里、到北汎口、一千里、到覺華島、十里、到寧遠衛、自此登陸、至北京、共陸路九百一十一里、水路四千一百六十里。

(13)『仁祖実録』巻六、仁祖二年（天啓四、天命九、一六二四）に、「五月戊辰（十五日）令赴京使臣乗船於安州、一自遼路斷絶之後、朝天之行、毎於宣・鐵之間留滞、候風而去。装船夫馬之弊種種難支。至是金盡國啓於筵中曰、即今清川以北、凋弊已極、若於安州乗船、則可省平安一路之弊。従之」とある。

(14)『燕行録選集』上冊、ソウル・成均館大学校大東文化研究院、一九六二年七月所収、三、「花浦（洪翼漢）先生朝天航海録」。

(15)『仁祖実録』巻一八、仁祖六年（崇禎元、天聡二、一六二八）六月辛亥（二十一日）の条に、「冬至使宋克訒啓曰、臣伏聞自今赴京使臣、當於大同江乗船、永爲恒式云。陸路自平壌、至石多山則不過一日程、水路由大同江、回轉于海口、則甚險且遠、……請依前例、乗船於石多山。不許」とある。

(16)『仁祖実録』巻二〇、仁祖七年（崇禎二、天聡三、一六二九）六月乙卯（二日）「謝恩使李忔・冬至使尹安國馳啓曰、臣等之行、將發船於大同江、而陸路則平壌之去甑山、纔八十里。水路則自大同到石多山、非徒水浅多礙、或八・九日得遠云。請乗船於石多山。上許之」。

(17)『仁祖実録』巻二〇、仁祖七年（崇禎二年、一六二九）閏四月丙子（二十一日）の条に、「中朝改定我國貢路、由覺華島、従経略袁崇喚議也」とある。

(18)松浦章「袁崇煥と朝鮮使節」『史泉』第六九号、一九八九年三月。本書第一部第二章。

(19)『愚伏先生文集』巻三、奏文、請復登州舊路奏文に、「崇禎三年四月初四日、據進賀兼謝恩陪臣李忔、在山海關馳啓、臣等一行、乗船五十日、始到覺華島、得達寧遠、海程之險、有難盡陳。自平島至登州、風便一日程。而至覺華、則殆將倍之、所謂雙島者、南・北汎口、相去絶遠、中間又無島嶼依泊之處」とある。

(20)『燕行録選集』上冊所収、『朝京日録』の丁丑、崇禎六年四月下旬より（二十三日よりか）閏四月下旬（二十六日までか）の間、落丁がある。

(21)『明史』巻三〇五、列傳一九三、宦官二。

(22)『花浦先生朝天航海録』巻一、十月十九日庚子の条に、「晴、小甲徐繼仁等持票文來、……與之語稍鮮事者、因及時事、則曰、太監魏晋忠者、自泰昌皇帝在東宮時、自宮局内竪、得寵於今天子、天子即位初、賜名忠賢、尤寵異之、由是居中用事、威勢日盛、遂與皇上保姆客氏深相締結、表裏煽動、禍福皆出其手、朝野側目而言曰、天下威權所在第一魏太監、第二客奶姐、第三皇上云。客氏年踰四十、色貌不襄、性又慧朗、才藝冠後宮、善承上旨、恩眷無比、醜聲頗聞於外」とある。

(23) 同書、十二月十一日辛卯の条に、「晴、原任崔景栄入為吏部尚書、魏忠賢之腹心、首起在籍、文官朱童蒙・郭允厚・李春燁・徐大化・呂鵬雲・孫杰・霍維華・王志道・郭興治・徐昌濂・賈繼春・楊維垣等復原職、皆黨於忠賢者」とある。

(24) 『明史』巻三〇五。

(25) 『花浦先生朝天航海録』巻一、十二月十二日壬辰の条に、「晴、禮部右侍郎溫體仁、以父喪去位、閣老朱國禎・朱延禧連章乞退、都下人心愕然、若相失、忠賢専恣日甚、其族魏良弼・魏良材・魏良卿・魏希禮及外甥傅應星等、布列要地、従中用事、内結客氏、外援魏廣徵、凡大小政事、必待廣徵進閣、然後處決、他閣老充位而已、以此不附時議者、并欲引去、無意仕宦矣」とある。

(26) 『承政院日記』第一八冊、仁祖五年丁卯五月、天啓七年五月十八日の条に、「上曰、前日則論劾魏忠賢者亦多云矣。今則未有敢言之士耶。金尚憲曰、凡論己之罪者、忠賢皆必陰中之以法、而至於一門、皆被其侵害、故諫官亦不能盡言云矣」とある。

(27) 同書に、「金尚憲曰、魏忠賢之姪、既爲封伯、又給田千頃、王夢尹與同僚言及此事、以此得罪云矣」とある。

(28) 『仁祖実録』巻一八、仁祖六年（崇禎元、天聡二、一六二八）正月己丑（二十七日）の条に、「奏聞使權怗、書状官鄭世矩還自京師、上引見、問曰、中朝事情未知如何。怗曰、臣去時、或見阻於毛将、或久留於登州、八月始到北京、則皇上已於八月二十二日崩逝云。新天子雖已即位、而初喪未即、……新天子即位後、多有改紀之事、引用士類、退斥魏宦之党、朝著清朗云」とある。

(29) 同書、巻一八、二月癸卯（十一日）の条に、「奏聞使權怗馳啓曰、臣等前年八月二十日、到京師、二十二日、皇帝崩逝、皇弟信王即位。……於二月、兵部尚書崔呈秀、党兇擅權、給事中楊孔修首請罪之、監察御使楊維垣繼之。呈秀出還原籍、中途聞拿命、自縊死。其妾蕭氏亦自刎、盡没其家。閻鳴泰代判兵部。宦者魏忠賢初配鳳陽、行至阜城亦自縊死、并其子良卿誅之、籍没家財、十三省総督宦官政令盡回」とある。

(30) 同前。

(31) 『明史紀事本末』巻七一、魏忠賢乱政に、「天啓七年（仁祖五、天聡元、一六二七）十一月庚午（七日）魏忠賢宿阜城尤氏邸舎、其党密報上旨、知不免、夜同李朝欽自經」とある。

(32) 『花浦先生朝天航海録』巻一、天啓四年（仁祖二、天命九、一六二四）十月十七日戊戌の条に、「……小甲徐繼仁・王有徳等來言于上通事曰、近來各部人情、倍於昔時、仍出上年奏請時、人情單字、以憑考證、人蔘多至數十斤、他物稱是矣」とある。

(33) 『承政院日記』第一八冊、仁祖五年丁卯五月、天啓七年五月十八日の条に、「上曰、中原貪風大振云。今則何如。〔金〕尚憲曰、天下皆然、罔有紀極、臣等之行、方物上納之時、亦受銀参、而提督亦未免捧價、殊極寒心矣」とある。

(34) 『仁祖実録』巻二八、仁祖十一年（崇禎六、天聡七、一六三三）五月壬寅（十一日）の条に、「上命召奏請使洪霣・副使李安訥・書状官洪鎬等、安訥病不進。上問於霣等曰、中朝形勢比前如何。霣曰、譯官等皆言。物力不如昔日之全盛、而士大夫貪風大振云矣」とある。

(35) 『朝京日録』崇禎九年十二月十五日の条に、「蓋皆欲賄也、近来搢紳之間、貪風益熾、行賂者、以黄金作書、鎮挾於冊中、而進之、金價甚高云」とある。

(36) 陳邦覧・厳菱舟両氏合編『中国医学人名志』（人民衛生出版社、一九五五年四月初版、一九八三年四月二版）によれば、明代の太医院御医として陸道源が知られ、「陸氏代善療傷寒」等々とあり、この陸氏の一族と思われる。

(37) 『朝京日録』崇禎丁丑（十年）三月二十九日の条に、「陸醫（陸國相）來見、穩話、余曰旱氣如此、而不爲祈雨乎。曰初二日爲始祈雨。余曰祈於何處。曰各衙門拜牌吃素〔拜牌者設雨師之牌、請官皆齋素拜之也〕。前歳祈雨旱更甚、京中雖旱、山東・河南亦不旱。一處収一處不収、六・七年連年如此。余曰外有奴賊、内有流賊、天旱如此、而朝廷大官只是愛銭、天朝之事亦可憂也。曰是也。於大官愛銭四字、上貫球而笑。余曰、大堂以銀百兩、求蔘十四斤、通官等収合送之、幷與其銀而持去、此蔘以銀折之、則四百二十兩、此事如何。笑曰、固有此等事」とある。

(38) 同右条に、「曰是也。於大官愛銭四字、上貫球而笑」とある（註37参照）。

(39) 同右条に、「余曰、大堂以銀百兩、求蔘十四斤、通官等収合送之、幷與其銀而持去、此蔘以銀折之、則四百二十兩、此事如何」とある（註37参照）。

(40) 同右条に、「陸醫（陸國相）……笑曰、固有此等事」とある（註37参照）。

(41) 『花浦先生朝天航海録』巻一、天啓四年十一月初四日甲寅の条に、「時妖賊大頭目黄小泉・苗短子・王明宇、窩主陳文學・崔豹・喬化宇等聚衆、横行于鄒滕・沲東二岐、而揔兵曹鳴雷、游撃蔡時春、千揔陳奇僅捕獲朱羹・劉永進、而妖氣不息、又有蜀、黔大賊、連結構亂云」とある。

(42) 同書、巻二、天啓五年正月三十日己卯の条に、「歸徳府鎮南有楊老人、集妖賊。又有楊桓者。糾合山東白蓮餘黨、自號義俠、或稱靖王。又有八天教主者、潜布於潁州碭山。且黄臨寰、妖言惑衆、謀同潁州人苗短子在豊縣起兵、李仲峯自號小主、僭爲懿徳元年」とある。

(43) 『承政院日記』第十八冊、仁祖五年丁卯五月、天啓七年五月十八日の条に、「〔金〕地粋曰、雲南・貴州等地之賊、搶掠不已、東胡亦然」とある。

(44) 註(34)同日条に、「賷曰、……山西羣盗大起、攻掠州縣、而朝廷不能禁云」とある。

(45) 「承政院日記」第五十八珊、仁狙十五年丁丑六月、崇禎十年六月初二日の条に、「〔金〕培日……内賊蜂起、雖無窟穴、而聚散無常、可馬腹心之疾矣」とある。『仁祖実録』巻三十五、仁咀十五年六月戊戌朔の条参照。

(46) 『花浦先生朝天航海録』巻一、天啓四年十一月初一日辛亥の条に、「太學士孫承宗、帥三大将、出屯山海關、衆十四萬、糧草器械亦如之云」とある。

(47) 『仁祖実録』巻二五、仁祖九年（崇禎四、天聡五、一六三一）八月甲辰（三日）の条に、「上召陳慰使鄭斗原・各至使書状官羅宜素入封。上問、中原之事何如。斗原對曰、臣聞道路之言、皆曰皇上聖明云。且砲聲連日不絶、想鋭意討賊矣」とある。

(48) 同右条に、「上召陳慰使鄭斗原・各至使書状官羅宜素入封。……上曰、當今名将有幾人。斗原曰、孫承宗以首将總裁軍務、如登州軍門孫元化等皆稟裁於承宗、而諸将樂爲之用矣」とある。

(49) 『朝京日録』崇禎丙子（九年、仁祖十四、崇徳元、一六三六）八月二十一日より十月十日の条を参照。

(50) 『朝京日録』崇禎丙子（九年）八月二十二日の条に、「聞奴賊大陣、在武清、武清在北京東南百三十里、賊封孔・耿両賊及尚可喜爲主。三賊郷導而行、又有萬餘兵、方到錦州衛、去此百二十里、寧遠・山海等處、皆戒厳、海邊鋪子、皆令捲入城裡云」とある。

(51)『明史』巻二三三、『清史稿』巻二三四、孔有徳伝、耿仲明伝、尚可喜伝参照。

(52)『朝京日録』崇禎丙子（九年）八月二十六日の条に、「晴、聞關内之賊、到永平府、砲聲自關内而來、連續不絶」とある。

(53)『朝京日録』九月初一日の条に、「聞錦州之賊、尚未退、分兵向前屯衛、錦州城中有内應者現捉被誅、寧遠城中亦捉得四人囚之、自言是海州人、前屯衛・沙河等處、渠輩皆已分往云」とある。

(54)『満文老檔』六、太宗三、一二四三～一二四四頁。

(55)『満文老檔』七、太宗四、一二四五頁。

(56)『朝京日録』九月十八日の条に、「晴、砲聲猶不止、頃日錦州衛伏路軍、捉得真㺚一名、自云四王子之壻也、金汗送三萬兵於關外、使攻打八城、必得一城、然後乃歸、八城謂錦州・杏山・松山・寧遠・沙河・中後・中前・前屯也」とある。

(57)『朝京日録』九月二十日の条に、「夕聞賊兵追薄城下、午後、祖大壽・祖大樂・趙官・呉翔・孟道等率馬八千、隨後而来、賊過寧遠而走、諸将寄入寧遠城中」とある。

(58)『明史』巻二七二、祖大楽伝参照。

(59)『承政院日記』第五八冊、仁祖十五年丁丑六月、崇禎十年六月初二日の条に、「上曰、中朝治象、何如。〔金〕堉曰、中朝物力雄偉缺姑無一朝之危、而但朝士之貪風日甚、宦官之驕横莫制、以此見之、中朝亦不固矣」とある。

(60)全海宗氏前掲書参照。清代の朝貢使のものであるが、姜東燁『熱河日記研究』（ソウル・一志社、一九八八年四月）により朝貢使の学識の高さが知られる。

第二章　清代朝鮮使節の台湾情報・林爽文の乱

一　緒　言

清初の時期、満洲族の王朝である清朝に対して強固に抵抗していたのは、台湾において明朝復興を掲げる鄭氏勢力であった。清朝と朝貢関係にあり、毎年のように使節を北京に派遣していた朝鮮国は[1]、その勢力の動向に強い関心を持ち、中国へ赴く使節を通じて盛んに情報収集を行わせている[2]。その収集した情報の一部は『同文彙考』補編巻一〜巻六の「使臣別単[3]」と『同文彙考』補編続「使臣別単」一〜二[4]に収録され、さらに清朝が華北以南を支配するまでの間に朝鮮国が収集した情報の一部は、近年張存武氏、葉泉宏氏によって『清入関前与朝鮮往来国書彙編一六一九―一六四三[5]』として校定編纂されている。

そこで本章は、朝鮮国の使節が北京で情報収集していた乾隆末期に台湾で起こった林爽文の反乱について、彼らが入手した情報はどのような内容の情報であったのかについて述べてみたい。

二　清代台湾の林爽文の乱

清朝が台湾を統治して以降、大小さまざまな蜂起・反乱が起こっている。清朝が台湾を統治する以前から居住していた原住民と、中国大陸沿海部より移民してきた漢民族、とりわけその漢民族の福建人と広東人との対立、さらに福建人のなかでの漳州人と泉州人との対立が恒常的に存在していた(6)。

そのなかでも康熙二十六年（一六八七）の劉卻、康熙四十年（一七〇一）の朱一貴、道光十二年（一八三二）の嘉義の反乱などの情報は江戸時代の日本へも伝えられている(7)。

乾隆年間末期に台湾で発生した林爽文の乱は大乱とされて、特に台湾において多くの研究成果をあげている(8)。これら研究の成果は大別して、当時の支配者である清朝政府に対する抵抗運動としての視点、林爽文が蜂起当初から天地会との関係を指摘されていた点を問題の中心としたもの、さらには華南地域における武闘紛争である械闘との関連に注目する視点から考察され、今も関心が持たれている研究課題である。

しかし、林爽文の蜂起ならびにその経過を含めた林爽文の反乱が、当時の人々にどのように認識されていたのかについてはほとんど関心がもたれていない。当時の人々の林爽文反乱に関する同時代の認識として重要なものの一つに、この時期に北京に来朝していた朝鮮使節の得た情報がある。これは同時代を生きた人々が得た生の情報と確実にいえるものの一つと考えられるであろう。ここではその情報の再現を試みるが、この問題に入る前に、まず林爽文の反乱の経過について述べてみたい。

林爽文反乱の概略は、『清史稿』本紀一五、高宗本紀六に簡潔に知られる。

［乾隆五十一年十二月］丙寅、福建彰化縣賊匪林爽文作亂、陷縣城、知縣兪峻死之。命常青、徐嗣曾等勦辦(9)。
五十二年春正月辛未、林爽文陷諸羅竹塹(10)。
癸未、林爽文陷鳳山、知縣湯大全死之(11)。
二月壬寅、林爽文復陷鳳山、犯臺灣府、柴大紀督兵民禦之(12)。
五十三年二月甲午朔、獲林爽文(13)、……
三月壬申、林爽文伏誅(14)。

乾隆五十一年（一七八六）十二月丙寅（二十七日）に林爽文が彰化県において蜂起してから、乾隆五十三年（一七八八）三月壬申（十日）に林爽文が死刑になるまでの一年二カ月に及んでいる。

『高宗実録』巻一三〇〇、乾隆五十三年三月癸酉（十一日）の条にも、林爽文蜂起から平定までの経過が簡略ながら次のように記されている。

茲林爽文、於五十一年十一月起事、其黄仕簡等、前後誤事經一年、福康安等、於上年十一月、由鹿仔港始進兵、其間解諸羅縣之圍、克斗六門、攻破大里杙賊巣、至本年正月獲林爽文、閲四十二日、繼獲莊大田、計閲三十二日、自林爽文起事、至台湾全部平定、始末共閲一年三月[15]。

とある。林爽文が蜂起したのが乾隆五十一年十一月のことで、その後、黄仕簡らの鎮圧が手間取り一年を経過し、乾隆五十二年十一月に福康安らが率いる軍が鹿仔港より台湾に上陸し、諸羅県を包囲して乾隆五十三年正月には林爽文を捕獲し、さらに南部で林爽文蜂起に呼応していた荘大田らを捕獲した。林爽文蜂起事件を平定するのに一年三カ月を要したのであった。

『高宗実録』巻一二七一、乾隆五十一年十二月丙寅（二十七日）の条に、

閩浙総督常青奏、台湾彰化県賊匪林爽文、結黨擾害地方、十一月二十七日、知縣兪峻、在大墩拏賊遇害、縣城失陷。臣聞信、飛咨水師提臣黄仕簡、領兵二千名、由鹿耳門飛渡進勦[16]、……

とあり、林爽文が台湾彰化県において蜂起したのは十一月二十七日であった。その平定に福建水師提督の黄仕簡ら二〇〇〇名の兵士が派遣され、鹿耳門から台湾に上陸して討伐にあたることになるのである。

林爽文の蜂起について最も早い報告は乾隆五十一年十二月初十日付の福建陸路提督革職留任の任承恩の奏摺であろう。任承恩が聞知したのは次の報告であった。

本年十二月初九日亥刻、奴才接據署臺灣府淡水同知程峻、竹塹営守備董得魁、會銜差役楊添、投稟報稱、本

年十一月間、卑職等、聞彰化縣匪徒林爽文、結黨肆虐、騷擾地方、地方文武官員、擒捕未獲、卑職等、即會帯兵役、於交界地方、嚴密堵禦、並有公文一角、派撥社番一名、飛遞本道衙門、乃於十一月二十九日、該番忽將原文帯回、並有彰邑大肚社番字寄淡属大甲社通事、據稱、此月二十七日夜、本縣兪在大墩地方、拏匪遇害、本日早彰城失陥、路途梗塞、不能前遞、將原文附回、……[17]

任承恩が情報を入手したのは十二月初九日亥の刻すなわち午後一〇時ころであった。それは署台湾府淡水同知程峻からの一報であった。程峻らが得た詳細な情報は、原住民からであった。林爽文の蜂起は十一月二十七日夜であったと伝えている。程峻のことは同治十年（一八七一）刻本『淡水庁志』巻八、文職表[18]に見え、同書巻九、列伝一、名宦に伝記がある。それによると、

程峻、安徽六安州人、舉人、乾隆五十一年、護淡水同知、値林爽文亂、其黨林小文等入淡、峻渡中港與戦、衆寡不敵、負傷馳至柯仔坑、連呼無力殺賊、臣罪當誅、大慟而絶。[19]

とあり、乾隆五十一年に署淡水同知としての時期に、林爽文の反乱が起こり殉職した。任承恩の奏摺に見える竹塹については、同治『淡水庁志』巻七、志六、武備志に、

淡水在臺之北、當康熙間、陳少林夢林、即建議雞籠爲全臺北門之鎖鑰、淡水爲雞籠以南之咽喉、大甲、後壠、竹塹皆有險可據。[20]

とあるように、竹塹は淡水地域では重要な守備拠点であった。

さらに同治『淡水庁志』巻一四、兵燹には、

乾隆五十有一年十一月丁酉、彰化奸民林爽文亂、城陥。臺灣知府孫景燧、北路理番同知長庚等皆遇害。[21]

とあり、やはり乾隆五十一年十一月丁酉（二十七日）に林爽文の反乱が起こったとしている。

道光十四年（一八三四）刻本『彰化県誌』巻一一、兵燹にも、

乾隆五十一年冬十有一月二十有七日、會匪林爽文作亂[22]。

とあり、乾隆五十一年十一月二十七日に林爽文の反乱が発生したことは確実であろう。

蜂起の中心人物の林爽文について、乾隆五十一年十二月十七日付の閩浙総督の常青の奏摺に、

逆首林爽文係漳州人、其附従之徒、率皆籍隷漳属、其中更難保、無内外勾連事情、既属緊要、而漳泉兩郡、尤爲内地根本[23]。

とあるように、林爽文は福建の漳州の人であり、彼に付き従ったのも漳州の人々であったことがわかる。

『明清史料』戊編第三本、二七六丁の兵部の移会によれば、

林爽文籍隷漳州、在臺灣赶車度日、與王芬・林泮・林水・何有志等、素相熟識、乾隆五十一年八月、該犯糾集多人、入天地會、誓因彰化文武各員、査拿緊急林爽文、即同王芬・林泮起意、招集各庄民人、抗拒官兵、將文武各官殺害、攻破彰化縣城、十二月又將諸羅縣城攻破、並圍攻臺灣府城。

とあり、林爽文は福建の漳州の出身で台湾に渡って車夫の仕事をして生活をしていたことが知られる。林爽文の仲間は乾隆五十一年十一月に支持者を集めて天地会に入会した。そのことで彰化県の官員が彼らを拿捕しようとするが、これに対して林爽文の仲間たちは蜂起の決行を企図し、支持者を集めて蜂起し文武官員を殺害し彰化県城を攻撃し、十二月には諸羅県城を撃破し、さらに台湾府城を包囲したのである。

林爽文の乱平定ののちに最も早く刊行された台湾方志は嘉慶十二年（一八〇七）刻本の『続修台湾県志』であろう。同書巻五、外紀、兵燹によれば、

乾隆五十一年、丙午、冬十有一月、北路賊林爽文謀亂陷彰化・淡水・諸羅。南路賊莊大應之陷鳳山。五十二年春正月、提督黄仕簡、任承恩引兵勦之弗克。三月詔以兩湖総督常青、江南提督藍元枚、帥師勦賊、賊弗靖、元枚卒於軍。冬十月、大学士陝甘総督嘉勇侯福康安、超勇侯海蘭察、復奉旨、帥師勦賊。五十三年春正月、

平之賊伏誅。(24)

とある。乾隆五十一年（一七八六）冬十一月に台湾の北部で林爽文が蜂起し、彰化・淡水・諸羅県を陥れ、それに呼応して南部の荘大田が鳳山県を陥落したとして、翌五十二年正月に清朝が鎮圧軍を派遣するが、平定するまでほぼ一年を要したのであった。さらに同書に、

（林）爽文、漳州平和人、徙居彰化大里杙、少充縣捕、奸狡叵測、剝去役糾、諸亡行劫掠、爲民害、大里杙去彰化五十里、逼近内山溪、礪圍抱匿奸、其中吏不能問。初彰人嚴烟、渡臺傳天地會、其法隨處聚衆、少者數十、多則數百、設香安案、歃血瀝酒、誓爲黨援、爽文匪黨素多。(25)

とある。林爽文は福建省漳州府平和県の出身としている。平和県は広東省と境を接している。そして台湾に移住し彰化県大里杙に居住していた。林爽文は年少より悪事をはたらき人々に害を与えた。さらに天地会が台湾に伝わるとともに林爽文の仲間もそれに関係することになったとされている。

林爽文が居住していた彰化県大里杙は、道光『彰化縣誌』巻二、街市によれば、

大里杙街、屬揀東保、距邑治（彰化縣治）貳拾伍里、乾隆丙午（五十一年）林逆巢穴。(26)

とあり、さらに揀東保について同書巻二、保には、

猫霧揀保、邑治（彰化縣治）東北、今分爲揀東、揀西二保、共東西保、中又分爲上下保。(27)

とあるように、大里杙は猫霧揀東保に属し、彰化県城から北へ二十五里、約一四キロ離れており淡水庁に隣接する地であった。

この反乱を記したものに『欽定平定台湾紀略』首一巻と六五巻がある。巻首は乾隆帝による御製詩、御製文、御製讃であり、巻一は台湾の歴史を簡略に記し、乾隆五十一年十一月の「復有奸民林爽文糾衆滋亂之事」の記述で始まり、乾隆五十一年十二月二十七日付の閩浙総督常青奏言で続き、巻六五の乾隆五十三年十二月初八日まで

ほぼ二カ年にわたって編年体で、林爽文反乱の経過を叙述している。林爽文反乱に関する清官府の最も詳細な記録といえる。

三　清代朝鮮使節の得た林爽文の乱情報

朝鮮使節が北京で収集したと見られる林爽文の蜂起に関する情報として、『同文彙考』補続・使臣別単に「丁未　憲書賚咨官李鎮復手本」と「戊申　冬至兼謝恩行書狀官兪漢謨聞見事件」との二件が記録されている。最初の「丁未　憲書賚咨官李鎮復手本」を伝えた李鎮復の遣使について『同文彙考』原編続、暦書一に見える「礼部頒賞咨」によれば、

朝鮮國差來賚咨官李鎭復一員、小通事一名、從人十一名、祇領時憲書、照例賞給、各該員役、共銀八十二兩、恭候命下於戸部、移取在本部、賞給併恩宴一次、遣回等因、於乾隆五十二年十月初九日題、本月十一日、奉旨依議、欽此欽遵、抄出到部、業於十月二十一日頒賞、二十五日筵宴、相應移咨朝鮮國王、可也云云。

乾隆五十二年十月二十九日[28]。

とある。朝鮮国は乾隆五十三年分の清朝の暦である「時憲暦」を求めるために賚咨官の李鎮復一名と小通事一名、従人一一名を派遣し、乾隆五十二年十月二十一日に清朝の礼部より時憲暦を受領した。そして同月二十五日に清朝が宴席を設けて李鎮復らをもてなしている。このことから、乾隆五十二年十月に李鎮復らが北京に滞在していたことは明らかであり、この時期に入手したのが次の林爽文反乱の情報であった。

朝鮮国王の『正祖実録』には正祖十一年（乾隆五十二、一七八七）十一月丙戌（二十三日）の条に、

皇暦賚咨李鎭復手本曰[29]、……

として記録され、林爽文の反乱に関しては、

福建民林爽文聚衆謀叛、去年冬、乗夜猝攻福建省臺灣府、抜之、連陷彰化、諸羅、鳳山等縣、遊撃知府等官多被害。爽文原係福建省莆田縣富戸[30]、……

とあり、次に述べる「丁未　憲書賫咨官李鎮復手本」の簡略な報告が掲載されている。

『同文彙考』補続・使臣別単の「丁未　憲書賫咨官李鎮復手本」の全文は以下の通りである。

福建民林爽文聚衆謀反、上年十一月二十八日夜、猝攻福建省臺灣府抜之、連陷彰化、諸羅、鳳山等縣、同知遊撃、守備、知府、知縣、典吏等並被殺害、爽文原系福建省莆田縣富戸、稱因地方官侵虐、煽動人心、捐財糾衆、殘害官吏、占奪縣城、而臺灣府在福建省東南海島中、與琉球不遠、至福建省水路十餘日程、至北京水陸七千二百五十里、東西距百餘里、南北距二千八百里、收穫豐盈、無異內地、山盤海險、易藏奸慝。爽文佔據諸羅縣海口地方名鹿港、招納叛亡衆至十餘萬、憑恃險固、出沒抄掠。皇帝初命閩浙總督總兵督軍征剿、而勝敗相當、旋復旋失、自冬徂秋漸至滋蔓、道路梗塞、皇帝深用憂悶。以閩浙總督常番之、老不堪任、特命陝甘總督福康安爲將軍前來行在、面授機宜、又命軍機大臣海蘭察爲參贊大臣、普爾普、舒亮爲領隊大臣、其恒瑞、藍元枚、柴大紀叅贊軍務、調發廣東、浙江、福建、四川、湖南、湖北等省兵十餘萬。另選巴圖魯侍衛章京百餘人、並令督率往征、而運米百餘萬石、軍器稱是、陸續運輸。今年八月、福康安承命出征、而軍到福建之後、因海島之險惡、候風海邊、閩浙都督柴大紀屢戰屢捷、斬獲居多、皇帝大加褒賞、催督福康安速令渡洋、直搗賊巢、期於掃滅乃已、而小人離發之時、福安康之捷報、姑未來到。

乾隆五十二年十二月[31]　日

この報告では最初の部分で「爽文原系福建省莆田縣富戸」と指摘している。しかし、林爽文は漳州の出身であることは確かなようであるため、莆田県とするには疑問がある。清代においては沿海部に沿って漳州府の北に泉州府が、さらに北側に興化府があり、その興化府の府城に莆田県がある。このことから朝鮮使節が林爽文を莆田県出身の富戸であるとする情報に誤解があったことは確実である。林爽文蜂起の当初の乾隆五十一年十二月十七日付の閩浙総督の常青の奏摺に、「逆首林爽文係漳州人、其附従之徒、率皆籍隷漳属[32]」と見られるように、林爽文が漳州府出身者であったことは明らかである。

この報告では、林爽文反乱が沈静化する分岐点は福康安らが率いる軍の台湾への渡海であったとしている。『国朝耆献類徴初編』巻三四、宰輔三四、福康安伝に、

［乾隆］五十二年、臺灣逆匪林爽文、圍嘉義縣、七月渡仔港登岸、後由新埤進兵、援嘉義、遇賊捜勦、至崙仔頂、賊於竹圍中突出抵禦、福康安令兵、屹立勿動率巴圖魯侍衛、衝入賊中敗之、攻克俾長等十餘莊。

とあり、福康安らは鹿仔港から台湾へ大軍を率いて上陸し、林爽文らの勢力を撃破していったのである。この福康安の鹿仔港上陸を、朝鮮使節は「皇帝大加褒賞、催督福康安速令渡洋、直擣賊巣、期於掃滅乃已」と報告している。しかし、その後の情報は得ていなかった。

『正祖実録』巻二五、正祖十二年（乾隆五十三、一七八八）三月乙亥（十三日）の条に、

冬至正使兪彦鎬、副使趙璦、以還渡江馳啓言[33]、……

とあるように、冬至使が北京から戻り鴨緑江を渡って朝鮮国領内に入ったところで、急便によって報告した内容の中に次の記事があった。

近歳飢饉荐蓁、各省失業之民、相聚爲盗、至臺灣之林爽文、則兵燹勢大、最爲難制、戕殺官長、奪據州縣、皇帝命將討之。自丙午九月至去年十月、互相勝敗、皇帝續遣阿桂等三大将大加勦戮幾盡、掃清生擒爽文、今已班師云[34]。

林爽文の反乱勢力は優勢で、台湾の州県を奪取するなどの状況であり、この反乱を平定するために、乾隆帝は乾隆五十一年九月から乾隆五十二年十月までに阿桂らを派遣して反乱勢力の鎮圧に成功したことを伝えた。

この情報のさらに詳細なものが、『同文彙考』補続、使臣別単の「戊申　冬至兼謝恩行書状官兪漢謨聞見事件」に見られる。この冬至兼謝恩使に随行した書状官であった兪漢謨は、『正祖実録』巻二六、正祖十二年（乾隆五十三、一七八八）十月己酉（二十一日）の条に、

召見冬至正使李在協、副使魚錫定、書狀官兪漢謨、辭陛也。(35)

とあるように、乾隆五十三年十月に冬至使として北京へ派遣された李在協の時の書状官であったことが確認できる。そして彼らは、正祖十三年（乾隆五十四、一七八九）三月に、本国へ急ぎ次のような報告をしている。

その内容について『正祖実録』巻二五、正祖十三年、三月乙丑（八日）の条に、

冬至正使李在協等馳啓言、明年皇帝八旬稱慶之時、……生番即島夷之別名、而在於極南海洋、與中國絶遠、而羈縻於臺灣者也。昨年春林爽文之敗亡也。逃命於生番、生番人誘以擒之、納于大軍、皇帝嘉其功勞、使之来朝、而言語不通、故令臺灣稍解其音者、領赴京師、其數四十四名。別無君長、只有頭目四人、而面貌皆如小兒。又無鬚髯、剪斷頭髪、纔覆衣領、或於額上口下黥作卦様、聞其性嗜生魚秦椒、慣於水上、如履平地。(36)

とある。冬至正使李在協らの急告では乾隆五十四年に乾隆帝が八〇歳を迎えることを報告し、台湾に関しては台湾の原住民が林爽文の捕獲に協力したとして北京に招かれたことを伝えた。

台湾原住民が林爽文らの平定に協力したことは、嘉慶『台湾県志』巻四、軍志、屯番に、

番民、以射獵爲生者也。被化以來、咸知向義、林爽文之亂、能以鏢鎗竹箭、共禦王事、於是、大将軍公福康安奏請、如四川屯練兵丁之例、設屯駐劄、給與荒埔田地、使耕以食、而免其租税、且其時、清丈民墾之田多、溢額亦幷予番、縣官爲徵租折納、歳給焉。(37)

とあるように、彼らが林爽文の乱平定に際して清軍に協力した結果、清朝は彼らに田地を給与して定着耕作を奨励し税の優遇政策を行ったのであった。

彼らが、実際北京に赴いたことに関しては、『高宗実録』巻一三一三、乾隆五十三年九月戊子（三十日）条に、

> 福建巡撫徐嗣曾奏、臺灣内山各社生番、於八月上旬到郡、共計頭目四名、番目二十六名、通事四名、社丁八名、委在臺辦事福州同知楊紹裘、帯同義民首曾中立、黄奠邦、張維光、葉培英、王松、護送於八月二十八日、自鹿耳門登舟候風、約十二月望前、可以抵京。報聞。

とある。この記事は、朝鮮使節が情報として本国に伝えたことと一致するであろう。ここでは頭目四名以下通事を含め四二名とされており、朝鮮使節が伝えた内容とほぼ一致することから、乾隆五十三年の朝鮮国の冬至使等は台湾の「生番」たちの北京への来朝と邂逅したことはほぼ確実である。

それでは書状官兪漢謨が伝えた林爽文の反乱に関する情報について全文を掲げたい。

> 海寇林爽文之作亂也、總督柴大紀、李侍堯、常青等征討二年未能告功、皇帝特令福康安代莅其任、統兵前進、乘勝攻破、直擣賊巣。未及兩月、剿滅賊黨、皇帝特嘉其功、晉封公爵、賞給紅寶石頂四團龍褂、親解所佩嚢二個分、賜福康安、海蘭察。海蘭察即出征副總督也。皇帝又以大學士和坤終始承旨、夙夜贊畫、有補於決勝、而時係一等男爵、故依前太學士張廷玉之例晉封爲三等伯、太學士阿桂、王杰、尚書福長安、董浩亦以協贊之勞、令交部論賞、孫士毅以隣省總督、調兵運餉、出力頗多、依前太學士蔣廷錫例賞戴雙眼花翎、仍給輕車都尉世職、以示嘉奬、柴大紀初以戰功封義勇伯、後因福康安沓奏、論其擁兵逗留貪縱、營私之罪、竟施孥籍李侍尭、於柴大紀事多有隱諱、故還削所封伯爵、其餘出征兵將、賞各有差云。
>
> 乾隆五十四年三月　日(38)

ここでは林爽文の反乱を海寇と決めつけ報告している。それは台湾が海に囲まれた孤島であるとする認識があったことによるものであろう。先の報告に続き福康安の鹿仔港上陸後の林爽文勢力の掃討作戦の成功により、林爽文の反乱は、二カ月未満で鎮圧されたとし、それに対する乾隆帝の論功行賞について述べている。

四　小結

上述のように、乾隆五十一年（一七八六）十一月より乾隆五十三年正月まで台湾全土を揺るがせた林爽文の反乱に関する情報は、朝鮮使節によって李朝朝廷に伝えられていた。

最初の報告は、朝鮮国が乾隆五十三年の清朝の「時憲暦」を求めるために北京に派遣された賫咨官の李鎮復によってもたらされた。その内容は、乾隆五十二年七月に福康安が台湾の鹿仔港に上陸して林爽文勢力の掃討を開始した頃までのものであった。

そしてそれに次ぐのが乾隆五十三年十月に冬至兼謝恩使として派遣された李在協の乾隆五十四年（一七八九）三月の報告で、台湾の原住民が林爽文捕獲に協力し、その功労に対する慰労として北京に来朝したことや、冬至使兼謝恩使に随行した書状官であった兪漢謨の報告でも林爽文反乱が平定されたこと、そしてその功労者に対する論功行賞が行われたことなどが李朝朝廷に伝えられたのである。

これら朝鮮国が得た台湾林爽文の反乱に関する情報は、ほぼ一世紀前の鄭氏政権期において得た情報よりも詳細さにおいて欠けるが、その大要においてほぼ正確な情報を入手して報告していたといえるであろう。ただ鄭氏政権期とは異なり、清朝の中国全土の安定支配が確立している状況のなかで、朝鮮側も林爽文の反乱はあくまでも一地域の反乱として捉え、それが全土を揺るがすものになるとは考えていなかったことから、朝鮮使節等の北京における情報収集活動においても鄭氏政権期と同様な緊張感は希薄であったであろう。

（1）松浦章編著『明清時代中国与朝鮮的交流——朝鮮使節与漂着船——』楽学書局、二〇〇二年三月。

（2）松浦章「朝鮮使節の琉球通事より得た台湾鄭経・琉球情報」『南島史学』第六三号、二〇〇四年四月、一～一三頁。

（3）大韓民国文教部国史編纂委員会編纂発行、韓国史料叢書第二十四『同文彙考』二、一九七八年十二月、一五六二〜一七〇〇頁。崇徳四年（一六三九）〜乾隆五十年（一七八五）までを収録。

（4）大韓民国文教部国史編纂委員会編纂発行、韓国史料叢書第二十四『同文彙考』二、一九七八年十二月、三七六二〜三八三二頁。乾隆五十二年（一七八七）二月十三日付より光緒七年（一八八一）十一月付までを収録。

（5）張存武・葉泉宏編『清入関前与朝鮮往来国書彙編一六一九—一六四三』国史館、二〇〇〇年九月。

（6）陳慧兒「林爽文事変中之義民」『台南文化』第四巻第一期、一九五四年九月、三頁。

（7）松浦章「清代台湾朱一貴の乱の日本伝聞」『満族史研究』第一号、二〇〇二年五月、三一〜四五頁。
松浦章『清代台湾海運発展史』博揚文化、二〇〇二年十月、二三九〜二九七頁。

松浦章「江戸時代の台湾風説書」『関西大学文学論集』第五二巻第二号、二〇〇二年十一月、一〜二二頁。

松浦章『海外情報からみる東アジア　唐船風説書の世界』清文堂出版、二〇〇九年七月、二三一〜二七四頁。

（8）林爽文の反乱に関しては管見の限り次のものがある。
於梨華「林爽文革命研究」『文献専刊』第四巻第三・四期、一九五三年十二月。本論文は林爽文の乱の経過を述べている。

陳慧兒「林爽文事変中之義民」『台南文化』第四巻第一期、一九五四年九月。本論文は林爽文の乱とそれに関係した義民層の活動を、義民の組織を中心に究明している。

荘吉發「清初天地会与林爽文之役」『大陸雑誌』第四一巻第一二期、一九七〇年十二月。本論文は、林爽文の蜂起の時代背景、楊光勲と楊媽世の家産を争う械闘や林爽文の蜂起に呼応した会党、福建水陸提督と福建浙江総督の渡台後の状況、福康安の渡台後の乱平定と清朝の措置について詳細に究明している。

陳捷先輯「林爽文反清新資料（導火線起於嘉義）」『嘉義文献』第五期、一九七四年十二月。これは福建按察使林永祺の乾隆五十二年八月十五日までの奏摺六件を収録する。

留国珠「林爽文的抗清運動」『台北文献』直字第三八期、一九七六年十二月、二八三〜二九七頁。

陳国棟「林爽文・荘大田之役清廷籌措軍費的辦法——清代一個非常時期財政措施的個例」『台湾風物』第三一巻第一期、一九八一年三月、五〜一六頁。

陳国棟「台湾林爽文・荘大田之軍費的奏銷」『台湾風物』第三一巻第二期、一九八一年六月、五五～六五頁。

許文雄「林爽文起事和台湾歴史発展」『故宮学術季刊』第一九巻第一期、一九八一年秋、九五～一五〇頁。

李天鳴「林爽文事件中的諸羅戦役」『故宮学術季刊』第一九巻第一期、一九八一年秋、一五一～一九四頁。

林良如「林爽文事件之起因与其乱事拡大的因素探討」『台湾人文』第八号（台湾師範大学第八届人文研究学術奨）、二〇〇三年十二月、一一七～一五二頁。

（9）『清史稿』第三冊、中華書局、五三七～五三八頁。

（10）『清史稿』第三冊、五三八頁。

（11）『清史稿』第三冊、五三八頁。

（12）『清史稿』第三冊、五三八頁。

（13）『清史稿』第三冊、五四一頁。

（14）『清史稿』第三冊、五四一頁。

（15）『清実録』第二五冊、中華書局、一九八六年五月、四八七頁。

（16）『清実録』第二四冊、中華書局、一九八六年四月、一一四一頁。

（17）『宮中檔乾隆朝奏摺』第六二輯、国立故宮博物院、一九八七年六月、五三五頁。

（18）『中国地方志集成　台湾府県志輯』第二冊、上海書店等、四〇四頁、程峻は乾隆四十八年から四十九年に淡水同知として就任し、そして「（乾隆）五十一年再護殉難」（四〇四頁）と殉職したのであった。

（19）『中国地方志集成　台湾府県志輯』第二冊、四三六～四三七頁。

（20）『中国地方志集成　台湾府県志輯』第二冊、三七〇頁。

（21）『中国地方志集成　台湾府県志輯』第二冊、四八四頁。

（22）『中国地方志集成　台湾府県志輯』第四冊、上海書店等、四一九頁。

（23）『宮中檔乾隆朝奏摺』第六二輯、六四九頁。

（24）『中国地方志集成　台湾府県志輯』第三冊、上海書店等、五四四頁。

（25）『中国地方志集成　台湾府県志輯』第三冊、上海書店等、五四四～五四五頁。

(26)『中国地方志集成　台湾府県志輯』第四冊、一九二頁。
(27)『中国地方志集成　台湾府県志輯』第四冊、一九三頁。
(28)『同文彙考』第四冊、国史編纂委員会、三七一一～三七一二頁。
(29)『李朝実録』第四八冊、『正祖実録』第二、学習院東洋文化研究所、一九六六年二月、一九〇頁。
(30)『李朝実録』第四八冊、『正祖実録』第二、一九一頁。
(31)『同文彙考』第四冊、国史編纂委員会、三七六四～三七六五頁。
(32)『宮中檔乾隆朝奏摺』第六二輯、六四九頁。
(33)『李朝実録』第四八冊、『正祖実録』第二、二一二頁。
(34)『李朝実録』第四八冊、『正祖実録』第二、二一二頁。
(35)『李朝実録』第四八冊、『正祖実録』第二、二三三頁。
(36)『李朝実録』第四八冊、『正祖実録』第二、二五二頁。
(37)『中国地方志集成　台湾府県志輯』第三冊、上海書店等、四八一頁。
(38)『同文彙考』第四冊、国史編纂委員会、三七六八頁。

第三章　朝鮮国に伝えられた康熙帝の訃報

一　緒　言

一七世紀以降の東アジア世界には、中国には清朝が、朝鮮半島には朝鮮王朝、日本には徳川幕府が、琉球には中山王朝そして南のベトナムには後期黎朝（一五三二〜一七八九）と阮朝（一八〇二〜一九四五）があり、それぞれの国々は多少の政治的動揺があったもののほぼ平穏に併存していた。これらの国々は、日本を除き清朝中国の朝貢国としてその傘下にあった。日本は朝貢体制の外にあったとはいえ、同様に東アジアの大国である清朝中国の動勢には極めて高い関心を持っていた[1]。

清朝の周縁諸国において最も関心の強かったのは清朝皇帝の動勢であった。とりわけ清朝皇帝の死去ともなれば大きな関心事であった。周縁諸国では中華皇帝の死亡は、東アジア世界の均衡に不安定要因をもたらすのではないかとの疑念があったとしても不思議ではなく、その情報に強い関心があったことは確かである。

東北地方から山海関を越えて関内以南の一部を支配した清朝順治帝に次いでわずか八歳で即位した康熙帝は、成長とともに順次政治勢力を拡大し、清朝による中国支配が二百余年に及ぶ盤石の基礎を築いた。その康熙帝が即位六一年目にして天寿を全うすると、その死は周縁諸国にどのように伝えられたのか、清朝皇帝の訃報の伝達形態を通じて、中国と周縁諸国との文化交渉の一端を考察してみたい。

二　康熙帝の遺詔と雍正帝の登極詔

康熙帝の在位六一年に及ぶ治世は東アジア世界の君主たちに少なからざる影響を与えた。特に清朝と政治関係になかった日本においても中国の動勢に強い関心を持っていた。たとえば明清交替期に関する情報を積極的に収集している(2)。また、徳川幕府の将軍の中でも八代将軍徳川吉宗にとって、同時代を生きた康熙帝の存在は大きなものであったと思われる(3)。

康熙帝の崩御の記録は、『聖祖実録』巻三〇〇、康熙六十一年（一七二二）十一月甲午（十三日）の条に記されている。

丑刻、上疾大漸、命趣召皇四子胤禎於齋所、諭令速至、南郊祀典、著派公呉爾占恭代、寅刻、召皇三子誠親王允祉、皇七子淳郡王允祐、皇八子貝勒允禩、皇九子貝子允礶、皇十子敦郡王允礶、皇十二子貝子允祹、皇十三子胤祥、理藩院尚書隆科多、至御榻前、諭曰、皇四子胤禎人品貴重、深肖朕躬、必能克承大統、著繼朕登基、即皇帝位、皇四子胤禎聞召馳至、巳刻、趨進寢宮、上告以病勢日臻之故、是日、皇四子胤禎三次進見問安、戌刻、上崩於寢宮(4)。

病床にあった康熙帝は康熙六十一年十一月十三日の丑刻とあるから午前二時頃に崩じたのであった。そして直ちに康熙帝の上諭によって第四皇子の胤禎が即位することになる。そして、康熙帝の遺詔が明らかにされ、『聖祖実録』には同日の条に全文が記されている。

遺詔曰、從來帝王之治天下、未嘗不以敬天法祖為首務、敬天法祖之實、在柔遠能邇、休養蒼生、共四海之利為利、一天下之心為心、保邦於未危、致治於未亂、夙夜孜孜、寤寐不遑、為久遠之國計、庶乎近之、今朕年屆七旬、在位六十一年、實賴天地宗社之默祐、非朕涼德之所致也、歷觀史冊、自黃帝甲子、迄今四千三百五十餘年、共三百一帝、如朕在位之久者甚少、朕臨御至二十年時、不敢逆料至三十年、三十年時、不敢逆料至四十年、今已六十一年矣、尚書洪範所載、一曰壽、二曰富、三曰康寧、四曰攸好德、五曰考終命、五福以考終命、列於第五者、誠以其難得故也、今朕年已登耆、富有四海、子孫百五十餘人、天下安樂、朕之福亦云厚矣、即或有不虞、心亦泰然、念自御極以來、雖不敢自謂能移風易俗、家給人足、上擬三代明聖之主、而欲致海宇昇平、人民樂業、孜孜汲汲、小心敬慎、夙夜不遑、未嘗少懈、數十年來、殫心竭力、有如一日、此豈僅勞苦二字所能該括耶、前代帝王、或享年不永、史論槩以為酒色所致、此皆書生好為譏評、雖純全盡美之君、亦必抉摘瑕疵、朕今為前代帝王剖白言之、蓋由天下事繁、不勝勞憊之所致也、諸葛亮云、鞠躬盡瘁、死而後已、為人臣者、惟諸葛亮能如此耳、若帝王仔肩甚重、無可旁諉、豈臣下所可比擬、臣下可仕則仕、可止則止、年老致政而歸、抱子弄孫、猶得優游自適、為君者勤劬一生、了無休息之日、如舜雖稱無為而治、然身歿於蒼梧、禹乘四載、胼手胝足、終於會稽、似此皆勤勞政事、巡行周歷、不遑寧處、豈可謂之崇尚無為、清靜自持乎、易遯卦六爻、未嘗言及人主之事、可見人主原無宴息之地、可以退藏、鞠躬盡瘁、誠謂此也、自古得天下之正、莫如我朝、太祖太宗初無取天下之心、嘗兵及京城、諸大臣咸云當取、太宗皇帝曰、明與我國、素非和好、今欲取之甚易、但念係中國之主、不忍取也、後流賊李自成攻破京城、崇禎自縊、臣民相率來迎、乃剪滅闖寇、入承大統、稽查典禮、安葬崇禎、昔漢高祖係泗上亭長、明太祖一皇覺寺僧、項羽起兵攻秦、而天下卒歸於漢、元末陳友諒等蠭起、而天下卒歸於明、我朝承席先烈、應天順人、撫有區宇、以此見亂臣賊子、無非為真主驅除也、凡帝王自有天命、應享壽考者、不能使之不享壽考、應享太平者、不能使之不享太平、朕自幼讀書、於古今道理、粗能通曉、又年力盛時、能彎五十力弓、發十三把箭、用兵臨戎之事、皆所優為、然平生未嘗妄殺一人、平定三藩、掃清漠北、皆出一心運籌、戶部帑金、非用師賑饑、未敢妄費、謂此皆小民脂膏故也、所有巡狩行宮、不施綵繪、每歲所費、不過一二萬金、較之河工歲費三百餘萬、尚不及百分之一、昔梁武帝亦創業英雄、後至耄年、為侯景所逼、遂有臺城之禍、隋文帝亦開創之主、不能預知其子煬帝之悪、卒至不克令終、皆由辨之不早也、朕之子孫、百有餘人、朕年已七十、諸王大臣官員軍民、以及蒙古人等、無不愛惜朕年邁之人、今雖以壽終、朕亦愉悦、至太祖皇帝之子禮親王、饒餘王之子孫、見今俱各安全、朕身後、爾等若能協心保全、朕亦欣然安逝、雍親王皇四子胤禛人品貴重、深肖朕躬、必能克承大統、著繼朕登基、即皇帝位、即遵典制、持服二十七日釋服、布告天下、咸使聞[5]。

遺詔には「平定三藩、掃清漠北」などと、三藩の乱を平定し、さらに漠北に覇権を握っていたガルダンなどのジュンガル勢力を駆逐したなどの事績の一端が記されている。

それでは、この遺詔はどのように全国に布告されたのであろうか。『世宗実録』巻一、康熙六十一年十一月丁酉（十六日）の条に、

　宣讀大行皇帝遺詔、頒行天下[6]、……

とあり、光緒『清会典事例』巻四五七、礼部一六八、喪礼、聖祖仁皇帝大喪儀一に、

（康熙六十一年十一月）十六日、頒遺詔、禮部遵例奏進儀節、諭王大臣禮部遺詔自宮奉出、……由中道出大清門、至禮部、謄黄刊刻、遣官頒行天下[7]。

とあるように、遺詔は礼部に運ばれ「謄黄刊刻」の形式で印刷され全国に頒布されたのである。

康熙帝の遺詔が中国全土にはいつ届いたのであろうか。北京から遠い距離にある広州の場合について、署理広東提督広州左翼副都統の馮毅の康熙六十一年十二月二十日付の奏摺によれば、

　十二月十九日、驚聞大行皇帝賓天詔書、於十七日、到省之信、奴才昏迷失次、不知所爲[8]、……

とある。広州に遺詔が届いたのは康熙帝が崩じた十一月十三日（一七二二年十二月二十日）から三五日後の十二月十七日のことであった。

福建省都の福州については福建巡撫黄国材の康熙六十一年十二月二十一日付の奏摺には、

恭照大行皇帝至徳深恩普被天下者六十餘年、今者遺詔到閩、宣讀之時、奴才見城中兵民人等、無不哀聲動地、迨聞皇上繼登寶位、衆心始安心、[9]……

とある。康熙帝の遺詔は三九日後の十二月二十一日以前に届き、福州省城において兵民に対して宣布された。人々は驚き落胆した。しかし雍正帝の即位のことを聞き安堵したとある。

西南部の雲南省都昆明は雲南巡撫の楊名時の康熙六十一年十二月二十五日付の奏摺には、

臣於臘月中旬、接奉大行皇帝遺詔、悲傷至極、至於迷惘、官士軍民、號慟累日、良由六十餘年、深仁澤淪肌浹髓之所致也。[10]

とある。また署理雲貴総督事務の高其倬の同日の奏摺にも、

康熙六十一年十二月十四日、大行皇帝遺詔到滇、奴才率同文武各官、匍匐跪迎呼搶哀號五中、慘裂通省、紳士軍民無不涕泣悲慟累日不止、實大行皇帝憂動聖治教育生民六十餘年有一日至徳深仁淪、肌浹髓之所致也。[11]

とある。雲南の省都、現在の昆明市にも三二日後の十二月十四日（一月二十日）には康熙帝の遺詔は届いていたことがわかる。

このことから、遺詔が発布されてほぼ一カ月余りで、ほぼ中国全土に知られることになったと思われる。

その康熙帝を嗣いで皇帝に即した雍正帝の即位の詔は、『世宗実録』巻一、康熙六十一年十一月辛丑（二十日）に見える。

上即皇帝位、是日黎明、鹵簿全設、各官齊集於朝、上素服、詣梓宮前、跪、上香、告受命於大行皇帝、行三跪九叩頭禮、聖容哀感、受命畢、至東偏殿、易禮服、詣永和宮皇太后前、行禮畢、御太和殿、升寶座、鳴鐘鼓、中和樂、設而不作、王以下、文武各官、行朝賀禮、免宣慶賀表、頒詔大赦。[12]

詔曰、惟我國家受天綏佑、太祖、太宗、肇造區夏、世祖章皇帝、統一疆隅、我皇考大行皇帝、臨御六十一年、德茂功高、文經武緯、海宇寧謐、曆數悠長、不謂謝棄臣民、遽升龍馭、親授神器、屬於藐躬、朕皇考大行皇帝德妃之子、昔皇二子弱齡建立、深為聖慈鍾愛、寢處時依、恩勤倍篤、不幸中年神志昏憒、病類風狂、皇考念宗社重任、付託為艱、不得已再行廢斥、待至十有餘年、沉疾如故、痊可無期、是以皇考升遐之日、詔朕纘承大統、朕之昆弟子姪甚多、惟思一體相關、敦睦罔替、共享昇平之福、永圖磐石之安、孔子曰、三年無改於父之道、我皇考臨御以來、良法美政、萬世昭垂、朕當永遵成憲、不敢稍有更張、何止三年無改、至於皇考知人善任、至明至當、內外諸大臣、朕方亟資翊贊、以期始終保全、務宜竭盡公忠、恪守廉節、俾朕得以加恩故舊、克成孝思、儻或不守官箴、自干國紀、既負皇考簡拔委用之恩、又負朕篤愛大臣之誼、部院屬吏、直省有司、亦宜實心任事、潔已奉公、不得推諉上官、自曠厥職、天下百姓、受皇考恩澤日久、蠲賑頻施、勸懲備至、間有愚氓、甘犯律令、皇考每遇讞決、必加詳審、爰書累牘、披閱靡遺、少有可生之路、立施法外之仁、凡我百姓、各宜孝親敬長、畏罪懷刑、以副朕仰法皇考如天好生之意、茲因諸王、貝勒、大臣、文武官員人等、僉謂天位不可久虛、宗社允宜蚤主、再三陳請、朕勉徇輿情、暫抑悲痛、於是月二十日、祗告天地宗廟社稷、即皇帝位、以明年為雍正元年、仰惟先志之宜承、深望皇圖之永固、遹昭新化、期衍舊恩、於戲、追慕前徽、繼述無忘於夙夜、廣推聖澤、恩膏願被於寰區、凡爾親賢文武、其共矢藎誠、各輸心膂、用紹無疆之業、永垂有道之庥、布告天下、咸使聞知[13]。

さらに続いて、即位による恩赦があったが、実録では、

詔内恩款、凡三十條[14]。

とあるのみで、詳細は記されていない。

三　清朝朝貢国に伝わった康熙帝の訃報

（1）朝鮮国に伝えられた康熙帝の訃報

朝鮮王国は清朝中国の朝貢国として毎年のように使節を北京に派遣していたが、康熙六十一年（景宗二、一七二二）の冬至使として、正使全城君、副使李萬選を派遣する。その冬至使が北京に到着する以前の中国領内にいたったところで康熙帝の訃報に接することになった。

その事情は、『景宗実録』に見える。

『景宗実録』巻一〇、景宗二年（康熙六十一、一七二二）十二月乙卯（四日）の条によれば、

謝恩使全城君等、入彼境馳啓曰、入送軍官於鳳凰城、探問勑奇、因甲軍馬姓人聞之、則皇帝去月十三日崩逝、十五日第四子卽位、十六日發喪。勑使當於三十日間、到鳳城云矣。我國每以胡皇死、必有變亂爲慮、及見此狀啓、崩逝日字、與灣尹所報相左、勑行又過期不來、人皆疑懼、都民有駭散之心、而西路尤甚云。[15]

朝鮮使節の謝恩使全城君が十二月初旬に清朝中国の領域に到達して間もなく、清の官吏から康熙帝が十一月十三日に崩御し、十五日には第四皇子が即位し、十六日に康熙帝の喪を発したとの報告を受け取ったことを朝鮮朝庭に急遽報告してきた。

『同文彙考補編』巻四、使臣別単四に見える冬至使の正使全城君と副使李万選の「別単」によれば、

上年十一月初七日、康熙皇帝始自南海子回駕暢春苑、初八日感冒風寒、而症非大段故七旬、慶詔以十一二兩日、連續發遣各省、而十三日早朝與内閣諸臣議國政畢氣忽昏迷不省大學士王掞跪問病仍請國事何如請至再三、皇帝瞬目不言、是日酉時崩逝、二更量移駕還宮、……

康熙六十一年　月　日[16]

と、康熙帝の臨終直前の十一月初七日から崩御の十三日までの状況を朝鮮国王に報告している。

『景宗実録』巻一〇、景宗二年十二月丁卯（十六日）の条には、

傳訃勅使額眞那、吳爾泰至京、上及王世弟具白袍、翼善冠、烏犀帶、迎勅於幕華館、先由敦義門還宮、勅使由崇禮門繼至。又祇迎於仁政殿庭、勅使升殿、置勅書於案上。上四拜焚香、由西階升殿、北向立、勅使稱有制、跪而受之、降復位。宣勅勅書、卽康熙皇帝遺詔也。有曰[17]。

とあり、清朝からの康熙帝の訃報を伝える勅使がソウルに到着したのは十二月十六日である。伝訃使の額真那と吳爾泰を宮廷に迎えて伝達された遺詔の全文が同日の条に記録されている。

從來帝王之治天下、未嘗不以敬天法祖爲首務。敬天法祖之實、在柔遠能邇、休養蒼生、共四海之利爲利、一天下之心爲心、保邦於未危、圖〔致〕治於未亂、夙夜孜孜、寤寐不遑、爲久遠之國計、庶乎近之。今朕年屆七十〔旬〕、在位六十一年、實賴天地宗社之默祐、非朕涼德之所至〔致〕也。歷觀史册、自黃帝甲子、迄今四千三百五十餘年、共三百一帝、如朕在位之久者甚少。朕臨御至二十年時、不能〔敢〕逆料至三十年、三十年時、不能逆料至四十年、今至〔已〕六十一年矣。《尙書》《洪範》所載、一曰壽、二曰富、三曰康寧、四曰攸好德、五曰考終命。五福以考終命、列於第五者、誠以難得故也。今朕年已登耈〔耆〕、富有四海、子孫百五十餘人、天下安樂、朕之福亦云厚矣、卽或有不虞、心亦泰然。念自御極以來、雖不敢自謂移風易俗、家給人足、上擬三代明聖之主、而欲其〔致〕海宇昇平、人民樂業、孜孜汲汲、小心敬愼、夙夜不遑、未嘗少懈、數十年來、殫心竭力、有如一日、此豈僅勞苦二字所能該括耶？前代帝王、或享年不永、史論概以爲酒色所致、此皆書生、好爲譏評。雖純全盡美之君、亦必抉摘瑕疵。朕今爲前代帝王、剖白言之、蓋由天下事繁、不勝勞憊之所致也。諸葛亮云、鞠躬盡瘁、死而後已。爲人臣者、惟諸葛亮、能如此耳。若帝王仔肩甚重、無可旁諉、豈臣下所可比擬？臣下可仕則仕、可止則止、年老致政而歸、抱子弄孫、猶得優遊〔游〕自適、爲君者、勤劬

一生、了無休息之日。如舜雖稱無爲而治、然身沒〔歿〕於蒼梧、禹乘四載、胼手胝足、終於會稽。似此皆勤勞政事、巡行周歷、不遑寧處、豈可謂之崇尚無爲、清靜自持乎。『易』「遯卦」六爻、未嘗言及人主之事、可見人主原無宴息之地、可以退藏、鞠躬盡瘁、誠爲此也。自古得天下之正、莫如我朝太祖、太宗。初無取天下之心、嘗兵及京城、諸大臣咸云、當取。太宗皇帝曰、明與我國、素非和好、今欲取之甚易、但念係中國之主、不忍取也。後流賊李自成攻破京城、崇禎自縊、臣民相率來迎、乃翦滅闖寇、入承大統、稽查典禮、安葬崇禎。昔漢高祖、係泗上亭長、明太祖、一皇覺寺僧。項羽起兵攻秦、而天下猝〔卒〕歸於漢、元末陳友諒等蜂〔蠭〕起、而天下猝〔卒〕歸於明。我朝承席前〔先〕烈、應天順人、繼有區宇、以此見亂臣賊子、無非爲眞主驅除也。凡帝王、自有天命、應享壽耇〔考〕者、不能使之不享壽耇〔耆〕、應享太平者、不能使之不享太平。朕自幼讀書、於古今道理、粗能通曉、又年力盛時、能彎五十石〔力〕弓、發十三把箭、用兵臨戎之事、皆所優爲。然平生未嘗妄殺一人。平定三藩、掃清漠北、皆出一心運籌。戶部帑金、非用師賑饑、未敢妄費、謂此皆小民脂膏故也。所有巡狩行宮、不施綵繢、每處〔歲〕所費、不過一二萬金、較之河工歲費三百餘萬、尚不及百分之一。昔梁武帝亦創業英雄、後及耄年、爲侯景所逼、遂有臺城之禍、隋文帝亦開創之主、不能預知其子煬帝之惡、卒致〔至〕不克令終、皆由卞〔辨〕之不早也。朕之子孫百有餘人、朕年已七十、諸王、大臣、官員、軍民、以及蒙古人等、莫〔無〕不愛惜。朕年邁之人、今雖以壽終、朕亦愉悅。至若太祖皇帝之子、禮親王、饒餘王之子孫、現〔見〕今俱各〔若〕安全、朕身後、爾等各能協心保全、朕亦欣然安逝。雍親王皇四子胤禛、人品貴重、深肖朕躬、必能克承大統、着〔著〕繼朕登基。卽皇帝位、則〔即〕遵典禮〔制〕持服、二十七日釋服、

布告中外〔天下〕、咸使聞知[18]。

先に掲げた『清実録』の原文と異同のある文字に関して〔　〕を使用して示した。〔　〕内が清実録の原文である。

この訃報が勅使によって読み上げられたあとの状況が次のように記されている。

讀訖、上哭四拜、世弟及百官皆拜。上由西階上殿、東向立、勅由東階升、西向立、勅請除拜行揖、揖罷、就位坐、慰喪勞行、勅使多致感謝之意。請設茶、勅使以喪辭。再勸而止、不復强之。勅使降自東階、往館所、上降自西階、沒階而送之。(19)

このような清朝皇帝の訃報の伝達式が執り行われたのである。これも冊封体制のもとにある朝鮮王朝であるが故である。

（2）琉球国に伝えられた康熙帝の訃報

琉球の『中山世譜』巻九、尚敬王の康熙六十一年条には、

時會、聖祖崩、皇太子登極、改元雍正、特命福建守臣。諭祭貢使毛弘健、幷官生蔡用佐等十人。(20)

とある。遺詔に関しては記されていない。

しかし、直ちに琉球国は新皇帝即位の慶賀の使者を派遣している。その使者がもたらした琉球国王の上奏文は次の通りである。

琉球國中山王臣尚敬、誠惶誠恐、稽首頓首、上言、伏以龍歸天漢、九霄日月、歳光弓挂、橋山萬里、風雲変色、六十一載之憂、勤惕厲念、切民依千億萬年之寶籙皇圖、尚邀帝眷、普天泣血、率土攀髯、恭惟皇帝陛下、聰明天縦、仁孝性成、思創造之、維艱善述善繼、念守成之靡易、惟一惟精、聖祖仁皇帝、徳施九有、化被八荒、海宴河清、永示規模之備、仁深澤厚、宏開疆土之雄、宜壽與天齊、而算同日、永詎蒼梧晏駕、哭二女於湘江、乃畢呈登霞、泣百男於岐水、臣敬世叨封典、念切悽謹遣陪臣翁國柱・曾曆等、齎捧、凡儀恭陳祭典、邀先皇在天之鑒納遠臣、一念之誠、伏願垂拱凝麻集一代之共球、祖述先志綿萬年之曆数、佑啓後人、持

見川瀆効靈、豈以漢之人景江河呈瑞、不殊周之成康矣。臣敬無任瞻天仰聖、激切屏營之至、謹奉表恭進、以聞。雍正元年十月初九日奏、二年十月十六日、奉旨覧王奏知道了該部知道[21]。

『世宗実録』巻一七、雍正二年（一七二四）三月丁亥（十三日）の条に、

琉球國王尚敬、遣陪臣翁國柱等、表賀登極、附貢方物、幷遵旨遣官生鄭秉哲、鄭繩、蔡宏訓三人、入監讀書[22]。

とあり、雍正帝の即位を慶賀する琉球国の使者翁国柱が北京に到着している。

『世宗実録』巻一七、雍正二年三月癸巳（十九日）の条に、

琉球國王尚敬、遣陪臣翁國柱恭上聖祖仁皇帝香[23]。

とあり、さらに康熙帝の崩御に対し葬礼を行った。

『世宗実録』巻二六、雍正二年十一月己酉（九日）によれば、

諭怡親王允祥、外藩人等來朝、給以食物、及其歸國、頒以賞賜、俱有定制、但該管官員、未免忽略、遂使遠人不沾實惠、朝鮮國、守職恪順、百年有餘、今琉球來使、亦甚恭謹、伊等歸國時、一切應賞之物、擇其佳者給與、務使得沾實惠、嗣後除理藩院蒙古賓客外、朝鮮、鄂羅斯、暹羅、安南等國、遣使來朝、所給食物、歸時所頒賞賜、爾會同該部辦理、或有應行加賞之處、酌量定議奏聞[24]。

とある。新皇帝雍正帝は朝貢国の来朝を前皇帝と同様に対処するよう命じている。

（3）　安南国に伝えられた康熙帝の訃報

安南にどのように康熙帝の訃報が伝えられたかは明らかでないが、『世宗実録』巻二〇、雍正二年五月辛亥（九日）の条に、

諭禮部、兵部、安南國王黎維祹、遣陪臣范謙益等、賀登大寶、貢獻方物、竝二年歳貢、從廣西桂林府水路進

京、朕因嚮來驛遞供應、多有騷擾、曾諭定例供給之外、不許溢額應付、今安南慶賀大禮、遣使遠來、應加恩恤、其經過地方、供給食物、酌量增加、令其充足、以示朕嘉惠遠人至意。[25]

とある。安南国王は雍正帝の即位を祝賀するために、定例の使節とは別に慶賀の使者を派遣したのであった。それに対して雍正帝は遠来の使者に対する恩典を行うようにとの指示をしたのである。

このことから判断するに、安南国にも康熙帝の崩御と雍正帝の即位の詔が伝えられたことは明らかであろう。

四　日本に船載された康熙帝の遺詔と雍正帝の登極詔

清朝前期の大皇帝康熙帝の訃報が東アジア世界に伝えられたのは康熙帝が死去して、それほど長い時間が経過した時期ではなかった。日本に伝えられたものとして長崎と対馬の例がわかる。

（1）長崎に伝えられた康熙帝の遺詔と雍正帝の登極詔

『長崎実録大成』巻十一、「唐船入津並雑事之部」の享保七年（康熙六十一、一七二二）の条に、

今年十一月十三日康熙帝崩御、當年六十九歳、在位六十一年、第四皇子雍親王胤禎當年四十三歳、譲位ノ遺詔有之、來卯正月改元有之由、入津ノ諸船風説アリ。[26]

とある。十一月十三日に崩じた康熙帝の訃報と第四皇子が即位したこと、その遺詔および翌年正月に改元のことが、同年中に長崎に伝えられたのである。

『信牌方記録』享保七壬寅年に、

康熙帝當十月中旬比より御惱之由ニテ、十一月十三日ニ崩御有之候、當年御年六拾九歳、在位六拾壹年ニテ御座候。第四之皇子雍親王胤禎當年四拾二三歳之由、此皇子帝位御繼可有之旨之遺詔、十二月初比寧波江到

來仕候、勿論登極之詔ハ、追テ諸省江到來仕筈之由、貳拾九番李昌謀船入津之節申上候事[27]。

とある。康熙帝崩御の報を日本に最初に伝えたのは長崎に来航した二十九番李昌謀船であった。康熙帝の遺詔は十二月初めには寧波にも伝えられたとある。

享保七年十二月二十二日に長崎に入港した二十九番南京船は、船主が李昌謀であり、享保六年の十五番船船主としても来日していた。今回は寧波から四〇名乗り組み、十二月五日に出帆して、七日に普陀山に帰港した、八日に普陀山を出港し二十二日に長崎に入港した。この李昌謀が康熙帝の訃報を長崎に初めて伝えたのであった。

「崎港商説」巻三、「唐人共申口」によれば、

然者康熙帝當十月中旬比より御惱之由承候處に、十一月十三日に崩ぜられ候、當年御年六拾九歳、在位六拾一年にて御座候。第四之皇子雍親王と申候は、當年四拾二三歳之由、此皇子帝位御繼可有之旨遺詔、私共出船之砌、寧波へ到來仕候、勿論登極之詔は、追て諸省へ到來仕筈之由に御座候、尤諸省共静謐に御座候。此外相替儀無御座候[28]。

と報告している。また六日後に長崎に入港してきた三十番南京船も康熙帝の訃報を伝えた。同船は上海から三八名乗船して十二月十七日に出帆し、二十八日に長崎に入港した。船主の黄哲卿は享保五年の二十一番船主として来日している。その報告には、

然ば、康熙帝十一月十三日に崩御せられ、第四皇子に帝位御繼可有之旨之遺詔、當月九日に蘇州へ到来之由、於上海に承知仕候、勿論諸省共に静謐に御座候。此外異説御座候[29]。

とある。十一月十三日に死去した康熙帝の訃報が十二月九日には蘇州に届いていたことになる。

この後に、長崎に入港する中国船のうち、「唐人共申口」が残されているのは享保八年（一七二三）五月二十七日の二番広東船である。それまでに入港したのは次の中国船であった。

享保八年正月初八日　三十一番寧波船　沈玉田
正月十三日　三十二番広南船　董宜叶
二月初四日　三十三番南京船　沈茗園
三月初二日　一番南京船　潘紹文(30)

享保八年五月二十七日に入港した二番広東船は、四七名乗船し四月十八日に広東から出帆し、五月十八日に普陀山に寄港し、二十日に普陀山を出港して二十七日に長崎に入港した。船主は李亦賢であった(31)。

そして、由来は不明であるが「崎港商説」には康熙帝の「遺詔」と雍正帝即位の「登極詔」が収められている。

遺詔

奉天承運皇帝詔曰、從來帝王之治天下、未嘗不以敬天法祖為首務、敬天法祖之實、在柔遠能邇、休養蒼生、共四海之利為利、一天下之心為心、保邦於未危、致治於未亂、夙夜孜孜、寤寐不忘、為久遠之國計、庶乎近之、今朕年届七旬、在位六十一年、實頼天地宗社之默祐、非朕涼徳之所致也、歴觀史冊、自黄帝甲子、迄今四千三百五十餘年、共三百一帝、如朕在位之久者甚少、朕臨御至二十年時、不敢逆料至三十年、三十年時、不敢逆料至四十年、今已六十一年矣、尚書洪範所載、一曰壽、二曰富、三曰康寧、四曰攸好徳、五曰考終命、五福以考終命、列於第五者、誠以其難得故也、今朕年已登耆、富有四海、子孫百五十餘人、天下安樂、朕之福亦云厚矣、即或有不虞、心亦泰然、念自御極以來、雖不敢自謂能移風易俗、家給人足、上擬三代明聖之主、而欲致海宇昇平、人民樂業、孜孜汲汲、小心謹慎、夙夜不遑、未嘗稍懈、數十年來、殫心竭力、有如一日、此豈僅勞苦二字所能該括耶、前代帝王、或享年不永、史論槩以為酒色所致、此皆書生好為譏評、雖純全盡美之君、亦必抉摘瑕疵、朕今為前代帝王剖白言之、盖由天下事繁、不勝勞憊之所致也、諸葛亮云、鞠躬盡瘁、死而後已、為人臣者、惟諸葛亮能如此耳、若帝王仔肩甚重、無可旁諉、豈臣下所可比擬、臣下可仕則仕、可止則止、年老致政而歸、抱子弄孫、猶得優游自適、為君者、勤劬一生、了無休息之日、如舜雖稱無為而治、然身沒於蒼梧、禹乘四載、胼手胝足、終於會稽、似此皆勤勞政事、巡行周歷、不遑寧處、豈可謂之崇尚無為、清靜自持乎、易遯卦六爻、未嘗言及人主之事、可見人主原無宴息之地、可以退藏、鞠躬盡瘁、誠謂此也、自古得天下之正、莫如我朝、太祖太宗初無取天下之心、嘗兵及京城、諸大臣咸云當取、太宗皇帝曰、明與我國、素非和好、令欲取之甚易、但念係中國之主、不忍取也、後流賊李自成、攻破京城、崇禎自縊、臣民相率來迎、乃剪滅闖寇、入承大統、稽查典禮、安葬崇禎、昔漢高祖、係泗上亭長、明太祖一皇覺寺僧、項羽起兵攻秦、而天下卒歸于漢、元末陳友諒等蜂起、而天下卒歸於明、我朝承席先烈、應天順人、撫有區宇、以此見亂臣賊子、無非為眞主驅除也、凡帝王自有天命、應享壽考者、不能使之不享壽考、應享太平者、不能使之不享太平、朕自幼讀書、於古今道理、粗能通曉、又年力盛時、能彎十五力弓、發十三把箭、用兵臨戎之事、皆所優為、然平生未嘗妄殺一人、平定三藩、掃清漠北、皆出一心運籌、戶部帑金、非用師賑飢、未敢妄費、謂此皆小民脂膏故也、所有巡狩行宮、不施采繪、每歲所費、不過一二萬金、較之河工歲費三百餘萬、尚不及百分之一、昔梁武帝、亦創業英雄、後至耄年、為侯景所逼、遂有臺城之禍、隋文帝亦開創之主、不能預知其子煬帝之惡、卒至不克令終、皆由辨之不早也、朕之子孫、百有餘人、朕年已七十、諸王大臣官員軍民、以及蒙古人等、無不愛惜朕年邁之人、今雖以壽終、朕亦愉悅、至太祖皇帝之子禮親王、饒餘王之子孫、現今俱各安全、朕身後、爾等若能協心保全、朕亦忻然安逝、雍親王皇四子胤禛、人品貴重、深肖朕躬心、能克承大統者、繼朕登基、即皇帝位、即遵典制、持服二十七日釋服、布告天下、咸使聞知。

先の『清実録』の遺詔と長崎に伝えられた「遺詔」とを比較すると、全一二〇〇余字の中で、『清実録』の遺詔とは二〇余字の相違がある。文字の異同は傍線で示した。他はすべて同文であることがわかる。もちろん冒頭の「奉天承運皇帝詔曰」は『清実録』にはないが、実録の性格からみて当然のことであるから、それを除けば、北京から江南などの地方に発布伝達された康熙帝の「遺詔」は、転写の際に若干の誤写があったとしてもほぼ全文が正確に伝達されたといえるのである。

他方、雍正帝の「登極詔」については次のようにある。

登極詔

奉天承運皇帝詔曰、惟我國家、受天綏佑、太祖、太宗、肇造區夏、世祖章皇帝、統一疆隅、我皇考大行皇帝、臨御六十一年、德茂功高、文經武緯、海宇寧謐、曆數悠長、不謂謝棄臣民、遽升龍馭、親授神器、屬於藐躬、朕皇考大行皇帝德妃之子、昔皇二子弱齡建立、深為聖慈鍾愛、寢處時依、恩勤倍篤、不幸中年、神志昏憒、病類風狂、皇考念宗社重任、付託為艱、不得已、再行廢斥、待至十有餘年、沉疾如故、痊可無期、是以皇考升遐之日、詔朕纘承大統、朕之昆弟子姪甚多、惟思一體相關、敢睦罔替、共享昇平之樂、永圖磐石之安、孔子云、三年無改於父之道、我皇考御極以來、良法美政、萬世昭垂、朕當永遵成憲、不敢少有更張、何止三年無改、至於皇考、知人善任、至明至當、內外諸大臣、朕方亟資翊贊、以期始終保全、務宜竭盡公忠、恪守廉節、俾朕得以加恩故舊、克成孝思、儻或不守官箴、自干國紀、既負皇考簡拔委任之恩、又負朕篤愛大臣之誼、部院屬吏、直省有司、亦宜實心任事、潔已奉公、不得推諉上官、自曠厥職、天下百姓、受皇考恩澤日久、蠲賑頻施、勸懲備至、間有愚氓、干犯律令、皇考每遇讞決、必加詳審、爰書累牘、披閱靡遺、少有可生之路、立施法外之仁、凡我百姓、各宜孝親敬長、畏罪懷刑、以副朕仰法皇考如天好生之至意、茲因諸王、貝勒人等、大臣、文武官員人等、僉謂天位不可久虛、宗社允宜蚤主、再三陳請、朕勉徇輿情、暫抑悲痛、於是月二十日、祇告天地宗廟社稷、即皇帝位、以明年為雍正元年、仰惟先志之宜承、深望皇圖之永固、遹昭新化、期衍舊恩、所有應行事、宜開列于左、

一在京諸王以下、至九品官員以上、倶加恩賜、

一在外諸王以下、至公等以上、俱加恩賜、
一内外自公主以下、至格格等、俱加恩賜、
一内外満漢官員、一品封贈三代、二品三品封贈二代、七品以上封贈一代、八九品止封身、
一除五旗包衣佐領下披甲人不賞外、八旗満洲蒙古漢軍護軍披甲人炮手歩軍、各賞一月錢粮、
一八旗出征兵、満洲蒙古漢軍緑旗兵丁、効力行間、勞苦堪憫、所借銀兩、盡行豁免、
一八旗官兵、舊日出征、少一功牌不能得官者、皆係兵戦有功之人、殊可矜憫、交與該部、有少一功牌不能得官者、著查奏、八旗官兵有類此者、亦著查奏、
一諸路出征取藏、有戦功者、着議叙、
一舊日効力兵丁、年老退甲、無錢粮、不能養贍、殊可矜憫、除子孫有錢粮不查外、子孫若無錢粮、作何養贍、給與錢粮之處、著查明具奏、
一官吏兵民人等、（以下略[32]）

先に記した『清実録』雍正帝即位の「登極詔」と比べると、詔の最後の「於戯、追慕前徽、繼述無忘於夙夜、廣推聖澤、恩膏願被於寰區、凡爾親賢文武、其共矢藎誠、各輸心膂、用紹無疆之業、永垂有道之庥、布告天下、咸使聞知」が見られないものの、若干の文字の異同を除けばほぼ同文が見られる。『清実録』との文字の異同は傍線で示した。さらに実録では省略された恩赦の条文が、日本に伝えられた「登極詔」には「一在京諸王以下、至九品官員以上、俱加恩賜」のように二八条にわたって付されている。

康熙帝の遺詔と雍正帝の登極詔を日本に伝えたのはどの船であったかであるが、先に触れたように、享保七年十二月二十八日に長崎に入港した三十番南京船からのち、享保八年五月二十七日に入港した二番広東船までの間に入港した船の「唐人共申口」は残されていない。前述のようにこの間の入港船は、享保八年正月初八日入港の

三十一番寧波船、正月十三日の三十二番広南船、二月初四日の三十三番南京船、三月初二日の一番南京船である。特定は困難であるが、日本には三月初旬までには伝えられていたと考えられる。

（2）対馬に伝えられた康熙帝の遺詔と雍正帝の登極詔

江戸時代において日本の朝鮮外交を掌握していたのは対馬の宗家である。その宗家の記録に、釜山にあった倭館において日々記録された「毎日記」がある。享保八年癸卯の「自正月至七月」までの記録冊に見える三月二十六日の条に、次のように記されている。

北京康熙帝崩御ニ付、新皇帝御即位之義承合セニ付差出候様ニ、兼而通譯より申渡候所、以口書付差出候ニ付、今度飛雲紋ニ國元江差越ス寫左ニ記之。

北京新皇帝姓韓胤禛
先皇帝第四子而以雍正承寶位
皇后所生
新皇帝年三十五
誕日十月三十日
先皇帝壬寅十一月十八日崩
新皇帝即位月日及母姓姑未詳知追後
探問送次　　訓導　崔　正
癸卯三月日　　別差　朴判官
先皇帝姓趙而新皇帝姓以韓者

聞　新皇帝即位後列書姓氏自擇韓字改之云。蓋北京往々有如此之風耳。

これに対して、ソウルの韓国国史編纂委員会に残された宗家文書の編纂物である『分類紀事大綱』四、享保八癸卯年の条には、

北京康熙帝崩御之事

北京康熙帝崩御有之、何番目之王子太子ニ被立候哉、年號ハ何と相改候哉、承合申上候様ニ被仰下承知仕候、先比より早々承立、御案内可申上と奉存、通詞中江申渡、兩譯江申達置候得共、難相知、此間兩譯より書付差出候付、右書付今度差上申候、然者先帝者趙氏之由ニ御座候處、韓氏ニ相改候譯相尋候處、右氏之儀相極り不申、即位之節書付置、何レニ而茂被取當候を被相用候事之由申聞候、此段彌左様有之事ニ御座候哉、無覚束奉存候得共、申出候義故、右之趣申上候、其外御母書方姓名等之儀も相尋候得共、得と相知不申由ニ御座候、相知次第追々御案内可申上候宗、館守より申來ル。

右三月二十三日之來狀、兩譯より差し出す候書付無之。

此間都表訓導父方より書付差越候處外之義者相違無御座候得共御産母之違有之。

「此一(朱書)枚館守方記録寫、佐々木恵基地所持ニ付、為後考爰ニ書加置候事、寛政七乙卯三月十一日」

兩譯より差出候書付寫、

北京新皇帝、姓韓胤禛

先皇帝第四子、而以雍正承寶位、

皇后所生、

新皇帝年三十五

誕日十月三十日

先皇帝壬寅十一月十八日崩
新皇帝即位月日及母姓姑未詳知、追後
　　探問送次
　　癸卯三月日　　　　訓導　崔　正
　　　　　　　　　　別差　朴判官
先皇帝姓趙、而新皇帝姓以韓者、聞
新皇帝即位後列書姓氏自擇韓字改
之云、蓋北京往々有如此之風耳。

此間都表訓導父方より書付差越候處、外之義者相違無御座候得共、御産母之違有之、新皇帝御年も相知來候由ニ而、又々書付差出候付、是又今度差上申候、訓導父義、唐判事ニ而兼而訓導方より申遣置候付、委承合書付指越候由ニ御座候旨、館主より申來ル。
　右三月晦日之來狀、兩譯より差出候書付無之[33]。

とある。

前述のように、清朝からの勅使がソウルに到着したのは十二月十六日である。対馬宗家においても朝鮮国から康熙帝の崩御と雍正帝の即位の情報を三月二十六日には入手していたが、先に触れた朝鮮国が得た情報や、長崎に唐船によって伝えられたものに比較すれば極めて簡単なもので、若干の誤報も含まれていたのであった。

五　小結

清朝は順治帝の時代に中国支配の嚆矢を開くが、しかし南には明朝を復興する勢力、いわゆる南明勢力が残存していた。次の康熙帝はその勢力を掃討して中国支配を確立し、中国を中心とする東アジアの政治的安定期を迎えた。その康熙帝が康熙六十一年十一月十三日に崩じたことは、東アジア世界にとっては大きな事件であった。その康熙帝の遺詔が中国国内には発布後に、「謄黄刊刻」によって、江南の蘇州には十二月九日に、十二月の中下旬には福建や広東、西南部の雲南などの周辺地域に一カ月余りで伝えられた。さらに遺詔は周縁の諸国にも伝えられた。とりわけ中国にとって永きにわたる朝貢国であった朝鮮国には、清朝から伝訃使が派遣され十二月十六日には康熙帝の遺詔が伝えられた。さらに琉球国や安南国にも伝えられた。

一方、朝貢国ではなかった日本にも遺詔と次代の皇帝となった雍正帝の登極詔の原文が伝えられている。十二月二十二日に長崎に来航した寧波からの中国船によって、康熙帝の崩御が伝えられ、さらに遺詔の全文と雍正帝の登極詔も、享保八年（雍正元年）三月初旬（三月二日）までに長崎に来航した中国船によって伝えられたと考えられる。

東アジア世界において清朝皇帝康熙帝の崩御という重要情報の伝播が、以上のような時間経過で行われていた事実を確認することが出来るのである。

（1）松浦章『海外情報からみる東アジア――唐船風説書の世界――』清文堂出版、二〇〇九年六月。
（2）中国の明清交替期に関する情報は林鵞峯・林鳳岡父子によって『華夷変態』として編纂された。
（3）大庭脩『徳川吉宗と康熙帝――鎖国下での日中交流――』大修館書店、一九九九年十二月。

(4)『清実録』六、〔聖祖仁皇帝実録（三）〕、中華書局影印、一九八五年九月、九〇一～九〇二頁。

(5)『清実録』六、〔聖祖仁皇帝実録（三）〕、九〇二～九〇三頁。

(6)『清実録』七、〔世宗憲皇帝実録（一）〕、中華書局影印、一九八五年十月、三四頁。

(7)『清会典事例』第六冊（全一二冊）、中華書局影印、一九九一年四月、一七三頁。

(8)『宮中檔雍正朝奏摺』第一輯、国立故宮博物院、一九七七年十一月、一四頁。

(9)同書、一五頁。

(10)同書、一六頁。

(11)同書、一六～一七頁。

(12)『清実録』七、〔世宗憲皇帝実録（一）〕、中華書局影印、一九八五年十月、三七頁。

(13)『清実録』七、〔世宗憲皇帝実録（一）〕、三七～三八頁。

(14)『清実録』七、〔世宗憲皇帝実録（一）〕、三八頁。

(15)『李朝実録』第四二冊、学習院東洋文化研究所、一九六五年五月、一四九頁。

(16)大韓民国文教部国史編纂委員會、編纂發行『同文彙考』二、一九七八年十二月、一六三三頁。

(17)『李朝実録』第四二冊、一五〇頁。

(18)『李朝実録』第四二冊、一五〇～一五一頁。

(19)『李朝実録』第四二冊、一五一頁。

(20)『琉球史料叢書』第四、名取書店、一九四一年九月、一三四頁。

(21)中国第一歴史檔案館編『清代琉球国王表奏文書選録』黄山書社、一九九七年十月、一～三頁。『歴代宝案』第二集十三文書に同文が見える。

(22)『清実録』七、〔世宗憲皇帝実録（一）〕、二八九頁。

(23)『清実録』七、〔世宗憲皇帝実録（一）〕、二九一頁。

(24)『清実録』七、〔世宗憲皇帝実録（一）〕、四〇〇～四〇一頁。

(25)『清実録』七、〔世宗憲皇帝実録（一）〕、三二一頁。

(26)『長崎文献叢書第一集・第二巻長崎実録大成正編』長崎文献社、一九七三年十二月、二六六頁。
(27)大庭脩編『享保時代の日中関係資料一――近世日中交渉史料集――』関西大学出版部、一九八六年三月、六四頁。
(28)榎一雄編『華夷変態』下冊、東方書店、一九八一年十一月、二九五五頁。
(29)榎一雄編『華夷変態』下冊、二九五六頁。
(30)大庭脩編著『唐船進港回棹録　島原本唐人風説書　割符留帳――近世日中交渉史料集――』関西大学東西学術研究所、一九七四年三月、七七頁。
(31)榎一雄編『華夷変態』下冊、二九六六頁。
(32)榎一雄編『華夷変態』下冊、二九六二～二九六四頁。
(33)『分類紀事大綱Ⅰ――対馬島宗家文書資料集一――』国史編纂委員会、二〇〇五年十二月、二〇五～二〇七頁。

第四章　乾隆太上皇の死と朝鮮使節

一　緒　言

嘉慶三年十二月十九日に北京に到着した朝鮮使節は、翌四年の正月の元旦を祝賀するために、朝鮮国から派遣された使節であった。この使節に書状官として加わった徐有聞は、朝鮮使節の記録としては珍しくハングル文字で記したいわゆる「燕行録」を残している。彼はその嘉慶四年（一七九九）正月初三日の条に、大変重要な記録を記した。それには次のように記されている。

館（朝鮮使節が滞在した北京の宿舎）に滞在する。午刻頃、訳官が来て告げたことは、「道を往来する者が、みな帽子の上の架毛をはずしており、通事の衙門にいる者もそうしているので、私がそのわけを尋ねると、太上皇が今日の卯刻に亡くなった」ということであった。我々が皇城に着いた日、すぐに入ることを尋ねたところ、翌日に引見するといったが、その日はできなかった。二十九日に修芳斎で引見し、朝鮮国王は、お元気かを尋ねられた。翌日、皇帝が中和殿で引見され、ささやかであるが酒宴があった。元旦に二カ所に分かれ朝賀を受けたが、これを以って紅花店以後に知り得た噂が極めて沈静化していることから、皇城の人々も貴賤を問わず、我国の使節が来て以降は、太上皇の病がすっかり平復したといわれていたのに、わずか数日でここにいたったので朝賀ができず、ここに来ておごとに直面し、本当に心配で心苦しい。皇城内の人々は少しも驚いた様子や悲しんだ様子はなく、ただいっていることは「百歳老人の例事である。何が怪異なものか」と言い、商賈たちが羊皮を取引し、備蓄して出さないから、使節が来てから羊皮の値段が上がったという声が聞こえてくる。オランケ（女真人の蔑称）が冬に国喪を迎えれば、白いカド（裏に皮を充てた服）を着て喪服だと称している。人心の悪質なのはこのようである。しかし国に大きな喪事があるといっても、城の中は平穏で、九つの城門を依然開けたままで、大道を慌ただしく往来する者は見られない。元旦以後は、爆竹の音が昼夜絶えなかったが、この日の昼一斉にしなくなった。昔の法では、皇帝の生前に太子を立てず、ただ何番目の息子のなにがしを立てよと言い、誰にもわからないように宮殿の懸板の中に置いておいて、死に臨み初めて名前を置いたところを教えたという。その法が極めて疎闊で心配され危険なことが寸刻に生じるのか、こうして皇帝の喪事を数日後に発喪するのでなく、新皇帝を定めた後に、初めて発喪した。太上皇は六十年間にわたり天下を治め、よって生前に皇太子を立て位を定めたので、新皇帝（嘉慶帝）が即位してすでに四年になる。太上皇の喪事を迎えたが、国には大人の君主がいるからか、人心が動揺することなく天下は安泰であり、即日発喪して百官が今まさに闕下に集まったという。だいたい太上皇は以前の法が間違っていたことを悟り、前代の美しい法を手本とするから、何と英明な君主であろうか。その福力が見られるのは当然である[1]。

徐有聞らは、乾隆太上皇の急逝に、北京に来朝した使節として遭遇したのである。この時の朝鮮使節の記録を朝鮮側の史料から見てみることにする。

二　嘉慶四年の朝鮮使節

『正祖実録』巻四九、正祖二十二年（嘉慶三、一七九八）八月己亥（八日）の条によれば、「擢工曹判書李祖源秩一品、爲冬至正使」とあるように、李祖源が冬至使の正使に任命され、嘉慶四年正月を祝賀する使節として北京に派遣されたのである。その使節に加わった徐有聞が残した記録が『戊午燕行録』である。

『戊午燕行録』は、『燕行録選集』に所収された韓国の成均館大学校大東文化研究院の蔵書閣六冊ハングル本の他に、韓国国立図書館にハングル書写本と漢文本があり、漢文本の『戊午燕行録』はハングル書写本の抄訳本で、約五分の一の量とされる(2)。

戊午燕行の使節は、正祖二十二年（嘉慶三）十月十九日にソウルを出発し、嘉慶三年十二月十九日に北京に到着した。この時の記録を残した徐有聞は、当時三十六歳で書状官であった。字は鶴叟で、慶尚道、現在の慶尚北道の大丘出身で、英祖三十八年（乾隆二十七、一七六二）に生まれ、嘉慶三年に燕行使の書状官となった。

この時の使節の日程について漢文本の『戊午燕行録』に次のように見られる。

十月十九日拜表
十月十九日高陽　四十里　宿
二十日坡州　四十里　宿
二十一日長湍　四十里　宿
二十二日青石洞長林　数十里祫川　宿
二十三日葱秀　三十里　瑞典五十里　宿
二十四日銹秀　四十里　鳳山三十里　宿
二十五日黄川　四十里　宿
二十六日黄川　留
二十七日中和　五十里　平壌五十里　宿

二十八日平壌　有妓楽　留
二十九日又遊練光亭
（十一月）初一日　順和　五十里　宿
二日粛川　五十里　中火　安川　六十里　宿
三日安川留　百祥楼　有妓楽
四日博川　五十里　秣馬　嘉山　三十里　宿
五日定州　六十里　宿
六日郭山　三十里　宣川　四十里　宿
七日鐵山　四十五里　龍川　三十里　宿
八日小串　四十里　義州　三十里　宿　義州拒京一千五十里……
留義州十餘日、後始渡鴨緑江、一名小西江、豆満江下流江有三派。
十九日渡江、……
十一月二十二日留柵門
二十三日到安市城太山、……
二十四日、自金沙河至八渡河、八渡者八次渡。……
二十五日、自分水岺至沓洞靈山關、行五十里、沓洞者泥濘也。……
二十六日、踰會寧岺、……
二十七日、……青山嶺……
二十八日、由摩天岺馬峴及三流河、五渡、王祥、孝子、岺石文岺過此、……

二十九日、……到防禦所、……
三十日、由沙河堡至白塔堡、……瀋陽古皇都……
十二月初一日、従西門出高楼綵閣、往々有之、路傍有高規沛門、即順治願堂也。……
初三日、自白旗堡至一板門、居民鮮少、……
初四日、至羊腸河水不深廣、而夏則乗船云。
初六日、大雪、……至大陵河驛、……
初七日、寒威酷甚、道無行人、……
初八日、到双陽店、……
初九日、至連山驛
初十日、到武寧縣
十一日、到望海站、
十二日、到小松峯、
十三日、至楡関文筆峯下昌黎縣、
十四日、由飲馬河、長城窟也、承平府、人物繁華、城極雄壮、……
十五日、到青龍橋、……
十六日、至俊華岺、……
十七日、至大枯樹店、……
十八日、到香山庵、
十九日、到白河、……内城門上、有朝陽門、入門視之路、廣七八里許、閭閻櫛比、市井繁華、……西向而行有禮部外門、中門内五十歩許、有大廳、……侍郎謂譯官曰、使臣就館、即時出玉河舘、由大黒門、従小門入、有三房。南房上使入、中房副使、北房書状入。爲南障子門、塗以壯紙、三壁塗以綾花、頗清潔。……

二十日、留館。

二十一日、留館。

二十二日、到皇城、門日暮即閉、外國人不許入室、……

二十三日、譯官大小通官語称、大監大令監則喜之、不然則怒之。

二十四日、自光禄寺黄魚尾賜給長一丈有餘、頭尖鱗細、北海所産云。是日上使來。通官徐啓文來、見書状、自　同姓、其祖宗孟、以通官屢出我國善爲説辞云。……

二十五日、[徐] 啓文、其先即朝鮮人、持一封灰繪布入來、曰此皇爺特恩也。譯官之人亦然。

二十六日、暹羅國使臣來、通事二人、従者十九人、奉方物二十六桶、皇后半減。

二十七日、年前使行、紅蔘價一斤三百兩、秋萬暦時、六百兩、商賈相持呼價三百五十兩、譯官亦大爲狼狽云。

二十八日、巳時、三使臣、親正官二十七人、具紗帽冠帯、詣鴻臚寺、……

二十九日、五更頭、三使臣與従人五、六人過鴻臚寺、入天安門、即宮墻正南門也。

三十日、通官引上副使、従隆宗門至修方齊、即乾清宮近處也。……

正月初一日、四更、頭厨房進餅湯。

初二日、致聲與彼人李陽相與酬酢。問曰、大國進士外有何科耶。答曰無他名色。曰然、則以進士不入仕者有之　乎。曰每三年、竝進士甲科三人、謂之及第、出身付之。……

戊午年の朝鮮使節は、嘉慶三年十月十九日にソウルを出発し、十二月十九日に北京に到着した。途中の義州での十余日の逗留を含め、六〇日の行程であった。北京到着後のほぼ半月後に大きなニュースを知ることになる。

三　乾隆太上皇の遺詔

嘉慶四年（一七九九）正月初三日に乾隆太上皇の訃報を聞いた。ハングル書写本によるとその午後には、午後に主客司副使が来ていうには、「朝鮮使臣と通事と序班の服装用の大布を館まで送るから、即刻礼部から受け取って服を作り、明日闕内へ一斉に赴くように」といった。夜が更けて、訳官が礼部儀注を持ってきた。これは国に大事があれば手続きを礼部で整え、頒布するのであった。儀注によれば、「礼部は三家と聖旨を、大行太上皇帝の几筵の前に毎日香燈を上げる。守直する場所は総管と太監に互いに任せ、朝と昼と夜の三時の祭奠に法駕と燦を備えて催す。赤い銘旌を乾清門の左側に立て、王以下と文武百官と宗室の閣老、郡公、公主の福晋（福晋は翁主のような人である）以下と郷君（公侯婦人の官名）、封恩将軍の妻で恭人以上と民公（官位名）の婦人以下、佐領・三等侍衛（官職）の妻以上と宗室の娘たちが一緒に喪を行う。内務府官員はみな髪の毛を切って喪を行い、内府官員と護軍（衛催拜唐阿）の妻と官営下執事（官職）の男女（男と妻）はみな髪の毛を切って喪を行う。削爵された宗室の閣老をして喪を行わしめ、削職された満洲と漢人大臣の官員は成服に預からず、京城にいる外藩公主と福晋格老等と外国の公使をして喪に従わさせる。

その二、十七日内に京城に到着した者は一緒に喪を行い、のちに到着した者は、男は館に槊毛を保管し、女は首飾を付けずに三日過ごし、壇廟と常子と奉先殿と寿皇殿と坤寧宮と陵寝に祭事を行う仕事を担当する官員と内監（宦官）、および軍中と営門にいる者と出戦した軍士とその家属に居喪の服をすべて停止し、その父母の喪事に新たに遭った者と子女の疫疾を出した者はまた喪を行わず、よって百日間は髪の毛を切らない。官員の一斉に集まる場所は、近くに仕える王と大臣と乾清門に侍衛していた者は乾清門内に集まり、五旗王（官職品数）以下と入八分公以上の職品と内大臣と内閣太学士と常三騎侍衛と漢・満宗室の閣老と布衣の官員は乾清門の外に集まり、五旗都統府都統と八旗官員と京城にいる大臣の官員とおよそ応当集まる官員は景雲門の外に集まり、左右を分かち、排立し、毎日三回ずつ梓宮の前に奠める時を待ち、班列に従い悲しみを表して行礼する。慶雲門の中にいる公主と侍従は景山棚門の中から馬に乗って神武門まで行き、蒼窘門で馬を下りて中まで進んで几鐘をご安置した殿内で行礼する。五旗王の侍従と郡主は景山棚門の外から馬に乗って神武門まで進み、蒼窘門にで馬を下り、中に進む。大臣の命婦で中に進むべき者は景山棚門の外で待機したのち神武門で馬を下りて歩いて行き、隆宗門を過ぎて几筵をご安置した建造物の下の赤い踏み石の右側で行礼し、中まで進むことができない命婦は隆宗門の外で一緒に集まり、毎日三回ずつ班列に従い悲しみを表し行礼する。これをおよそ三日行い、四日ごとに王貝勒と貝子公の公主と王の福晋（翁主のような官職である）たちは各々自分の家の斎室にいるようにし、各府・各院の官員は各々衙門で待機し、服喪期間を二十七日過ぎるまで毎日一緒に集まり読経し、喪事の儀式を治める。王大臣と侍衛の執事は喪服を百日の間着用し、王公官員と軍士と百姓がすべて百日の間、髪の毛を切らないで、近くの宗室と京城にいる王公大臣と文武官員は壮年のうちは婚姻せず、京城に来ている軍士と百姓は帽子の纓毛をはずし、喪服を二十七日の間は着用し、百日のうちは婚姻を行わず、風流をなさず、文武の科挙試を待つ官員と科業を習う監生と吏鐙と僧官と道官もみな喪服を着用して順天府に三日間集まり、朝夕に悲しみを表す。喪服を脱ぐ前は批答に青い墨を用い、各部各院上申する欠員は十五日後を待ち再び上申し、二十七日内に上申する上疏と文書と移文はみな青い印を押す。京城にある寺と廟堂の太鼓を三万回叩く」という。服喪二十七日の間は官印が使えないので、盗文を引き受けてくれる方法がないであろう。使行の帰国の日程については、事前に定めにくい故、礼部にまず文書を送り、まず二、三人を本国に送り、太上皇喪事の奇事（承政院で処理した事項を書き記して毎朝頒布した通報）を状啓しようと言い、首・副の訳官を礼部に行かせて相談させようというなど、さまざまな相談事が生じたが、「事が思い道理に運ばないであろう」と話し合いが終始一貫せず、必ず今後遅滞して数日を過ごすことになろう。こうして即刻飛ぶようにとはいかないが、そこかしこに相談して回った故、簡単には休ませてもらえなかったのである。

と記している。漢文本の『戊午燕行録』には、

午後、主客司來告曰、朝鮮使臣、所服大布、自礼部上下即日製服、明日一斉來會、闕内云。王公以下文武百官、宗室閣老、服制一従礼部儀註磨錬、而二十七日内至京城者、服之不至者、男去纓絡、女去首飾、廟社陵寝官員及営門出戦将士家不成服、遭父母喪、及疫疾家亦不成服、百日内不剃頭、不聴樂、不婚娶。王公大人其年内不嫁娶。満人・漢人無官者、皆着青衣。公主妃嬪以下被服。[3]

と百七十余字で記すのみであるから、いかにハングル書写本が詳細に記録されているかがわかる。

初四日、館に滞在する。昨日夜遅くに通官が礼部に赴いて大布を受け取ってきたのか、すぐに鄙人の針仕事をする者に金を与えて浅淡服の上に冠帯模様を星火の如く催促して縫わせ、それを着て明け方に将に闕下に向かおうとするとき、通官がいうに、「我らは当にまず礼部に向かい、手続きを詳しく調べた上で闕下に向かっても遅くはなかろう」と、そこで食後ごろ初めて戻り、「すべての大小の官員に大布を与え、服を作らせたが、定まった日がないので、喪服がまだ出来上がっていなかったら、明日を待っても差し支えない。喪服がすでに出来上がっていても辰時の実班に出られないのなら、午時と申時の実班に出て参礼してもよいではないか」というので、この日は出向かないであろう。これは必ずしも私たちの喪服を作り上げられなかったので途中で延期したというわけではない。太上皇が死んだ知らせが館に届いたあと、数人の通官が酒を食らいうれしそうな顔をして、「運が向いてきた」というのだが、だいたいわが国に訃音を頒布しに来れば、銀子をたくさん貰えるだろうということで、極めて痛悪なことだ。服喪期間の二十七日を過ぎなければ店

を開けることが出来ないというのに、城内・城外に店が依然として出ており、また満人と漢人の官職のない者は青い服と黒い服を平時と同じく着て、みずから「関係ない」とか「ただ帽子の上の赤い纓絡を剃されるだけであり、百日前に髪を切れない」という。館に往来する商人がいうに、「太上皇の喪事が初二日に出て、外に知っている人も多かったし、初三日卯時に儀奏を出したのには理解できない」と。礼に曰く、「天子は九日に服を成す」とあるが、この国は日を限定しないでただ喪服を揃えれば闕内嬰班に出向き、成服と称するが、公卿から末官までみなそうであり、百姓は闕下で会哭することもないという。三使臣が商議して礼部に差し出し、まず人を送ろうと謀ったが、だいたい使行で急に人を送ろうというのは事面に必ずしも合わないことだ。訳官たちが告げるに、「たとえ急いで謀ろうとしても、この大喪事が匪揺な中、どうして悦んで小国のために懸念するはずがあるだろうか。また、二十七日前は各司各府から印を押す前例がないのだから、絶対館に出す公文を成すはずがない」と、初めから礼部に出向いて請おうとしないのだが、だいたいその意思が前にない前例を出させようとせず、このように曼患するのだろうか。私が思う道理は、本当に切実な誠意を積んで外に悲痛な様子を見せ、国に告げることが急がれるという意思で二回頼み、三回頼み、請を得るのに期約せずにはおれないことであり、また王命を受け、辱めを受けないようにする道理である。礼部のすべての大人が本当に我々のこのように切なる挙動を、またどうして心を動かし、力になってくれ、その意志を成し遂げることが出来ないはずがあろう。この日、副訳鄭仁賢が礼部尚書紀均の家に出向いたのだが、均は今しがた大闕に出向き、独り息子で鴻臚寺鳴賛を官職に持つ者がいて、鄭仁賢の話を聞き、曰く、「お前たちが急に急ごうとするのがまさしく当然なことだ。大人の公退（退勤）するのを待ち、私が当にお伺いして容易に周旋しなければなるまい」といったと言い、鄭仁賢が戻ってこう告げたのである。歳幣方物を審陽から落とさせるのはこの日であり、初めて戻ってきたのだが、齎杏官一行は今将に審陽を出たであろうという。

六〇年に及び清朝を支配し、祖父康熙帝の在位六一年を越えることを憚り、退位して嘉慶帝に譲位したものの、太上皇帝とし、合計六四年間も東アジアの帝王として君臨した乾隆帝の訃報は、朝鮮使節にとって極めて衝撃的なニュースであったろう。そのことをいち早く本国に伝えたい使節の意に反して、帝王の逝去が清朝の公務をすべて一時的に中断する事態となり、使節等の苛立ちを読み取ることができよう。それはハングル書写本の行間から滲み出ているともいえるであろう。

この時の使節の本国への報告は、『正祖実録』に見られる。

『正祖実録』巻五一、正祖二十三年（嘉慶四、一七九九）正月辛巳（二十二日）の条に、正月初三日までの冬至使の動静が記録されている。

冬至正使李祖源、副使金勉柱、以清太上皇帝崩逝事、及儀注一度、同封馳啓、以爲、臣等一行、於昨年十一月三十日、到瀋陽、歲幣方物、依北京禮部公文、呈納于瀋陽各庫後、其餘物種、依例交付押車章京。臣等連爲趲程、十二月初六日到雙陽店、臣祖源身病猝重、落留調病。臣勉柱、與書狀官徐有聞、賫奉表咨文、先爲發行、到山海關、十七日到邦均、使首譯金倫瑞、先期馳進、以正使因病落後之意、呈文禮部。十九日到北京、直詣禮部、呈表咨文、住接於南小館。二十八日因禮部知會、臣等一行、詣鴻臚寺、演元朝參禮、而暹羅使臣、同爲演禮。二十九日、皇帝幸太廟、自禮部知會接駕、故當日五鼓、臣等進午門前祗迎、暹羅使臣、亦爲祗迎、而在於臣等之下。禮部尙書紀均、押班等待、皇帝還宮時、臣等仍爲祗迎。少頃、以太上皇旨、引臣等入重華宮、太上皇御漱芳齋、引臣等進前傳諭曰、國王平安乎。臣等謹對曰、平安矣。仍命臣等、退就班次。暹羅使臣、亦爲參班、設宴觀雜戲。三十日、設年終宴於保和殿、臣等因禮部知會、當日曉頭、入詣保和殿、坐於東陛上。平明、皇帝出御殿內、擧樂設戲、進饌獻爵、而賜臣等饌、二人共卓。禮部尙書德明引臣等、進御榻前跪、皇帝手賜御卓上酒、臣等受飲。少頃、皇帝入內。本年正月初一日五更、臣等詣乾清門外等候、天明、皇帝率三品以上、行賀禮於太上皇帝、而殿庭狹窄、諸王具勒、於門內行禮、三品官及外國使臣、於門外行禮。禮畢後、臣等由右上門、至太和殿庭。少頃、皇帝出御太和殿受賀、三品以上官、至外國使臣、行三拜九叩頭禮、一如太上皇帝前賀儀。蓋太上皇帝、自昨冬有時昏眩、不能如前臨朝云矣、初三日卯時、太上皇帝、崩逝于乾清宮。當日戌時、儀注來到、而主客司移付、以朝鮮、暹羅使臣等處、各頒大布一疋、隨時成服云。而初四日昏後、禮部知會朝鮮、暹羅使臣等、每日辰午申三時、前赴景運閣、隨班擧哀云。初五日黎明、臣等進詣景運門外、參辰時哭班、而留待午時矣。禮部以皇旨、引臣等及正官一人、入乾清宮魂殿門外、暹羅使臣、亦爲同入。午時、參內哭班、仍退待景運門外、申時、又參內哭班而退歸。初六日黎明、臣等又入乾清宮、參三時哭班、而辰時前、以皇旨、頒鹿肉三斤、似是鮮素之意。歲幣方物、則以關內外雪塞之故、初四日始爲來到、而禮部及各庫官、方在悲遑、未及呈納。臣等值此變禮、卽欲急速狀聞、而禮部堂郎、皆在闕中、無由相接、故使任譯輩、多般周旋、呈文禮部。初七日早朝、纔得公文、修狀啓星火發送。傳訃勅使、當日始爲差出、而上勅則散秩大臣侯漢軍張承勳、副勅則內閣學士滿人恒傑、通官則一大倭克精額、二大太平保、別大倭昇額、一次繼文、二次保德。自禮部泒定、而起程日子、尙未的定云。儀注一度、同封馳啓。(4)

彼らは嘉慶三年「十月十九日拜表」(5)して、十一月三十日に瀋陽へ到着した。そして、十二月初六日に雙陽店にいたったものの正使李祖源が病気になり、副使金勉柱と書状官徐有聞が表文と咨文を奉じて先行することになった。山海関には十七日前に到着し首訳官の金倫瑞が正使の病気の理由を礼部に届けるために先に北京に赴いた。十九日には北京に到着し直ちに礼部に赴いて朝鮮国王の表文、咨文を提出した。使節一行は玉河橋に近い南小館に宿泊することになる。二十八日に礼部からの指示により鴻臚寺に赴いている。そこには暹羅国の使臣も来ていた。二十九日は嘉慶帝が太廟に行幸し、礼部からの連絡により当日の五鼓に、朝鮮使節は皇城の午門前において祗迎したが、暹羅国の使節も同様であった。礼部尚書の紀均が彼らを迎えた。そして太上皇帝からの聖旨が披露された。三十日には保和殿に赴き、平明に、嘉慶帝が殿内に出御し、観劇の接待を受けている。

正月初一日五更に使節等は乾清門より入り、天明に皇帝が三品以上の官員を引き連れ太上皇帝に祝賀の儀式を行った。三品官および外国使節は門外において行礼を行った。その後、皇帝が太和殿において三品以上官および外国使臣から祝賀の儀を受けた。三拝九叩頭の礼であり、太上皇帝への先の儀礼も同様であった。太上皇帝は冬より病状が悪く朝儀には出席していない。そして初三日の卯時に太上皇帝が乾清宮において崩御したことが伝えられた。当日の戌時に「儀注」が届けられ、主客司から朝鮮と暹羅使節には「大布一疋」が給付され、直ちに「成服」をとの指示がなされた。初四日の夕刻後に礼部から朝鮮・暹羅使節等に「毎日辰午申三時」に景運門に赴くようにとの連絡があった。初五日の黎明に景運門外に赴き、乾清宮魂殿門外において朝鮮使節と暹羅使節の正使が入殿し、葬儀に参列する。初六日の黎明には正使ほかの使節も乾清宮において葬儀に参列する。初七日早朝にかろうじて入手した「公文」と「儀注」一度を本国へ至急に発送している。

北京を正月七日に発した緊急報告は、朝鮮国の漢城には二二日に届いている。北京と漢城の陸路約九六〇キロを一七日間で走破したことになる。一日約五六・五キロを進んだ計算になる。

清『高宗実録』巻一五〇〇、嘉慶四年正月壬戌（三日）の条に、

　辰刻、太上皇帝崩。[6]

とあり、その記事に続いて千三百余字の遺詔が記されている。

　遺詔曰、朕惟帝王、誕膺天命、享祚久長、必有小心昭事之誠、與天無間、然後厥徳不回、永綏多福。是以兢兢業業、無怠無荒、一日履乎帝位、卽思一日享于天心、誠知夫持盈保泰之難、而愼終如始之不易易也。朕仰荷上蒼鴻佑、列聖貽謨、爰自沖齡、卽蒙皇祖鍾愛非常、皇考愼選元良、付畀神器。卽位以來、日愼一日、當

重熙累洽之期、不敢存豫大豐亨之見。敬思人主之德、惟在敬天法祖、勤政愛民。而此數事者、非知之艱、行之惟艱。數十年來、嚴恭寅畏、弗（①）懈益虔、每遇郊壇大祀、躬親展恪、備極精禋。不以年齒自高、稍自暇豫。中間四詣盛京、恭謁祖陵、永惟創業之艱、益切守成之懼。萬機躬攬、宵旰忘疲、引對臣僚、批答奏草、從無虛日。各省雨暘豐歉、却縈懷抱。凡六巡江、浙、相度河工海塘。軫念民依、如保赤子、普免天下錢糧者五、漕糧者三、積欠者再。間遇水旱偏災、蠲賑並（②）施、不下億萬萬。惟期藏富小民、治臻上理。仰賴天祖、眷貽海寓（③）、昇平版圖式擴。平定伊犂、回部、大小金川、緬甸來賓、安南臣服。以及底定郭爾喀、梯航所至、稽首輸忱。其自作不靖者、悉就殄滅。凡此膚功之疊奏、皆不得已而用兵。而在位日久、經事日多、祗懼之心、因以日切。初不敢謂已治已安、稍涉滿暇也。迴（④）憶踐阼之初、曾默禱上帝、若能仰邀眷命。在位六十年、卽當傳位嗣子、不敢有逾皇祖紀年之數。其時朕春秋方二十有五。預料六十年時日方長、若在可知不可知之數。乃荷昊慈篤祜、康强逢吉、年躋望九、親見五代。元孫周甲紀元、竟符初願。撫衷循省、欣感交加。爰於丙辰正旦（⑤）、親授璽皇帝、自稱太上皇、以遂初元告天之本志。初非欲自暇自逸、深居高拱、爲頤養高年計也。是以傳位之後、仍日親訓政。蓋自揣精力、未至倦勤。若事優游頤養、則非所以仰答天祖深恩、不惟不忍、實所不敢。訓政以來、猶日孜孜、於茲又逾三年。近因勦捕川省教匪、籌筆勤勞、日殷盼捷。已將起事、首逆緊要各犯、駢連就獲。其奔竄夥黨、亦可計日成擒、藏功在卽。比歳寰宇屢豐、祥和協吉、衷若可稍紓。而思艱圖易之心、實未嘗一日弛也。越歳庚申、爲朕九旬萬壽。昨冬、皇帝率同王公內外大臣等、預請擧行慶典、情詞懇切、實出至誠、業降勅旨兪允。夫以朕年躋上耋、諸福備膺。皇帝合萬國之歡、申億齡之祝、固爲人子爲人臣者無窮之願。然朕之本衷懷、實不欲侈陳隆軌、過兹勞費。每思洪範以考終列福之五。從古帝王、躬享遐齡、史冊相望、終歸有盡。且人生上壽百年。今朕已登八十有九、卽滿許期頤、亦瞬息間事。朕惟莊敬日强、修身以俟。豈尚有所不足、而奢望無已耶（⑥）。朕體氣素强、從無疾病。上年冬臘、偶感風寒、調理就愈。精力稍不如前。新歳正旦（⑦）、猶御乾清宮受賀。日來飲食漸減、視聽不能如常、老態顧增。皇帝孝養盡誠、百方調護、以冀痊可。第朕年壽已高、恐非醫藥所能奏效、茲殆將大漸。特擧朕在位數十年、翼翼小心、承受天祖恩祜之由、永貽來葉。皇帝聰明仁孝、能深體朕之心、必能如朕之福。付托得人、實所深慰。内外大小臣工等、其各勤思厥職、精白乃心、用輔皇帝郅隆之治、俾億兆黎庶、咸樂昇平。朕追隨列祖在天之靈、庶無遺憾矣。其喪制悉遵舊典、二十七日而除。天地宗廟社稷之祭、不可久輟、百神群祀、亦不可輟。特茲誥誡、其各宜遵行。

乾隆太上皇が在位中に六度にわたり江南、浙江を巡幸し[7]、黄河の治水、海防の修築を見て人々の税額を減免したこと、さらに西北周縁地域のイリ地方や新疆そして四川の少数民族問題を解決し、安南や緬甸そしてグルカ地方も服属させ、在位六〇年で退位して、みずからを「太上皇」と称した人生を述べた遺詔であった。これがそのまま朝鮮国につたえられたのであった。

この乾隆太上皇の遺詔は、朝鮮国の『正祖実録』巻五一、正祖二十三年（嘉慶四、一七九九）三月甲申（二日）の条に、「勅書曰、奉天承運太上皇帝誥曰、……」としてほぼ同文が記されている。若干の文字に異同が見られるものの、①弗が不、②並が頻、③寓が宇、④迴が回、⑤⑦旦が朝、⑥耶が欠字と七カ所の相違を除けばまったくの同文である。

このように、嘉慶四年正月三日に乾隆太上皇が死去すると、その遺詔が朝鮮国では三月二日付にて記録された。死去から六〇日で、朝鮮国は清朝政府が発布した遺詔とほぼ同様なものを入手したのである。

四　小結

一八世紀世界における最大の帝王といっても過言ではない乾隆帝は、六〇年の在位で退位し、子の嘉慶帝に譲位し太上皇と称したが、そののち四年にして死期を迎えた。その死期の際に北京に赴いていた朝鮮使節は、乾隆太上皇の死去とその時の北京の状況をまざまざと知ることになる。とりわけ、書状官徐有聞が残したハングル書写の「戊午燕行録」は、北京の人々の様子を記録し、朝鮮使節等の驚きとは異なり、北京の人々がその死去を淡々と迎えていたことを如実に記しているのである。

（1）ここに翻訳した徐有聞のハングル版『戊午燕行録』は、韓国へ留学経験のある博士院生大西聡氏と長森美信氏（現、天理大学国際学部准教授）とともに一九九七年九月から十一月にかけて行った研究会の成果の一部で、両氏の教示に謝意を表する次第である。以下に引用するハングル版『戊午燕行録』も同様である。

（2）徐有聞『戊午燕行録』に関する書誌情報は長森美信氏の調査による。

（3）林其中編『燕行録全集』第六二冊、東国大学校出版部、二〇〇一年十月、二九一～二九二頁。

（4）『李朝実録』第四九冊、学習院東洋文化研究所、一九六六年三月、四七八頁。

（5）林其中編『燕行録全集』六二冊、一六〇頁。

（6）『清実録』第二七冊、中華書局影印、一九八六年六月、一〇六七頁。

（7）松浦章『海外情報から見る東アジア　唐船風説書の世界』清文堂出版、二〇〇九年七月、一六八～一九九頁。

第三部　中国漂着朝鮮船と朝鮮漂着中国船——海路による交渉（一）

第一章　明代中国に漂着した朝鮮船

一　緒　言

明朝は初期より、倭寇を鎮圧する必要上、「海禁」政策を実施し、中国人の私的海外渡航や、諸外国船舶の私的な中国来航を禁止した。他方、海上航路により中国への朝貢のために来航した外国使節乗船の船舶の入港は許可した。

しかしこのような定期的な朝貢関係とは別の対外関係が存在した、その一つが海難に遭遇した船舶が漂流して中国へ漂着した例である。広大な沿海地域を持つ中国には、中国の政策に関わりなくアジア諸国の船舶が海難に遭遇して多く漂着している[1]。

特に、中国と隣接していた朝鮮国は毎年のように朝貢使節を派遣していたが、外交使節を派遣する外交関係とは関係なく、朝鮮国沿海で航行する船舶や漁業活動に従事していた船舶が海難に遭遇し、中国の沿海地区に漂着しているのである[2]。しかし、明代における外国船の中国への漂着事例に関する研究は多くない[3]。反対に、中国船が朝鮮に漂着した事例は清代に限定しても多く知られている[4]。

明代の中国に漂着した朝鮮人・船に関しては、史料的価値が高いと評価される崔溥の『漂海録』が最も知られ、これに関しては多くの研究が行われてきた[5]。しかし、朝鮮人・船の中国漂着はこの崔溥の『漂海録』の例だけにはとどまらない。

そこで本章は、明代中国に漂着した朝鮮人・朝鮮船についてその実状を明らかにし、特に万暦三十九年（一六一一）に浙江省の台州府治下に漂着した朝鮮漁船をとりあげて考察したい。

二　明代における朝鮮船の中国漂着

明代の中国に漂着した朝鮮船の事例がどれほどあったかを、『明実録』『朝鮮王朝実録（李朝実録）』等より抜粋すれば、以下の二〇余例をあげることが出来る（右の『漂海録』の事例は除いた）。

① 宣徳五年（一四三〇）九月己未（『宣宗実録』巻六八）

朝鮮国王李陶祹遣陪臣李皎等貢方物謝恩、初朝鮮民白隆等十七人浮海市鹽、因風漂至。上憫之、謂行在禮部臣曰、十七人皆死而得生、即送還本国、遂給道里費遣之。且賜賚祹。至是、遣皎等來謝。

世宗十二年（一四三〇）七月乙卯（『世宗実録』巻四九、五丁表）

勅曰、近巡海将士送至王國中之人白龍等十七名、詢之、云、因市鹽、舟為風所壊、漂至。朕甚閔之。今遣本國、各令寧家、特諭王知之。(6)

② 正統十二年（一四四七）九月辛亥（『英宗実録』巻一五八）

禮部奏、會同館収養朝鮮國飄海軍洪承龍等十三人、告天寒無衣、命給與胖袄、褲、鞋各一。

世宗二十九年（一四四七）十二月丙戌（『世宗実録』巻一一八、一五丁表）

聖節使者成勝還[自]京師、帝還我漂風金元等十三人。(7)

世宗三十年（一四四八）正月丁酉（『世宗実録』巻一一九、一丁裏）

遣工曹参判李思仁如京師、謝發還漂風人。[8]

正統十三年（一四四八）三月庚寅（『英宗実録』巻一六四）

朝鮮國王李祹以賜還其漂海人民、遣使奉表謝恩、貢方物、賜宴幷彩幣等物有差。

③　景泰四年（一四五三）八月丁亥（『英宗実録』巻二三二）

禮部奏、比者浙江備倭都指揮僉事馬良等擒獲賊徒文呑只等五人、送部審等、呑只等係朝鮮國漁戸、入海捕魚、遭風壊船、漂流海島、遇巡海官軍擒獲、今朝鮮國王遣陪臣李仍孫等朝貢至京、官給與衣糧、就令仍孫等領回、以示優待遠夷之意。

魯山君癸酉（一四五三）九月甲戌（『端宗実録』巻七、二三丁表）

聖節使慶昌府尹李仁孫賚勅回還。其勅曰、近得浙江邊将奏称於東海邊擒獲男子五人、繫送京師。詢知其為王國漁戸文呑只等、因于景泰三年十二月間同往南海打魚、被風壊船、漂流海島、以此被獲。朕以其為王國之人、且非寇盗、特命給與口糧養贍、順付王所差來陪臣慶昌府李仁孫等収領還國、慰其父母妻子之望。特諭王知。[9]

同年十月辛卯（『端宗実録』巻八、四丁裏）

遣知中枢院事金允壽如大明賀正、幷謝發還漂風人。[10]

④　天順六年（一四六二）十二月癸酉（『英宗実録』巻三四七）

朝鮮國人有泯海漂至東洋者、為戍卒所獲。上命給以衣鞋、遣之還國。

世祖九年（一四六三）（『世祖実録』巻三〇、七丁表）

正月甲寅、千秋使中枢院副使朴大生帯領漂流人口、回自大明[11]。

同年二月壬戌（『世祖実録』巻三〇、九丁表）

遣同知中枢院事梅佑、中枢院副使李誠長如大明、謝發回漂流人口[12]。

⑤　世祖十一年（成化元年、一四六五）九月丙午（『世祖実録』巻三七、二丁表）

謝恩使李堣齎勅幷漂流人濟州金迴豆等十四名、回自大明[13]。

同年十月庚寅（『世祖実録』巻三七、一六丁表）

遣中枢院副使李文炯如大明、謝發還漂流人口、並回奏勅諭事[14]。

⑥　成宗十四年（成化十九年、一四八三）八月庚午（『成宗実録』巻一五七、七丁裏）

去春漂流旌義縣監李暹與訓導金孝胖等四十七人、浮海上十昼夜、到中原揚州地面、餓死者十四人。暹及孝胖等三十三人到北京、朝廷令臣帯還[15]。

成宗十四年八月壬午（『成宗実録』巻一五七、二四丁裏～二五丁表）

○千秋使朴健回自京師、李暹従之來復命。上引見問李暹漂流事、暹啓曰、臣適旌義縣監、去二月二十九日、離本舘浮海、未及楸子島十里許、遇東北風、雲霧四塞、雨脚如注、怒濤如山、不辦東西、因漂流十日、偶泊中國長沙鎮、得保残命、是上徳所及也。因歴叙漂流之状。上曰爾若不解文豈能生還、仍命後政更啓蓋欲賞職也[16]。

成宗十四年八月壬午（『成宗実録』巻一五七、二五丁表～二六丁裏）

○命弘文館直提學金宗直因李暹行録、又採其言書啓、暹等初泊長沙鎮海邊、有千戸桑鎧者、領卒押暹等反接而行、初宿長沙鎮、……桑鎧等持供状示暹曰、成化十九年三月日供状人李暹、年係成化十九年三月初九日乗雙桅大船、弓箭腰刀侵往上國境界、是供的実。暹叩頭書進曰、暹以朝鮮國旌義縣監、遆任還京、海中遭風、得至上國境界、是供的実。[17]（下略）

⑦　弘治元年（一四八八）九月癸亥（『孝宗実録』巻一八）

朝鮮國王李娎遣陪臣成俔等奉表幷方物、謝恩。賜宴幷衣服、彩段等物有差。先是、朝鮮人有覆舟于登萊者、所司以聞、命其舟楫資送還本國。至是、其國王及遣使入謝。

成宗十九年（弘治元年、一四八八）四月戊申（『成宗実録』巻二一五、一〇丁表）

……濟州敬差官崔溥與同舟四十三名、漂流到泊浙江事也。[18]

同年六月丙午（『成宗実録』巻二一七、一二丁表）

前校理崔溥還自京師、寓青坡驛、命撰進日記。[19]

崔溥『漂海録』成化二十三年（一四八七）九月十七日〜弘治元年六月初四日

寧波漂着→杭州→大運河に沿い北上→北京

⑧　弘治七年（一四九四）九月壬子（『孝宗実録』巻九二）

朝鮮國海南夷十一人以捕魚為颶風漂其舟至福建、漳州府時無訳者、莫知其所自來。福建守臣送至京、大通事譯審、乃得其實。上命給之衣食、候其國進貢陪臣還日、歸之。

⑨　弘治八年（一四九五）三月乙酉（『孝宗実録』巻九八）

朝鮮國王李娎以朝廷發還其國漂海人、遣陪臣、吏曹参判趙益貞等奉表、貢方物、來謝。賜宴并彩段、衣服等物有差。

弘治十二年（一四九九）十二月乙卯（『孝宗実録』巻一五七）

朝鮮國王李隆奏、本國人屢有違禁下海者、因逃住海島不歸、復誘引軍民、漸至滋蔓。乞許本國自遣人捜還國、若係上國地方者、請勅令官司捜發處分。下兵部議、謂宜如所奏。従之。

⑩　正徳四年（一五〇九）八月壬戌（『武宗実録』巻五三）

朝鮮國人有乗舟過別島貿販者、遇颶風飄至浙江松門衛境、為土人所掠犯、総備倭指揮陳欽、張楷、喬鳳失巡瞭。……

中宗四年（一五〇九）閏九月戊辰（『中宗実録』巻九、三四丁表）

中朝刷還我國漂流十一名。[20]

中宗五年三月庚午（『中宗実録』巻一〇、五七丁表）

遣同知中枢府事尹喜孫奉表如京師、謝發回漂流人口也。[21]

⑪　正徳六年（一五一一）三月乙丑（『武宗実録』巻七三）

朝鮮國夷人安孫等十七人航海、遭風漂至浙江定海縣境、為巡海者所獲、守臣送赴京師、命給衣糧、遣人伴還本國。

中宗六年（一五一一）六月甲申（『中宗実録』巻一四、三丁表）

中朝刷還濟州漂流人高致江等十七名、遣使謝恩。[22]

同年七月庚申（『中宗実録』巻一四、一六丁表）

聖節兼發回漂流人安孫等謝恩使工曹参判閔祥安奉如京師[23]。

⑫　嘉靖六年（一五二七）三月癸巳（『世宗実録』巻七四）

浙江定海衛得朝鮮國遭風夷人李根等十七人、守臣以聞、詔送遼東遣歸國。

中宗二十二年（一五二七）六月己未（『中宗実録』巻五九、一八丁表）

政院招問漂流人李根等、書其所言、幷其所持來定海衛、寧波府等處下程単子三張以啓[24]。（下略）

同年七月癸未（『中宗実録』巻五九、二四丁表）

遣僉知中枢府事金瑚如京師謝恩。前者濟州人李振等十七名漂至上國而刷遣還、故遣是使[25]。

⑬　嘉靖二十一年（一五四二）六月己丑（『世宗実録』巻二六三）

浙江定海官兵于普陀山哨獲朝鮮夷人梁孝根二十二人、言是歳入貢遭風飄流、守臣以聞、詔給傳、護送歸國。

中宗三十七年（一五四二）八月庚寅（『中宗実録』巻九九、五丁表）

遣吏曹参判崔輔漢、工曹参判李瀣奉表如京賀冬至、兼謝本國漂流人高銀還等發回[26]。

同年八月丙申（『中宗実録』巻九九、一二丁）

……濟州漂流人李介叱同等二十一名押率出向本國[27]。

⑭　嘉靖二十二年（一五四三）六月丙子（『世宗実録』巻二七五）

朝鮮國民洪贇等四十二人、航海遇風、飄入通州海門界、守臣傳詣京師。詔給之衣糧、遣官護送還國。

⑮　嘉靖二十四年（一五四五）七月丁亥（『世宗実録』巻三〇一）

初、朝鮮國夷人金玷等十一人、以航海遭風、漂泊上海縣界。有司以聞、譯実、恤而遣之。

明宗即位年（一五四五）十二月癸卯（『明宗実録』巻二、一〇八丁表）

……濟州漂流人朴孫等十二人、冬至使押來云。[28]

⑯　嘉靖三十年（一五五一）五月己酉（『世宗実録』巻三七三）

朝鮮夷人管令金等八人以航海値颶風漂至淮安、守臣譯送京師。詔恤而遣之。

明宗七年（一五五二）正月乙酉（『明宗実録』巻一三、一丁表）

中朝解送我國漂流人云、有謝恩節目乎。[29]

⑰　万暦四年（一五七六）四月丁亥（『神宗実録』巻四九）

淮安府東陬山漂流朝鮮國進貢夷使梁俊等、上命賞給衣履押回。

宣祖九年（一五七六）六月庚寅（『宣祖実録』巻一〇、八丁表）

傳曰、濟州人梁俊等二十二名漂到中原地方、禮部移咨遼東、送還本國。[30]

⑱　万暦八年（一五八〇）十月丁酉（『神宗実録』一〇五）

應天巡撫孫光裕請咨送朝鮮國飄流夷人梁成貴等二十餘人、給與沿途應付押還本國、従之。

万暦九年（一五八一）八月甲寅（『神宗実録』一一五）

朝鮮國王李昖遣戸曹参判権克禮等賚表文、方物、賀萬壽聖節。先是、八年十月遼東都司奏漂流朝鮮夷人梁成貴等、上命各給衣履、差官送回、至是幷謝前事。詔宴賚如例。

⑲ 万暦二十八年（一六〇〇）三月丙寅（『神宗実録』三四五）

朝鮮國王差陪臣李好閔等十五員賚表文、方物、進謝前賜蟒衣白金、幷送回該國漂流人口、各如例宴賞。

⑳ 万暦三十八年（一六一〇）八月壬寅（『神宗実録』巻四七四）

兵部覆議海風飄入閩境諸夷、呂宋人壹葉乃等、西番人捌襄等發赴香山、叫其去留。朝鮮人壹参別等安置柔遠驛以示存恤。大郎等八人本係倭種、難縦使歸、仍行巡行巡撫衙門分置軍前厳為鈐束、如生心逃叛即處以軍法。上是之。

㉑ 万暦四十年（一六一二）二月辛巳（十六日）（『神宗実録』巻四九二）

兵部題、請命浙江巡撫衙門将哨獲朝鮮國人李大等驛送至京、遇使臣順帯或令遼鎮差官携發還國。從之。

㉒ 崇禎十一年（一六三八）八月初八日（『明清史料』乙篇三、二二七丁表裏、二三四丁裏）

……高麗小船舟子倶是麗人、……高麗崔守男等於七月二十一日、自安州起身往京、被風颶到此（注：遼東都司・石城島）称帯人参五十斤、共大小七袋、南草二百斤、並無軍器等物……崔守男等八名、擅駕船艚船装載参貨、突至石城島。……

以上掲げた明代中国へ漂着した朝鮮船の事例は、いずれも簡単な記述が多い。それらの中でも漂着した地が分かるのは、江南、浙江、福建、山東、遼東都司であるが、この事例からは浙江が五例と最も多い。漂着者の出身地が分かるものも多くはないが、その中でも済州が五例と群を抜いている。済州は朝鮮半島西南の島嶼であるため、朝鮮半島本土との交渉をはじめとして、他地域との関係は海上活動抜きにしては語れないという地理的状況があるためであることは歴然であろう。

三　万暦三十九年台州漂着朝鮮漁船について

右の事例㉑で記した朝鮮人の中国漂着に関して詳しく述べて見たい。

『神宗実録』巻四九二、万暦四十年（一六一二）二月辛巳（十六日）の条には、前掲記事にあるとおり中国へ漂着した朝鮮人李大らが浙江巡撫により駅伝によって北京に送られ、本国に帰還させられたことが簡単に記述されている。しかし、その詳細は不明である。ところがこの漂着に関してより詳細な記録が以下に述べる王在晋の記述に見られるのである。

まず記録を残した王在晋に関して彼の経歴を簡単に述べてみたい。

王在晋は、字が明初であり、太倉州の人である[31]。万暦二十年第三甲第百八十一位で進士となり[32]、中書舎人から江西布政使を経て万暦四十七年（一六一九）四月に右副都御史として山東巡撫となり、同四十八年八月に総理河道となるまでその任にあった[33]。そして天啓二年（一六二二）三月甲辰（八日）に兵部侍郎となっていた王在晋は尚書兼右副都御史、経略遼・薊・天津・登・萊軍務となっている[34]。崇禎元年（一六二八）には三月に刑部尚書に任じられ、同四月には兵部尚書に改められ、同年の十月までその任にあった[35]。

王在晋の著作に関して、『千頃堂書目』巻二五、万暦壬辰（二十、一五九二）科に見える。

龍沙會草、越鐫二十一巻、楚編續集十巻、蘭江集二十二巻、遼海集二巻、西湖小草十巻[36]

右にみえる六種の著述について主要な図書館の漢籍目録を調べると次のものの存在が確認出来る。

・『龍沙学録』六巻（『四庫全書存目叢書』子部第一五冊所収）
・『三朝遼実録』一七巻、総略一巻、崇禎刻本（江蘇省立国学図書蔵民国二十年刊本）
・『海防纂要』一三巻、万暦四十一年序刊本（名古屋蓬左文庫蔵／『続修庫全書』史部・地理類七三九、七四〇冊所収、『四庫全書禁燬書叢刊』史部第一七冊所収）
・『歴代山陵考』二巻（借月山房彙鈔第八集所収、『四庫全書存目叢書』史部第二四三冊所収）
・『通漕類編』九巻、図一巻（台湾・国立中央図書館蔵明刊本／明代史籍彙刊（台湾学生書局影印本）所収、『四庫全書存目叢書』史部第二七五冊所収）
・『蘭江集』二二巻、万暦二十八年序刊本（北京図書館蔵、内閣文庫蔵）
・『越鐫』二一巻、万暦刻本（北京図書館蔵、中国科学院図書館蔵／『四庫禁燬書叢刊』集部第一〇四冊所収）
・『都督劉将軍傳』（玄覧堂叢書初輯所収、台湾・正中書局本第二三冊所収）

王在晋が残した記録は今日では閲覧が簡単なものは少ないが、とりわけ珍しいものが『越鐫』であると思われる。おそらく北京図書館本と中国科学院本が天下の孤本でないかと考えられる。この『越鐫』巻二一に王在晋の残した記録「朝鮮漁人」が見られる。また彼の『海防纂要』巻一〇にも「朝鮮漁人」の記述がある。記述の量は前者が多いが、年月が不明であるのに対して、後者は、記述量は少ないが年代の判明する記述が見られる。そこで両者を全文並記して検討を加えたい。特に前者（史料1）では中国側官吏の質問に対する朝鮮漂流民の答えを、分かり易くするため改行して記した。

［史料1］　黎陽・王在晋『越鐫』巻二一、雑記、朝鮮漁人

瀕海之夷、以海爲田、以漁爲耕、今所獲者、網罟于海、而飄泊于風者也。男子四、婦二、孺子一。男子倶同

姓、李大・李漢隊爲同生兄弟、而李三其親叔也。李四與孺子李小一、爲同生兄弟。婦計氏年三十有二、爲李大之妻。金氏年二十有九、爲李隊漢之妻、各長其夫一歳、倶未生育。五男子一族、爲朝鮮國全羅道南原府濟州康津縣人。男子草笠大帽、婦絣髪加于額、志所稱人戴折風巾婦髩髻垂肩者、宛相肖焉、人貌樸野椎魯、而言語侏㒧、卽譯者不能曉暢、有帽匠李大梃者爲朝鮮人、向随福建許遊擊、爲通事、僑寓於杭、呼而庭譯之、應對如響。李大・漢隊之父、曰李萬石。李四・小一之父、曰李鑾固。萬石尚存。譯其鑾音、父曰阿鼻、叔曰三寸、兄曰勝、妯娌曰阿姊、名子曰阿得。康津海濱、男子持竿、婦女操舟、或釣而網、或餌而漁、取生鯆魚、國中價貴、肉附于殻、今猶有乾魚帶、殻者以布、束纏於腰、漁者、每人挈米二斗、爲半月糧、取水一艙、共十數石、下海採捕、或十日而歸、半月而歸、意在得魚、本年八月二十五日、男婦往東海、取魚駕舟下椗、二十八日上燈時、遭風、桅損舵壊、任風飄蕩、昏夜迷路、不知所之。船底平幸不欹覆、船中水盡、取海水食之、有火石火刀取火、供爨度命、至九月二十一日、到静冦海門信地、乃爲哨捕獲焉。

問、兵船曾取他物否。

曰、舟中皆釣具、並無長物。

問、思歸否。

曰、父母以爲死也。恨不能一歩、卽到家鄉。

問、願従舟否。

曰、大海茫茫、舟不可行、然則歸必舍舟由陸矣。

有婦人焉、有小子焉、能勝跋涉之労否。

曰、婦人従来不經行路事至此迫于無已也。

今天気入寒、河舟凍阻、必待來年二月。

男婦聞之而欷歔、欲涕下語之。

曰、爾夫婦叔侄兄弟、類聚于斯、何妨過歲。

曰、恐無衣、而凍無食而死也。

曰、人與衣與被與米薪、不致困餓于吾土、而男婦始叩首称天恩矣。

夫朝鮮爲我朝屬夷、先年被倭跋躪、國家不恤數百萬金錢、發兵援之、朝鮮之人、猶吾人也。夷婦與齠童、並獲則知非窺伺之奸鍋碗與線索、俱存則明係漁家之具、矧舟無兵械、人盡柔良、受虐于陽、侯幸全生于海、若其當送而歸國、不待詞之畢矣。目今霜寒凍結、舟楫難前、蓋發杭州府、行仁和縣、擇空閑處所着人看守安養、日給銀米、聽其自爲水爨、蓋食烹調蔬肉米鹽之類、與中國無異、而人人善嚼升米不足、充其腹合、無每人每日給米一升二合銀一分、所用銀米、查驛傳餘銀給之、如此處無餘行、驛傳道于他處、通融補足、冬給綿衣綿被草席草薦等項、以安其生疾病、覓醫調理、俟開春有便船、或漕船赴京計日、給與沿途、供養盤費、帯至張家灣、移咨解部、念其異域途遙、請給郵符牌票、送至山海關、渡鴨緑江、遞回本國、轉發原籍安置、或本國有進貢使臣、令其帶歸、更爲順便、其該區總哨官兵捉獲異船、不貪功害命量加獎賞以作、其勤朝鮮人李大挺、久居漢土、壯年願回、報効合發營充兵食糧、以備朝鮮通事、緣係外夷發還歸國、理應題請旨、以便遵行。

［史料2］　王在晋『海防纂要』巻一〇、「朝鮮漁人」

萬曆三十九年九月台州參將方矩獲朝鮮男子四、婦二、孺子一。男子俱同姓、李大・李漢隊爲同生兄弟、而李三其親叔也。李四與孺子李小一、爲同生兄弟。婦計氏年三十有二、爲李大之妻。金氏年二十有九、爲李漢隊之妻、各長其夫一歲、俱未生育。五男子一族、爲朝鮮全羅道南原府濟州康津縣人。男子草笠大帽、婦絣髮加于額、人貌樸野椎魯、而言語侏㒧、卽譯者不能暢曉、有帽匠李大梃者爲朝鮮人、寓于杭、呼而庭譯之、應對如響、李大漢隊之父、曰李萬石。李四小一之父、曰李鑾固。萬石尚存、譯其鑾音父曰阿鼻、叔曰三寸、兄曰勝妯、娌曰阿姊名子曰阿得。康津海溢、男子持竿、婦女操舟、或釣而網、或餌而漁、取生鯆魚、國中價貴、肉附于殼、今猶有乾魚帶、殼者以布、束纏于腰、漁者、每人挈米二斗、爲半月糧、取水一艙、共十數石、下海採捕、或十日而歸、半月而歸、本年八月二十五日、男婦往東海、取魚駕舟下椗、二十八日上燈時、遭風、桅損舵壊、任風飄蕩、昏夜迷路、不知所之、船底平得不欹覆、船中水盡、取海水食之、有火石火刀取火、供爨度命、至九月二十一日、到静寇海門、乃爲哨捕獲焉。督撫浙江軍門高　發按察司署司事參政王在晋、審明具疏、題准遞回本國、轉發原籍安置(37)。

上述の史料1、史料2ともに同一の朝鮮船の中国漂着に関する記録である。両者の記述を総合すれば、この漂着事情は次のようになるであろう。

万暦三十九年（一六一一）九月二十一日に、浙江省台州治下の海門に朝鮮船が漂着した。その船には、七名が搭乗していた。いずれも朝鮮国の全羅道南原府済州康津県に居住する李氏一族の者であった。李大は三十一歳、その妻計氏は三十二歳、李大の弟李漢隊は二十八歳、その妻金氏は二十九歳と二組の夫婦とさらに、彼らの親族である李三と李四、李小一兄弟の七名であった。彼らは万暦三十九年八月二十五日に、おそらく康津県の港を出港し、朝鮮国西沿海の東海において漁業活動を行っていた。そして同月二十八日に海難に遭遇し、帆柱や舵が破壊され海洋を漂流することになったのである。その間に食料も尽きて、水もなくなったため、海水を汲み上げ火打ち石を使って火をおこし海水を沸騰させて真水に変えて何とか命を長らえたのであった。その後、漂流から二十余日にして浙江省台州治下に漂着したのであった。

救助された李大ら七名は、浙江省で中国官吏の保護を得て、杭州府仁和県に護送され、さらに北京に送られ帰国することになったのであった。

ここで注目すべきは、史料1に、「有帽匠李大梃者爲朝鮮人、向随福建許遊撃、爲通事、僑寓於杭、呼而庭譯之」、史料2に、「卽譯者不能暢曉、有帽匠李大梃者爲朝鮮人、寓于杭、呼而庭譯之、應對如響」とある帽匠であった李大梃という朝鮮人が杭州に居住していたことである。彼らのために通訳をしてくれたのはその李大梃であった。

李大梃は日本の豊臣秀吉の朝鮮侵略、万暦壬辰（万暦二十、一五九二）、丁酉（万暦二十五、一五九七）倭乱の際に、朝鮮軍の援軍として出陣した福建遊撃の許某に気に入られ通訳として従軍していたと考えられる。そして、福建遊撃の許某の本国帰還に従って中国に来て居住することになった。しかし、李大梃は中国に来ても、おそらく朝鮮語通訳の仕事が少なかったことから、杭州で帽子職人として暮らしていたと考えられる。彼は中国語も相当上手であったようである。この李大梃のお陰で、李大らは大いに助かったのであった。

なお、王在晋は漂着者が語った朝鮮語の一部を「父日阿鼻」のように漢字で表現して記録している。

四　小　結

上述のように、明代の中国へ漂着した朝鮮人・朝鮮船の事例は二十余例を確認することができた。これまで、漂着に関して詳細な事情を明らかにできる史料としては、崔溥の『漂海録』以外ほとんど知られることがなかった。崔溥は『成宗実録』巻二一九、一丁裏、成宗十九年（一四八八）八月乙未（四日）の条に、

　前司直崔溥、造水車、以進其制、用以治田。[38]

とあるように、中国に漂着し、漂着地からの帰途に浙江地域などの江南で見聞した農業技術を朝鮮国に伝授したのであった。

ところが王在晋の書き残した「朝鮮漁人」からは朝鮮沿海漁民の中国への漂着事情や、朝鮮沿海漁民の漁業活動の一端を知ることができる。たとえば、全羅道南原府済州康津県では女性も船を操り、男性とともに漁業活動

に従事していたことなどを伝えている。これらの漁民が海に出る際にはどのような食料を、どれほど用意していたかといった情報は稀有のものといえるであろう。

さらに、この漁船の中国漂着の時期が、万暦壬辰・丁酉の倭乱の後であったこともあるが、朝鮮に援軍を派遣した中国軍に従軍した中国兵士の本国帰還に従って中国に渡り、中国に寓居する朝鮮人がいたことを知ることができる。これまで朝鮮半島に侵略した豊臣秀吉軍に捕らわれ捕虜となって日本に連行された朝鮮人の事例は多く知られていたが[39]、この「朝鮮漁人」の記事から、中国軍の帰還に際して中国に渡り中国で寓居する李大梃のような朝鮮人の存在が明らかとなったといえる。

（1）湯熙勇・劉序楓・松浦章主編『近世環中国海的海難資料集成——以中国・日本・朝鮮・琉球為中心——』中央研究院中山人文科学研究所、一九九九年八月、参照。
湯熙勇「近世環中国海的海難資料集介紹」『漢学研究通訊』第一九巻第一期（総号第七三期）二〇〇〇年二月、一四一～一四八頁、参照。
近年、日本では漂流資料に依拠した研究が注目されている。その一例として「シンポジウム「近世東アジアの漂流民と国家」」（『史学雑誌』第一〇八編第九号、一二一〇～一二二三頁）がある。

（2）朝鮮船の琉球への漂着に関しては、小林茂・松原孝俊・六反田豊「朝鮮から琉球へ、琉球から朝鮮への漂流年表」（『歴代宝案研究』第九号、一九九八年三月、七三～一三六頁）に詳細な年表がある。

（3）松浦章「朱印船の中国・朝鮮漂着をめぐって」『南島史学』第五五号、二〇〇〇年九月。

（4）松浦章「李朝時代における漂着中国船の一資料——顕宗八年（一六六七）の明船漂着と「漂人問答」を中心に——」『関西大学東西学術研究所紀要』第一五輯、一九八二年三月。本書第三部第二章参照。
松浦章「李朝漂着中国帆船の「問情別単」について（上）（下）」『関西大学東西学術研究所紀要』第一七・一八輯、一九八四年三月・一九八五年三月。松浦章『清代帆船沿海航運史の研究』関西大学出版部、二〇一〇年一月、七五～二一〇七頁参照。

（5）牧田諦亮『策彦入明記の研究』下（法蔵館、一九五九年三月）第七章「漂海録と唐土行程記」（二二四～二三六頁）翻刻「漂海録」（二三七～三四五頁）は『漂海録』を最初に紹介研究したものであろう。
金在先「崔溥『漂海録』与明代海防」『圓光史学』四、一九八六年九月。

葛振家点注『漂海録』社会科学文献出版社、一九九二年六月および葛振家主編『崔溥漂海録研究』社会科学文献出版社、一九九五年六月。

（6）『李朝実録』学習院大学東洋文化研究所、第八冊、三六頁。

（7）『李朝実録』第八冊、五九四頁。

（8）『李朝実録』第八冊、五九五頁。

（9）『李朝実録』第一二冊、四〇三頁。

（10）『李朝実録』第一二冊、四〇九頁。

（11）『李朝実録』第一三冊、五一九頁。

（12）『李朝実録』第一三冊、五二〇頁。

（13）『李朝実録』第一四冊、一〇四頁。

（14）『李朝実録』第一四冊、一一一頁。

（15）『李朝実録』第一七冊、七五頁。

（16）『李朝実録』第一七冊、八三～八四頁。

（17）『李朝実録』第一七冊、八四頁。

（18）『李朝実録』第一七冊、六二四頁。

（19）『李朝実録』第一七冊、六四七頁。

（20）『李朝実録』第二〇冊、三〇一頁。

（21）『李朝実録』第二〇冊、三四九頁。

（22）『李朝実録』第二〇冊、四五二頁。

(23)『李朝実録』第二〇冊、四五八頁。
(24)『李朝実録』第二二冊、三九五頁。
(25)『李朝実録』第二二冊、三九八頁。
(26)『李朝実録』第二四冊、四五〇頁。
(27)『李朝実録』第二四冊、四五三頁。
(28)『李朝実録』第二五冊、一〇九頁。
(29)『李朝実録』第二五冊、五三五頁。
(30)『李朝実録』第二七冊、一七一頁。
(31)『明史』巻二五七、中華書局本第二二冊、六六二五頁。
(32)『明清進士題名碑録索引』上海古籍出版社本上冊、二七四頁。
(33)『明都撫年表』中華書局本下冊、三九六〜三九七頁。
(34)『明史』巻二二、熹宗本紀、中華書局本第二冊、三〇〇頁。
(35)『明史』巻一一二、七卿年表二、中華書局本第一一冊、三四九六頁。
(36)『景印文淵閣四庫全書』第六七六冊、六一九頁。
(37)『続修四庫全書』史部、地理類、第七四〇冊、一〇一頁。
(38)『李朝実録』第一七冊、六六二頁。
(39)内藤雋輔『文禄・慶長役における被擄人の研究』東京大学出版会、一九七六年三月。

第二章　中国船の朝鮮漂着——顕宗八年の明船漂着と「漂人問答」を中心に——

一　諸言

朝鮮王国と清朝中国との関係は、いわゆる朝鮮国のいう「事大」関係、清のいう「朝貢」関係により、両国の通好が維持されていた。それは、朝鮮では「燕行」と呼んだ北京への陸路による使節派遣と、清朝による朝鮮国の国都漢城への使節派遣という形式で行われていたのである[1]。

ところが、このような通好関係とは別の両国関係が知られる。朝鮮半島は、渤海・黄海を介して、中国大陸の北部沿岸地域と近距離に位置しているため、天候等の事情により海上で漂流した中国の商船や漁船が朝鮮半島の西・南部沿岸の各地に数多く漂着した。朝鮮国は、清との友好関係の履行をはかるためそれらの漂着した中国船を取り調べ、清廷へ送還し続けていた。これらの事実は、朝鮮側の外交文書等に詳細に記されているにもかかわらず、従来、等閑視されている[2]。

そこで本章ではまず、これらの史料にもとづき、十七世紀中葉から十九世紀後半に及ぶおよそ二百四十余年間に、どれほどの中国船が朝鮮半島に漂着したのかについて明らかにする。ついで、朝鮮国が清朝との通好関係を持ってまもない時期に、済州島に漂着した「大明船」乗組員の送還問題によって生じた朝鮮政局の動揺について述べ、清朝・朝鮮国の両国関係史の一側面を究明できればと考えるものである。

二　朝鮮王朝時代における漂着中国船の事例

朝鮮王朝時代における朝鮮と中国との関係の大要を知る史料は『通文館志[3]』であろう。『通文館志』粛宗庚子年（粛宗四十六、康熙五十九、一七二〇）の漢学教授金慶門の序文によれば、

我東西接遼、燕。南隣島夷、北界野人粤。自箕子以来。歴羅、麗之世、使命交通還往不絶。及乎勝国。有通文館、本朝有司訳院、専掌事大交隣之事、上下数千年間、朝聘応対。

とあるように、朝鮮の地理的状況から、政治的に外交を重視した姿勢がうかがえる。

とくに、同書の巻九より巻一二までの「紀年」と同続編の条、すなわち仁祖十四年（崇徳元、一六三六）より高宗二十五年（光緒十四、一八八八）までの二百五十余年間分の記述が、両国の交渉の概略を知るための基本史料である。

「紀年」各年の内容は、朝鮮と中国・日本間の外交関係の記事と、朝鮮・中国・日本人の漂流・漂着に関する記事である。

ただ、『通文館志』の記事は簡略であり、具体的な内容を省略しているため、この欠を補うのが『同文彙考[4]』である。

『同文彙考』は、清の年号を用いて、清の太宗崇徳元年より、光緒七年（高宗十八、一八八一）までの時期に及び、ほぼ『通文館志』の「紀年」の記述の時期に該当する。

同書は、この間の朝鮮国と清朝および日本との外交往復文書等を収めており、朝鮮を中心とした三国間の国際状況を知る上でも重要な史料である。

ただし、漂流の部の中国人の朝鮮半島への漂着についていえば、朝鮮官吏の報告にもとづいた朝鮮国王の清朝

への咨文と、それに対する清朝礼部からの咨文からなっているが、清朝礼部の咨文は欠いている場合が多々ある。『通文館志』『同文彙考』の二史料をもとに中国船の朝鮮半島漂着事例について作成したのが表1である。中国船の漂着の事例は、一六四四年から一八八五年までの二百四十余年間に二百四十余例が知られ、平均毎年一件ほどの漂着を数え、とりわけ乾隆年間（一七三六〜一七九五）以降の漂着数は多い。

乾隆年間以降において漂着船が増加した主たる原因は、清朝が中国の東北地方から興起したこともあって、開国当初、この地への漢人の進出を強く制限していたが、漸次開発されると、多くの漢人が進出し[5]、人と物資の交流が盛んになったためであろう[6]。

このことは、少しく後世の史料であるが嘉慶九年（一八〇四）の包世臣の「海運南漕議」（『中衢一勺』巻上）に、

自康熙二十四年開海禁、関東豆麦、毎年至上海者、千余万石、而布・茶各南貨、至山東、直隷、関東者。

とあり、さらには、道光十九年（一八三九）刊の『廈門志』巻五、商船の条にも、

商船。自廈門販貨。……北艚者、至温州、寧波、上海、天津、登莱、錦州貿易之船。

と記されているように、南の江蘇・浙江・福建方面から、関東すなわち現在の遼寧省・渤海沿海の錦州等の港に交易のために北上する船舶の増加をみたことが知られる。こうした傾向は表1からも明らかである。

一六四四年から一八八五年にかけて朝鮮半島に漂着した中国船の隻数を、中国皇帝の在年に分けて整理すると（図1・表2）、最も漂着件数の高かったのは嘉慶年間であり、その前の乾隆年間から漸次増加し、道光年間には減少して、咸豊年間に再び増加し同治、光緒年間と微減の傾向を示している。乾隆年間の六一件の漂着数のうち、前半の三〇年間の漂着数は一九件で三一・一％であるのに対して、後半の三〇年のそれは六八・九％と高率を示している。

このことから清朝の帆船は乾隆中期以降から清末にかけて積極的に沿海航運に進出していた傾向を読み取るこ

表1　1644～1885年朝鮮国に漂着した中国船年表

西暦	中国暦	朝鮮暦	月　日	漂着地	本　貫	人名	乗員数	備　考
1644	順治元	仁祖22		五乂浦				天津衛海漕運
1648	5	26			福建	徐勝	51	
1652	9	孝宗3	2月9日	済州	江南、蘇州	苗珍実	213	(日本、交趾)
1667	康熙6	顕宗8	5月25日	大静	福建	陳得	95	商船(日本)
1668	7	9	7月					戦艦2艘
1670	9	11	5月25日	旌義	広東、福建、浙江	沈三、郭十	65	商船(日本)
1681	20	粛宗7		羅州	江南、杭州	趙士相	26	他に死亡6名
1684	23	10		智島	山東、登州		3	
1686	25	12	7月	珍島	福建、台湾	游魏	80余	商船(日本)
1688	27	14		旌義	江南、蘇州	陽自遠	75	商船
1688	27	14		済州	福建	楊登興	63	商船(日本)
1688	27	14	12月17日	大静	福建	陳乾	34	商船(安南)
1691	30	17	9月28日	旌義	福建	陳坤	33	商船
1693	32	19	10月10日	済州	江南	程乾順	27	商船(膠州)
1694	33	20	7月17日	安興	山東、彭来	王福生	19	商船(鳳凰)
1696	35	22	10月19日	宣沙浦	山東、晋州	馬徳福	5	
1698	37	24	5月15日	五乂浦	山東、寧海	呂文煥	19	漁船
1700	39	26			山東、登州	曲応選	13	漁船
1700	39	26	6月16日	安興	山東、登州		59	漁船
1704	43	30	7月26日	南桃浦	福建、漳州	王富	116	商船(日本)
1704	43	30	7月26日	甑浦	福建、同安	王秋	40	商船(日本)
1706	45	32	1月1日	大静	山東、萊陽	陳五	34	商船(蘇州)生存13名
1710	49	36		泰州	広東、広州	高道弼	7	
1711	50	37	12月8日	泰安	山東、登州	王四	47	商船(金州)
1713	52	39	7月24日	大静	福建、泉州	王裕	42	商船(日本)
1715	54	41		長淵	山東、登州	魯正彦	11	漁船
1720	59	46	11月17日	瓮津	山東、登州	欒有文	111	漁船
1720	59	46	11月26日	白翎	山東、登州	葛奉景	15	商船
1721	60	景宗元	2月5日	大静	山東、文登	徐海亮	18	商船(劉河口、膠州)

西暦	中国暦	朝鮮暦	月　日	漂着地	本　貫	人名	乗員数	備　考
1721	康熙60	景宗元	10月12日	嘉山	江南、通州	呉之倫	15	漁船
1722	61	2		瓮津	山東、登州	揚三	14	
1724	雍正２	4	11月18日	大静	福建、晋江	盧昌興	26	商船(錦州)内2名死亡
1727	5	英祖３	３月21日	大静	浙江、鄞県	周大順	21	商船(山東)
1727	5	3	10月７日	白翎	江南、丹徒	高三	10	商船(山東)
1730	8	6	４月28日	西生浦	浙江、寧波	姚鵬飛	43	商船(日本)内1死亡
1730	8	6	７月14日	宣沙浦	山東、登州	劉楨	14	漁船
1732	10	8	10月17日	大静	江南、松江	王敬思	18	商船(西錦州)
1732	10	8	10月18日	珍島	江南、海豊	夏一周	16	商船
1738	乾隆３	14	６月２日	平薪	山東、蓬萊	胡元浦	46	商船
1738	3	14	12月４日	旌義	浙江、帰安	呉書申	167	商船(日本)
1739	4	15	11月４日	椒子島	福建、莆田	陳協順	22	商船(天津)
1740	5	16	３月14日	白翎	山東、登州	柳孟	6	商船
1740	5	16	10月21日	安興	福建、龍渓	陳広順	28	商船(錦州)
1741	6	17	７月６日	阿耳鎮	山東、智美	王成雲	5	漁船 生存1人
1746	11	22	２月11日	五乂浦	江南、松江	徐二	9	商船(関東)
1746	11	22	10月４日	霊光	福建、龍渓	呂再興	28	商船(関東)
1755	20	31	10月17日	椒子島	山東、萊州	王福得	2	
1755	20	31	11月13日	霊光	福建、同安	荘君沢	27	商船/天津/内3名死亡
1759	24	35	10月６日	旌義	福建、龍渓	阮隆興	21	商船(天津)
1759	24	35	11月21日	黒山島	福建、莆田	林麟	28	商船(山東)
1759	24	35	11月26日	茂長	江南、宝山	雷得順	25	商船(南金州)
1760	25	36	10月25日	羅州	福建、同安	林福盛	24	商船(山東)
1760	25	36	11月16日	大静	江南、大倉	倪在中	9	商船(関東)
1762	27	38	８月28日	安興	奉天、海城	孫杖	6	漁船
1762	27	38	10月２日	古群山	浙江、鄞県	孫合興	22	商船(関東)
1762	27	38	10月10日	智島	江南、上海	黄君祥	11	商船(天津)
1763	28	39	10月27日	所江	直隷、大沽	鄭振玉	15	商船(牛庄)
1768	33	44	10月11日	蝟島	山東、栄成	顧文成	18	商船(関東)
1768	33	44	10月28日	大静	福建、莆田	林茂春	27	商船(関東)
1769	34	45	12月20日	荏子島	江南、鎮洋	王徳順	16	商船(関東)

西暦	中国暦	朝鮮暦	月　日	漂着地	本　貫	人名	乗員数	備　考
1770	乾隆35	英祖46				劉丕弼	30	漁船
1770	35	46	5月2日	泰安	山東、莱州	劉金玉	40	漁船
1771	36	47	3月1日	康翎	江南、通州	秦隆発	15	商船(金州)
1771	36	47	11月20日	小青島	山東、登州	浦路龍	22	漁船
1772	37	48	10月26日	椒島	関東、海州	邸文景	5	漁船
1774	39	50	2月2日	長淵	江南、鎮江	王相順	9	商船(山東)
1774	39	50	2月4日	豊川	江南、崇明	季才	8	漁船
1774	39	50	10月19日	格浦	江南、崇明	黄教会	11	商船(関東)
1774	39	50	11月5日	大静	江南、崇明	楊楽	10	商船/関東/内8人死亡
1774	39	50	11月7日	羅州	江南、太倉	朱東	59	商船(関東)
1774	39	50	11月9日	霊光	山東、福山	曲永順	25	(奉天)
1776	41	52	11月2日	荏子島	山東、福山	王裕順	87	商船(関東)
1777	42	正祖元	10月2日	珍島	盛京、寧海	趙永礼	7	漁船　内1人死亡
1777	42	元	10月11日	吾乂浦	福建、龍渓	曾金石	28	商船(関東)
1777	42	元	10月24日	黒山島	福建、龍渓	郭輝	31	商船(錦州)
1777	42	元	10月24日	羅州	福建、海澄	郭元泰	22	商船(関東、錦州)
1777	42	元	10月24日	飛禽島	福建、龍渓	林源裕	26	商船(上海、関東)
1777	42	元	10月28日	霊光	江南、崇明	泰源順	15	商船(江南、天津)
1777	42	元	11月11日	珍島	福建、海澄	陳萃宝	24	商船(江南、天津)
1777	42	元	11月17日	茂長	直隷、天津	金長美	29	商船(広東)
1777	42	元	11月23日	白翎	盛京、金州	陳有説	9	漁船
1778	43	2	9月27日	白翎	山東、寧海	王禧	5	商船
1779	44	3	6月21日	古群山	山西、汾陽	王世吉	74	商船(日本、長崎)
1779	44	3	6月21日	霊厳	浙江、杭州	王景安	77	商船(日本、長崎)
1780	45	4	1月24日	長淵	山東、登州	王青蓮	6	
1780	45	4	11月24日	黒山島	江南、元和	楊元利	17	商船(関東、牛庄)
1784	49	8	9月13日	泰安	広東、澄海	陳錦順	39	商船(膠州)
1784	49	8	10月11日	黒山島	江南、南通州	呉大信	16	商船/山東/内生存1人
1785	50	9	1月5日	五乂浦	山東、寧海	王一教	10	商船(金州)
1785	50	9	11月2日	長淵	山東、栄成	池雲生	5	漁船
1786	51	10	1月26日	楸子島	山東、栄成	張元周	4	漁船

西暦	中国暦	朝鮮暦	月　日	漂着地	本　貫	人名	乗員数	備　考
1787	乾隆52	正祖11	9月27日	椵島	熱河、灘庄	黄秀文	3	漁船
1787	52	11	10月19日	龍岡	奉天、鳳凰城	欒天会	6	漁船
1788	53	12	3月23日	海州	江南、劉口庄	徐上元	14	商船(山東)
1788	53	12	12月4日	済州	江南、鎮洋	江進山	19	(青口)
1791	56	15	11月29日	洪州	山東、福山	安復樑	19	商船
1791	56	15	12月16日	白翎	山東、栄成	李性成	18	商船(関東)
1794	59	18	5月16日	定州	江南、蘇州	薛御珍	9	商船(関東)
1794	59	18	10月23日	庇仁	盛京、奉天	邱福臣	51	商船(山東)
1796	嘉慶元	20	11月21日	智島	江南、通州	陸紹方	17	商船(山東)
1796	元	20	11月21日	落月島	江南、南通州	潘遂廷	16	商船(関東)
1796	元	20	11月24日	紅衣島	江南、通州	何徳馨	13	商船(錦州)
1796	元	20	11月26日	紅衣島	山東、福山	張文	5	(南石島)
1796	元	20	11月29日	黒山島	江南、元和	季徳豊	14	商船(関東、山東)
1796	元	20	12月1日	所安島	江南、崇明	董雲章	12	商船(関東)
1797	2	21	10月16日	兄弟島	江南、通州	高鳳昌	20	商船(膠州)
1797	2	21	11月24日	明月鎮	福建、海澄	陳嘉瑞	31	商船(福州/天津/関東)
1798	3	22	11月3日	海州	山東、栄成	石進功	15	漁船
1800	5	24	5月8日	徳積	山東、文登	康本和	8	漁船
1800	5	24	11月17日	徳積	山東、栄成	孫城安	6	漁船
1800	5	24	12月26日	蝟島	江南、南通州	周国俊	14	商船(膠州)
1800	5	24	12月26日	大静	江南、宝山	周華	13	商船(崇明)
1800	5	24	12月26日	大静	江南、元和	高明登	16	商船(膠州)
1800	5	24	12月28日	在遠島	江南、南通州	唐明山	6	商船(山東)
1801	6	純祖元	1月11日	青山島	江南、崑山	周紹行	19	商船(膠州)
1801	6	元	1月11日	旌義	江南、上海	沈衡章	15	商船
1801	6	元	1月11日	旌義	江南、南通州	陶茂隆	15	商船(青口)
1801	6	元	1月11日	旌義	江南、崇明	陳上	14	商船(山東)
1801	6	元	1月15日	其佐島	江南、崇明	張勝林	7	商船(山東)
1801	6	元	1月16日	青山島	江南、南通州	張廷山	9	商船(山東)
1801	6	元	1月16日	青山島	江南、鎮洋	毛叙天	12	商船(山東)
1801	6	元	1月16日	青山島	江南、崇明	楊效廷	13	商船(青口)

西暦	中国暦	朝鮮暦	月　日	漂着地	本　貫	人名	乗員数	備　考
1801	嘉慶6	純祖元	1月23日	旌義	江南、鎮洋	李燦林	12	商船(青口)
1801	6	元	10月21日	吾乂浦	山東、栄城	黄方誠	7	商船(関東)
1801	6	元	10月25日	江華、長峰	福建、同安	王文良	25	商船(天津、関東)
1801	6	元	11月21日	竹島	江南、宝山	沈光遠	21	商船(西錦州)
1802	7	2	11月26日	大静	江南、鎮洋	匡臣元	17	商船(膠州)
1802	7	2	11月27日	狗頭浦	盛京、寧海	張祖堂	8	商船(登州)
1803	8	3	1月25日	七山島	江南、崇明	葉御蘭	17	商船(関東)
1803	8	3	1月26日	薪智島	江南、鎮洋	王鳳鳴	16	商船(錦州)
1804	9	4	4月6日	吾乂浦	盛京、寧海	梁載臨	33	漁船
1805	10	5	11月13日	麒麟島	江南、丹陽	陳恒発	10	商船(山東、文登)
1805	10	5	11月18日	済州	江南、宝山	傅鑑周	22	商船(山東、海豊)
1806	11	6	9月25日	楸島	山東、棲霞	曾長	2	
1808	13	8	11月5日	大静	江南、元和	龔鳳来	16	商船(膠州)
1808	13	8	11月12日	小落月	江南、鎮洋	朱其江	13	商船(金州)
1808	13	8	11月19日	奉山	山東、登州	徐克修	41	商船(山東)
1810	15	10	10月9日	大化島	盛京、岫厳	王貴同	5	
1810	15	10	10月28日	長岱浦	山東、栄城	孫文繕	35	商船
1810	15	10	10月29日	霊光	福建、同安	葉榜	29	商船(福州、蓋州)
1811	16	11	10月29日	板洞浦	盛京、寧海	王理	5	
1813	18	13	9月19日	大青島	江南、崇明	龔召方	15	商船(牛庄)
1813	18	13	11月6日	荏子島	福建、同安	蔡杭	47	商船(台湾/上海/西錦州)
1813	18	13	11月6日	格浦	福建、同安	黄萬琴	22	商船(台湾、天津)
1813	18	13	11月10日	在遠島	福建、海澄	黄其早	73	商船(天津)
1818	23	18	6月1日	藍浦	江南、通州	秦其山	12	商船(関東)
1819	24	19	10月1日	茲恩島	福建、同安	呉永泰	30	商船(西錦州)
1819	24	19	10月1日	粛川	盛京、琇陽	張用臣	3	漁船
1819	24	19	12月3日	済州	江南、通州	彭錦祥	12	商船(上海、関東)
1820	25	20	1月25日	落月島	江南、通州	周帆風	16	商船(関東)
1824	道光4	24	10月21日	荷衣島	福建、海澄	石希玉	37	商船(蓋州)
1824	4	24	11月9日	紅衣島	江南、丹陽	潘明顕	14	商船(上海、関東)

西暦	中国暦	朝鮮暦	月　日	漂着地	本　貫	人名	乗員数	備　考
1826	道光6	純祖26	12月8日	牛耳島	浙江、寧波	応文彩	16	商船(天津、山東)
1829	9	29	10月20日	豊川	関東、岫洋	由松	4	商船(大孤島)
1829	9	29	10月26日	長淵	山東、福山	張徳修	10	商船(錦州)
1829	9	29	11月11日	珍島	山東、文東	王箕雲	3	商船(南城)
1830	10	30	11月13日	荏子島	福建、同安	童君	35	商船(台湾/天津/関東)
1834	14	34	6月23日	巨済	江南、蘇州	汪織雲	84	商船(日本、長崎)
1834	14	34	11月11日	済州	江南、通州	夏景姚	16	商船(膠州)
1834	14	34	11月18日	長淵	山東、栄城	劉沅倫	7	商船(関東)
1834	14	34	11月20日	済州	関東、錦州	劉起秀	5	商船(関東)
1836	16	憲宗2	10月29日	黒山島	福建、詔安	沈拙	42	商船(潮州/天津/寧遠)
1836	16	2	12月17日	牛耳島	奉天、首陽	劉日星	3	賃船　内1人死亡
1837	17	3	8月30日	長淵	山東、掖県	高福興	10	商船(関東)
1839	19	5	11月19日	長淵	奉天、金州	文従周	3	漁船
1839	19	5	12月27日	羅州	山東、黄県	王付玉	11	商船(関東)
1841	21	7		長興鎮	江南、元和	孫錫疇	11	
1841	21	7		黒山島	浙江、鎮海	孫継祥	18	
1841	21	7		旌義	江南、呉県	陶松高	21	
1841	21	7		済州	江南、上海	高晏清	12	
1841	21	7	1月29日	牛耳島	浙江、鎮海	宋子権	19	商船/関東/内生存6人
1842	22	8		牛耳島	江南、上海	高万程	21	
1842	22	8		白翎	山東、寧海	張開令	15	
1842	22	8		長淵	江南、崇明	陳友貞		
1842	22	8		牛耳島	江南、崇明	黄錦陽	15	
1842	22	8		霊光	山東、登州	陳文学	40	
1842	22	8	2月24日	長古島	江南、通州	張耀昇	14	商船(上海、牛庄)
1842	22	8	2月27日	泰安	江南、元和	陳雲彩	19	商船(牛庄)
1843	23	9	11月4日	豊川	山東、登州	連士秀	16	商船(金州)
1847	27	13		全羅道	福建、漳州	呉致広	38	
1847	27	13		長淵	関東、金州	于松	3	
1847	27	13		康翎	山東、海陽	楊増	5	
1847	27	13		全羅道	江南、蘇州	顧茂松	15	

西暦	中国暦	朝鮮暦	月　日	漂着地	本　貫	人名	乗員数	備　考
1848	道光28	憲宗14		長淵	江南、宝山	朱臣岡	15	
1849	29	15	３月12日	甕津	関東、海州	王徳	8	漁船(大邱山)
1850	30	哲宗元		羅州	江南、武進	呉殷元	9	
1850	30	元		羅州	江南、宝山	沈文濤	17	
1850	30	元	２月６日	長淵	山東、栄成	袁兆興	7	漁船(東海)
1850	30	元	２月６日	長淵	山東、蓬莱	李隲溢	11	商船(大孤山)
1850	30	元	10月22日	宣川	関東、琇陽	孫連魁	5	商船(多高山)
1850	30	元	10月26日	豊川	関東、厚山	許所回	2	(大孤山)
1850	30	元	10月26日	宣川	関東、多高山	召尹成	7	商船(定州)
1850	30	元	10月30日	宣川	関東、多高山	杜光思	3	漁船
1852	咸豊２	3		海州	山東、栄城	李青遠	6	
1852	2	3	10月27日	羅州	江南、上海	陶献揚	10	商船(福山、上海)
1852	2	3	11月11日	泰安	山東、登州	朱守賓	6	漁船(関東)
1852	2	3	12月１日	大静	江南、通州	宗寿桃	11	商船(通州、山東)
1854	4	5	12月12日	扶安	山東、寧海	于吉孟	6	商船(関東)
1855	5	6	１月14日	珍島	江南、上海	馬得華	23	商船(天津)
1855	5	6	２月１日	長淵	山東、栄成	王大采	9	漁船
1855	5	6	11月26日	羅州	江南、南通州	王殿高	14	商船(南京)
1856	6	7	７月24日	鐵山	関東、大孤山	何富才	5	商船/大同口/内3人死亡
1856	6	7	11月10日	羅州	江南、南通州	彭長春	14	商船(上海、大孤山)
1856	6	7	11月12日	羅州	江南、太倉	周聖蘭	10	商船(洋河口)
1856	6	7	11月12日	羅州	江南、太倉	劉景春	11	商船(洋河口)
1856	6	7	11月16日	長淵	山東、文登	劉長順	8	商船(登州)
1856	6	7	11月17日	霊光	江南、南通州	高載清	11	商船(大姑山、上海)
1858	8	9	10月27日	長淵	山東、登州	張洋	6	商船(金州)
1858	8	9	11月６日	泰安	山東、栄成	劉青雲	10	商船(洋河口)
1858	8	9	11月８日	泰安	江南、上海	趙汝林	21	商船(奉天、江南)
1859	9	10	11月23日	珍島	山東、栄成	王相眉	12	商船(栄成、上海)
1859	9	10	11月26日	旌義	江南、南通州	秦瑞彩	19	商船(上海、海州)
1862	同治元	13		長淵	山東、登州	董栢齢	17	
1862	元	13	11月24日	康翎	山東、登州	徐万生	20	商船(牛庄、江南)

西暦	中国暦	朝鮮暦	月　日	漂着地	本　貫	人名	乗員数	備　考
1864	同治３	高宗元	４月４日	羅州	江南、通州	管乃明	8	商船(上海)
1866	5	3	５月12日	鉄山	山東、萊州	華金京	8	商船(登州、琉球)
1867	7	5	６月２日	鉄山	直隷、楽安	張銘信		商船(大孤山、煙台)
1867	6	4	10月７日	済州	山東、黄県	謝耀清	24	商船
1867	6	4	10月19日	咸従	瀋陽、多邱山	王逸	4	商船
1867	6	4	10月24日	済州	江南、南通	盧云書	18	商船
1867	6	4	11月11日	泰安	山東、登州	林志貞	7	
1867	6	4	11月25日	扶安	山東、登州	王士英	4	商船
1869	8	6		登山	山東、登州	曲有清	8	漁船
1871	10	8	４月17日	長淵	山東、福山	姚辰東	22	商船
1872	11	9	11月２日	長淵	江南、崇明	李芾堂	13	商船(大孤山、上海)
1874	13	11	10月２日	羅州	山東、登州	譚瑞清	5	商船(大孤山)
1874	13	11	10月28日	長淵	奉天、秀洋	黄相	2	商船(大孤山)
1875	光緒元	12	11月13日	長淵	山東、秀栄	梁景先	2	商船(大孤山)
1876	2	13	10月１日	泰安	奉天、鳳凰	于集禧	7	商船(石島)
1877	3	14	２月17日	徳積	山東、文東	李培増	3	漁船
1879	5	16	11月28日	庇仁	奉天、大孤山	趙泰賓	7	(山東)
1880	6	17	２月10日	霊光	山東、文登	孫芾沢	10	漁船
1880	6	17	10月２日	庇仁	広東、潮州	許必済	27	商船(暹羅、烟台)
1880	6	17	10月28日	瓮津	奉天、大孤山	張立喜	3	
1880	6	17	11月５日	白翎	奉天、岫厳	宗希潤	9	商船(安東、文登)
1881	7	18	７月20日	注文鎮	山東、栄城	許尚祥	13	商船(潮河)
1883	9	20		黒山鎮	山東、文登	曲丕英	4	
1883	9	20		黒山鎮	山東、栄城	李有安	4	
1885	11	22		豊川	奉天、大孤山	賀順興	3	

注１：本表は『通文館志』巻９～12「紀年」の条および『同文彙考』原編70～73、『同文彙考』原編続、漂民３～７によって作成したが、一部『朝鮮王朝実録』により補った。

２：配列順は漂着期日により、月日不明は『通文館志』の記述順で、各年の末尾に配列した。備考の（　）中の地名は主な経由地や目的地等を記した。

表2　朝鮮半島漂着中国船漂着率表

中国暦	年数	漂着数	漂着比率
順治	18	3	16.7%
康熙	61	28	45.9%
雍正	13	7	53.8%
乾隆	60	61	101.7%
嘉慶	25	51	204%
道光	30	26	86.7%
咸豊	11	19	172.7%
同治	13	15	115.4%
光緒	11	12	109.1%

図1　朝鮮半島漂着中国船漂着率

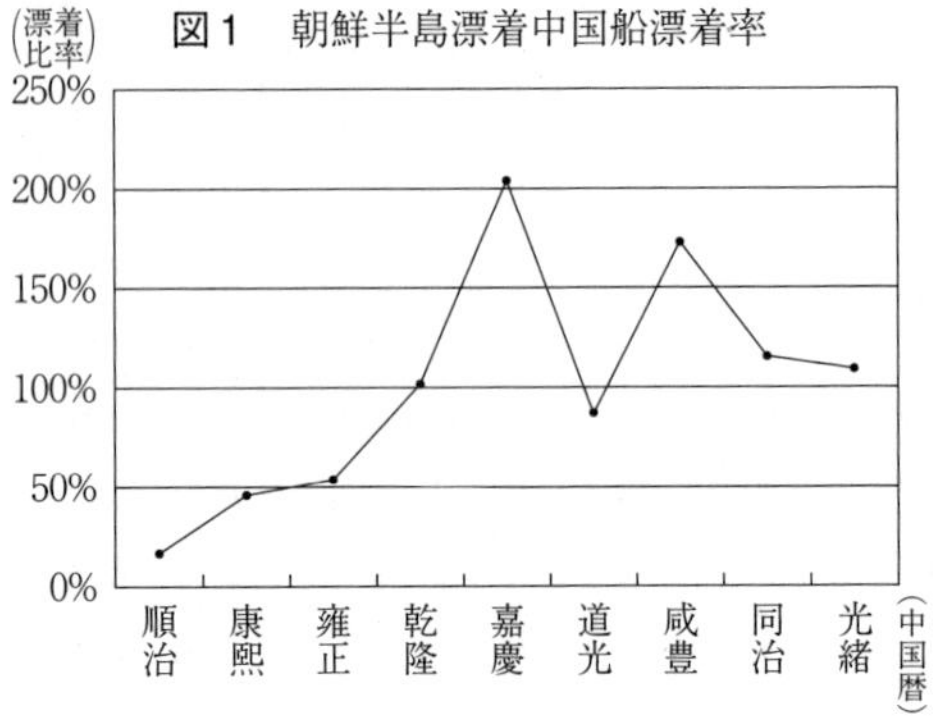

表3　漂着地別隻数

道　名	漂着隻数
平安北道	10
黄海南道	46
京畿道	3
忠清南道	13
全羅北道	11
全羅南道	59
済州道	39
慶尚道	1
合　計	182

図2　漂着地別隻数

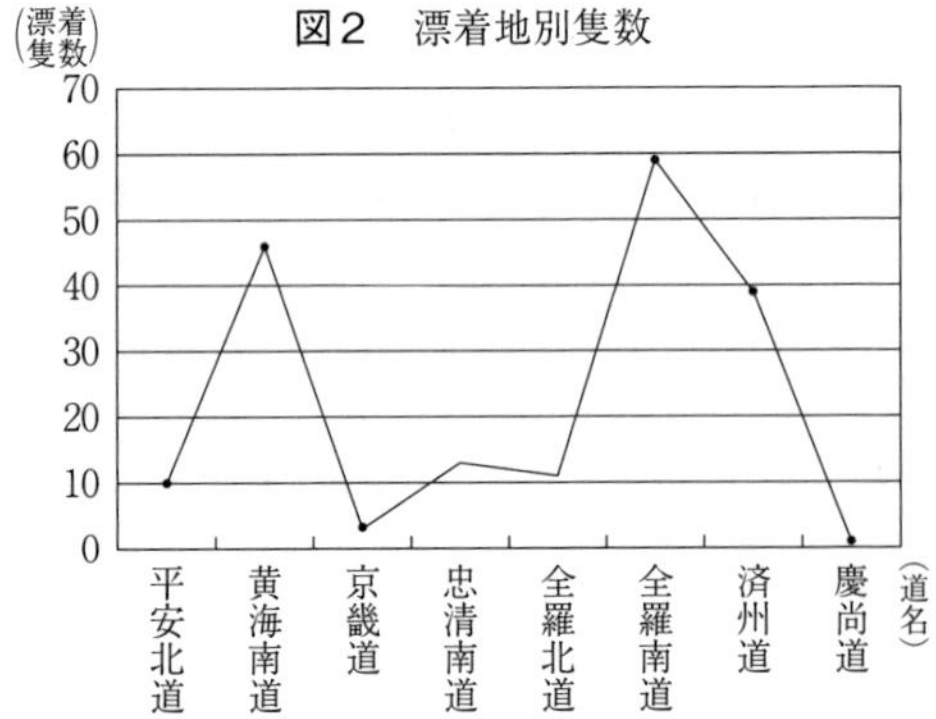

表4　月別漂着隻数

旧暦月	漂着隻数
1月	18
2月	12
3月	5
4月	4
5月	7
6月	7
7月	10
8月	2
9月	8
10月	54
11月	64
12月	17

図3　月別漂着隻数

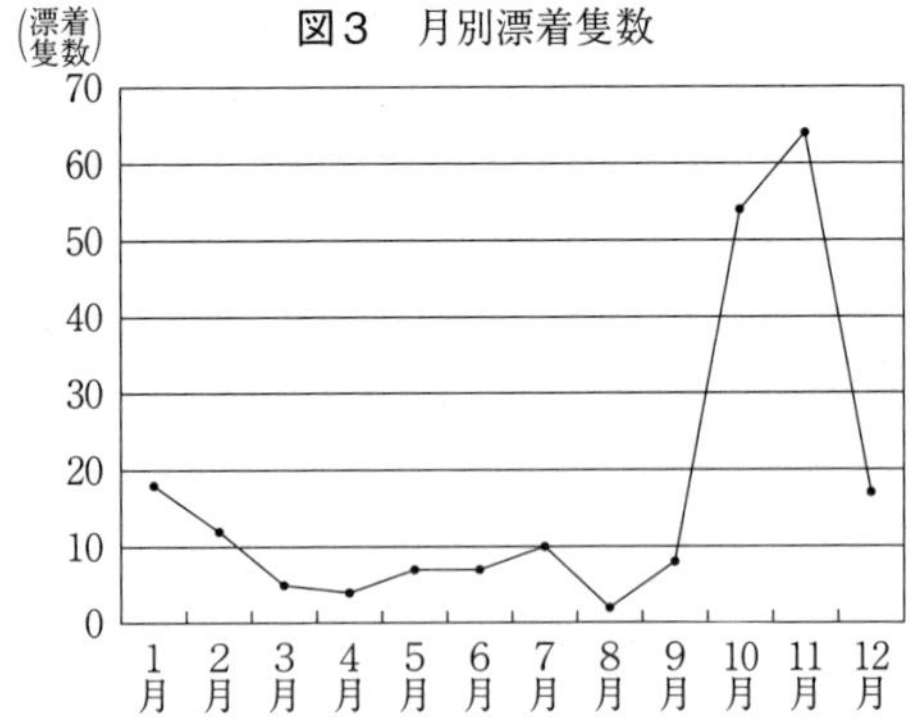

表5　漂着中国船の省別船籍

省名	漂着隻数
山西	1
関東	25
山東	70
江南	84
浙江	8
福建	34
広東	4

図4　漂着中国船の省別船籍

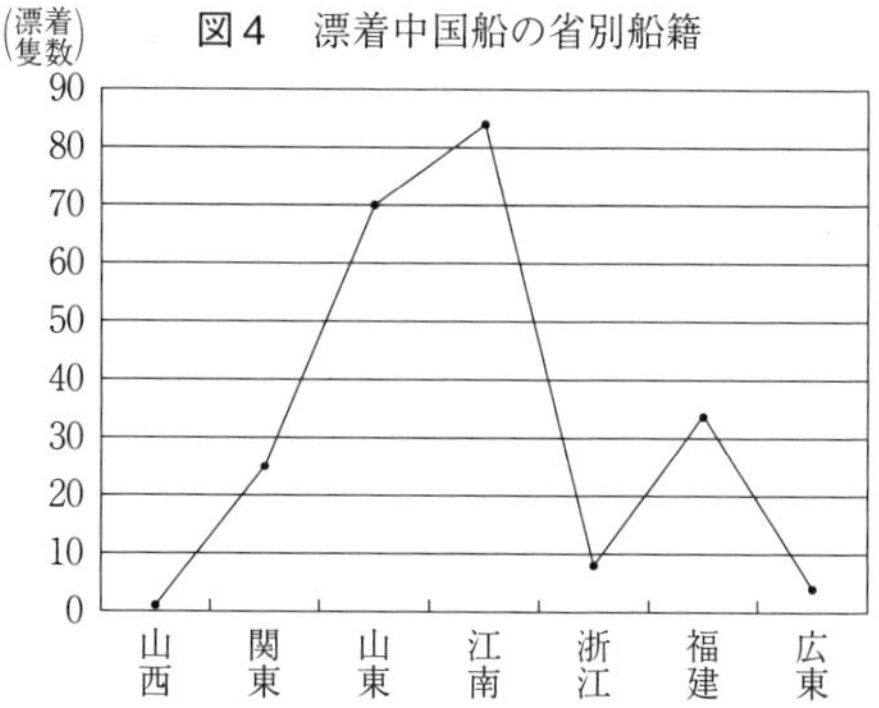

とができよう。

一六四四～一八八五年間に中国帆船が朝鮮半島のどの地に多く漂着したかを見ると（図2・表3）、総数では半島西南部沿海の全羅道が最も多く、判明する一八二件のうち、七〇件と三八・五％を占めている。それに次ぐのが半島西北部の黄海南道で二五％に達している。半島西南部の海島の済州島のみで二一・四％となり、全羅道、済州道を合算すると約六〇％になり、地理的な一般的傾向から朝鮮半島へ漂着した中国帆船は全羅道や済州道に到着する比率が極めて高かったことがわかる。それに次ぐのが山東半島と地理的に近い黄海道があった。

次に漂着時期について検討してみたい（図3・表4）。朝鮮半島に漂着した中国船が最も多い月は旧暦の十一月であり、それに次ぐのが十月である。十一月のみで全体の三一％、十月が二六％である。旧暦の冬とされる十月、十一月、十二月の漂着件数を合算すると六四・九％となり、冬期の海難事故が最も多い傾向を示しているといえよう。

漂着船の船籍について分析すると（図4・表5）、朝鮮半島に近い遼東半島沿海から山東半島沿海地区の船舶の漂着が多い。東北が一一・一％、山東が三一％となり両方を合算すると四〇％を越える。この両地域より遠方の江南が三七・二％と、その数字に迫る。さらに南の福建が一五・四％を示している。江南の帆船の漂着率が高いのは、江南の帆船の航運隻数が他を圧倒していたことを明示するものであろう。このようなことは、朝鮮史料に記録が記されたことから判明するもので、決して中国史料のみでは明らかにできるものではない。

漂着船の事例から見た沿海貿易の問題については別に述べたので、ここでは触れない(7)。

三　清入関後の明船の漂着をめぐって

つぎに、上述の『通文館志』や『同文彙考』において記述が簡略に扱われ、または省略されている清入関後において、朝鮮政局を困惑させた「明船」の漂着について述べてみることにする。

（1）　孝宗三年の漢商の漂着

『孝宗実録』巻八、孝宗三年（順治九、一六五二）三月辛丑（三十日）の条に、

有漢商漂到于旌義縣、縣監李卓男往視之、二十八人皆剃髪着帽、旁有積屍、裹以採帛。

とあるように、孝宗三年三月に、中国商人が済州島、済州東道の旌義県沿海に漂着した。乗組員のうち生存者二八名全員が剃髪し着帽した人々であった。彼らに質問したところ、同書に、

倶以南京蘇州民、行商日本、纔得回船、忽遇颶風、船敗大洋中、溺死者一百八十五人、幸而生者只二十八人、而其所沈没財貨甚多、令善泅者撈出其什一。

とあるように、中国の蘇州の人々で、日本に貿易に赴き帰国する際に難破し、乗船者二一三名のうち、生存者二八名という悲惨な状況になったことがわかった。

この生存者の中の漢文のわかる苗珍実に、南明の様子や、清治下の事情を問うたところ、

曩歳崇禎皇帝為李子成所弑、而北京遂為清人所陥、弘光之後、又有魯王、先在漳・福之間、復被皆兵寇掠、

徙居廣東、以永暦為號、李子成之子在廣西者、翊戴魯王、以拒皆兵、其相則山西屈沃縣人路鎮飛、其将則赫姓人也。清人盡得南京、陝西、山東等地。

とあり、李自成の乱により崇禎帝は亡くなり、清軍が入関して北京がその支配下になると、南明の各王が福建、広東等の地に遷都したことを述べている。

ところで彼らはどのような政治状況の下で、日本に向かったのであろうか。同書に、

小商等以南京蘇州府呉縣人、弘光元年、奉旨過洋、往買日本、遽遭李子成之乱、且縁清朝侵伐南京、弘光天子被害、天下汹擾、小等不敢回帰、転投交趾、行商為業、今至七年。窃聞清朝愛民如子、故将還本土、正月二十二日、自日本發船、二月初九日、到貴國地方、遇風船敗、同伴二百十三人皆溺死、存者僅二十八人、懇祈老爺大發慈悲、直送小商等于日本、則庶可得生也。若送北京、道路逾遠、二、三年當到本土、而其全生得達、不可必也。自此距日本纔放日程、自日本距南京亦數月程、父母妻子、重得相逢、恩莫大焉。伏乞稟于國王殿下施行。

とあって、彼らは南明、弘光帝の元年（順治二、仁祖二十三、一六四五）に命を受け日本へ向かったが、本国が李自成の乱に遭遇し、また南京は入関した清軍の侵入を受け、帰国出来ず、交趾に拠点を移し交易していたところ、清官府が愛民政策を説いていることを聞いて、帰国しようとして、正月二十二日に日本を出帆したが、二月九日に済州島の旌義に漂着した。また彼らは日本へ送られることを強く希望し、北京への送還を婉曲的に断っている。

これに対し、朝鮮政局はどのように対処したかというと、領議政の鄭太和の言が同書に、

漂來漢人、難可掩置、宜遵前例、載其貲財、送至北京。不然、恐有詰問之端矣。

と、前例通り、漂着の中国人は、北京の清廷に送り届けるべきであり、そうしないと、難題がふりかかることを言明している。

これに対し孝宗は、

前日自我國執送者、盡被屠戮、予又不忍迫就死地、而時勢到此、其将奈何。

と、過去において送還された者と同様に死罪になることが明らかであるが、時勢からしていかんともしがたいと、鄭太和の意見に従ったのである。

そして、同書巻八、六月甲寅（十四日）の条に、

先是有漢船、自南京漂到耽羅、朝廷慮有清国致疑之端、誘致海西、縛送于清使之行。

とあるように、彼らは清政府への使節について縛送されたことが知られる。

（2）顕宗八年の大明船の漂着

『顕宗改修実録』[8]巻一七、顕宗八年（康熙六、一六六七）六月乙未（二十二日）の条に、全羅監司の洪処厚が、済州牧使の洪宇亮の牒によって中国船の漂着を報告している。その報告には、

唐船一隻、漂泊州境、而所乗船片片破砕、所載物盡皆沈没、所餘無幾、漂到人九十五名、今方接置、倶不剃頭、觀其服色、聴其言語、則的是漢人。招致其中為首者林寅觀等、書問其居住及漂到之由、則以大明福建省官商人、将向日本商販、洋中遇風。以至於此云。請令廟堂稟処。

とあり、済州島に漂着した中国船を調べたところ、船舶も破損し、積荷もほとんどなく、九五名の乗組員がいた。彼らは弁髪をしていないが、その服装、言語から見て中国人に誤りないので、その中の頭である林寅観を呼び、筆談して問うたところ「大明福建省官商人」と答え、日本へ貿易に赴くところ漂着したことなどを語ったため、朝廷へその対処の方法を問うたのである。

つまり、時はすでに清朝が中国を支配する世となり、しかも朝鮮国は清朝に朝貢しているにもかかわらず、漂

着した人々は、弁髪でなくしかも「大明福建省官商人」と毅然と名乗ったため、朝鮮政局は、その処置に色めきたったのである。

同書によると、翌六月二十三日、顕宗は諸大臣を呼び、この対応を計った。論議に加わったのは、右相鄭致和、承旨閔維重、吏曹参判趙復陽、知事柳赫然、刑判李慶億、戸判金寿興、判尹呉挺一ら八名の大臣たちであった。以下、同書によってその論議を記してみることにする。

顕宗は大臣備局の諸臣に、

　　今此漂到人、何以處之。

と、その処置を問うたところ、右相の鄭致和が、

　　事難終秘、莫如押送清國。

と答え、漂着の事実を極秘にするのは難しいことから、清国に送る以外に方法はないと答えた。

それに対し、顕宗は、

　　此輩倶不剃頭云、不属於清國者乎。

と、漂流人たちは弁髪にしていないというではないか、清国人であるはずがないと反論した。鄭致和は、

　　然。大明時漂到人、或付使行以送、而今則雖微細之事、輒有嘖言、必須別定賚咨官押送、然後庶無後患矣。

と、漂人は明を支持する人々ではあるが、のちのちのことを考慮して、清政府に送還した方が後患を残さないと思われると答えた。ついで、承旨の閔維重は、

　　入送北京、誠有所不忍者、似聞渠輩欲往日本云、托以耶蘇之黨、入送日本、未知如何。

と、北京の清政府へ送り返すには忍びない。日本へ行きたいといっているので、キリスト教徒のたぐいといって日本に送ったらいかがなものかといった。

ところが、顕宗は、

耶蘇之事、彼若有聞、則亦必不喜矣。

と、キリスト教のことをいったのでは日本は快く思わないと答えている。さらに維重は、

清人必執文書、然後致責於我、若自邉邑直送日本、則後雖査問、有何生事之憂乎。此輩不剃頭、明知其漢人、而押送清國、實為矜惻。

と述べ、日本へ送れば、清はその処置をたてにとって朝鮮国を責めるであろうが、辺境より日本に送れば後で問題になっても大事にはならないであろう。それに彼らは清国人ではないから、清に送り返すには忍びないと答えた。すると、右相鄭致和は、

山城之事、固不忍説、而助兵之舉、亦出於萬不獲已。即今在我之道、唯當凡事必慎、今若不忍於斯、未免宣漏、則亦将奈何、臣之所見如此、宣遍詢于入侍諸臣矣。

と、漂人の日本送還については慎重論を述べ反論した。

顕宗は、

予亦思之已熟、押送清國、誠有所不忍者、而其如後患何。

と、清国に送り返すには忍びないといったものの、その後の事を心配して問うた。吏曹参判の趙復陽は、

若使邉臣初不報知、直自揮送、則誠好矣。而事竟至此、不幸甚矣。

と、漂着の事があった時、辺臣が報告しないで送り返せば、このような事態にはいたらなかったものをと、清国への送還に反対する意見をほのめかしている。これに対し、知事の柳赫然は、

我國力弱、業已事彼、惟當随事曲謹、俾無嘖言可也。若不入送、而或有奸細輩、潛訴於彼、致有査問之舉、則萬無諱秘之勢矣。

と、朝鮮国はすでに清に朝貢しているのだから、もし送還せずして、そのことが知れたら大事になると述べた。また、刑判の李慶億も、

今不押送、而後有査舉、則彼必以不歸逃民為責、而不以漢人為辭矣。

と、今もし送還しなかったら、のちに清国からその責任を問われることになろう。漂人の言を気にする必要はないとした。さらに戸判の金寿興は、

此輩既稱大明人、則不忍押送、誠有如維重之言、但小不忍致大患、不可説也。

と、送還するのは忍びないが、清国からの圧力も無視できないとした。最後に判尹の呉挺一が、

此輩今雖押送、彼必不戕害矣。

と述べ、清へ送り返しても彼らは罰せられないとして、清廷への送還が朝鮮国にとっての得策であるとした。

結局、朝議に出席した大臣のうち、閔維重一人の反対意見があった[9]ものの「終以押送、定議」と、漂人の清廷送還を決定した。

朝鮮政局は、明朝を支持する漂人の出現に苦慮したものの、清国との「事大関係」にもとづき彼らの北京への送還を決定した。一方で政局内部には、漢人政権であった明朝を思慕する者もいたことが知られる。

これについては、この後、この朝議の決定に反対する人々の言が実録に見える。同書、六月二十七日の条に、領議政の洪命夏の密疏[10]が記され、翌二十八日の条には、前正言の権格の上疏[11]があり、清への送還について反論している。

その後、七月十日の条では、幼学の成至善ら八名が上疏して、漂人の清廷送還への反対論を展開したがとりあげられなかった[12]。

七月十二日の条で、顕宗は備局の諸臣を引見して、済州から漂人の報告があってすでに久しく、他にもれる心

配があるため速やかな処置を求めている[13]。

同月十四日の条では、すでに巷間に漂人の噂が広がっていることを兵判金佐明が報告している[14]。

翌十五日の条では、玉堂の李有相、南二星、李端夏、朴世堂らが漂人の清廷への送還に対し、「共在義理、不忍執送」と反対し、鄭致和が事の重大さを説き、顕宗も李有相らの意見を退けている[15]。

また、同月二十九日の条にも、前副率の李之濂の上疏が見え、送還の非を述べているがとりあげられなかった[16]。

このような時期、八月十三日に、清使の来朝の事がもちあがり、右参賛趙珩が遠接使に差し遣わされている[17]。この時の清使は九月三日、朝鮮国に入り[18]、同九日には入京し、顕宗は慕華館で迎えた[19]。この使節は十九日までとどまったが[20]、漂流人の件について、朝鮮国からは何も伝えなかったようである。

同二十九日に、備局より啓があり、

漂漢押来官、再明当到衿川云、不必取路於京中、以致紛耘。自衿川直為入送西路、而弘済院過去時、令該曹饋飯給衣、且別定解事訳官、更加詳問其事情、仍為慰諭以送、宜当[21]。

と、漂流人の送付経路が決められ、そして弘済院でくわしく事情聴取することを求めた。顕宗はこれを許している。

他方、漂人は九月二十二日には、

漂漢人九十五名、自耽羅、押来下陸[22]。

とあり、耽羅（済州島）より送られ、十月一日には、

漂漢人自済州、押来于弘済院[23]。

とあるように、京師の弘済院に来た。

翌十月二日、顕宗は右議政鄭致和らと漂人について論議している[24]。そのことは、『承政院日記[25]』第二〇四冊、

顕宗八年丁未十月癸酉（二日）の条に詳細に見える。

巳時、上御養心閣、引見右議政鄭致和、入侍、右承旨沈梓、假注書趙根、記事官李寅煥、李憲。

養心閣での議論には、鄭致和のほか沈梓、趙根、李寅煥、李憲が連なった。まず、

鄭致和、進言漂漢事、語未了。

とあり、顕宗が「漂漢已来到乎」と問うと、鄭致和が答えている。

昨已到弘濟院矣。當初只以率来京中之意言及、故昨日未到弘濟院後、給衣與食、則皆為感激矣。使譯官張炫朴而戳輩、傳言将北京之意、則渠輩抵死不願入去、其中獨曾勝、少無動意、言笑自若、便欲騎馬作行、而他人皆不肯、至今無發云。此事極為難處、擇領官李相勛還、為來言矣。

漂人一行は十月一日、弘済院に到着し、衣食を給与され感激していたとある。さらに通訳官をして、一行の北京送還を伝えると、皆死ぬことになっても北京へ送られることに順わない旨を述べた。ただその中で、曾勝一人が、笑って落着きはらっており、騎馬をもって行こうとしたが、他の人々は受け入れなかったため、択領官の李相勛がもどり来て、報告したという。

この話を聞いた顕宗は、曾勝の行動に興味を持ったようで、鄭致和と質問のやりとりをしている。長文の引用になるが当時の様子が如実に知られるため以下に記してみたい。

上曰、曾勝之獨不然者何也。

致和曰、此必心老堅定、知入彼亦不必罪故也。

上曰、此輩恨不能早來、以付勅使之行也。

致和曰。渠輩終若不行、則已有前事、勢将依此為之矣。

上曰、前事何如。

致和曰、曾在庚辰年、亦有此事、其時如罪人（三、四字欠）枷以送之。今亦終始挑逹不去、則如此之外、似無他。

上曰、九十四人、皆同然不敢行乎。曾勝為人、亦何如者云耶。

對曰、曾勝之外、皆不欲行、且曾勝為人、極是唐突者云矣。

又曰。曾有漢人来居者、其為黄恭也。方在城中、故使之往問彼處事、且令開諭前進、則荅謂九有朝家之令、則不可私往云。即為分付、使之進去何如。

上曰、依為之。且使黄恭傳言。今日此行、勢難中止、汝輩若不肯行、則朝家勢将着枷送之云云。似可矣。

上曰、曾勝輩、皆能曉彼中事云耶。

致和曰、渠輩亦不能明知其處事云、大概聽其所言、則明是鄭誠公（成功）之人也。且其中有剃頭者。人欲見之則匿不出、似是與渠輩當初所言相左、故諱之如此也。二十餘人則剃頭。其餘皆着羅巾云云。鄭自大明時、不為歸順、今雖不服於清国、不可謂之大明民也。且渠雖云永暦皇帝之人、而渠輩話頭。每稱鄭誠公。此為鄭之管下人必矣。且永暦之保有桂州・福建欽三省云者。亦何可信也。

上曰、薊州、乃近北京之地也、保有南方云。而何以亦有薊州耶。

致和曰、彼所謂桂州、乃南方之桂州也。非薊州也。

上曰、桂州省等言、似不近似、三省乃四分天下之一、苟有三省、中原必震動矣。

致和曰、漂漢送北之事、朝家既已定奪、事雖有得失、非人人所可非議、臣昨聞譯官之言、則漂漢来時、沿路多有投書者、所投之書、不無有善者、而若或妄言明朝之事、到彼有現露之舉、則豈非不幸者乎。

上曰、彼是明朝之民、而隠其有此行、則其意實是可貴、然如有此心、則争之於朝廷、而冀其變通則可也。何可為投書事乎。

致和曰、或投詩句、或投長書云、事甚可駭、今必須捜探嚢槖中、盡袪其所持文字、然後可無後幣耳。

上曰、譯官、不知投書之人耶。

對曰、方其行役時、或従道傍而投擲云。何可知某人也。且臣分付欽使其率来之時、盡去刀子等物矣。令聞有一漢人欽者云。問諸元率。言當初盡去刀子矣。渡海後還給云。元率之事、亦可痛也。

上曰、投書之中、書名云乎。

致和曰、書名與否、何以知之。其所投書、雖未知漂漢之拾得、而投之者多、故慮其拾得也。此後則更加嚴飭、路資則使管餉優給銀両、若疑有不有肯行之患、則使之着枷以送如何。

上曰、依為之。

顕宗は鄭致和との対話を通じて、右議政鄭致和の意見に従った様子が知られる。鄭致和は、訳官から得た情報、つまり、漂流人が漢城に送られてくる途中、人々から漂人の扱いに関する投書を受け、漂人の事はかくすことの出来ない事実として民衆に知られているから、彼らを清国に送還するしか方法のない点を強調した。そのことは当時の清国と朝鮮国との政治的地理的状況から見て穏便な処置であったのである。

他方、顕宗は「大明」を主張する漂人たちの現政権が、中国の三省を有しておるならば、天下をゆるがすことも可能であると、致和を冷や冷やさせることをいっていることからも推察されるように、漂人に同情的であったことは明らかであろう。しかし、現実の政治的状況を前にしてはいかんともしがたかったと想像される。

この結果、漂流者は清国に送還されることになる。『顕宗改修実録』巻一八、十月甲戌（三日）の条に、

押送漂漢人九十五名于清国。

とあり、これに先だち林寅観からの上啓がなされていて、同書によると、それは、

漂泊以来、荷蒙天恩、疑洽周旋、維念昔而及今、愛国以及人臣等、揣分奚堪。

という文で始まり、顕宗に感謝の言葉を述べ、そして彼らの希望として、

伏望勅遣日本界、得赴便舟而迴、或蒙思慇、另發一船、俾臣等得自駕駛以歸本土、沾戴更無涯矣。

と、清国への送付を婉曲的にことわった。しかし、同書に、朝廷以已通清國、更無變通之意、言之寅觀等、皆號哭欲死。不肯行。於是驅迫、以過沿路觀者、莫不悲憤感慨。

とあり、寅観らの言は聞き入れられず、それを聞いた彼らは号哭し、死のうとしたもののそれも出来ず、清国へ送られることになり、送還者一行を見送る沿路の朝鮮民衆は悲憤慷慨しない者はなかったとある。

ところで、漂流民一行は「大明国人」といっているものの、誰の配下にあったのであろうか。それについては『顕宗改修実録』巻一八、顕宗八年十月甲戌（三日）の条に訳官が、

所持官貨、未知何官之物乎。

と、問うたのに対し寅観は、

藩王與鄭経之物也。

と答えた。その藩王と鄭経について、同書には、

所謂藩王即永暦帝之弟、以西北面軍務之任、方鎮于福建等沿海之地、鄭経者成功之子也。成功死、永暦襲封為王、辭以無汗馬之勞、自稱嗣世子、入據東南海島中、服事永暦。

とあり、藩王は永暦帝の弟のことで、鄭経は永暦帝に服事しているとしている。そして、

永暦今都何地、所有郡縣幾何。

との問いに、

都雷州、而保有福建・廣東、西泗川三省。

と答えている。すでに永暦帝は没し、中国大陸における根拠地はなく、台湾の鄭氏支配が復明を標榜している時

であった。結局、訳官が、

汝等無乃鄭経之管下乎。

と問うたのに対し、

寅観等不答、但流涕而已。

とあり、林寅観はただ涙を流すだけで答えなかったとあるから、彼らは鄭経から派遣された日本貿易船であったが、偶然の朝鮮漂着という難局にあい、朝鮮官府には、鄭経支配下の台湾からの貿易船であったことを言明せずにいたものと思われる。

彼らが鄭経配下の貿易船であったことは、後年のこととして『粛宗実録』巻一三上、粛宗八年（康熙二十一、一六八二）六月乙未（十九日）の条に、大司成李選がその上疏に「昔年、鄭錦漂下林寅観等之漂到大静也。朝家拘於形勢」と述べていることからも、彼らは鄭錦舎すなわち鄭経の配下の船であったことは明らかである。

（3）顕宗九年の唐船漂着

『顕宗改修実録』巻一九、顕宗九年（康熙七、一六六八）七月癸丑（十六日）の条に、

皇明福建省漳州府人、漂到慶尚道曲浦前洋、索柴水以去、道臣以聞。

とあり、慶尚道南海県曲浦堡の海岸に、「皇明福建省漳州府」の者と称した人が乗った船が漂着し、炊事用と思われる雑木と水を求めて去ったことが知られる。

つづいて、同書七月戊午（二十一日）の条に、

本月初七日、唐船一隻、漂到防踏地境安島前浦、船制大如我國戦船、船人皆不剃頭、剪髪着黒衣、約三四十人、取柴汲水、旋即發船而去、全羅左水使以聞。

とあり、六日後の全羅左水使の報告では、七月七日に全羅道順天都護府防鎮の島に漂着した中国船はその船式が軍船のようであり、乗船員は弁髪をしていない人々であって、雑木と水とを手に入れるとただちに出帆したことがわかる。

この両報告に見える二船は、おそらく鄭経下の軍船であったろう。何らかの理由で、朝鮮半島南部に漂着したものの、時に清朝は海禁策である「遷界令」を布いており、事情を知った軍船は、船の破損がなかったため必要な物資を手に入れいち早く退去したものと思われる。ただ、前者の記事には「皇明福建省漳州府人」と記されていることから、いささかの筆談等が交されたものと想像される。

（4）　顕宗十一年の漂着船

『顕宗改修実録』巻二二、顕宗十一年（康熙九、一六七〇）七月丙寅（十二日）の条によれば済州牧使の盧錠が「秘密馳啓」と密かに上奏したところによると、

> 五月二十五日、漂漢人沈三、郭十、蔡龍、楊仁等、剃頭者二十二人、不剃頭者四十三人、所着衣服、或華制、或胡制、或倭制、到旌《（ママ）》義境敗船。

とあり、五月二十五日に旌義県に漂着した沈三ら計六五名は、弁髪の者とそうでない者もおり、その服装は中国風の者もいれば、外国風、日本風の者も含まれていた。

漂流民のいうことには、

> 本以大明廣東・福建・浙江等地人、清人既得南京之後、廣東等諸省服属於清、故逃出海外香山島、興販資生。
> 五月初一日、自香山登船、将向日本長崎、遇颶風、漂到於此。

とあり、彼らは明朝治下の広東・福建・浙江等の地の人々であったが、清朝が南京および華南方面を服属させた

ので香山島に逃れ、そこで貿易によって生計をたてており、五月一日に香山を出帆し日本に向かっていたところ漂着したのであった。

ついで、二、三問答があり、彼らは、

俺等以行商諸國、故或剃頭、或不剃頭耳。

と、乗組員の髪形は商売のためとの説明をし、「仍願往長崎」と、長崎に行くことを望んだので、済州牧使盧錠が「臣装船還送矣」とあるように、船を準備してやり、送還したことがわかる。

この漂着船の一件が、済州牧使の一存で結着したことは、彼が「秘密馳啓曰」と、内密に上奏してきたことでも知られる。彼にこのような方法を選択させた背景には、上述した顕宗八年に漂着した「大明船」の乗組員の北京送還によって生じた朝鮮政局内の紛糾があったことは想像に難くない。

四　「漂人問答」について

上述の顕宗八年六月における「大明船」の済州島漂着に関する史料として「漂人問答」が残されている。この史料は、前間恭作氏の『古鮮冊譜』[26]や『奎章閣図書韓国本総目録』[27]にも見えず、大韓民国国会図書館刊の『韓国古書綜合目録』に「漂人問答　李擴《（ママ）》著　写本一冊　蔵　今西龍」[28]とあるように、今西龍博士蔵書のみが知られる書である。そこで、『今西博士蒐集朝鮮関係文献目録』によると、

漂人問答　不分巻、思漢吟咏不分巻、李⿰土寅　朝鮮　鈔　線一本[29]

とあり、現在は天理大学附属天理図書館に所蔵されている。

この「漂人問答」は大きさ二五・八×一七・五センチ、本紙四五丁の写本である。

内容は、前半三五丁が漂人との筆談による問答と関連史料の記述、後半の一〇丁は「思漢吟咏」と題された漂

人に関して記された詩集の抜粋からなっている。

ここでは天理大学附属天理図書館蔵の「漂人問答」の記述に関して、上述の『李朝実録』『承政院日記』等の記述には見られない二、三の点についてのみ触れることにする。

（1）作者および成立の時期

この「漂人問答」の成立に関係ある人物は、この書の冒頭に、

漂人問答　顕宗丁未　李承旨𡊠為済牧時。

とあるように、李𡊠という人物が済州牧であった時の記述から始まっているから、彼がこの書の成立に深くかかわった人物であることが知られる。

そこで、この李𡊠については『朝鮮人名辞書』によれば、

字は野叟、素翁と号す。星州の人、兵曹参知尚伋の子なり。[30]

とあって、その生年については「万暦戊申生る[31]」とあり、没年について、

済州牧使を以て戊申官に卒す、年六十二。[32]

とあるから、彼は宣祖四十一年（万暦三十六、一六〇八）に生まれ、顕宗九年（康熙七、一六六八）に没したことが知られる。彼は仁祖二十年（崇禎十五、一六四二）の文科に及第し承旨府翰林に入り、のち大臣の李溟を弾劾したことにより、終生にわたり中央官から排除され州郡の官に甘んじることになったようである。[33]

顕宗四年二月癸亥（二十四日）条には「義州府尹李𡊠[34]」と見え、済州牧使になった時期は実録には見えず、『顕宗改修実録』巻一二、顕宗五年十二月、戊寅（二十一日）条に、「以李𡊠為承旨[35]」とある。李𡊠が漂着事件の当時、済州牧使に任官していた証拠として『承政院日記』顕宗八年五月二十一日の条に、

下直、済州牧使李㙈[36]。

とあるから、誤りないであろう。

ただし、「漂人問答」本文一丁表に、「旧牧伯洪宇亮」とあるから、漂人の一件があったのは、李㙈の前任者洪宇亮が済州にいた時で、そのため、洪宇亮からの報告が、前掲の『顕宗改修実録』巻一七、顕宗八年六月乙未（二十二日）の条に記されたのであろう。

ところで、この「漂人問答」の問答末尾（本文二七丁裏、三〇丁裏〜三四丁裏）には、諸書の引用が見える。それを引用順に記してみると、

謏聞録
静観斎詩　（注：静観斎は李端相の号）
洪沂川詩　（注：沂川は洪命夏の号）
権遂菴行状　韓元震撰　（注：遂菴は権尚夏の号）
兪正郎命胤墓表　尤菴撰　（注：尤菴は宋時烈の号）
尤菴語録
権遂菴語録
洪校理万衡墓碣　尤菴撰
問駋陽遺事
李府尹㙈墓碣　尤菴集
朴処士尚玄墓碣　尤菴集
尹珍山以健墓誌　陶谷集

　尤翁荅李野叟寅書

などとあり、このうちもっとも成立が遅いと思われるのは李宜顕（一六六九～一七四五）の「陶谷集」であろう。それは英祖四十二年（乾隆三十一、一七六六）に文集がなったとあるから、[37]李㙈の死後（一六六八年没）およそ一〇〇年後に作られたものと思われる。

しかし、「漂人問答」三三丁裏～三四丁裏の「尤菴集」から引く「李府尹㙈墓碣」に、

　公《（李㙈）》命子弟録其事案、問答蔵于家。

と記されているように、李㙈が子弟に記録を命じ、彼の死後、家蔵されていた問答が、この「漂人問答」の基本部分を形成しているようである。

以上のことから、「漂人問答」は、李㙈が記録させた漂人との問答と、後人が、この漂着事件に関係した史料を合せて一冊の書としたものと考えられ、その成立時期は、英祖朝の末年以降と思われる。

（2）　済州漂着の時期

中国船の済州漂着がいつであったかについては、この書の本文冒頭に、

　丁未六月十五日、出官。理若干事務畢。即往客舎、漂漢人所請、其為首者、林寅・曾勝・陳得三人。三人各帯従者一人、以出衣冠、制度令人拭目観者、莫不為之感、或至堕涙、遂進三人、而客之、以文字問答、慰其漂泊之懐、寛其憂危之心。

とあるように、丁未の年（顕宗八）の六月十五日、李㙈が仕事を終え、客舎において漂流中国人の林寅観、曾勝、陳得の三人と会い筆談を行ったことが記されている。これは『顕宗改修実録』六月乙未（二十二日）の記述より前である。この船が中国を出帆した時期については、問答中に、

寅（林寅観）等于五月十一日開舡。

とあり（二丁表）、また、彼らの「書」には、

于五月初十日開舡。不意洋中遇風。於廿三夜。瓢到本州衝礁閣破。（三丁表）

とあり、五月十日に出帆したのち、海上で大風に遭遇して漂流し、五月二十三日に済州に漂着したとあるが、本文二五丁裏には、「五月二十二日漂到」とあるから、彼らは五月十日に出帆し、同月二十二日に済州島に漂着したことが明らかとなる。

（3）漂着船の行き先と積荷

彼らはみずからを、

大明福建省官商林寅観・曾勝・陳得。（本文三丁表）

と名乗り、その船の積荷と目的地については、

本舡装載白糖、氷糖二拾万斤、鹿皮一万陸千張、薬材、蘇木各伍千余斤、及胡椒、紗綢、氊緞等貨、欲往日本国。（三丁表）

と述べている。漂着後に残された積荷は、

僅存有鹿皮陸千余張。紗綢共肆百伍拾疋、錦緞拾柒疋、氊単参拾伍条、另薬材、蘇木、胡椒各些少耳。（三丁表・裏）

とある。この記述によって積荷を整理してみると表6のようになる。

積荷が多いことと、乗組員が九〇名を越えていたことから考えて、この船はおそらく大型の鳥船[38]であったものと想像される。そして、彼らの目的地は日本で

表6　大明船航積荷表

積荷品目	数　量
白糖・氷糖	20万斤
鹿　　皮	16,000張
紗　　綢	（残り）450疋
錦　　緞	（残り）17疋
氊　　単	（残り）35条
薬　　材	5,000余片
胡　　椒	5,000余片

あったが、済州島に漂着する結果となったわけである。

（4）漂人に関する投書と清廷送還

漂人の処置に関する投書があったことが『承政院日記』顕宗八年（一六六七）十月二日の条に見えたことは先に触れたが、「漂人問答」でもこの「投書」について、

丁未年十月　日、漢人過去時、在弘済院投書。（二七丁裏）

と「謏聞録」より引用している。そして、「投書曰」として次のように見られる。

神皇徳沢遍東垠、草木亦知感至仁、何事即今為異敵、満都皆是壬辰人。（三〇丁表）

漢人朝廷であった明朝に対する思慕の感が見られる。

また、漂人に説諭するため、朝鮮に渡来していた黄功を遣わしたが、

其問答在於功、而不得見可歎。（三〇丁表）

とあるように、その時の問答の内容は不明である。黄功は先の『承政院日記』顕宗八年十月二日の条に見える鄭致和が遣わして問答させた漢人「黄恭」のことであろう。

ところで、清廷への送還が決定された後、彼らはどのようになったのか、実録等には見えないが、「漂人問答」には次のようにある（二七丁裏）。

漢人既行、未入都城、直北去于浚枢院、吏石希璞告目云、既入北京、則尽送于寧古塔。地方官尽殺之。

とあり、双行の注記に、

入去後処置了、不聞知此、録中。丁寧殺之云者。恐非的報。

とみえる。

これが漂人の清廷送還後に関する唯一の史料といえる。このうち、石希璞の「告目」として、彼ら漂人は清廷送還後、全員寧古塔、すなわち現在の黒龍江省寧安県の地に送られ殺されたとあるが、この「漂人問答」の編者は、それも「恐非的報」と事実でないであろうとしている。ただし、石希璞の言をわざわざ記している点、また、先の孝宗三年の漂着の時に、孝宗が清廷送還者の死罪を示唆している点等から鑑みて、送還者の死罪はまったく否定できないものと思われる。なお、寧古塔は当時流刑の地としても知られていた[39]。

五　小　結

上述のように、朝鮮王朝時代における清、朝鮮関係史の一側面として、中国船の朝鮮半島漂着に関する事例を表示した。まず、乾隆年間以降の漂着船の増加は、清朝の東北地城の開発と密接に関連する点を指摘した。

清朝入関後において、朝鮮半島に漂着した台湾鄭氏治下の貿易船乗組員の清廷送還の是非をめぐって生じた朝鮮政局の動揺は、単に『朝鮮王朝実録』『承政院日記』等の政府側記録にとどまらず、朝鮮国官僚の文集等にも散見している。特に官僚のそれは、主に漂人の清廷送還に反対するものであった[40]。つまり、明朝が崩壊してすでに二〇年を経た時期において、漢人政権であった明朝を思慕する朝鮮官僚がなお多数存在していたこと[41]を示唆するものであろう。

朝鮮朝廷を揺るがせたのは、漢人政権に代わる清朝政権の出現であり、同時にそれは朝鮮政局の政治的理念と現実との葛藤を明示したものであった。

そして、この事実を如実に示している史料が「漂人問答」であるといえる。この史料は、清入関より台湾鄭氏の清への降服までの約四〇年間にわたる清朝・朝鮮間の関係史の考察のみならず、台湾鄭氏の動向を知る上でも重要と思われるため、本章末に全文を影印掲載した。今後、さらに諸賢によって多角的に考察されることを願望するものである。

（1）全海宗『韓中関係史研究』西江大学校人文科学研究所、人文研究専刊三号、一潮閣、一九七〇年五月、陳明崇訳「清代韓中朝貢関係考」上・下、『食貨月刊』復刊六巻五・六期、一九七六年八・九月。
張存武『清韓宗藩貿易　一六三七～一八九四』台北・中央研究院近代史研究所専刊三九、一九七八年六月。

畑地正憲「清朝と李氏朝鮮との朝貢貿易について――特に鄭商の盛衰をめぐって――」『東洋学報』第六二巻第三・四号、一九八一年三月。

（2）管見の限り星斌夫氏が「清末河運より海運への展開」（『明清時代交通史の研究』山川出版社、一九七一年三月）の（三）「清代の海上交通の発展と河運」において『李朝実録』に見える中国船の漂着事例を約二〇点指摘している（三六三～三六四、三七二～三七三頁）のを知るのみである。

（3）田川孝三「通文館志の編纂とその重刊について」『朝鮮学報』第四九輯、一九五三年三月。本章で使用した『通文館志』は韓国学基本叢書第一一輯、景仁文化社、一九七四年十一月刊、全十二巻の影印本によった。

（4）陳明崇「『同文彙考』解題」『食貨月刊』復刊第八巻第七期、一九七八年十月。本章で使用した『同文彙考』は、韓国史料叢書二四、大韓民国文教部国史編纂委員会編纂、一九七八年十二月刊の四冊本によった。

（5）稲葉岩吉『増訂満洲発達史』、一九三五年一月一版。本章は一九三九年二月五版による。
三上次男「満洲」『アジア歴史事典』第八巻、平凡社、一九六一年十月、三八五頁。

楊合義「清代東三省開発の先駆――流人――」『東洋史研究』第三二巻第三号、一九七三年十二月。

（6）加藤繁「康熙乾隆時代に於ける満洲と支那本土との通商について」『北亜細亜学報』第二号、一九四三年一二月、のち『支那経済史考証』下巻所収、一九五三年三月。
足立啓二「大豆粕流通と清代の商業的農業」『東洋史研究』第三七巻第三号、一九七八年十二月。

（7）松浦章『清代帆船沿海航運史の研究』関西大学出版部、二〇一〇年一月、七五～二〇七頁。

（8）本章で使用した『李朝実録』は、学習院大学東洋文化研究所影印本である。特に「顕宗実録」については、主に『顕宗改修実録』（『李朝実録』第三八冊、一九六四年三月）によった。それは、瀬野馬熊氏が「記事の詳細なことや、月日の記載の正しいことは、此の方が勝って居り」（「李朝宣祖修正実録と顕宗改修実禄に就いて」『青丘学叢』第一〇号、一九三二年十一月、四一頁）と「顕宗改修実録」の史料価値を高く評価しているのにもとづくためである。

(9) 閔維重の行動について、「校理洪公万衡墓誌銘幷序」（『宋子大全』巻一八六）に、「嘗有百許人漂到耽羅、自言皇朝遺民、共衣冠不改、朝廷押解清国、而人莫敢言、独閔公維重力言其不可、君以為大義不明、何以為国、即草疏辞意」とあり、また。「吏曹正郎兪君墓碣銘幷序」（『宋子大全』巻一八〇）に、「同其議者、閔公維重・李公端相數人而已」とあり、李端相については、「静観斎李公神道碑銘幷序」（『宋子大全』巻一七〇）に、「朝議将交解其人于虜中、公極言其不可、不能得、則作詩以傷之」と見えるように、閔維重が朝議における漂人の清廷への送還について反対を主張し、それに、兪命胤、李端相らが続いたことが知られる。なお、李端相の「作詩」とは、「漂人問答」に見える「静観斎詩」のことであろう。

また、韓元震の『南塘先生文集』巻三四、行状の「寒水斎権先生行状」に、「丁未、華人陳得、曾勝等百余人、漂到済州、自言大明人、且言、永暦帝方保有一隅、克紹崇禎之統、朝議将執解清國。先生独奮曰、此大義所關也。遂與李緯長等數人、上密疏、極論其不可。議政公、亦陳疏、力争廟堂。不用其議、陳得等竟押赴燕中、閔文貞公維重、執先生手、深加敬歎、至於涕下」とあり、閔維重を応援する人々は少なからずいたのである。

(10) 『顕宗改修実録』巻一七、顕宗八年六月庚子（二十七日）、四七八頁。

(11) 『顕宗改修実録』巻一七、顕宗八年六月辛丑（二十八日）、四七八頁。

(12) 『顕宗改修実録』巻一七、顕宗八年七月壬子（十日）、四七九頁。

(13) 『顕宗改修実録』巻一七、顕宗八年七月甲寅（十二日）、四八〇頁。

(14) 『顕宗改修実録』巻一七、顕宗八年七月丙辰（十四日）、四八〇頁。

(15) 『顕宗改修実録』巻一七、顕宗八年七月丁巳（十五日）、四八一頁。

(16) 『顕宗実録』巻一四、顕宗八年七月辛未（二十九日）、第三七冊、四六二頁。

(17) 『顕宗改修実録』巻一七、顕宗八年八月乙酉（十三日）、四八七頁。

(18) 『顕宗改修実録』巻一七、顕宗八年九月甲辰（三日）、四八八頁。

(19) 『顕宗改修実録』巻一七、顕宗八年九月庚戌（九日）、四八九頁。

(20)『顕宗改修実録』巻一七、顕宗八年九月庚申（十九日）、四九〇頁。
(21)『顕宗改修実録』巻一七、顕宗八年九月庚午（二十九日）、四九二頁。
(22)『顕宗実録』巻一四、顕宗八年九月癸亥（二十二日）、第三七冊、三六五頁。
(23)『顕宗改修実録』巻一八、顕宗八年十月壬申朔、四九二頁。
(24)『顕宗改修実録』巻一八、顕宗八年十月癸酉（二日）、四九二頁。
(25)本章では『承政院日記』第一一冊、大韓民国国史編纂委員会、一九六二年五月、二七～二九頁によった。
(26)『古鮮冊譜』上冊、一九四四年四月、中冊、一九五六年三月、下冊、一九五七年三月、財団法人東洋文庫刊。
(27)ソウル大学校文理科人学附設東亜文化研究所刊、一九六五年。
(28)大韓民国国会図書館刊行、一九六八年十二月、一三三七頁。
(29)書籍文物流通会発行、一九六一年二月、一一三頁。
(30)『朝鮮人名辞書』朝鮮総督府中枢院、一九三七年三月、六七七頁。
(31)『朝鮮人名辞書』、六七七頁。
(32)『朝鮮人名辞書』、六七七頁。
(33)『朝鮮人名辞書』、六七七頁。
(34)『顕宗改修実録』巻八、顕宗四年二月癸亥（二十四日）、二一〇頁。
(35)『顕宗改修実録』巻一二、顕宗五年十二月戊寅（二十一日）、三二六頁。
(36)『承政院日記』第一〇冊、九六八頁。
(37)『古鮮冊譜』下冊、一四五七頁。
(38)松浦章「日清貿易における長崎来航唐船について――清代鳥船を中心に――」（上）、『史泉』第四七号、一九七三年九月。
松浦章『清代海外貿易史の研究』朋友書店、二〇〇二年一月、二六四～二七六頁参照。
(39)呉振臣撰『寧古塔紀略』、『小方壺斎輿地叢鈔』一帙、参照。
(40)「漂人問答」三〇～三五丁を参照。

（41）　文集等に「崇禎紀元」を使用しているのもそのあらわれといえよう。

〔付記〕　本章作成にあたり「漂人問答」の影印掲載を許可（平成二十五年三月二十八日付）された天理大学附属天理図書館に対して末筆ながら謝意を表する次第である。

漂人問答　附　思漢吟詠

〔凡例〕

一、本史料は天理大学附属天理図書館蔵「漂人問答」を全冊影印したものである（天理大学附属天理図書館本複製第275号）。

一、原本の虫くい、蔵書印等による不鮮明箇所は末尾に記載した。

（表紙）

（1丁表）

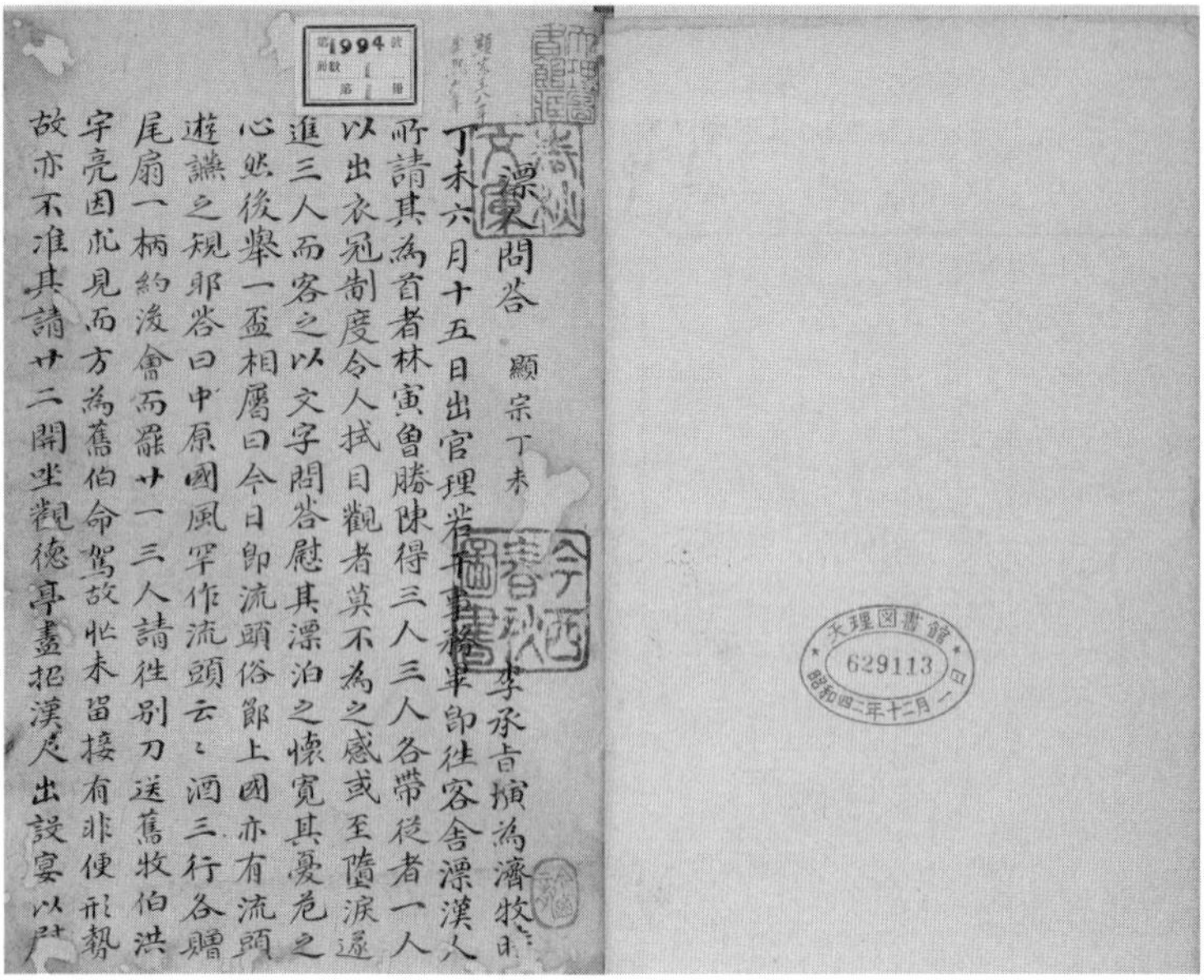
漂人問答　顯宗丁未
李承吉禎為濟牧時
丁未六月十五日出官理若干事務畢即往客舍漂漢人
所請其為首者林寅曾勝陳得三人三人各帶從者一人
以出衣冠制度令人拭目觀者莫不為之感或至墮淚遂
進三人而客之以文字問答慰其漂泊之懷寬其憂危之
心然後舉一盃相屬曰今日即流頭俗節上國亦有流頭
遊讌之規耶答曰中原國風罕作流頭云云酒三行各贈
尾扇一柄約後會而罷廿一三人請往別刀送舊牧伯洪
宇亮因忙見而方為舊伯命駕故忙未留接有非便形勢
故亦不准其請廿二開坐觀德亭盡招漢人出設宴以

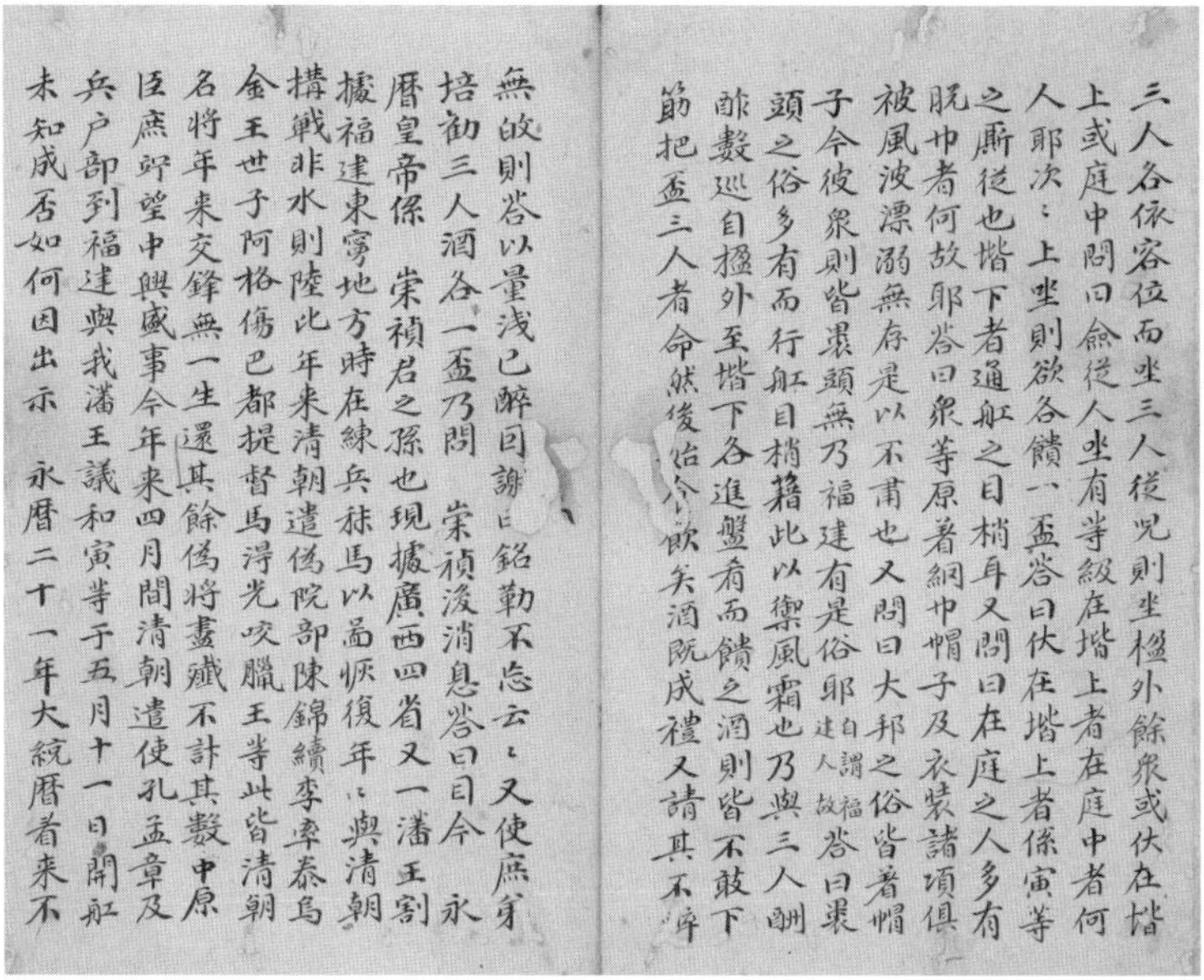

（1丁裏）

三人各依容位而坐三人從兒則坐楹外餘衆或伏在堦
上或庭中問曰僉從人坐有等級在堦上者在庭中者何
人耶次〻上坐則欲各饋一盃答曰伏在堦上者係寅等
之廝從也堦下者通舡之目梢耳又問曰在庭之人多有
脱巾者何故耶答曰衆等原著網巾帽子及衣裳諸項俱
被風波漂溺無存是以不肅也又問曰大邦之俗皆着帽
子今彼衆則皆禿頭無乃福建有是俗耶自謂福建人故答曰衆
頭之俗多有而行舡目梢藉此以禦風霜也乃與三人酬
酢數巡自楹外至堦下各進盤肴而饋之酒則皆不敢下
筯把盃三人者命然後始令飲矣酒既成禮又請其不瘁

（2丁表）

無故則答以量浅已醉曰謝〻銘勒不忘云〻又使庶弟
培勸三人酒各一盃乃問　崇禎後消息答曰目今　永
曆皇帝係　崇禎君之孫也現據廣西四省又一藩王割
據福建東寧地方時在練兵秣馬以啚恢復年〻與清朝
構戰非水則陸比年来清朝遣偽院部陳錦續李率泰烏
金王世子阿格傷巴都提督馬得光咬臘王等此皆清朝
名将年来交鋒無一生還其餘偽将盡殲不計其數中原
臣庶傒望中興盛事今年来四月間清朝遣使孔孟章及
兵戸部到福建與我藩王議和寅等于五月十一日開舡
未知成否如何因出示　永曆二十一年大統曆着来不

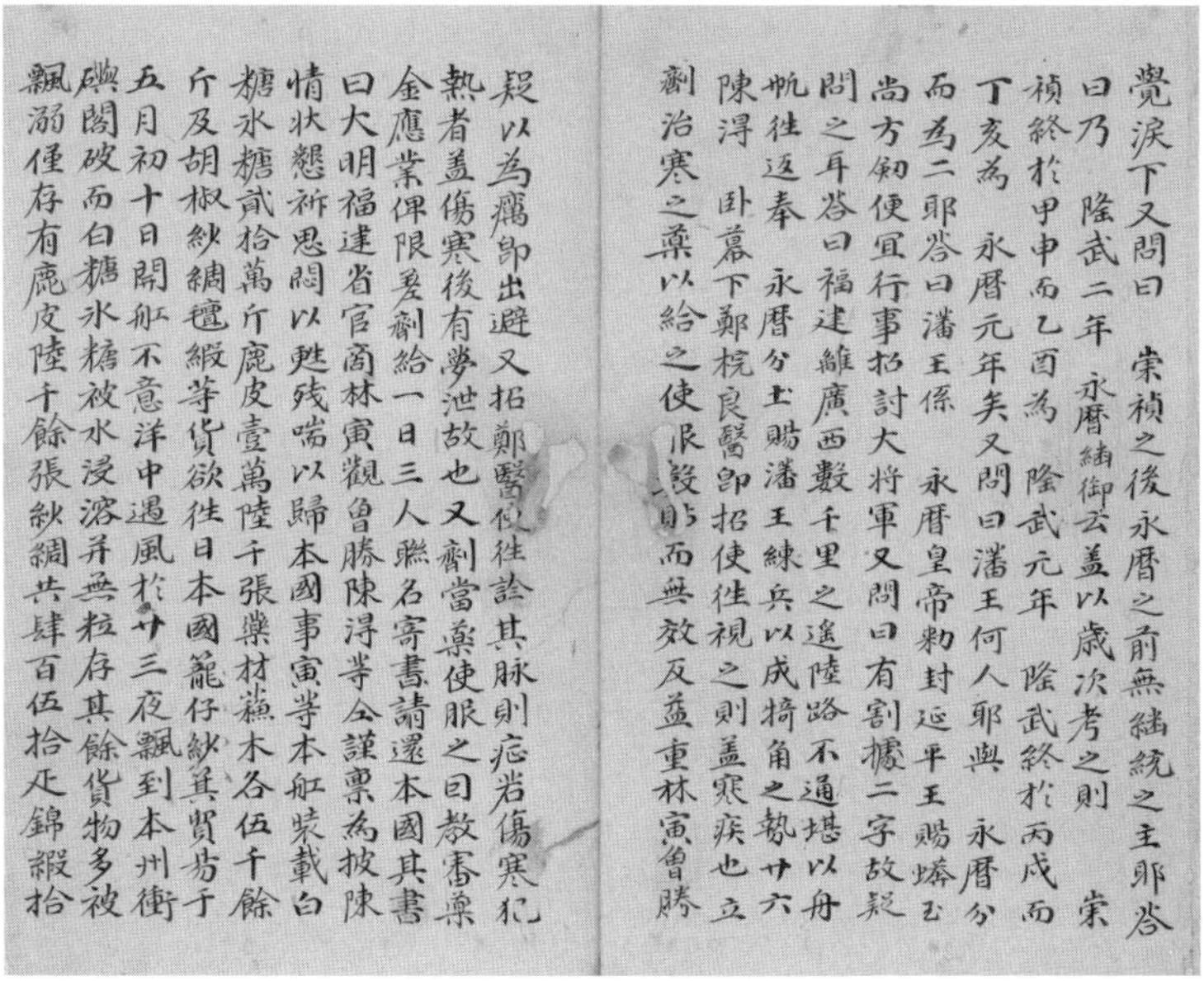

（2丁裏）

覺涙下又問曰　崇禎之後永曆之前無繼統之主耶答
曰乃　隆武二年　永曆繼御云蓋以歳次考之則　崇
禎終於甲申而乙酉為　隆武元年　隆武終於丙戌而
丁亥為　永曆元年矣又問曰藩王何人耶與　永曆分
而為二耶答曰藩王係　永曆皇帝勅封延平王賜蟒玉
尚方劍便宜行事招討大将軍又問曰有割據二字故疑
問之耳答曰福建雖廣西數千里之遙陸路不通堪以舟
帆往返奉　永曆分土賜藩王練兵以成犄角之勢廿六
陳得　卧幕下鄭梲良醫即招使往視之則蓋寒疾也立
劑治寒之藥以給之使服數貼而無效反益重林寅曾勝

（3丁表）

疑以為瘧即出避又招鄭醫使往診其脉則症若傷寒犯
熱者蓋傷寒後有夢泄故也又劑當藥使服之曰教審藥
金應業俾限差劑給一日三人聯名寄書請還本國其書
曰大明福建省官商林寅觀曽勝陳得等仝謹禀為披陳
情狀懇祈恩悶以甦残喘以歸本國事寅等本舡裝載白
糖氷糖貳拾萬斤鹿皮壹萬陸千張藥材蘓木各伍千餘
斤及胡椒紗紬氈緞等貨欲往日本國籠仔紗其貿易于
五月初十日開舡不意洋中遇風於廿三夜飄到本州衛
磯閣破而白糖氷糖被水浸溶并無粒存其餘貨物多被
飄溺僅存有鹿皮陸千餘張紗綢共肆百伍拾疋錦緞拾

（3丁裏）

柒疋氊單叁拾伍条另藥材蘓木胡椒各些少耳寅等荷
大上官垂憫獲庇而今朝夕欵洽恩莫能酬寅等頗將所
存貨物槩奉大上官分散兌犒衆丁思郷念切度日如年
伏乞開好生之恩廣仁慈之徳早拚舡隻引到龍仔紗箕
見日本長岐王請備木料造舡以歸本國使寅等衆人得
歸見父母妻子雖生不能啣環而死亦願結草矣謹此上
呈書意盖欲以舊伯時成舟貨物各自賣身以帰覩其書
想其意不覺潸然涕出一日又以書来書曰官商林寅觀
為歴陳肝膽仰祈全恩事寅等遭厄萍飄獲藉隂庇私心
向喜得保残喘欵洽週至無復再求但衆丁人鳩形鵠面

（4丁表）

反腹呼痛較其病繇乃守坐積冷不服水土之故也福建
南人賦性濵海日用皆醎魚醎鮭為本而五味次之兹蒙
給藿菜多未慣食則有冷脾吐瀉之病無恠其然也極知
瑣務煩瀆情似無厭然坐覩待斃寔寅之過是以反復熟
思不得不披陳耳伏望上官仁慈造就每日差負督寅等
丁人八名准其潮退時就海邊拾取螺蛤蝎蝌以供日用
潮進則遵令而回始有漏脫為非等弊寅等代當其罪庶
上無犯規於國法下有賑恤之宏慈寅等無任惶悚瞻注
謹此上呈書来即准之乃教守直將官使之開門則衆丁
久被牢閉鬱〻不自堪見一開門顛倒而出〻於数外者

（4丁裏）

不翅十餘人將官不能遏其酋不能禁乃使人言于三人
曰約束已定八丁之外則不可許出一個人云三人者即
書榜掛門曰衆丁若有犯科以出者則輕者自治重者告
于大上官以治云〻自是無復側見争門之患而日取海
錯以自供衆皆使之八月初二日京官備邉司郎廳崔元
泰譯官李承議至將以押去也翼日朝食後兩人往見漢
人言其説以来之意是日景色有不忍見者云〻兩人還
後三人聯名書至書曰官商林寅觀曾勝陳得等謹禀為
二難一火懇恩推裁事寅等舡貨不意遭風飄破衆丁雖
得獲全然非大上官朝夕欵洽焉能以至今日也感激勒

（5丁表）

銘不可言述候至三朔俟可還郷今蒙欵召到京國切思
九十五衆糧食浩大兼秋氣漸冷山海邈遠丁人多帶病
病而陳得久痼未瘳必難保全此一難也倘得蹣跚而到
荷　朝廷撥回又當渡海而過日本界月程而到龍仔紗
箕則大寒風時不順雖有舡亦難歸國此二難也均一死
耳叩懇大上官德化濟州百姓澤及中國人民會議開恩
乞就本處撥舡指送日本界或准破舡材料整造小舡乘
回本國而省不貲之費庶免跋涉凍餒衆丁亦得生全疾
痛呼父窮窘呼天寅等受恩深重如同天地不得不懇告
耳伏望垂慈炤鑒生死啣結矣須至禀者即修荅拜来吉

（5丁裏）（6丁表）

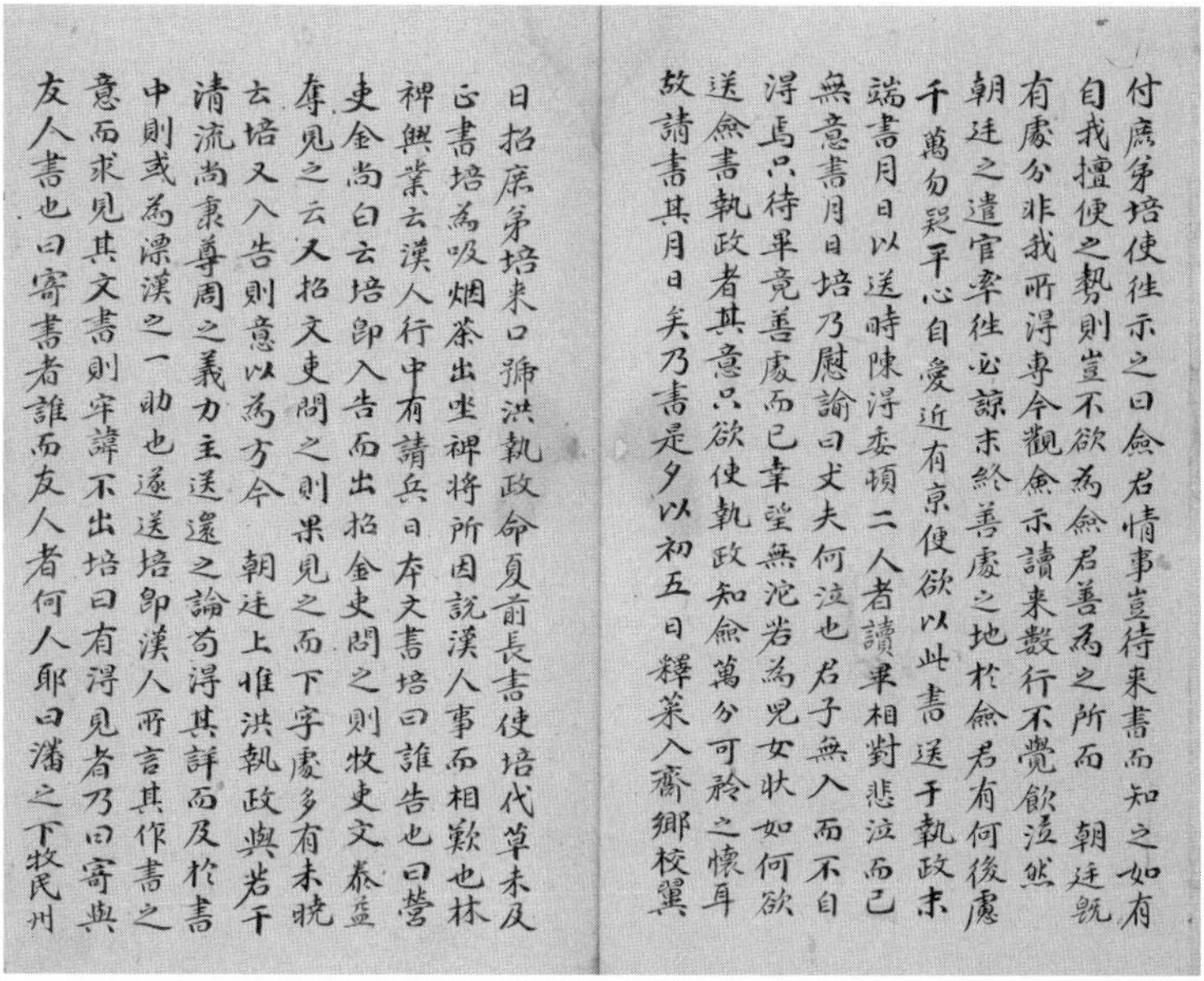

付庶弟培使往示之曰僉君情事豈待来書而知之如有
自我擅便之勢則豈不欲為僉君善為之所而　朝廷既
有處分非我所得専今観僉示讀来數行不覺飲泣然
朝廷之遣官率往必諒末終善處之地於僉君有何後慮
千萬勿疑平心自愛近有京使欲以此書送于執政末
端書月日以送時陳得委頓二人者讀畢相對悲泣而已
無意書月日培乃慰諭曰丈夫何泣也君子無入而不自
得焉只待畢竟善處而已幸望無沱若為兒女狀如何欲
送僉書執政者其意只欲使執政知僉萬分可矜之懐耳
故請書其月日矣乃書是夕以初五日釋菜入齋鄉校翼

日招庶弟培来曰獅洪執政命更前長書使培代草未及
正書培為吸烟茶出坐裨将所因説漢人事而相歎也林
裨興業云漢人行中有請兵日本文書培曰誰告也曰營
吏金尚白云培即入告而出招金吏問之則牧吏文泰益
奪見之云又招文吏問之則果見之而下字處多有未曉
云培又入告則意以為方今　朝廷上惟洪執政與若干
清流尚秉尊周之義力主送還之論苟得其詳而及於書
中則或為漂漢之一助也遂送培即漢人所言其作書之
意而求見其文書則牢諱不出培曰有得見者乃曰寄與
友人書也曰寄書者誰而友人者何人耶曰潘之下牧民州

（6丁裏）（7丁表）

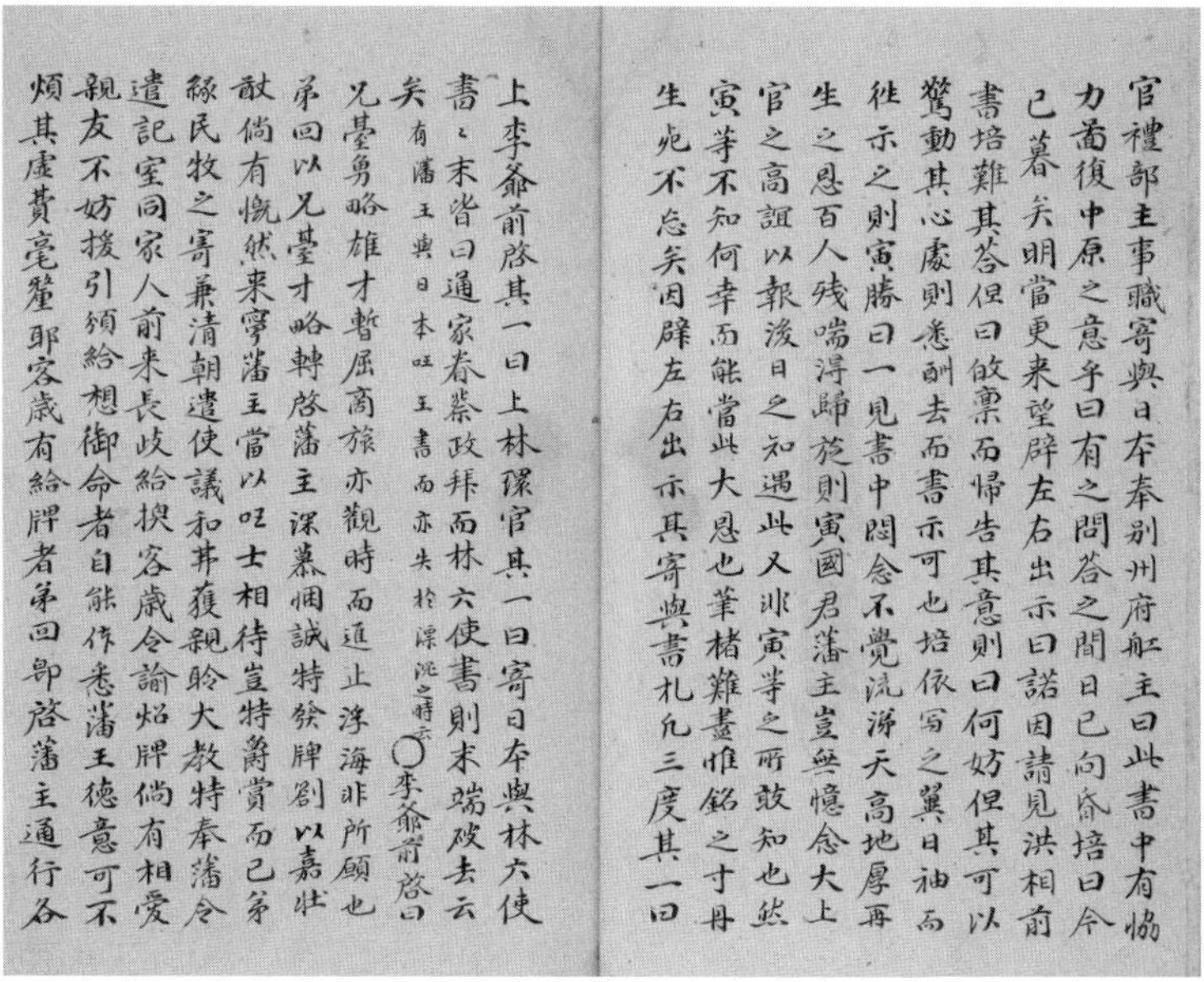

官禮部主事瓛寄與日本奉別州府舡主曰此書中有協
力圖復中原之意乎曰有之問答之間日已向昏培曰今
已暮矣明當更来望辟左右出示曰諾因請見洪相前
書培難其答但曰敢稟而帰告其意則曰何妨但其可以
驚動其心處則悉删去而書示可也培依写之翼日袖而
往示之則寅勝曰一見書中悶念不覺流涕天高地厚再
生之恩百人残喘得歸旋則寅國君藩主豈無憶念大上
官之高誼以報後日之知遇此又非寅等之所敢知也然
寅等不知何幸而能當此大恩也筆楮難盡惟銘之寸丹
生死不忘矣因辟左右出示其寄與書札凡三度其一曰

上李爺前啓其一曰上林環官其一曰寄日本與林六使
書〻末皆曰通家眷蔡政拝而林六使書則末端破去云
矣　有藩王與日本吐王書而亦失於漂沱之時云〇李爺前啓曰
兄臺勇略雄才暫屈商旅亦観時而適止浮海非所顧也
弟回以兄臺才略轉啓藩主深慕悃誠特発牌劄以嘉壮
猷倘有慨然来寧藩主當以吐士相待豈特爵賞而已弟
縁民牧之寄兼清朝遣使議和并獲親聆大教特奉藩令
遺記室同家人前来長岐給換客歳令諭照牌倘有相愛
親友不妨援引須給想御命者自能作悉藩王德意可不
煩其虚費毫釐耶客歳有給牌者弟回即啓藩主通行各

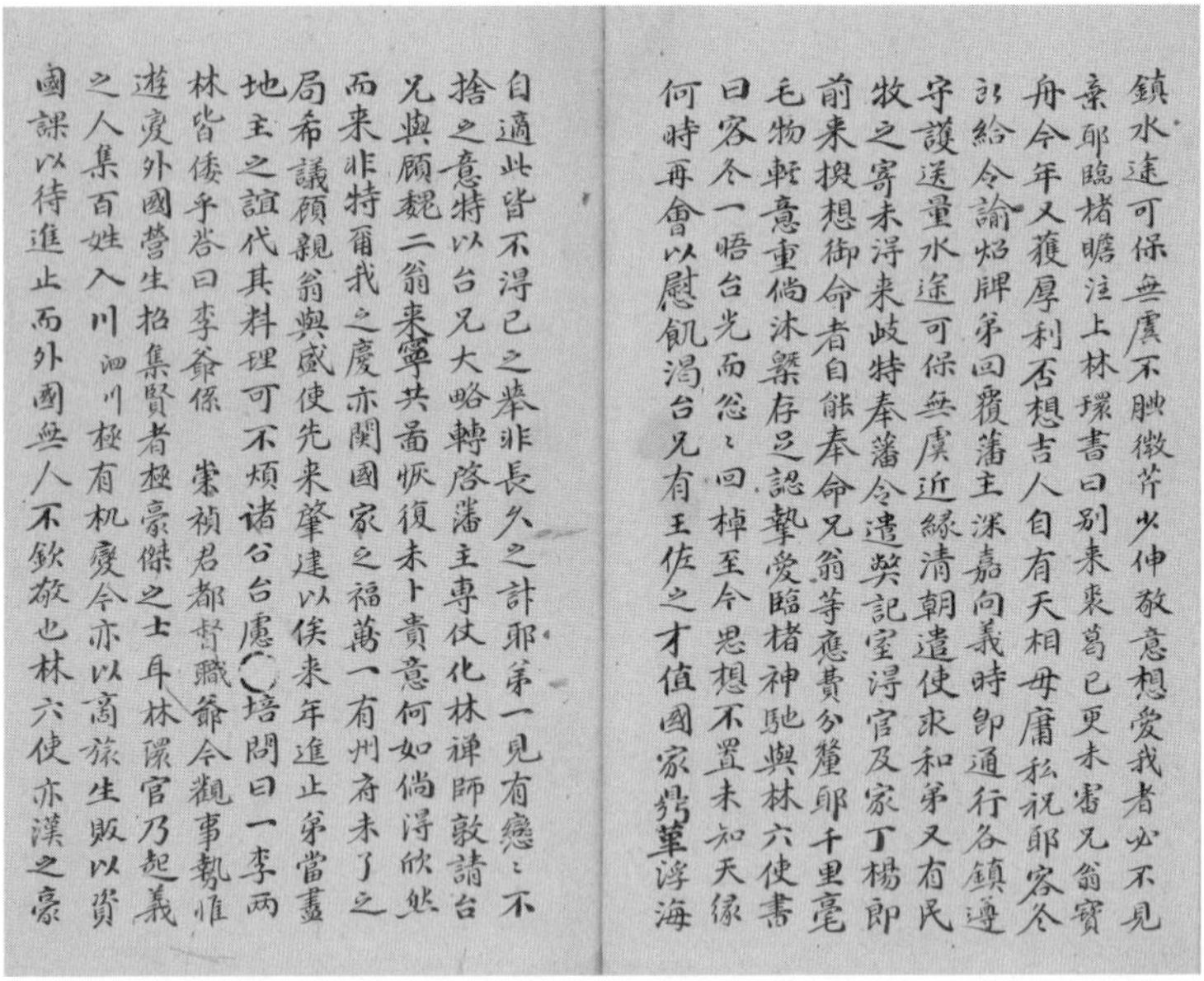
鎮水途可保無虞不腆微芹少伸敬意想愛我者必不見
棄耶臨楮瞻注上林環書曰別来裘葛已更未審兄翁寳
舟今年又獲厚利否想吉人自有天相毋庸私祝耶容冬
並給令諭炤牌弟回覆藩主深嘉向義時卽通行各鎮遵
守護送量水途可保無虞近緣清朝遣使求和弟又有民
牧之寄未得来岐特奉藩令遣契記室得官及家丁楊郎
前来搃想御命者自能奉命兄翁等應貴分釐耶千里毫
毛物輕意重倘沐槩存足認摯愛臨楮神馳與林六使書
曰客冬一晤台光而怱〻回棹至今思想不置未知天縁
何時再會以慰飢渴台兄有王佐之才値國家鼎革浮海

自適此皆不得已之擧非長久之計耶弟一見有戀〻不
捨之意特以台兄大略轉啓藩主専仗化林禅師敦請台
兄與顧魏二翁来寧共圖恢復未卜貴意何如倘得欣然
而来非特爾我之慶亦関國家之福萬一有州府未了之
局希議顧親翁與盛使先来肇建以俟来年進止弟當盡
地主之誼代其料理可不煩諸台台慮（　）培問曰一李兩
林皆倭乎荅曰李爺係　崇禎君都督職爺今觀事勢惟
避處外國營生招集賢者極豪傑之士耳林環官乃起義
之人集百姓入川 泗川 極有机變今亦以商旅生販以資
國課以待進止而外國無人不欽敬也林六使亦漢之豪

（7丁裏）（8丁表）

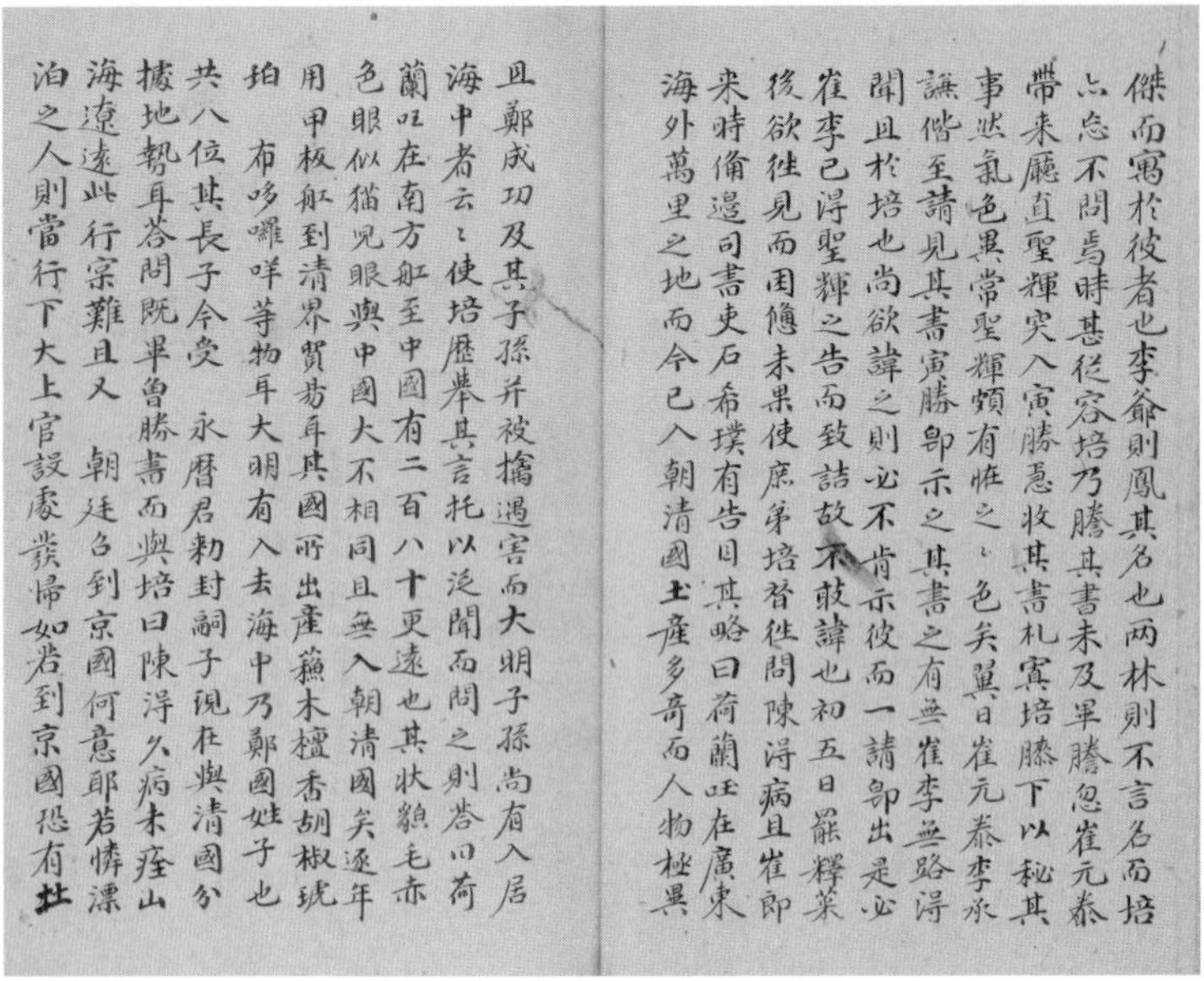
傑而寓於彼者也李爺則鳳其名也兩林則不言名而培
亦忘不問焉時甚從容培乃謄其書未及畢謄忽崔元恭
帶来廳直聖輝突入寅勝急收其書札寘培膝下以秘其
事然氣色異常聖輝頗有怪之〻色矣翼日崔元恭李承
謙偕至請見其書寅勝卽示之其書之有無崔李無路得
聞且於培也尚欲諱之則必不肯示彼而一請卽出是必
崔李已得聖輝之告而致詰故不敢諱也初五日羅釋菜
後欲往見而困憊未果使庶弟培晳往問陳得病且崔郎
来時脩還司書吏石希璞有告目其略曰荷蘭哒在廣東
海外萬里之地而今已入朝清國土產多竒而人物極異

且鄭成功及其子孫幷被擒遇害而大明子孫尚有入居
海中者云〻使培歷擧其言托以泛聞而問之則荅曰荷
蘭哒在南方舡至中國有二百八十更遠也其狀貌毛赤
色眼似猫兒眼與中國大不相同且無入朝清國矣逐年
用甲板舡到清界貿易耳其國所出產蘇木檀香胡椒琥
珀　布哆囉咩等物耳大明有入去海中乃鄭國姓子也
共八位其長子今受　永曆君勅封嗣子現在與清國分
據地勢耳荅問既畢曾勝書而與培曰陳得久病未瘥山
海遼遠此行宲難且又　朝廷召到京國何意耶若憐漂
泊之人則當行下大上官設處裝帰如若到京國恐有壯

（8丁裏）（9丁表）

（9丁裏）

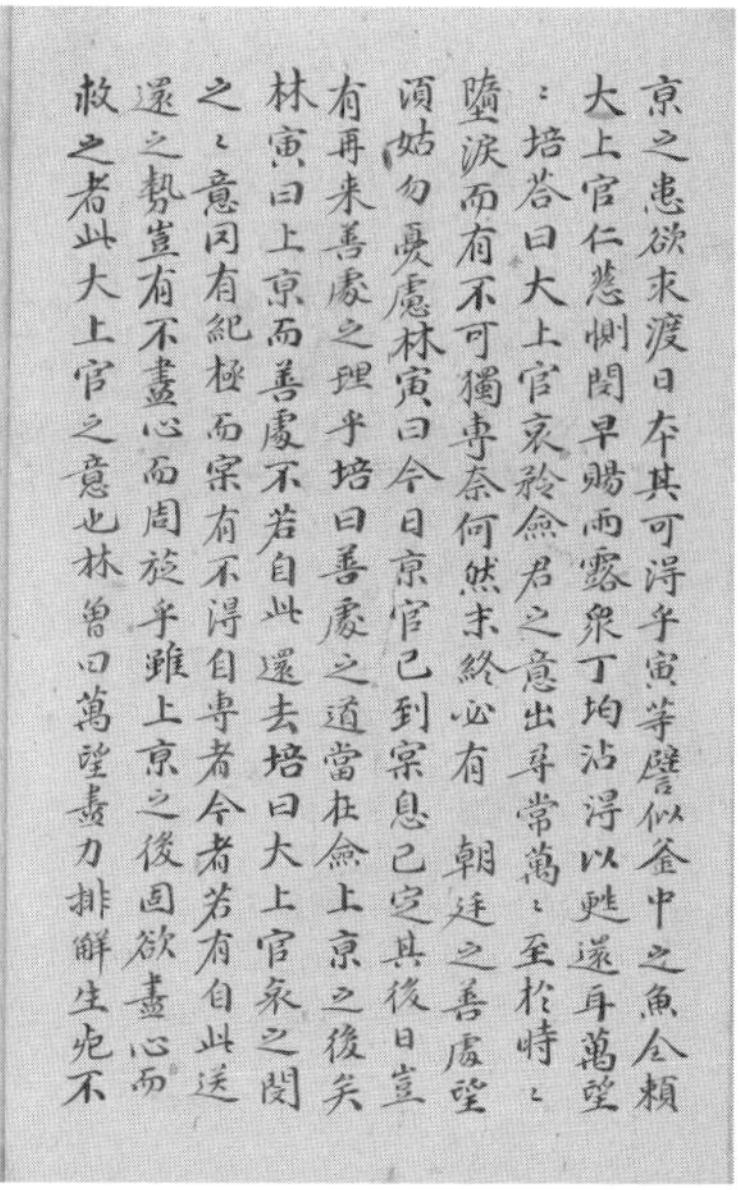

京之患欲求渡日本其可得乎寅等譬似釜中之魚仝頼
大上官仁慈惻閔早賜雨露衆丁均沾得以甦還再萬望
ゝ培荅曰大上官哀矜僉君之意出乎常萬ゝ至於時ゝ
墮涙而有不可獨專奈何然末終必有　朝廷之善處望
須姑勿憂慮林寅曰今日京官已到宗息已定其後日宣
有再来善處之理乎培曰善處之道當在僉上京之後矣
林寅曰上京而善處不若自此還去培曰大上官衆之閲
之ゝ意因有紀極而宗有不得自專者今者若有自此送
還之勢豈有不盡心而周旋乎雖上京之後固欲盡心而
救之者此大上官之意也林曾曰萬望盡力排解生死不

（10丁表）

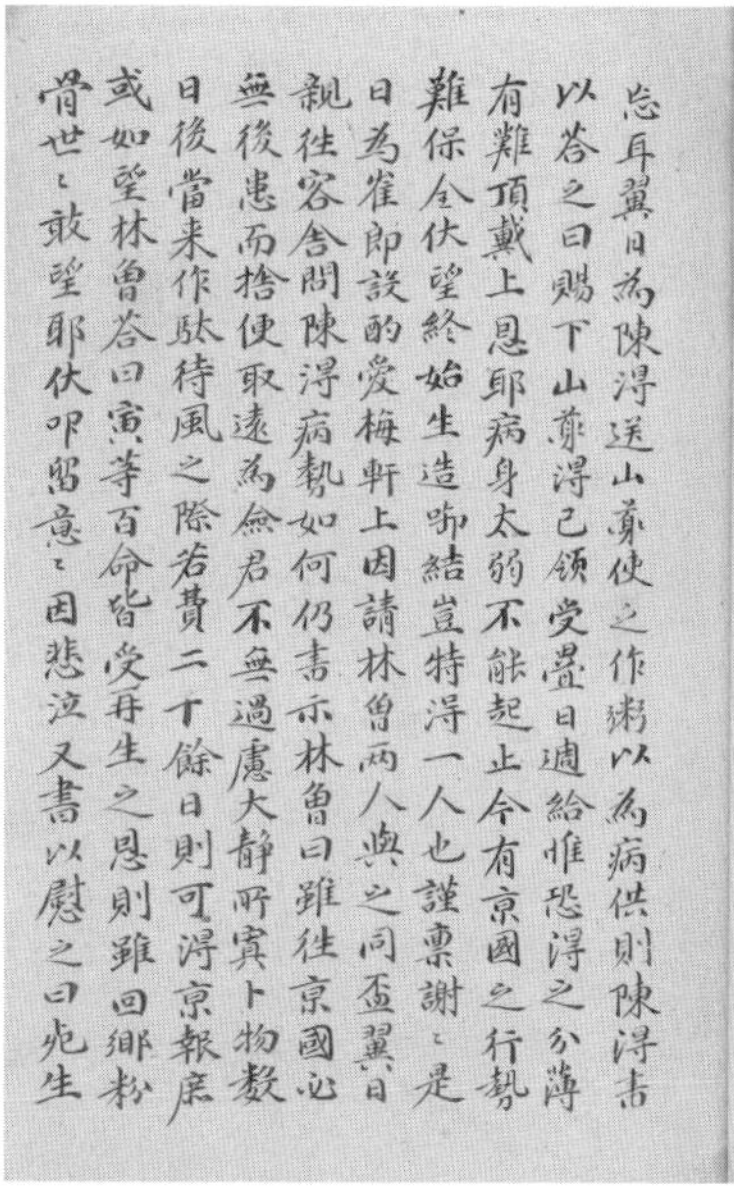

忘耳翼日為陳得送山蔘使之作粥以為病供則陳得書
以荅之曰賜下山蔘得已領受畳日適給惟恐得之分薄
有難頂戴上恩耶病身太弱不能起止今有京國之行勢
難保全伏望終始生造助結豈特得一人也謹稟謝ゝ是
日為崔郎設酌愛梅軒上因請林曾兩人與之同盃翼日
親往容舎問陳得病勢如何仍書示林曾曰雖往京國必
無後患而捨使取遠為僉君不無過慮大静所寘卜物數
日後當来作駄待風之際若費二十餘日則可得京報庶
或如望林曾荅曰寅等百命皆受再生之恩則雖回郷粉
骨世ゝ敢望耶伏叩留意ゝ因悲泣又書以慰之曰死生

（10丁裏）

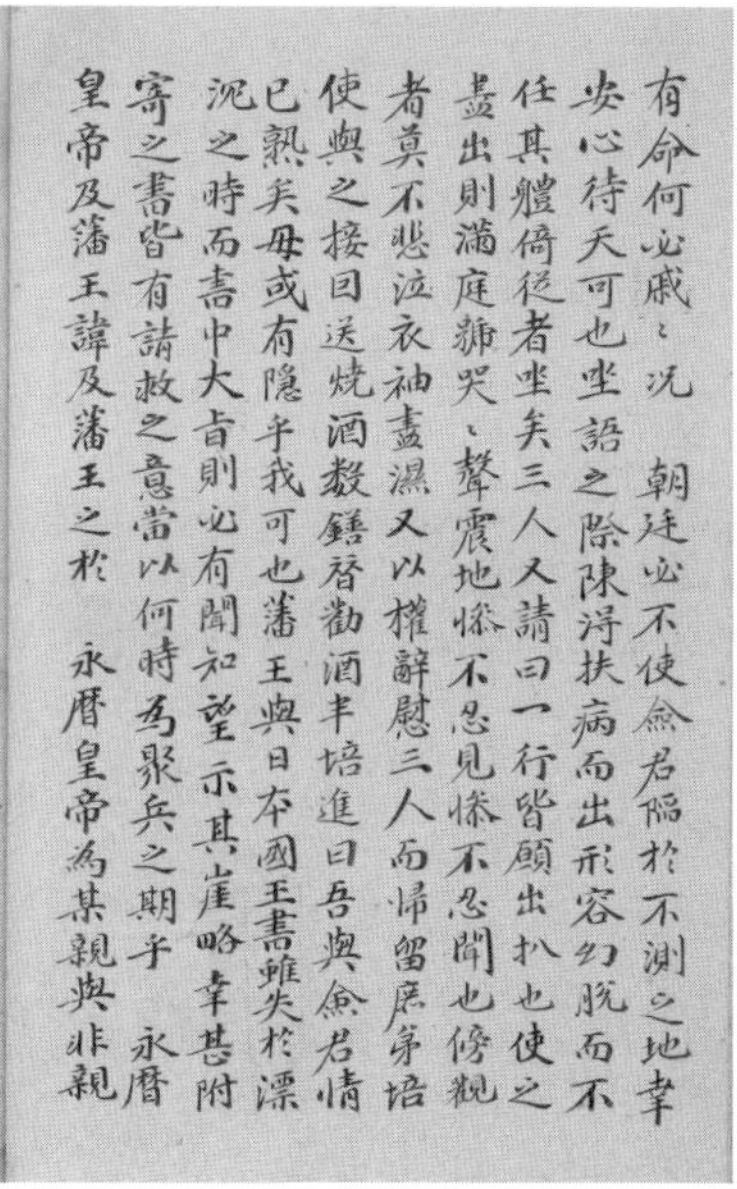

有命何必戚ゝ況　朝廷必不使僉君陥於不測之地幸
安心待天可也坐語之際陳得扶病而出形容幻脱而不
任其體倚從者坐矣三人又請曰一行皆願出外也使之
盡出則滿庭號哭ゝ聲震地慘不忍見慘不忍聞也傍觀
者莫不悲泣衣袖盡濕又以權辭慰三人而帰留庶弟培
使與之接回送燒酒數鍾啓勸酒半培進曰吾與僉君情
已熟矣毋或有隱乎我可也藩王與日本國王書雖失於漂
沉之時而書中大旨則必有聞知望示其崖略幸甚附
寄之書皆有請救之意當以何時為聚兵之期乎　永暦
皇帝及藩王諱及藩王之於　永暦皇帝為某親與非親

（11丁表）

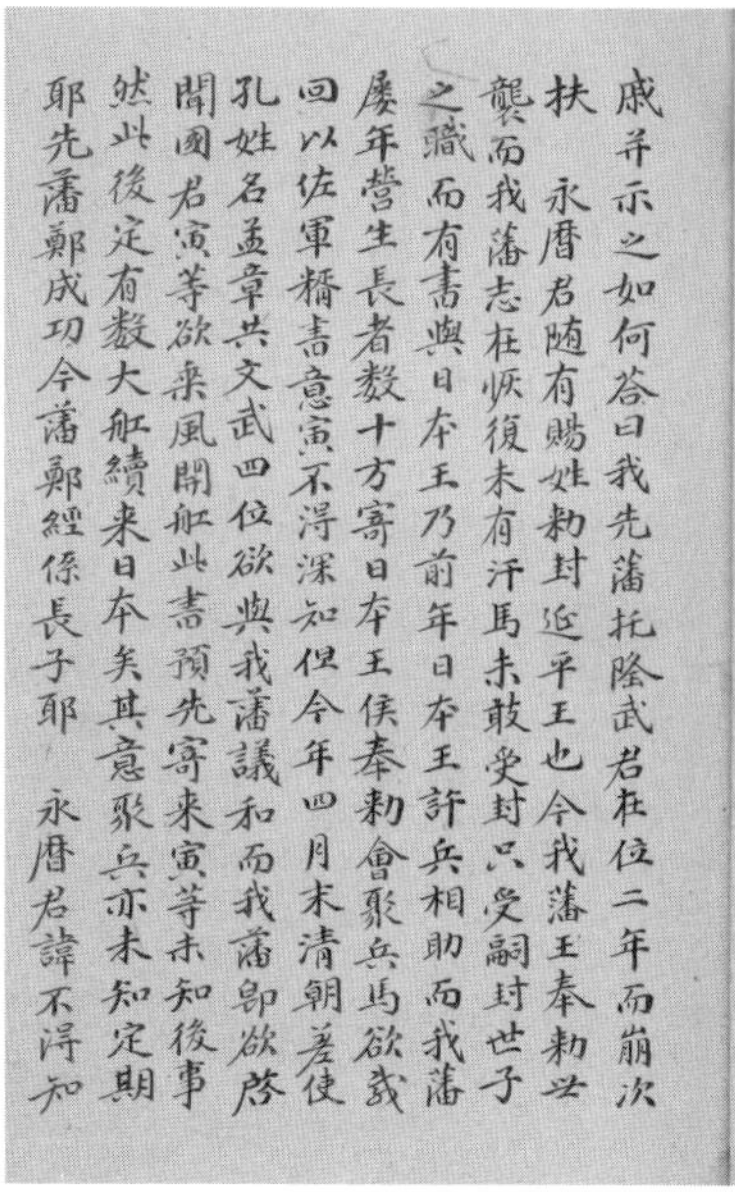

戚并示之如何荅曰我先藩托隆武君在位二年而崩次
扶　永暦君随有賜姓勅封延平王也今我藩王奉勅世
襲而我藩志在恢復未有汗馬未敢受封只受嗣封世子
之職而有書與日本王乃前年日本王許兵相助而我藩
屢年營生長者數十方寄日本王侯奉勅會聚兵馬欲戴
回以佐軍糈書意寅不得深知但今年四月末清朝差使
孔姓名孟章共文武四位欲與我藩議和而我藩卽欲啓
聞國君寅等欲乗風開船此書預先寄来寅等未知後事
然此後定有數大船續来日本矣其意聚兵亦未知定期
耶先藩鄭成功今藩鄭經係長子耶　永暦君諱不得知

（11丁裏）

之又問曰　永暦君諱何以不知荅曰福建距雷州盐州
永暦都邑水到十餘日路到月餘是以不知又問曰鄭成功之
死今幾年許而死於何處耶曰癸卯五月卒盖奉勅出師
攻圍南京月餘不下回師本處悔恨生病而卒又問曰圍
南京不淂寸地而回師乎曰圍南京已復楊州府欽州府
鎮江府其縣不許然迄久清朝槩滿州兵馬盡来救援而
川内雷州盐州近處　及孫可望藩師未出我藩猶力難支無奈抽
回耳又問曰孫可望何人敢不出兵以相助乎無乃観変
者耶曰亦受封勲王乃明朝大将也不意其長子游獵被
清朝獲去而順治在日将胞妹招親為駙馬孫家寔有知

（12丁表）

會是以出兵有難通處迄援不及耳又問曰所謂川内之
川何川乎曰是泗川　永暦兵馬所在問荅既畢更勸兩
人酒各數盃時陳淂已入　曾猶未醉而林已大醉也培曰曾君
酒量似勝林君我窃欲更進一盃酒未知可乎曰酒酔徳
飽無復以加曰我國以酒為忘憂之資故大上官之送酒
為僉君憂愁欝悒也惟酒無量何必以醉為恨乎曰上恩
須賜如飲醇醪一盃秋露愁懐盡消矣曰雖云盡消而尚
有未盡消者望以餘瀝消其未盡消者如何我與僉君情
意已親雖醉倒坐中亦何妨乎曰承上尊雅命誼不敢辭
更哉〻〻遂與曾又酬酢數巡時林寅因醉益悲不禁其

（12丁裏）

涙培曰林君尤不堪悲非大夫也曾荅曰乃承雅意其慰
愁悰矣然林敵友此番衆人附舟而来者合本頼一人耳今
日致此悽愴林敵友不淂辭其責若聞之衆等家後則必
怖咎之一人是以欲去愁懐宗强作耳曰林君之尤不堪
悲固也然非獨兇而臨衆〻等家後雖聞此奇亦皆有心
何必咎林君為也大上官又送秋露一鐥幸望更進數盃
暫畜忘憂荅曰疊〻荷恩難以克當遂各呑一盃二人大
醉勢不能更進培招行中善飲者數人饋之林寅忽来醉
書示曰寅敗舟物件所浮些少槃登記冊矣尚有随朱砂
一包不多及銀菜盃八塊送奉上尊倘淂怖郷則不時見

（13丁表）

之亦如寅等面叩見耶遂将右二件物贈之培却而書示
曰我等之為明赤心天知神知如或有負於僉則是淂罪
於天力能周旋則曷敢不盡而僉君以物相贈此非知吾
心者也所患死不敢受焉又書荅曰一見上尊親愛寅等
恐別憶念盡付夢想故出鄙衷奉二物以盡鄙懐不時見
之如面叩耶倘淂回郷亦欲求上尊一物袖回使朝夕不
忘如見尊前萬勿見訝培又書荅曰我於大上官弟也大
上官〻不知我豈敢為之我不欲以物自汚僉若知此而
不有所贈則是為其賜也多於此矣僉之手書在此其為
如面者何啻此物乎我若受此而帰不出此門而天必殛

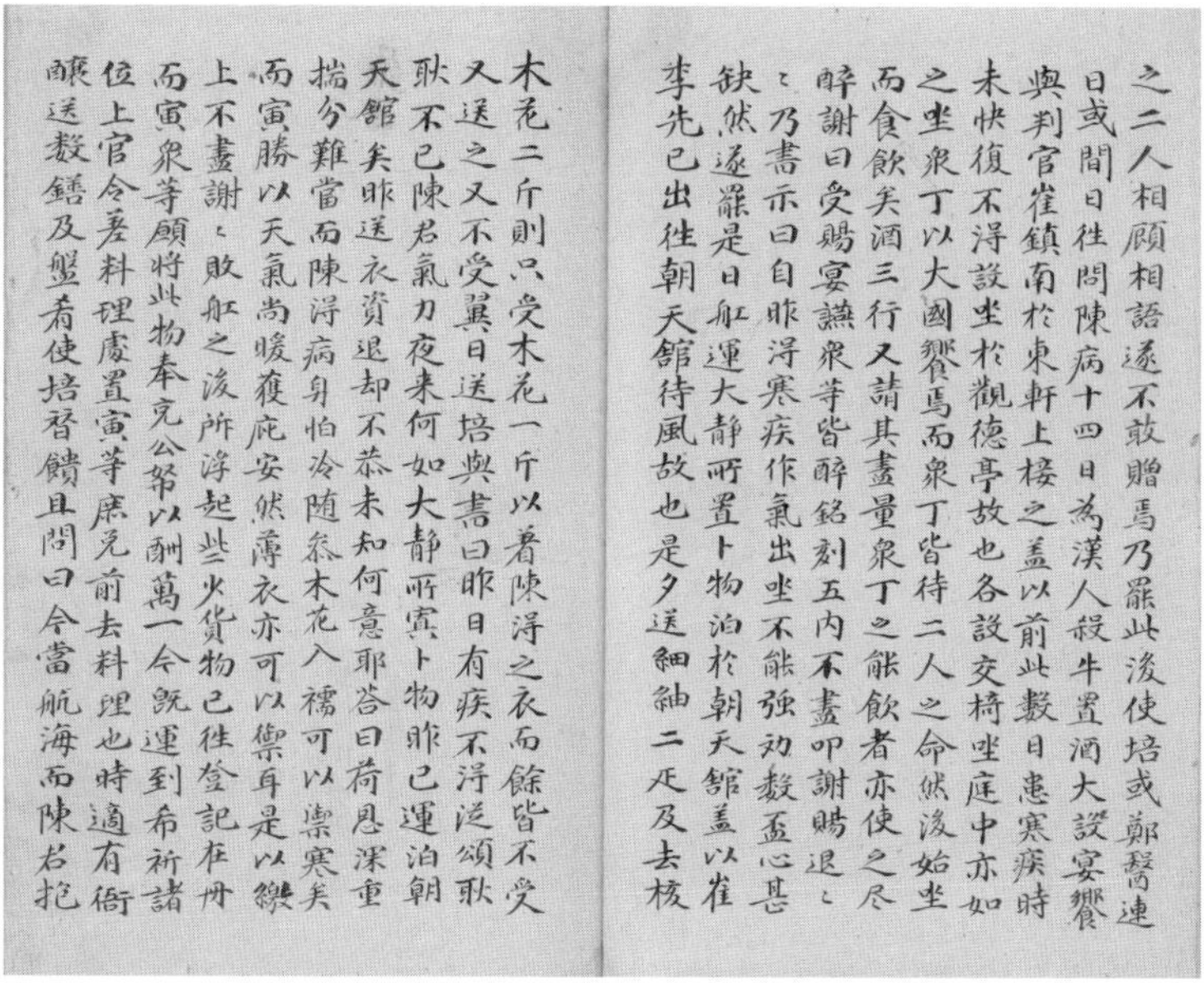

（13丁裏）

之二人相顧相語遂不敢贈焉乃罷此後使培或鄭晉連
日或間日往問陳病十四日爲漢人殺牛置酒大設宴饗
與判官崔鎮南於東軒上樓之蓋以前此數日患寒疾時
未快復不得設坐於觀德亭故也各設交椅坐庭中亦如
之坐衆丁以大國饗焉而衆丁皆待二人之命然後始坐
而食飮矣酒三行又請其盡量衆丁之能飮者亦使之盡
醉謝曰受賜宴讌衆等皆醉銘刻五内不盡叩謝賜退〻
〻乃書示曰自昨得寒疾作氣出坐不能強勸數盃心甚
缺然遂罷是日舡運大靜所置卜物泊於朝天館蓋以崔
李先已出往朝天館待風故也是夕送細紬二疋及去核

（14丁表）

木花二斤則只受木花一斤以着陳得之衣而餘皆不受
又送之又不受翼日送培與書曰昨日有疾不得從頌款
款不已陳君氣力夜來何如大靜所寘卜物昨已運泊朝
天館矣昨送衣資退却不恭未知何意耶答曰荷恩深重
揣分難當而陳得病身怕冷隨添木花入襦可以禦寒矣
而寅勝以天氣尚暖獲庇安然薄衣亦可以禦耳是以纔
上不盡謝〻敗舡之後所浮起些少貨物已往登記在册
而寅衆等顧將此物奉充公帑以酬萬一今既運到希祈諸
位上官令差料理處置寅等庶免前去料理也時適有衙
醞送數鐥及盤肴使培督饋且問曰今當航海而陳君抱

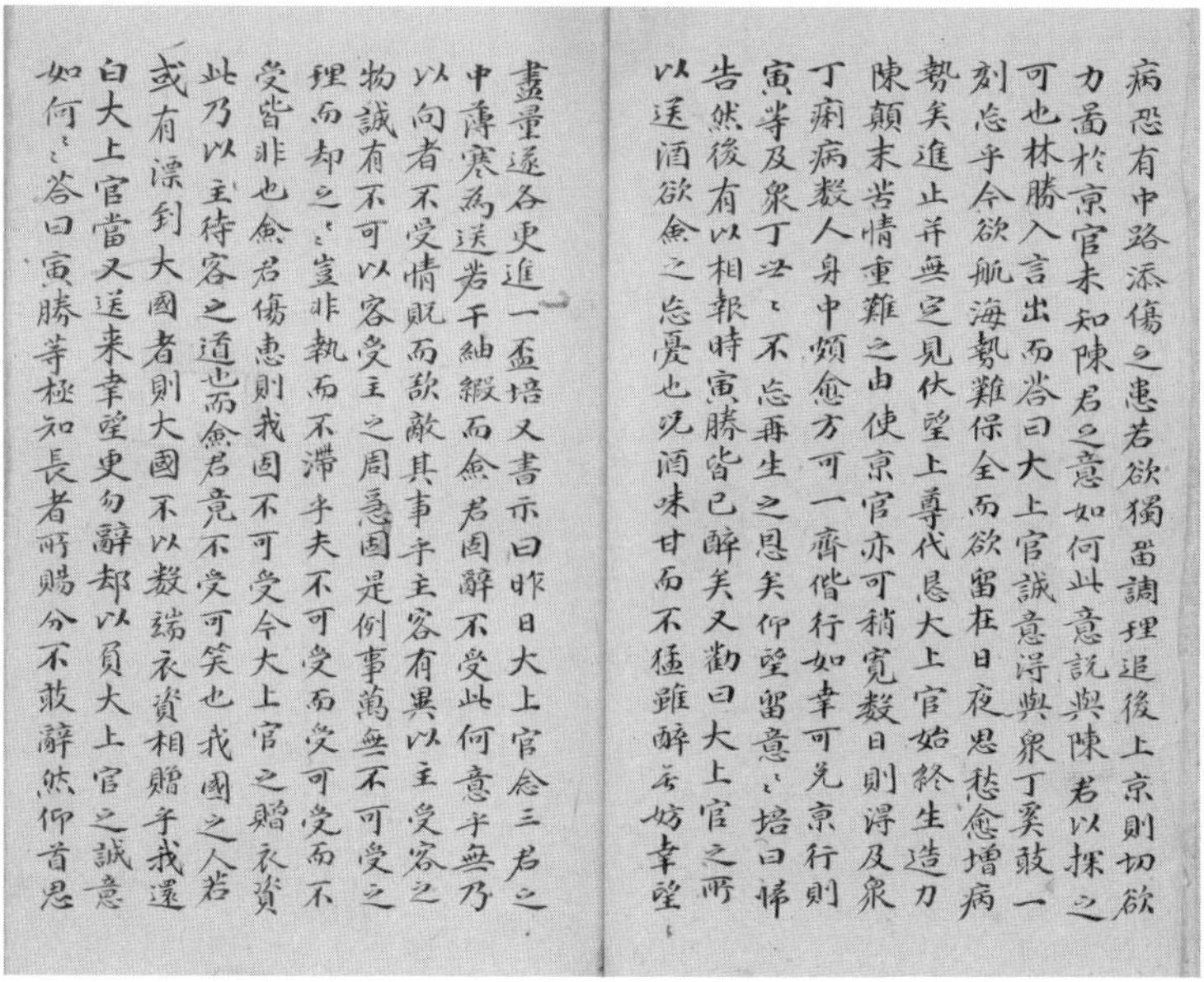

（14丁裏）

病恐有中路添傷之患若欲獨留調理追後上京則切欲
力留於京官未知陳君之意如何此意說與陳君以探之
可也林勝入言出而答曰大上官誠意得與衆丁奚敢一
刻忘乎今欲航海艱難保全而欲留在日夜思愁愈增病
勢矣進止并無定見伏望上尊代懇大上官始終生造力
陳顛末苦情重難之由使京官亦可稍寬數日則得及衆
丁痢病數人身中頗愈方可一齊偕行如幸可先京行則
寅等及衆丁世〻不忘再生之恩矣仰望留意〻培曰歸
告然後有以相報時寅勝皆已醉矣又勸曰大上官之所
以送酒欲僉之忘憂也況酒味甘而不猛雖醉無妨幸望

（15丁表）

盡量遂各更進一盃培又書示曰昨日大上官念三君之
中薄寒爲送若干紬緞而僉君固辭不受此何意乎無乃
以向者不受情貺而欲敵其事乎主客有異以主受客之
物誠有不可以客受主之周急固是例事萬無不可受之
理而却之〻〻豈非執而不滯乎夫不可受而受可受而不
受皆非也僉君傷惠則我固不可受今大上官之贈衣資
此乃以主待客之道也而僉君竟不受可笑也我國之人若
或有漂到大國者則大國不以數端衣資相贈乎我還
白大上官當又送來幸望更勿辭却以負大上官之誠意
如何〻〻答曰寅勝等極知長者所賜分不敢辭然仰首思

（15丁裏）

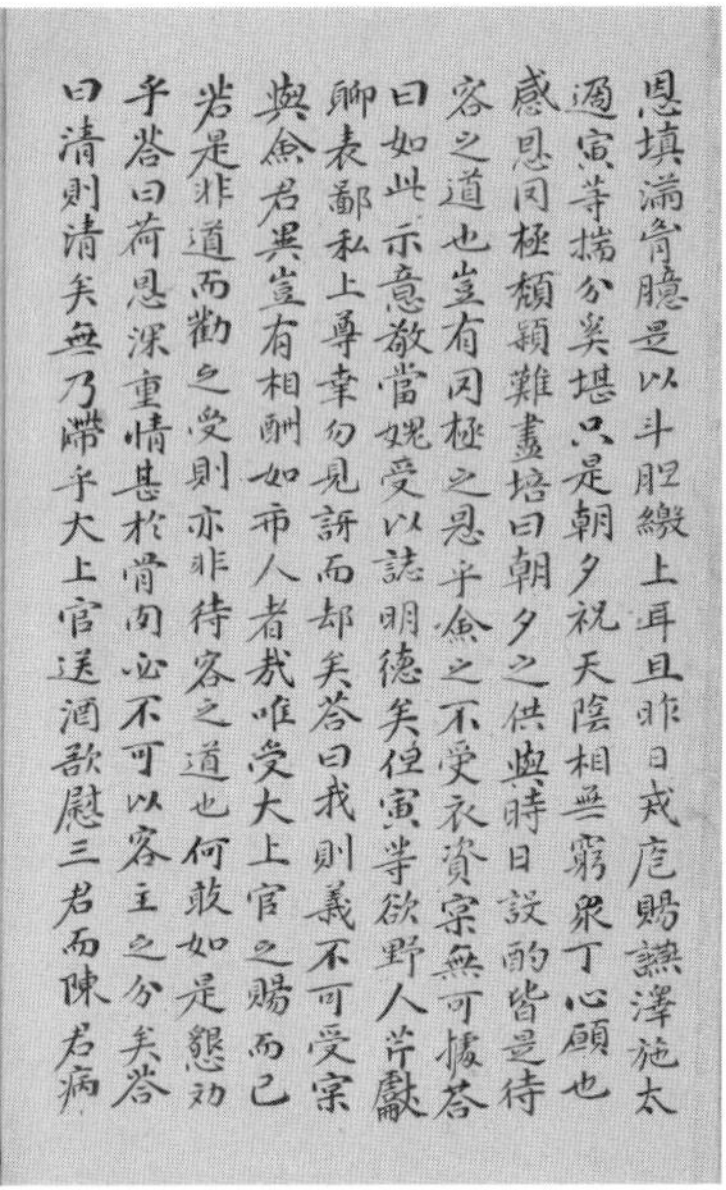

恩填滿胷臆是以斗胆纔上耳且昨日戎庭賜讌澤施太
遍寅等揣分奚堪只是朝夕祝天陰相無窮衆丁心願也
感恩罔極頓穎難盡培曰朝夕之供與時日設酌皆是待
客之道也豈有罔極之恩乎僉之不受衣資寔無可據答
曰如此示意敬當婉受以誌明德矣但寅等欲野人芹獻
卿表鄙私上尊幸勿見訝而却矣答曰我則義不可受寔
與僉君異豈有相酬如市人者哉唯受大上官之賜而已
若是非道而勸之受則亦非待客之道也何敢如是懇勸
乎答曰荷恩深重情甚於骨肉必不可以客主之分矣答
曰清則清矣無乃滯乎大上官送酒欲慰三君而陳君病

（16丁表）

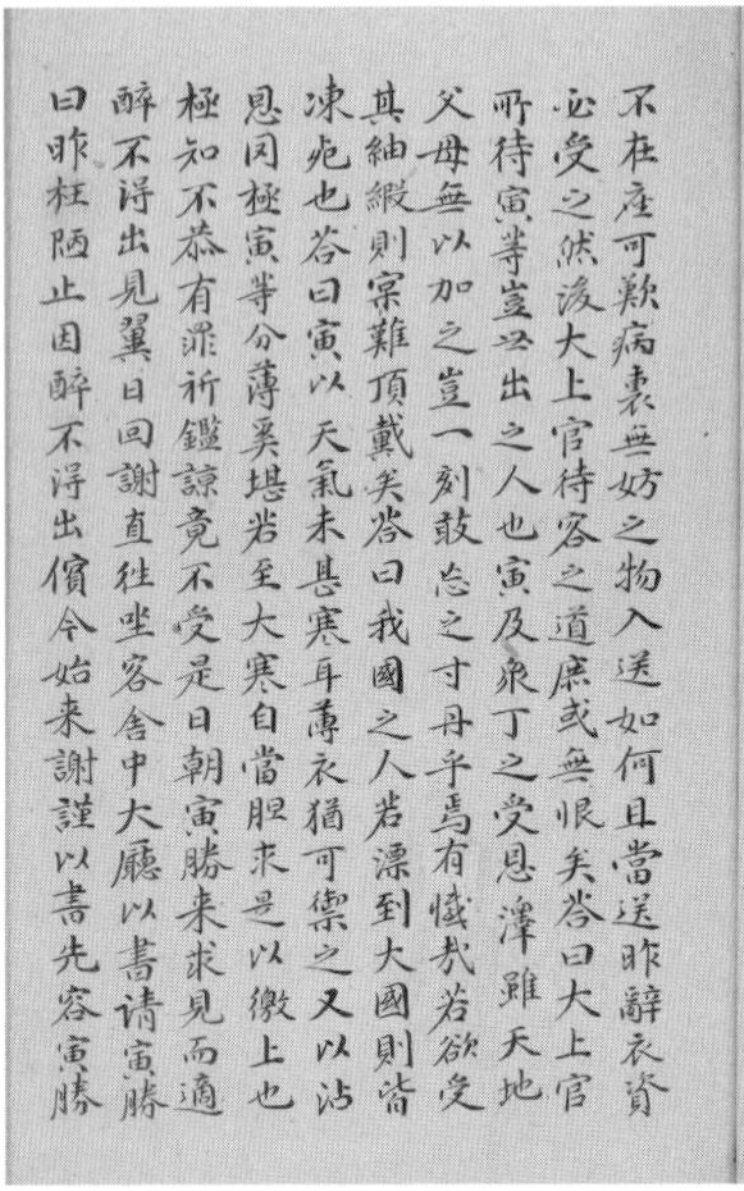

不在座可歎病裏無妨之物入送如何且當送昨辭衣資
必受之然後大上官待客之道庶或無恨矣答曰大上官
所待寅等豈以出之人也寅及衆丁之受恩澤雖天地
父母無以加之豈一刻敢忘之寸丹乎焉有慊哉若欲受
其紬緞則寔難頂戴矣答曰我國之人若漂到大國則皆
凍死也答曰寅以天氣未甚寒耳薄衣猶可禦之又以沾
恩罔極寅等分薄奚堪若至大寒自當胆求是以繳上也
極知不恭有罪祈鑑諒竟不受是日朝寅勝来求見而適
醉不得出見翼日回謝直往坐客舎中大廳以書請寅勝
曰昨枉陋止因醉不得出償令始来謝謹以書先容寅勝

（16丁裏）

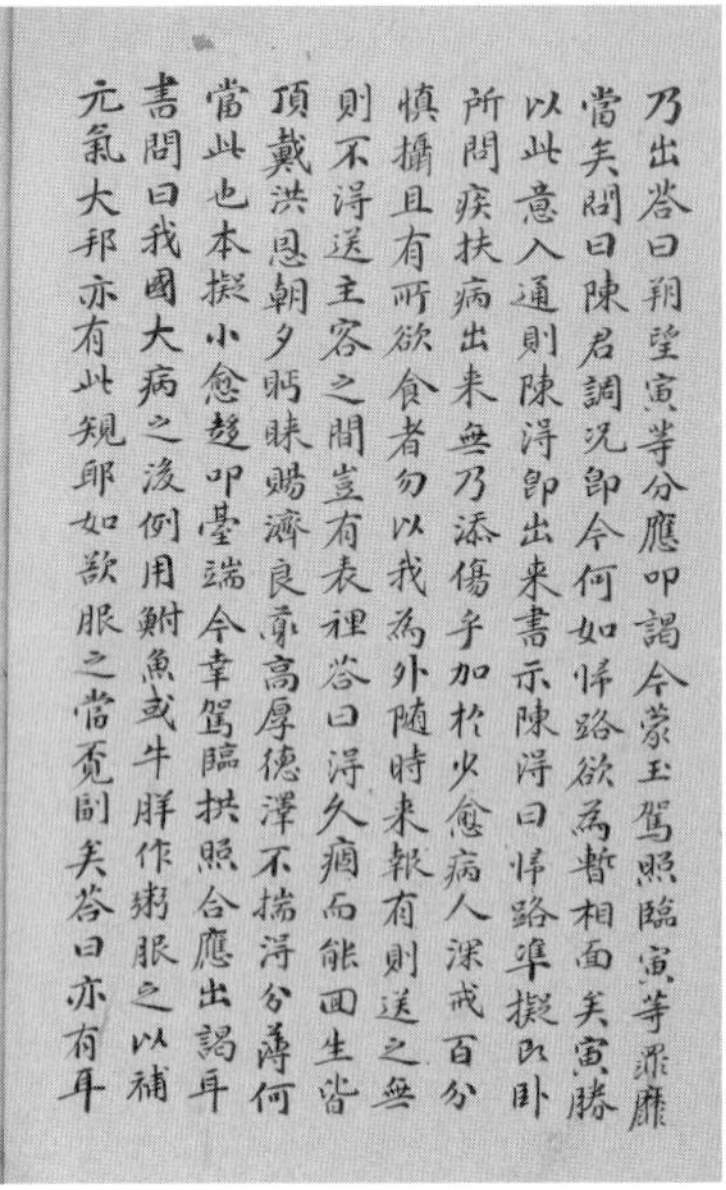

乃出答曰翔望寅等分應叩謁今蒙玉駕照臨寅等罪靡
當矣問曰陳君調況即今何如恃路欲為暫相面矣寅勝
以此意入通則陳得即出来書示陳得曰恃路準擬臥
所問疾扶病出来無乃添傷乎加於少愈病人深戒百分
慎攝且有所欲食者勿以我為外随時来報有則送之無
則不得送主客之間豈有表裡答曰得久痾而能回生皆
頂戴洪恩朝夕眄眛賜濟良藥高厚德澤不揣得分薄何
當此也本擬小愈趍叩臺端今幸駕臨拱照合應出謁耳
書問曰我國大病之後例用鮒魚或牛胖作粥服之以補
元氣大邦亦有此規耶如欲服之當覓副矣答曰亦有耳

（17丁表）

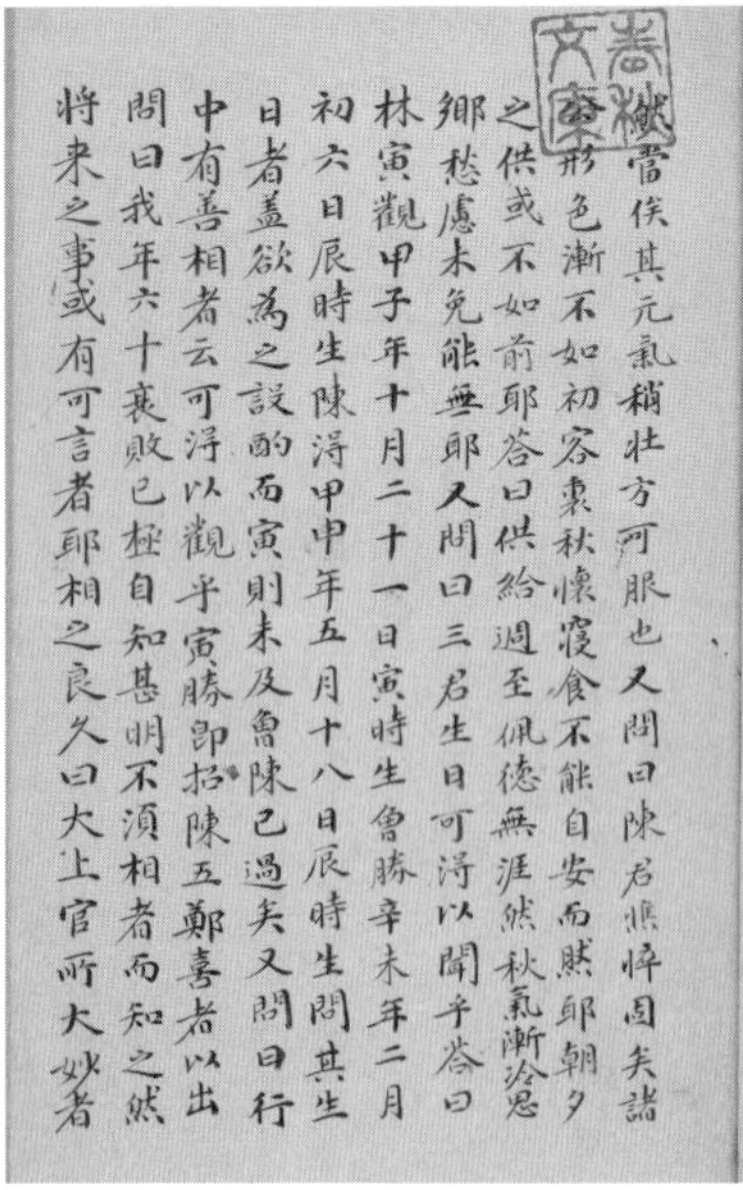

嘗俟其元氣稍壯方可服也又問曰陳君憔悴固矣諸
形色漸不如初客裏秋懷寝食不能自安而賦耶朝夕
之供或不如前耶答曰供給過至佩德無涯然秋氣漸滄思
鄉愁慮未免能無耶又問曰三君生日可得以聞乎答曰
林寅觀甲子年十月二十一日寅時生曾勝辛未年二月
初六日辰時生陳得甲申年五月十八日辰時生問其生
日者蓋欲為之設酌而寅則未及曾陳已過矣又問曰行
中有善相者云可得以觀乎寅勝即招陳五鄭喜者以出
問曰我年六十衰敗已極自知甚明不須相者而知之然
將来之事或有可言者耶相之良久曰大上官所大妙者

(17丁裏)

(18丁表)

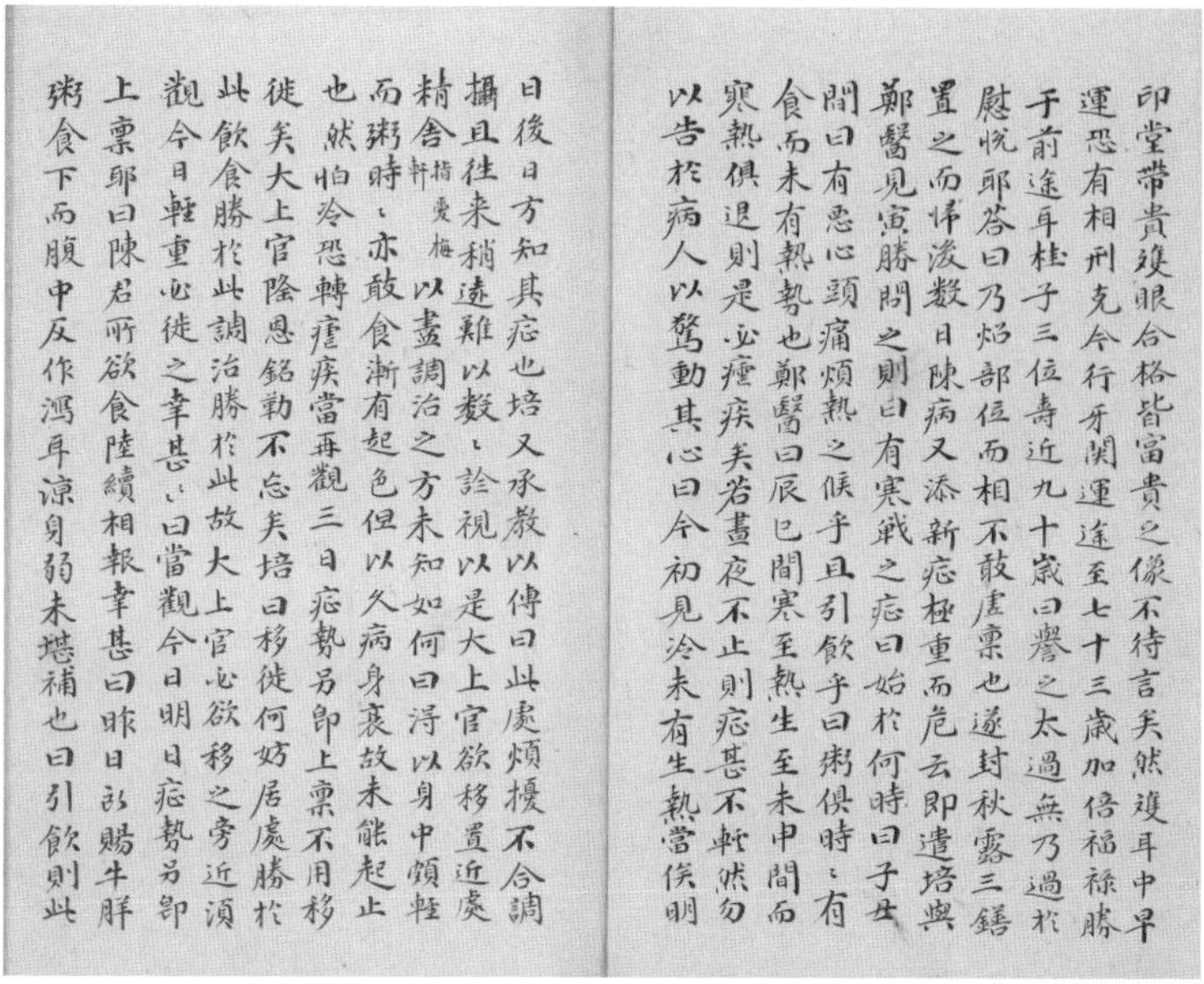

印堂帯貴雙眼合格皆富貴之像不待言矣然雙耳中早
運恐有相刑克今行牙関運逢至七十三歳加倍福禄勝
于前途耳柱子三位寿近九十歳曰誉之太過無乃過於
慰悦耶答曰乃炤部位而相不敢虚稟也遂封秋露三鐥
置之而帰後数日陳病又添新症極重而危云即遣培與
鄭醫見寅勝問之則曰有寒戦之症曰始於何時曰子丑
間曰有悪心頭痛煩熱之候乎且引飲乎曰粥供時々有
食而未有熱勢也鄭醫曰辰巳間寒至熱生至未中間而
寒熱俱退則是必瘧疾矣若晝夜不止則症甚不軽然勿
以告於病人以驚動其心曰今初見冷未有生熱當俟明

日後日方知其症也培又承教以傳曰此處煩擾不合調
攝且往来稍遠難以数々診視以是大上官欲移置近處
精舎指愛梅軒以盡調治之方未知如何曰浔以身中頗軽
而粥時々亦敢食漸有起色但以久病身衰故未能起止
也然怕冷恐轉瘧疾當再観三日症勢另即上稟不用移
徙矣大上官隆恩銘勒不忘矣培曰移徙何妨居處勝於
此飲食勝於此調治勝於此故大上官必欲移之旁近須
観今日軽重必徙之幸甚々々曰當観今日明日症勢另即
上稟耶曰陳君所欲食陸續相報幸甚曰昨日亦賜牛胖
粥食下而腹中反作瀉耳涼身弱未堪補也曰引飲則此

(18丁裏)

(19丁表)

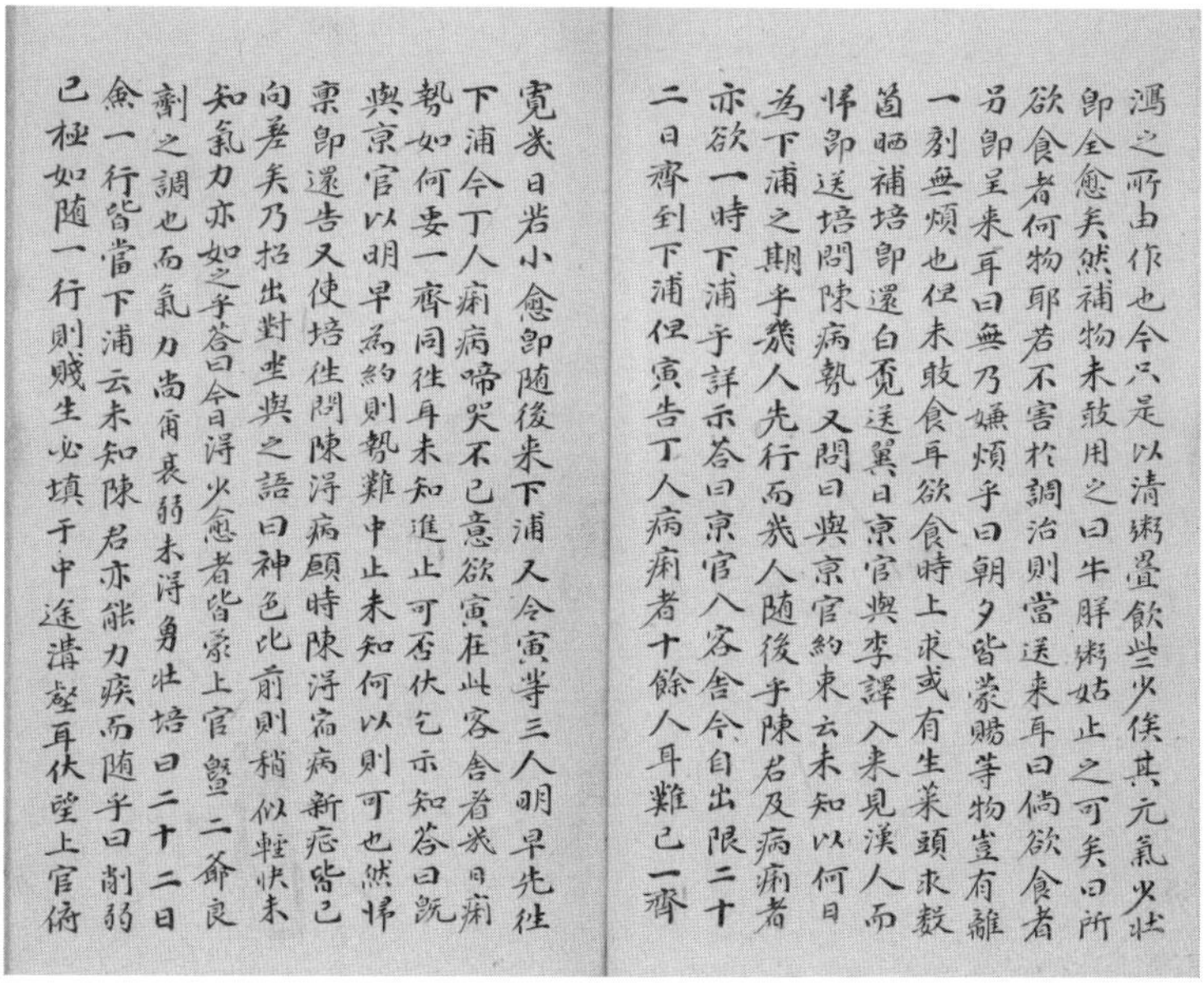

瀉之所由作也今只是以清粥畳飲些少俟其元氣少壮
卽全愈矣然補物未敢用之曰牛胖粥姑止之可矣曰所
欲食者何物耶若不害於調治則當送来耳曰倘欲食者
另卽呈来耳曰無乃嫌煩乎曰朝夕皆蒙賜等物豈有雑
一刻無煩也但未敢食耳欲食時上求或有生菜頭求数
箇晒補培卽還白覔送翼曰京官與李譯入来見漢人而
帰卽送培問陳病勢又問曰與京官約束云未知以何日
為下浦之期乎幾人先行而幾人随後乎陳君及病痢者
亦欲一時下浦乎詳示答曰京官入客舎今自出限二十
二日齊到下浦但寅告丁人病痢者十餘人耳難已一齊

寛幾日若小愈卽随後来下浦又今寅等三人明早先往
下浦令丁人痢病啼哭不已意欲寅在此客舎看幾日痢
勢如何要一齊同往耳未知進止可否伏乞示知答曰既
與京官以明早為約則勢難中止未知何以則可也然帰
稟卽還告又使培往問陳浔病顧時陳浔宿病新症皆已
向差矣乃招出對坐與之語曰神色比前則稍似軽快未
知氣力亦如之乎答曰今日浔少愈者皆蒙上官暨二爺良
劑之調也而氣力尚甭衰弱未浔勇壮培曰二十二日
僉一行皆當下浦云未知陳君亦能力疾而随乎曰劑弱
已極如随一行則賤生必填于中途溝壑耳伏望上官俯

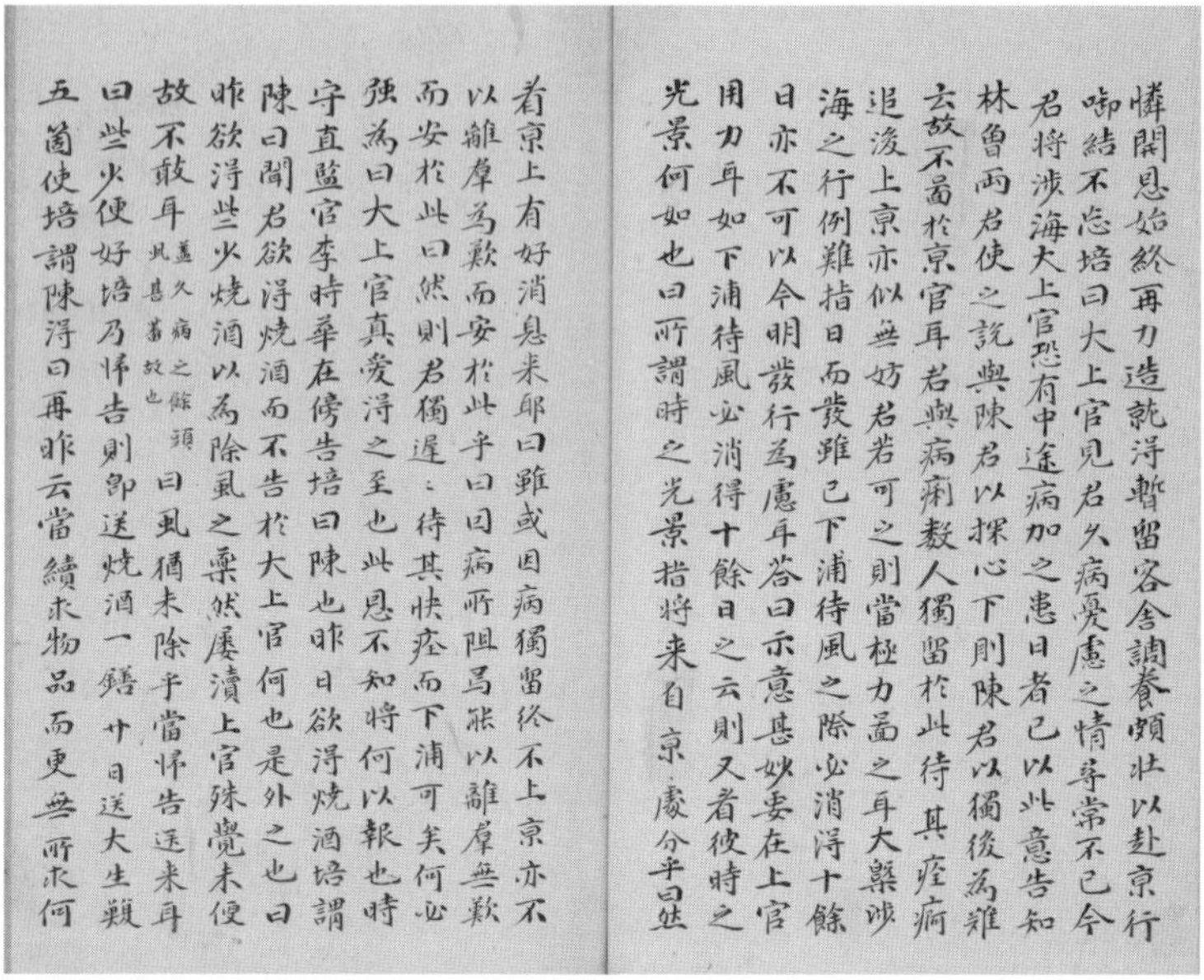

（19丁裏）

憐閔恩始終再力造就得暫留客舍調養頓壮以赴京行
啣結不忘培曰大上官見君久病憂慮之情尋常不已今
君将渉海大上官恐有中途病加之患日者已以此意告知
林曽両君使之説與陳君以探心下則陳君以獨後為難
云故不畄於京官耳若與病痢数人獨畄於此待其痊痾
追後上京亦似無妨君若可之則當極力畄之耳大槩渉
海之行例難指日而發雖已下浦待風之際必消得十餘
日亦不可以今明發行為慮耳荅曰示意甚妙要在上官
用力耳如下浦待風必消得十餘日之云則又着彼時之
光景何如也曰所謂時之光景指将来自京處分乎曰然

（20丁表）

着京上有好消息来耶曰雖或因病獨畄終不上京亦不
以離摩為歎而安於此乎曰因病所阻焉能以離摩無歎
而安於此曰然則君獨遅々待其快痊而下浦可矣何必
強為曰大上官真愛得之至也此恩不知将何以報也時
守直監官李時華在傍告培曰陳也昨日欲得焼酒培謂
陳曰聞君欲得焼酒而不告於大上官何也是外之也曰
昨欲得些少焼酒以為除虱之藥然屡瀆上官殊覚未便
故不敢耳蓋久病之餘頭虱甚蕃故也曰虱猶未除乎當帰告送来耳
曰些少便好培乃帰告則即送焼酒一鐥廿日送大生鶏
五箇使培謂陳得曰再昨云當續求物品而更無所求何

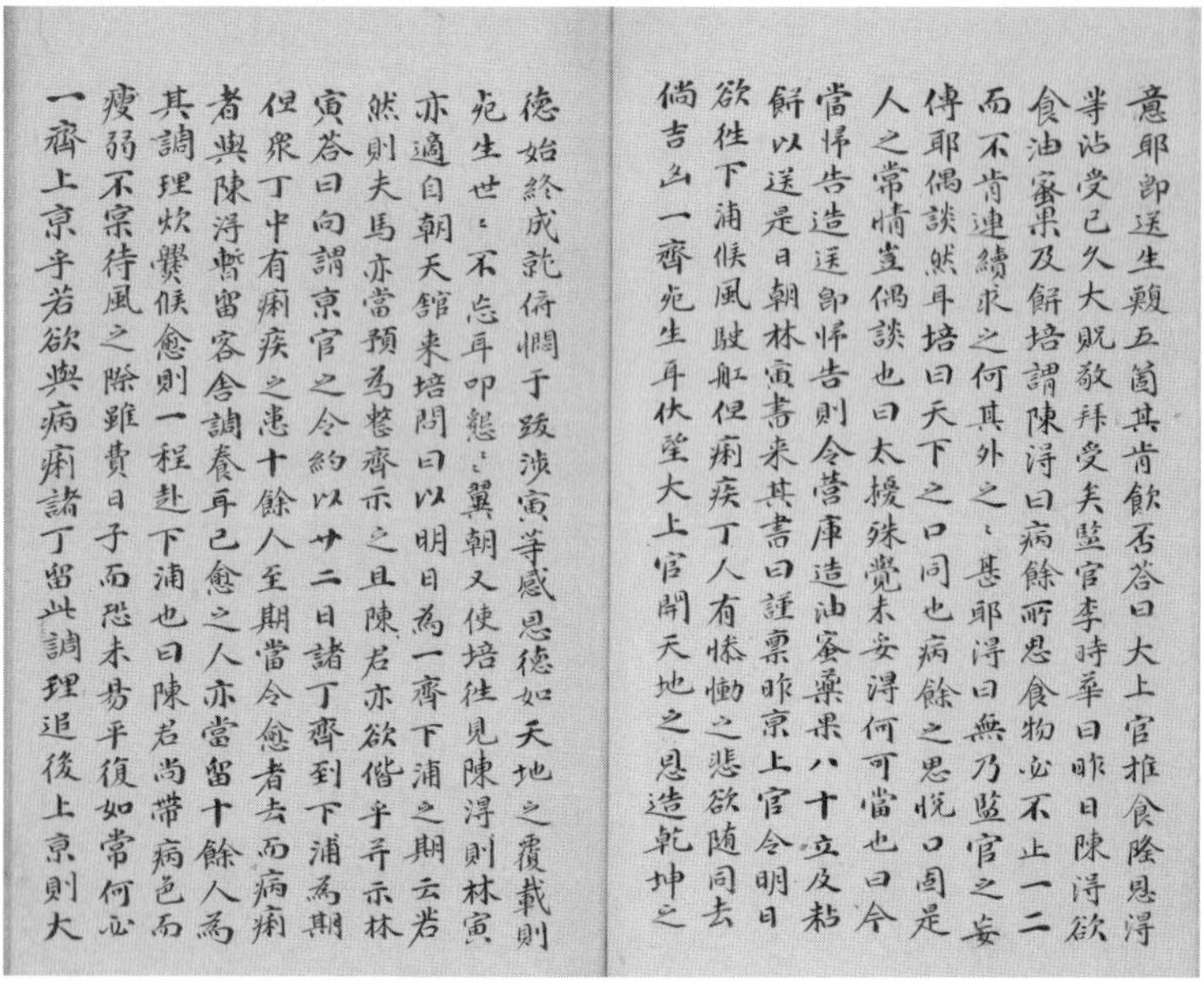

（20丁裏）

意耶即送生鶏五箇其肯飲否荅曰大上官推食隆恩得
半沾受已久大既敬拜受矣監官李時華曰昨日陳得欲
食油蜜果及餅培謂陳得曰病餘所思食物必不止一二
而不肯連續求之何其外之々甚耶得曰無乃監官之妄
傳耶偶談然耳培曰天下之口同也病餘之思悦口固是
人之常情豈偶談也曰太擾殊覚未安得何可當也曰今
當帰告造送即帰告則令營庫造油蜜藥果八十立及粘
餅以送是日朝林寅書来其書曰謹稟昨京上官令明日
欲往下浦候風駛舡但痢疾丁人有悵惻之悲欲随同去
倘吉凶一齊死生耳伏望大上官開天地之恩造乾坤之

（21丁表）

徳始終成就侍惆于跋渉寅等感恩徳如天地之覆載則
死生世々不忘耳叩懇々々翼朝又使培往見陳得則林寅
亦適自朝天館来培問曰以明日為一齊下浦之期云若
然則夫馬亦當預為整齊示之且陳君亦欲偕乎并示林
寅荅曰向謂京官之令約以廿二日諸丁齊到下浦為期
但衆丁中有痢疾之患十餘人至期當令愈者去而病痢
者與陳得暫留客舍調養耳已愈之人亦當留十餘人為
其調理炊爨候愈則一程赴下浦也曰陳君尚帯病色而
瘦弱不寔待風之際雖費日子而恐未易平復如常何必
一齊上京乎若欲與病痢諸丁留此調理追後上京則大

（21丁裏）

上官以此情状欲稟知　朝廷耳曾雖已問而未得其詳
故復此申々望須詳示情願得曰行期催迫得衰弱已極
其不能偕行必矣倘蒙上官之蔭庇俾得痢病諸丁獲
留客舎牀曰退後上京則沾恩于罔極矣曰窃恐君以雑
群失倚為悲歎也得曰事不得已而然也是日作書與京
官曰陳得病未快痊病痢者亦多先後出往似便云々陳且
得顧留調理則京官以為不可且曰雖病者出来調理未知其
不可也須於明日一齊出送云々即使培持其書往示之
且謂曰以先後下浦似使及陳君顧留於此待其快復退
後上京之意作書議于京官則京官所答如此大上官固

（22丁表）

有不得任意為之者故使我来告陳得答曰通途跋渉風
霜亦非調病之所在京官可謂不悖心也答曰京官亦豈
無憫悖之心事有不得已也奈何得曰総以一死許之別
有何傷曰不知所答也乃歸告此問答人即送培謂曰明
日當為僉往京官所相議変通之道然林君則不可不往
可與俱也先是漢人擲銭以占其吉凶云々乃問曰闔僉
占云占辭可得聞乎曰祈求神前即神出字示知曰此占
自前有驗否曰然神言大上官好意感動天神許衆等求
大上官必有善處此地送到日本的々不用京國之行也
時衆丁皆泣問曰衆丁何泣也慰諭之可矣答曰慮京行

（22丁裏）

必不善處也因以啼哭曰明日大上官親往議之則或有
遅延之道耳毋俾衆等漣如也廿二早朝使培往謂林寅
曰食後當往朝天館林君當偕因暫留與語問陳得曰向
来餅果已盡乎更欲何物耶大上官當分付而行答曰昨
蒙厚賜餅果食尚餘存日以點心足矣更欲何求也謝々
不盡曰大上官夕間當還々則當更問欲食之物勿諱辛
甚人皆有病々後則所思必多矣曰嗣有欲食之物則當
呈以求林寅書示曰前者大上官有閑生造之恩修書與
執政今未知如何伏乞指示曰其答姑未及来耳曰廿六
七間到否曰何必以廿六七為言乎無乃有先知之路耶

（23丁表）

曰諒者廿六七為止曰何可必其某日乎林寅又書示曰
衆丁者京通事有偽言偽行始知此行必不善也恐京行
未免跋渉艱苦衆等蒙大上官適給到今恩徳无報意欲
就此自盡一死以報大恩免受勞苦也曰此婦人之諒也
曰昨既衆等之言因而述之曰望姑安心陳得書示曰京
官每云　朝廷有念我漢善處得當之道今病者亦如是
催行是使而殺之也曰歸而相議更稟京官耳豈有使而
殺之々理是過激之言也望姑安心大上官之為僉周旋
不遺餘力今我歸告則或有随使之道矣我更報陳得又
書示曰大上官之極力周旋得等寧非木石聾瞶而不知

（23丁裏）

所自然今日之矯擧者乃京官之不用情耳中朝以外夷
國尚三十六天下之經商者不一有飄到其國必即護送還
帰後已今貴國乃文物之名區而衣冠制儀宗漢之舊度
得等初敗登舡陸入州以来適逢大上官之推恩同極窮
以自喜得還本國之日不遠豈不想　朝廷之掎難若是
殊信乎命之窮也培乃還告同培行林寅亦偕既至朝天
館與崔李設酌招前来勝等數人以觴之皆使之極量而
醉臨羅謂崔曰涉海之行難以任意數日之内風不與便
則漢人之在州内者徒徐下浦如何然風之順不順舟人
可知問然後疾徐之似可崔曰可即招事知舟人問之則

（24丁表）

以為五六日之前必不得順風云又謂崔曰林曾兩人在
此別無所幹令吾帶去同時下浦如何崔許之林曾以為
陳病尚未央復丁人痢疾者亦多願寛限於七八日之後
云李譯曰不可柔弱當於明日入去再明晝率以出崔即
不敢逆其意以為可是後不復相議而羅帶林曾以来翼
日崔李入来住宿別館翼日往漢人所言其率去之意相
者陳五執大義以折之李譯亦有秉彛之性大慚回頭不
敢與語者良久更為開諭盡與之出乃送培言于林曾曰
我欲就別而時方開坐故未果去時可得見否林曾餘人
即来餘衆九十二丁亦皆繼至伏庭大哭〻聲震地令人

（24丁裏）

慘目不忍見焉乃書示二人曰數日内風勢不順則久住
朝天舘何難再見答曰京官催迫甚緊急病人一人不留
及陳得磐率前往矣寅等沐恩無以畱報今相率匍叩伏乞
鑑諒寅等負恩之罪又書示曰欲以一盃送行耳回答
勸一盃二人泣不忍飲強而後執盃因謝曰謝恩深重倘
風未順寅等再来叩謁酒賜上不敢飲耳又書示曰京官
甚迫開舡倘在明〻日聞寅勝則不得前来面叩伏望大
上官始終造就或代寅等再啓聞　朝廷或有書與執政
上官使寅等跋涉亦有後望回郷之期則生死啣結矣答
曰苟力所及豈敢恝然時陳得雖云向差而元氣尚未蘇

（25丁表）

壯不能扒起立辭而去〻時以馬轎送而林曾以下廾九
十四人各給夫馬以送遂率而出東門與濟人皆泣別挽
者莫不沾衣有一少妓亦在較中悲不自勝泣涕漣洳妄
識小妓固不知漢人之可貴亦不必念其前頭之吉凶而
天誘其衷不覺墮淚李譯適見之大叱曰爾父耶何泣爲
此獨何心哉可謂一娼之罪人也既又下浦守直甚牢李
譯以爲奬曰北使方来云率往以接則我又何患濟人聞
此言傳說而鄙之廿七早朝往朝天舘直到漢人所盖爲
漢人駕言故也漢人舉皆驚喜滿庭拜叩遂與林曾陳三
人来崔即所與之朝食與蝌盬而問之曰中原亦有此物

(25丁裏)

(26丁表)

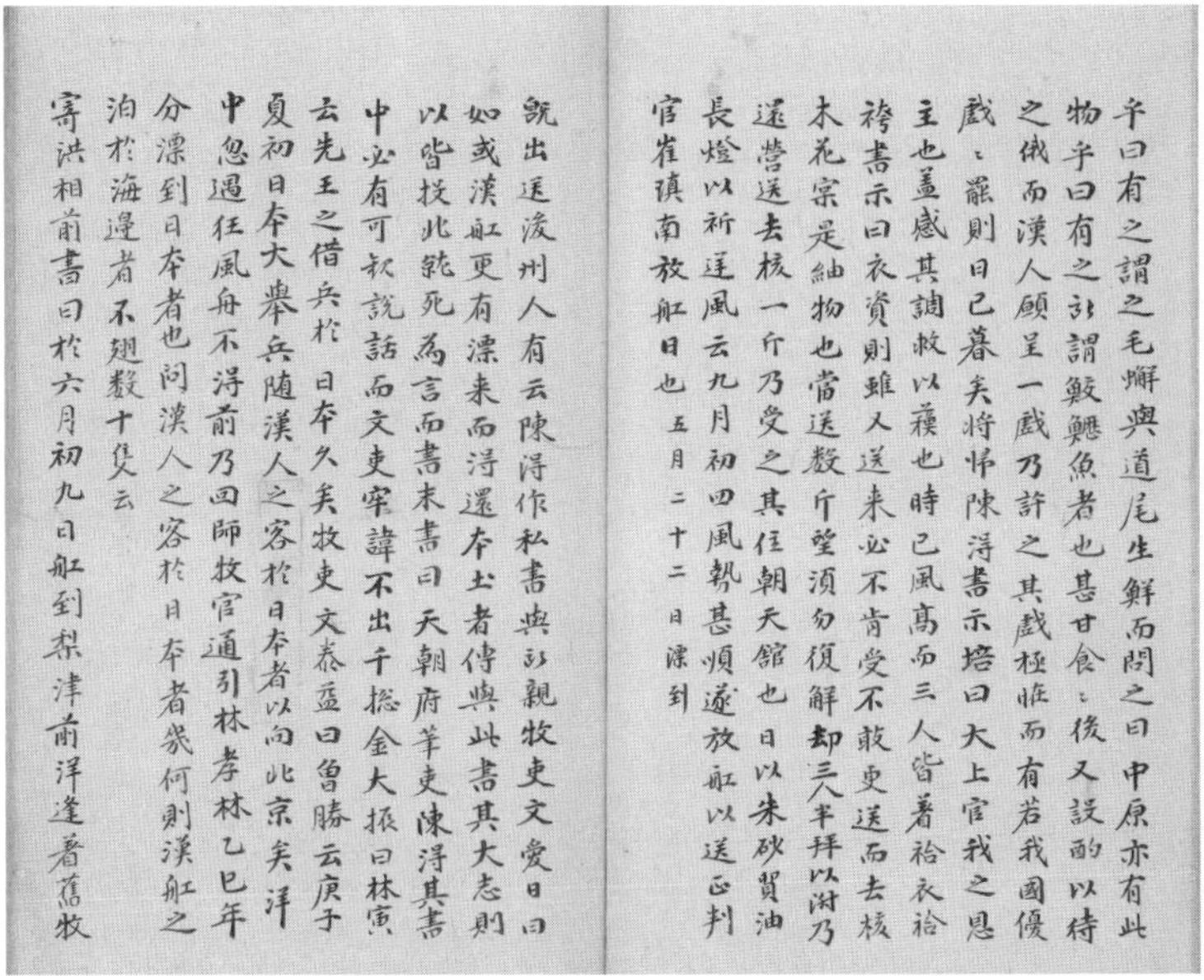

乎曰有之謂之毛蠏與道尾生鮮而問之曰中原亦有此物乎曰有之彼謂鰒鰮魚者也甚甘食ゝ後又設酌以待之儀而漢人願呈一戯乃許之其戯極脏而有若我國優戯ゝ罷則日已暮矣将帰陳浔書示培曰大上官我之恩主也蓋感其調救以穫也時已風高而三人皆着袷衣袷衿書示曰衣資則雖人送来必不肯受不敢吏送而去核木花宗是紬物也當送数斤望須勿復解却三八半拜以謝乃還營送去核一斤乃受之其住朝天館也日以朱砂貫油長燈以祈送風云九月初四風勢甚順遂放舡以送正判官崔鎮南放舡日也五月二十二日漂到

既出送浚州人有云陳浔作私書與彼親牧吏文愛日曰如或漢舡更有漂来而浔還本土者傳與此書其大志則以皆投北就死為言而書末書曰天朝府筆吏陳浔其書中必有可知説話而文吏牢諱不出千摠金大振曰林寅云先王之借兵於日本久矣牧吏文泰益曰曽勝云庚子夏初日本大擧兵随漢人之客於日本者以向北京矣洋中忽遇狂風舟不得前乃回師牧官通引林孝林乙巳年分漂到日本者也問漢人之客於日本者幾何則漢舡之泊於海邊者不翅數十隻云

寄洪相前書曰於六月初九日舡到梨津前洋逢着舊牧

(26丁裏)

(27丁表)

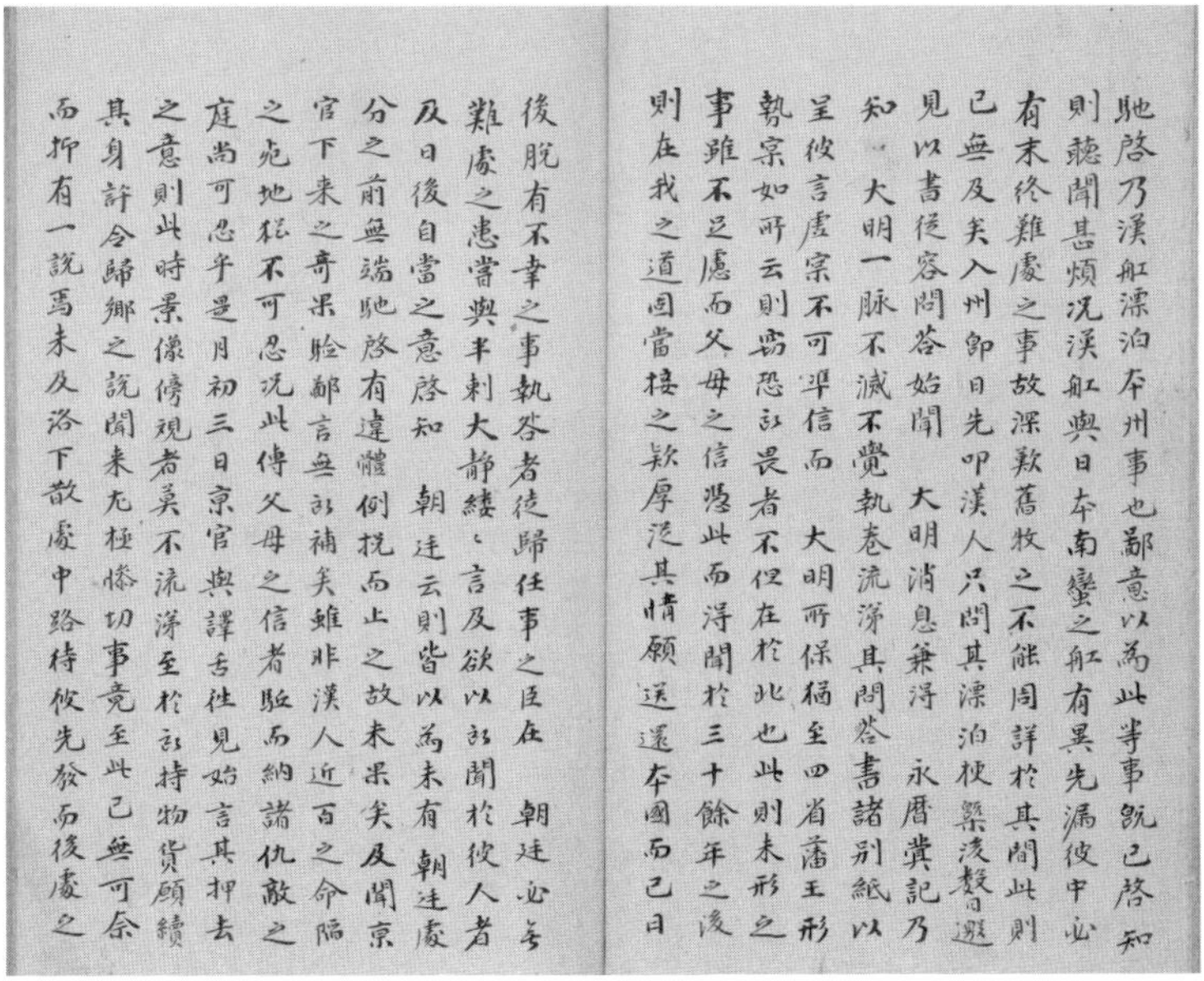

馳啓乃漢舡漂泊本州事也鄙意以為此等事既已啓知則聽聞甚煩況漢舡與日本南蠻之舡有異先漏彼中必有末終難處之事故深歎舊牧之不能周詳於其間此則已無及矣入州卽日先叩漢人只問其漂泊梗槩淺贅避見以書從容問答始聞　大明消息兼浔　永曆冀記乃知　大明一脉不滅不覺執巻流涕其問答書諸別紙以呈彼言虞宗不可準信而　大明所保猶至四省藩王彤執宗如所云則竊恐彼晨者不但在於北也此則未形之事雖不足慮而父母之信漠此而浔聞於三十餘年之後則在我之道固當接之款厚泛其情願送還本國而已日

後脱有不幸之事執咎者徒歸任事之臣在　朝廷必無難處之患嘗與半刺大静縷ゝ言及欲以彼聞於彼人者及日後自當之意啓知　朝廷云則皆以為未有　朝廷處分之前無端馳啓有違體例挽而止之故未果矣及聞京官下来之奇果驗鄙言無彼補矣雖非漢人近百之命隔之死地猶不可忍況此傳父母之信者駈而納諸仇敵之庭尚可忍乎是月初三日京官與譯舌往見始言其押去之意則此時景像傍觀者莫不流涕至於彼持物貨願續其身許令歸鄉之説聞来尤極慘切事竟至此已無可奈而抑有一説焉未及洛下散處中路待彼先發而後處之

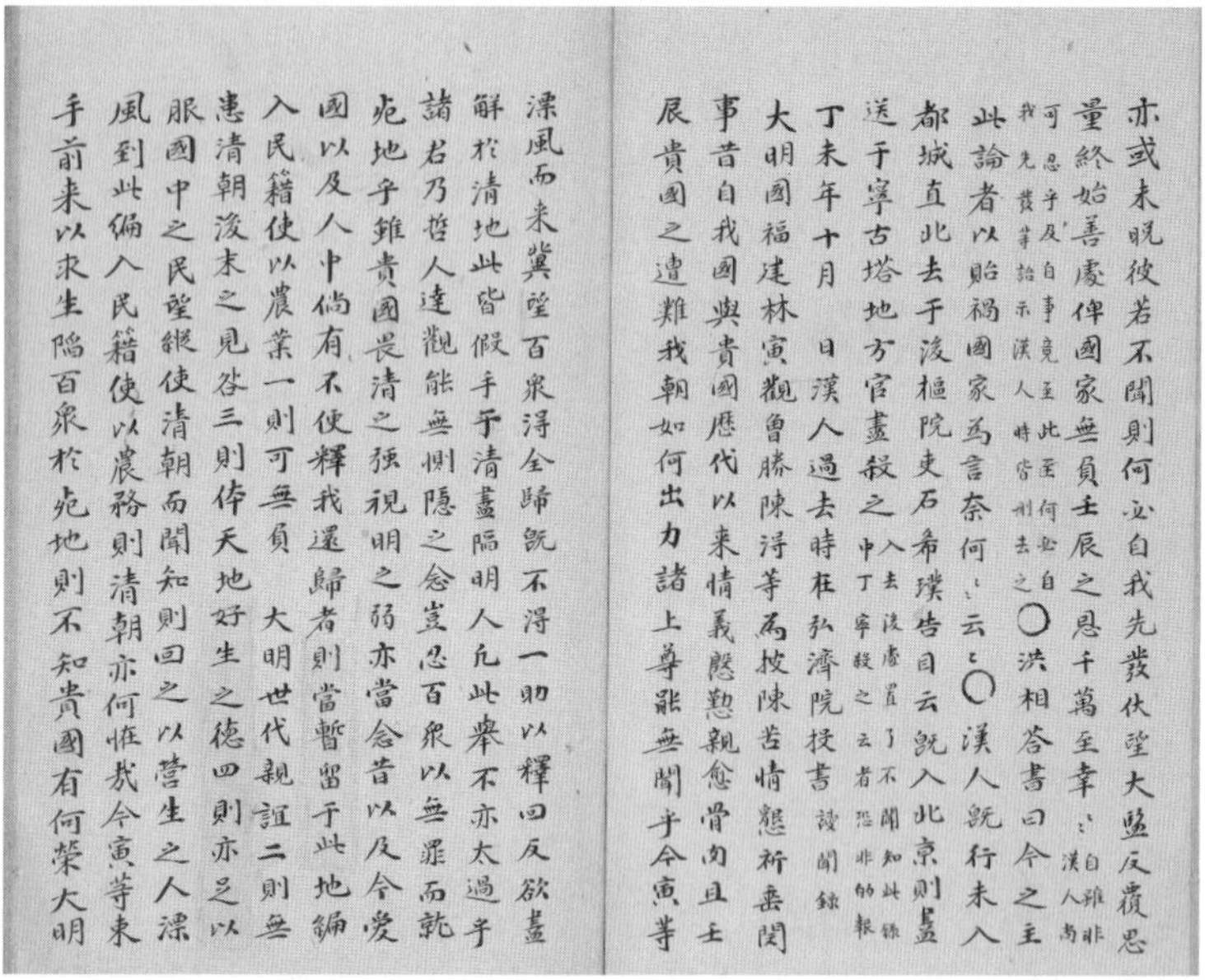

（27丁裏）

亦或未既彼若不聞則何必自我先發伏望大監反覆思
量終始善處俾國家無負壬辰之恩千萬至幸〻自雖非漢人尚
可忌乎及自事竟至此至何必自我先發等語示漢人時皆刑去之○洪相荅書曰令之主
此論者以貽禍國家為言奈何〻云〻○漢人既行未入
都城直北去于後樞院吏石希璞告曰云既入北京則盡
送于寧古塔地方官盡殺之入去後處置了不聞知此錄中丁寧殺之云者恐非的報
丁未年十月　日漢人過去時在弘濟院授書讀聞錄
大明國福建林寅觀曾勝陳得等為披陳苦情懇祈垂閔
事昔自我國與貴國歷代以来情義懇懃親愈骨肉且壬
辰貴國之遭難我朝如何出力諸上尊能無聞乎今寅等

（28丁表）

漂風而来冀望百衆得全歸既不得一助以釋回反欲盡
解於清地此皆假手于清盡陷明人凡此舉不亦太過乎
諸君乃哲人達觀能無惻隱之念豈忍百衆以無罪而就
死地乎雖貴國畏清之强視明之弱亦當念昔以及今愛
國以及人中倘有不使釋我還歸者則當暫留于此地編
入民籍使以農業一則可無負　大明世代親誼二則無
患清朝後来之見咎三則体天地好生之德四則亦足以
服國中之民望縱使清朝而聞知則回之以營生之人漂
風到此編入民籍使以農務則清朝亦何怪哉今寅等東
手前来以求生陷百衆於死地則不知貴國有何榮大明

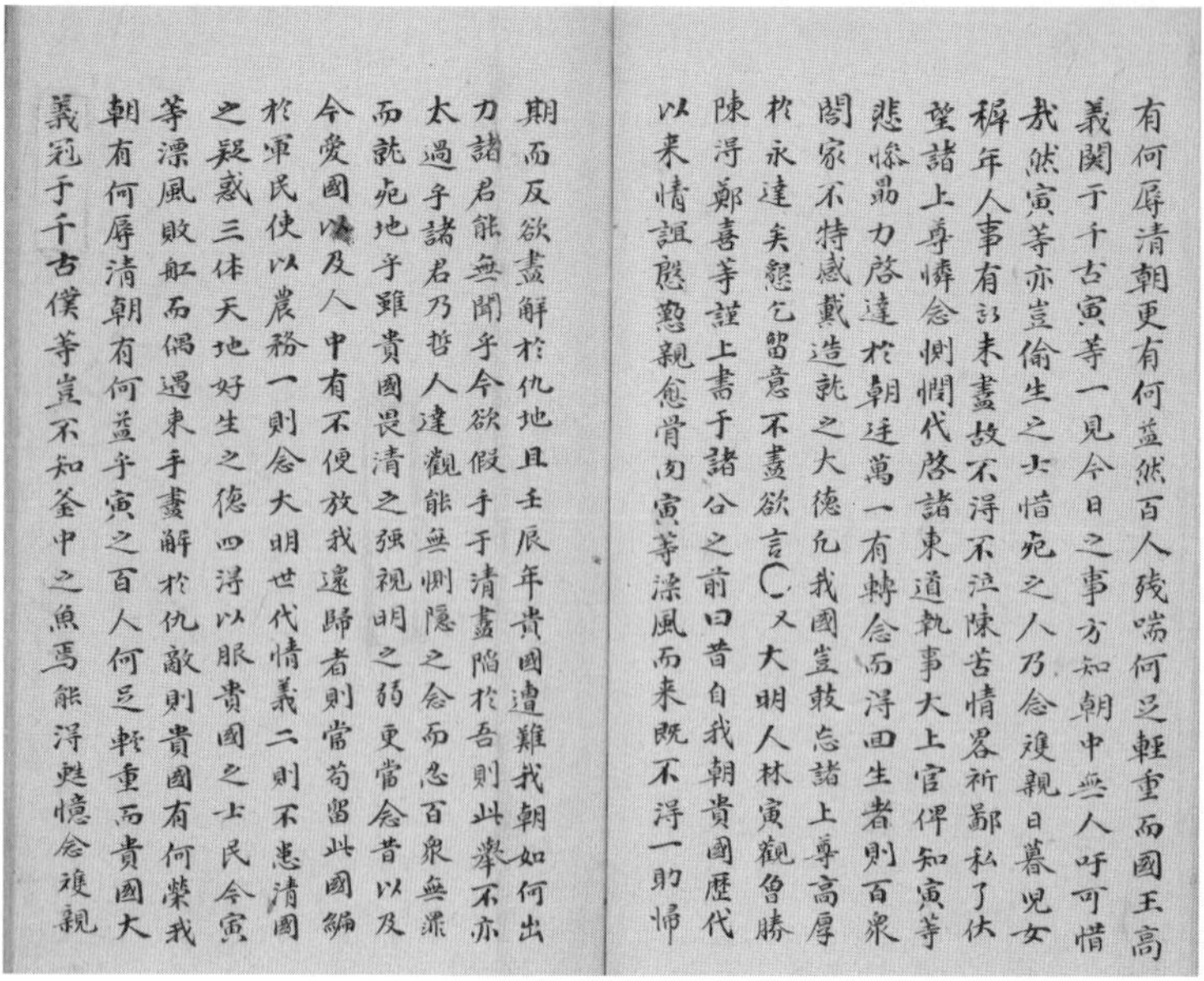

（28丁裏）

有何辱清朝更有何益然百人殘喘何足輕重而國王高
義関于千古寅等一見今日之事方知朝中無人吁可惜
哉然寅等亦豈偷生之士惜死之人乃念遠親日暮兒女
稱年人事有訖未盡故不得不泣陳苦情畧祈鄙私了伏
望諸上尊憐念惻憫代啓諸東道執事大上官俾知寅等
悲慘畢力啓達於朝廷萬一有轉念而得回生者則百衆
闔家不特感戴造就之大德凡我國豈敢忘諸上尊高厚
於永遠矣懇乞留意不盡欲言○又大明人林寅觀曾勝
陳得鄭喜等謹上書于諸公之前曰昔自我朝貴國歷代
以来情誼懇懃親愈骨肉寅等漂風而来既不得一助帰

（29丁表）

期而反欲盡解於仇地且壬辰年貴國遭難我朝如何出
力諸君能無聞乎今欲假手于清盡陷於吾則此舉不亦
太過乎諸君乃哲人達觀能無惻隱之念而忍百衆無罪
而就死地乎雖貴國畏清之强視明之弱更當念昔以及
今愛國以及人中有不便放我還歸者則當苟留此國編
於軍民使以農務一則念大明世代情義二則不患清國
之疑惑三体天地好生之德四得以服貴國之士民今寅
等漂風敗舡而偶遇束手盡解於仇敵則貴國有何榮我
朝有何辱清朝有何益乎寅之百人何足輕重而貴國大
義冠于千古僕等豈不知釜中之魚焉能得甦憶念遠親

（29丁裏）

（30丁表）

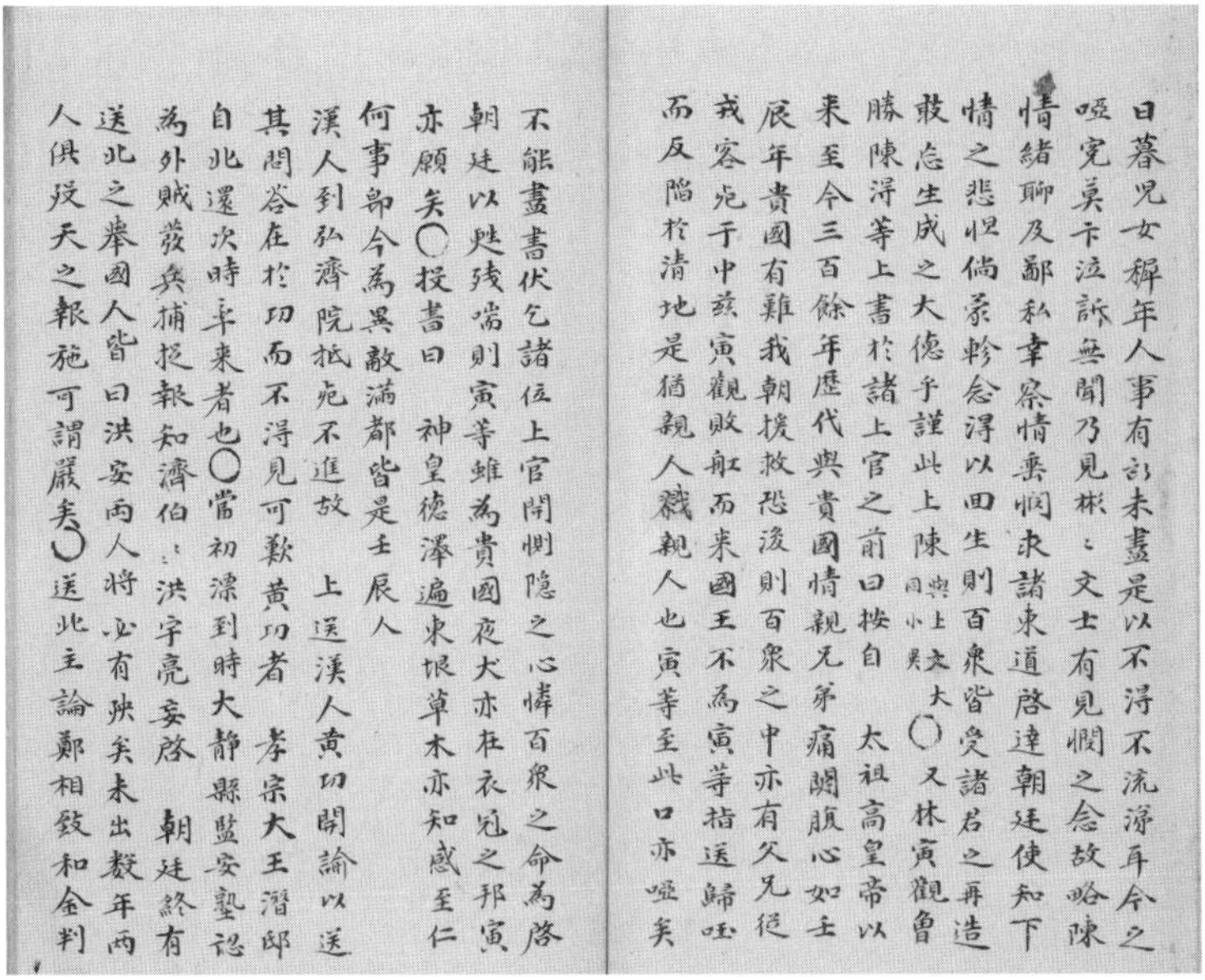
日暮兒女稱年人事有訟未盡是以不得不流涕耳今之
啞寃莫下泣訴無聞乃見彬々文士有見憫之念故略陳
情緒聊及鄙私幸察情垂憫求諸東道啓達朝廷使知下
情之悲但倘蒙矜念得以回生則百衆皆受諸君之再造
救忘生成之大德予謹此上陳與上文大同小異○又林寅觀魯
勝陳得等上書於諸上官之前曰按自　太祖高皇帝以
來至今三百餘年歷代與貴國情親兄弟痛關腹心如壬
辰年貴國有難我朝援救恐後則百衆之中亦有父兄從
戎客死于中茲寅觀敗舡而來國王不為寅等指送歸啞
而反陷於清地是猶親人殺親人也寅等至此口亦啞矣
不能盡書伏乞諸位上官開惻隱之心憐百衆之命為啓
朝廷以甦殘喘則寅等雖為貴國夜犬亦在衣冠之邦寅
亦願矣○授書曰　神皇德澤遍東垠草木亦知感至仁
何事鄭今為異敵滿都皆是壬辰人
漢人到弘濟院抵死不進故　上送漢人黃功開諭以送
其問答在於功而不得見可歎黃功者　孝宗大王潛邸
自北還次時率來者也○當初漂到時大靜縣監安塾認
為外賊發兵捕捉報知濟伯々々洪宇亮妄啓　朝廷終有
送北之舉國人皆曰洪安兩人將必有殃矣未出數年兩
人俱殁天之報施可謂嚴矣○送北主論鄭相致和金判

（31丁表）

（30丁裏）

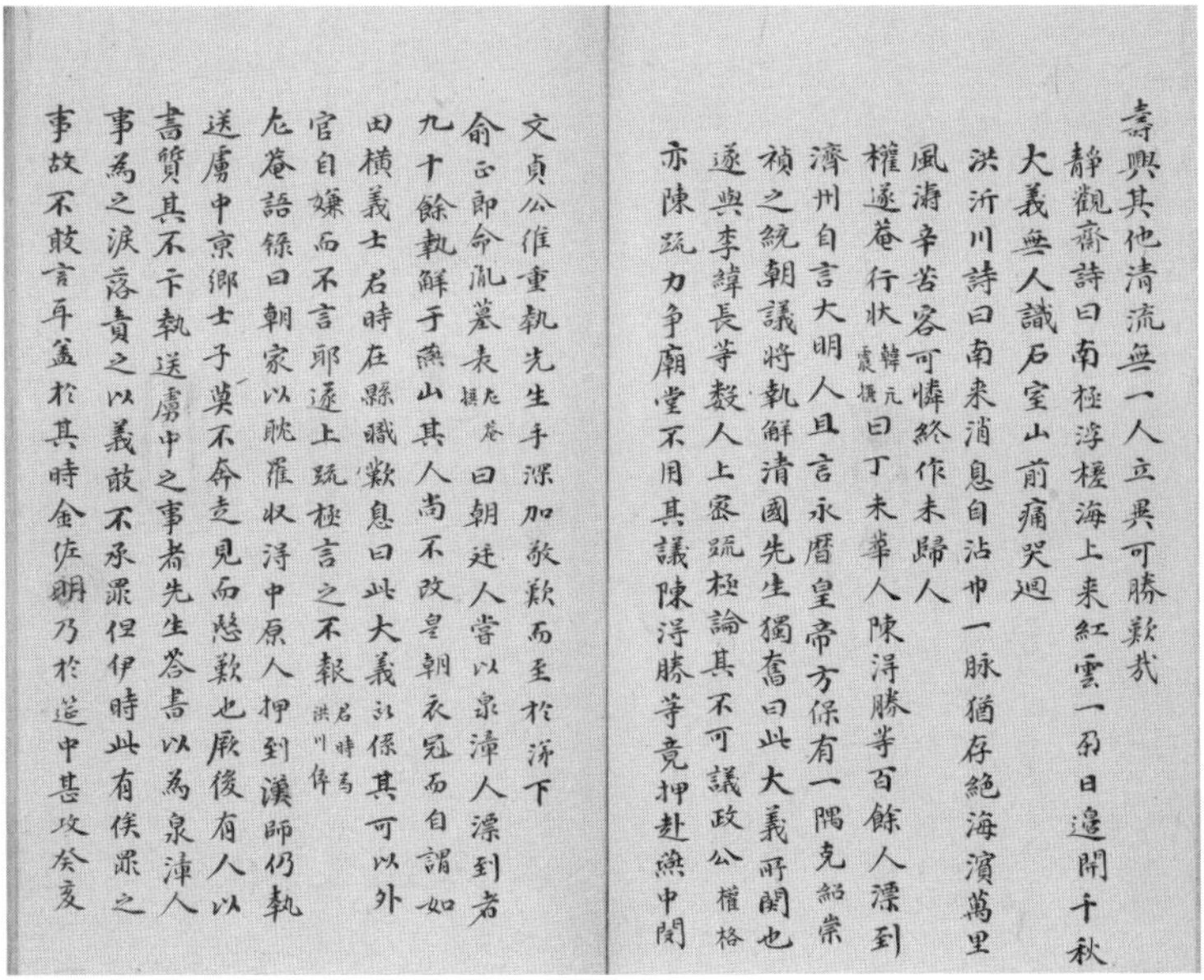
壽興其他清流無一人立異可勝歎哉
靜觀齋詩曰南極浮槎海上来紅雲一朶日邊開千秋
大義無人識石室山前痛哭廻
洪沂川詩曰南来消息自沾巾一脉猶存絶海濱萬里
風濤辛苦容可憐終作未歸人
權遂菴行狀韓元震撰曰丁未華人陳得勝等百餘人漂到
濟州自言大明人且言永曆皇帝方保有一隅克紹崇
禎之統朝議將執解清國先生獨奮曰此大義所關也
遂與李緯長等數人上疏極論其不可議政公權格
亦陳疏力争廟堂不用其議陳得勝等竟押赴燕中聞
文貞公惟重執先生手涕加欷歎而至於泣下
命正郎命胤纂表左巻撰曰朝廷人嘗以泉漳人漂到者
九十餘執解于燕山其人尚不改皇朝衣冠而自謂如
田横義士君時在縣職歎息曰此大義所係其可以外
官自嫌而不言耶遂上疏極言之不報君時為洪川倅
危菴語錄曰朝家以耽羅收得中原人押到漢師仍執
送虜中京鄉士子莫不奔走見而悲歎也厥後有人以
書質其不可執送虜中之事者先生答書以為泉漳人
事為之涙落責之以義故不承罪但伊時此有僕罪之
事故不敢言耳蓋於其時金佐明乃於筵中甚攻癸亥

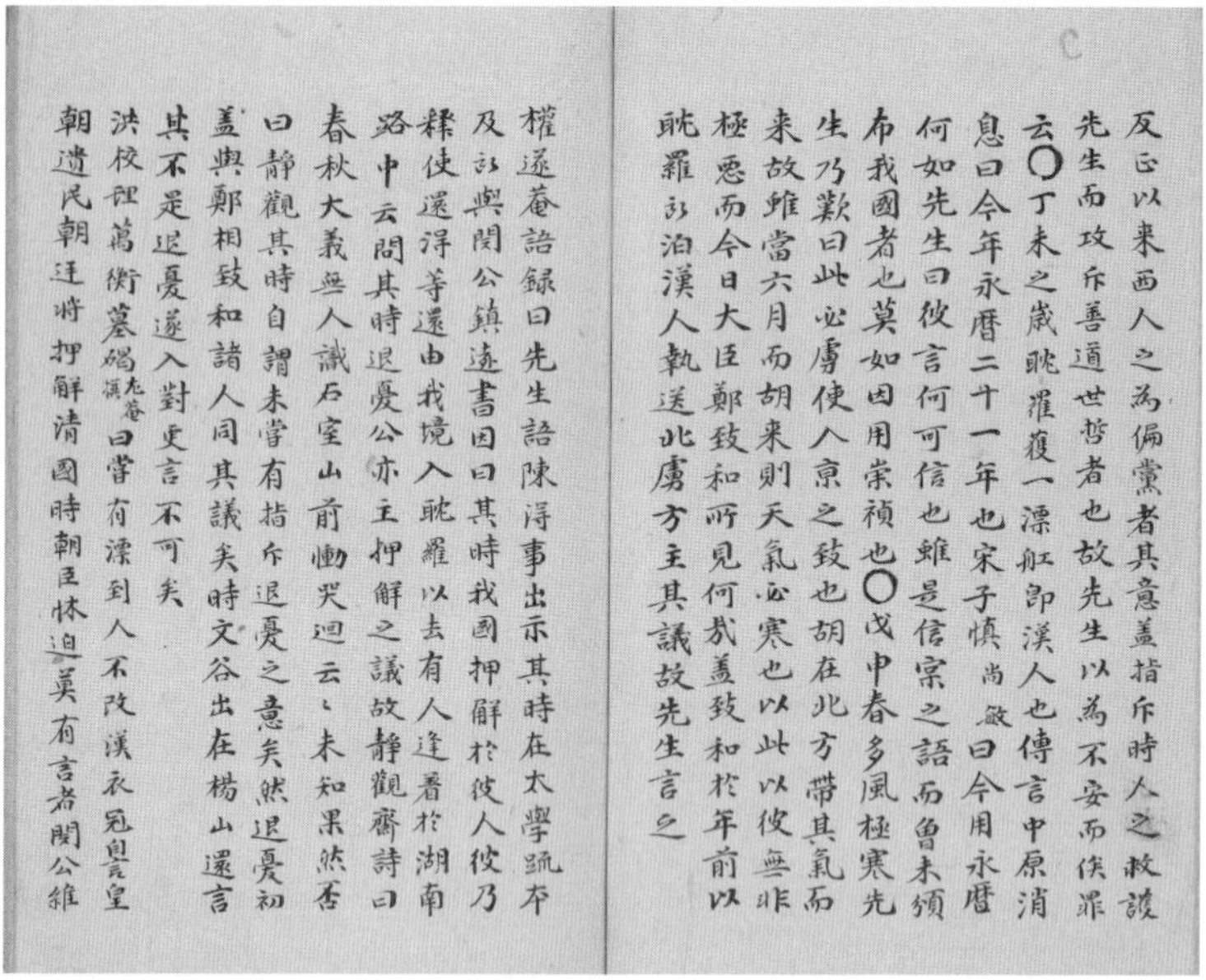

（31丁裏）

反正以来西人之為偏黨者其意蓋指斥時人之救護
先生而攻斥善道世哲者也故先生以為不安而俟罪
云○丁未之歳耽羅獲一漂舡即漢人也傳言中原消
息曰今年永暦二十一年也宋子慎尚敏曰今用永暦
何如先生曰彼言何可信也雖是信宗之語而曽未須
布我國者也莫如因用崇禎也○戊申春多風極寒先
生乃歎曰此必虜使入京之致也胡在北方帶其氣而
来故雖當六月而胡来則天氣必寒也以此以彼無非
極悪而今日大臣鄭致和所見何哉蓋致和於年前以
耽羅漂泊漢人執送北虜方主其議故先生言之

（32丁表）

権遂菴語録曰先生語陳得事出示其時在太學疏本
及訟與閔公鎮遠書因曰其時我國押解於彼人彼乃
釋使還得等還由我境入耽羅以去有人逢看於湖南
路中云問其時退憂公亦主押解之議故静観齋詩曰
春秋大義無人識石室山前慟哭廻云々未知果然否
曰静観其時自謂未嘗有指斥退憂之意矣然退憂初
蓋與鄭相致和諸人同其議矣時文谷出在楊山還言
其不是退憂遂入對更言不可矣
洪校理萬衡墓碣陶菴曰嘗有漂到人不改漢衣冠皇
朝遺民朝廷將押解清國時朝臣林迫莫有言者閔公維

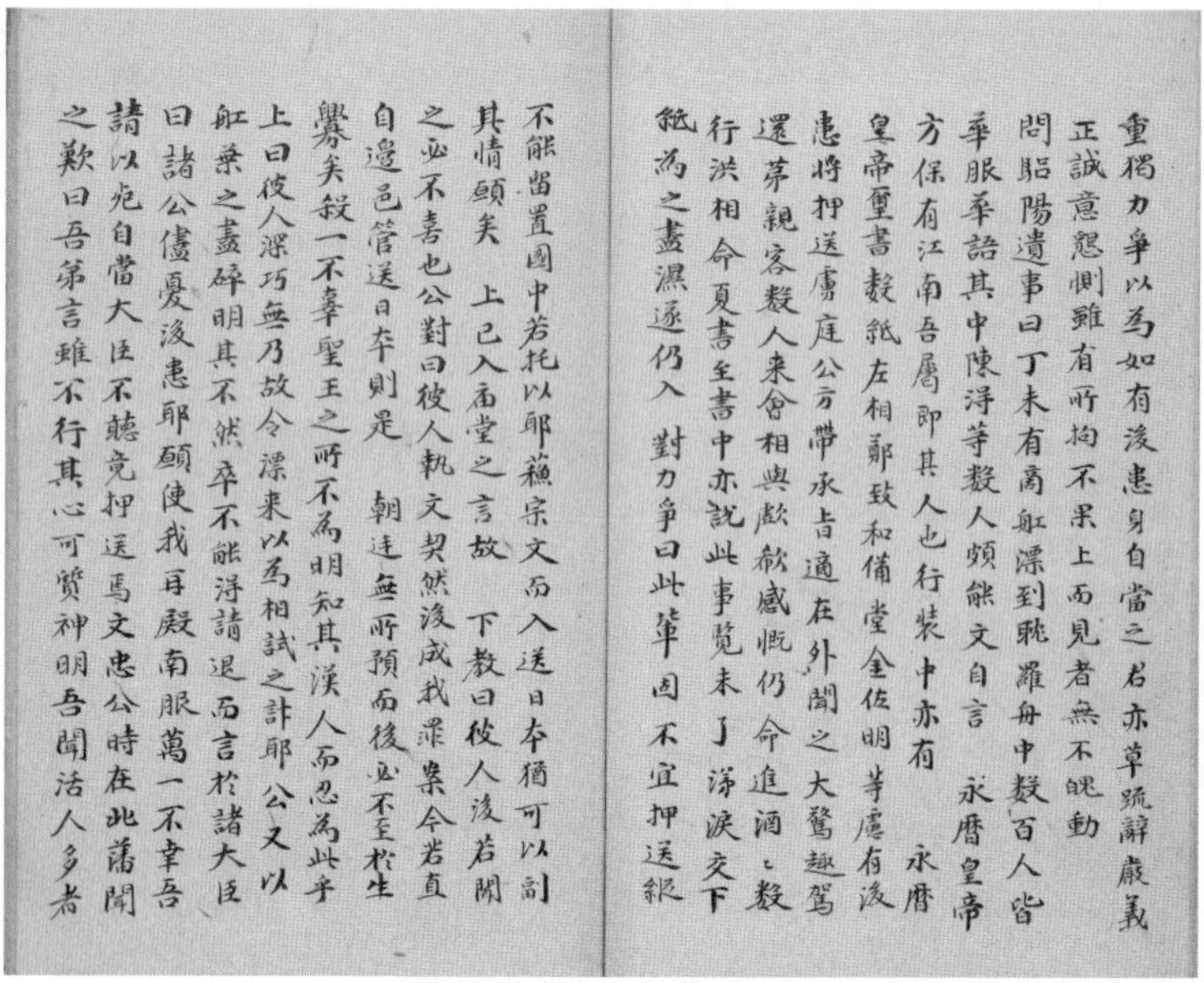

（32丁裏）

重獨力争以為如有後患身自當之右亦草疏辭嚴義
正誠意懇惻雖有所拘不果上而見者無不聳動
問貽陽遺事曰丁未有商舡漂到耽羅舟中數百人皆
華服華語其中陳得等數人頗能文自言　永暦皇帝
方保有江南吾屬即其人也行装中亦有　永暦
皇帝璽書數紙左相鄭致和備堂金佐明等慮有後
患將押送虜庭公方帶承旨適在外聞之大驚趣駕
還茅親客數人来會相與歔欷感慨仍命進酒々數
行洪相命夏書至書中亦説此事覧未了涕涙交下
紙為之盡濕遂仍入　對力争曰此輩固不宜押送紹

（33丁表）

不能留置國中若托以耶蘇宗文而入送日本猶可以副
其情願矣　上已入庙堂之言故　下教曰彼人後若聞
之必不喜也公對曰彼人執文契然後成我罪案今若直
自邊邑管送日本則是　朝廷無所預而後必不至於生
釁矣殺一不辜聖王之所不為明知其漢人而忍為此乎
上曰彼人深巧無乃故令漂来以為相試之計耶公又以
舡藥之盡碎明其不然卒不能得請退而言於諸大臣
曰諸公儘憂後患耶顧使我再覩南服萬一不幸吾
請以死自當大臣不聴竟押送焉文忠公時在北藩聞
之歎曰吾第言雖不行其心可質神明吾聞活人多者

（33丁裏）

其後也昌吾弟之後必其昌乎（　）權遂菴爲太學掌議亦
欲以此事陳疏爲採事機屢次來拜公見公慷慨悲咤不
自勝爲之感歎毎對人稱公忘身体國丹忠炳然可以
貫諸鬼神而有辭於後世矣一日公歸自　朝堂語遂菴曰
今日諸宰會處李元禎忽攘臂而言曰彼人事之已數十
年當待以誠信相公曰公言是矣左右默々無敢言其不然
世道人心一至於此良可痛惋又曰濟州牧使狀啓中載
其與陳得問答說話而曰　皇帝年紀幾何云々不曰春
秋而曰年紀牧使武人不足責判官安塾可惜矣
李府尹頤墓碣曰拜濟州時有漂舡泊大靜一行九十

（34丁表）

餘人皆華服華語自言東南海上　皇統猶在我即
其人也前官已聞于朝々議將押送燕山公到官詳
得中朝甲申後消息又覩永曆二十一秊大統曆汪
然出涕曰近百周餘之民投之虎口義不忍也將欲禀
啓於朝送還本土俄已備局郎跋來押去詐無如何
則公不勝慨惋致書于洪相命夏曰此事不必啓聞
舊伯之失已無及矣在我之道固當款接而送之脫有
不幸咎在任事之臣庶不辱及朝廷洪相報書曰今
之主此論者以貽禍國家爲言奈何李副學端相寄
書曰夫々也之不遇李侯天也公命子弟錄其事宗問

（34丁裏）

答藏于家　尤菴集
朴慶士尚玄墓碣曰歳丁未有華服華語者近百人
漂到我境自言東南據土皇統猶在我即其人朝
家恐事泄執解北庭公痛憤慷慨遂絶當世之意
嘗題詩僧軸曰將身未得追蹈海羞對遼陽去國
僧人之知公者咸作其志節　尤菴集
尹弥山以健墓誌曰　顯宗朝有閩人漂到濟州不
改漢衣朝廷畏虜將執而與之公抗疏言其
不可義辭激烈人比之校理公斥和疏　陶菴集
尤翁答李野叟　頤　書曰泉漳人忿之淚落非今尤齋

（35丁表）

心之言亦何得再聞耶爲此事者亦何心哉　丁未十月

（35丁裏）

（36丁表）

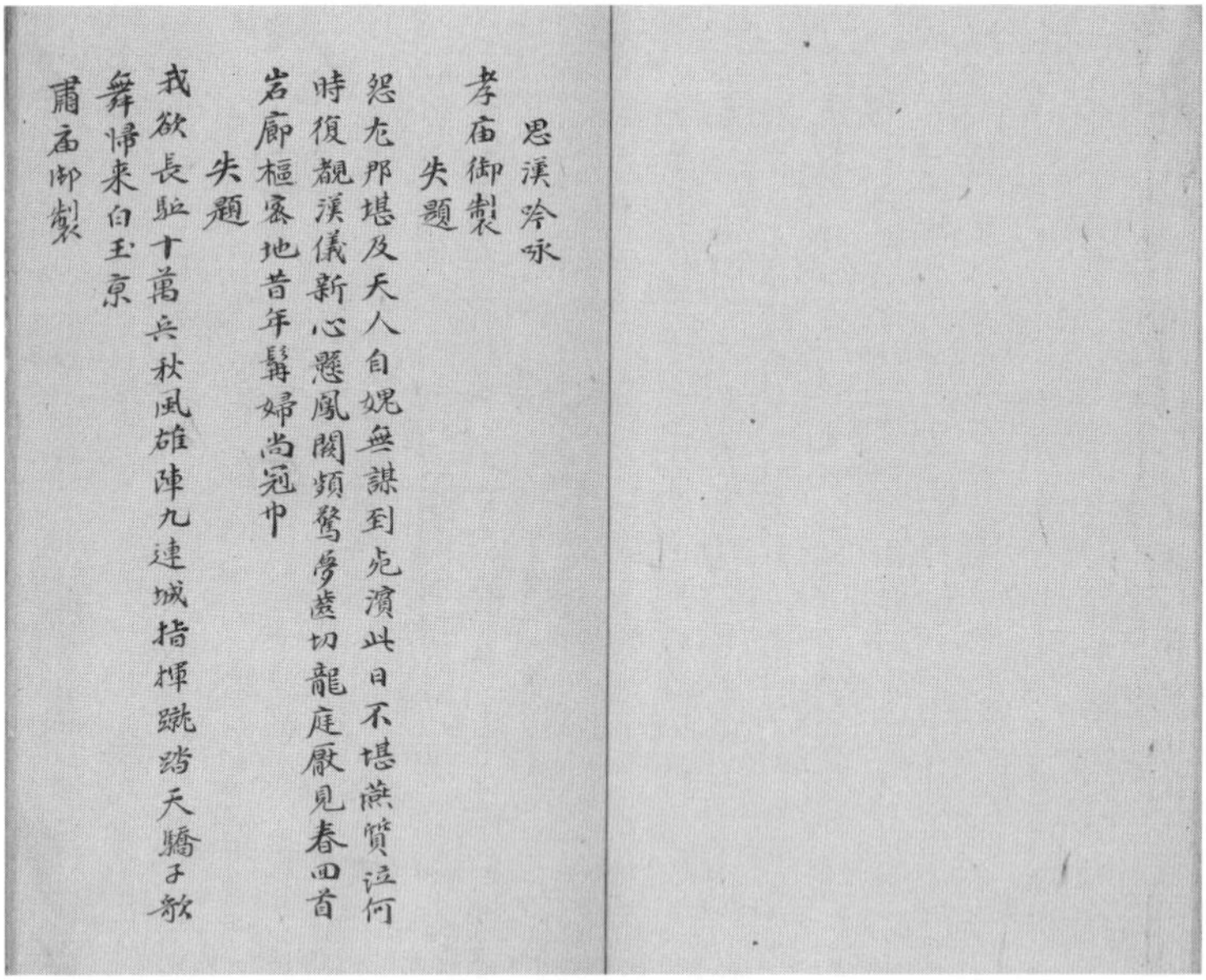
思漢吟咏
孝庙御製
失題
怨尨邢堪及天人自媿無謀到虎濵此日不堪蕪質泣何
時復覩漢儀新心懸鳳闕頻鶩夢遶切龍庭厭見春回首
岩廊樞密地昔年鬚婦尚冠巾
失題
我欲長駈十萬兵秋風雄陣九連城指揮蹴踏天驕子歃
舞帰来白玉京
肅庙御製

（36丁裏）

（37丁表）

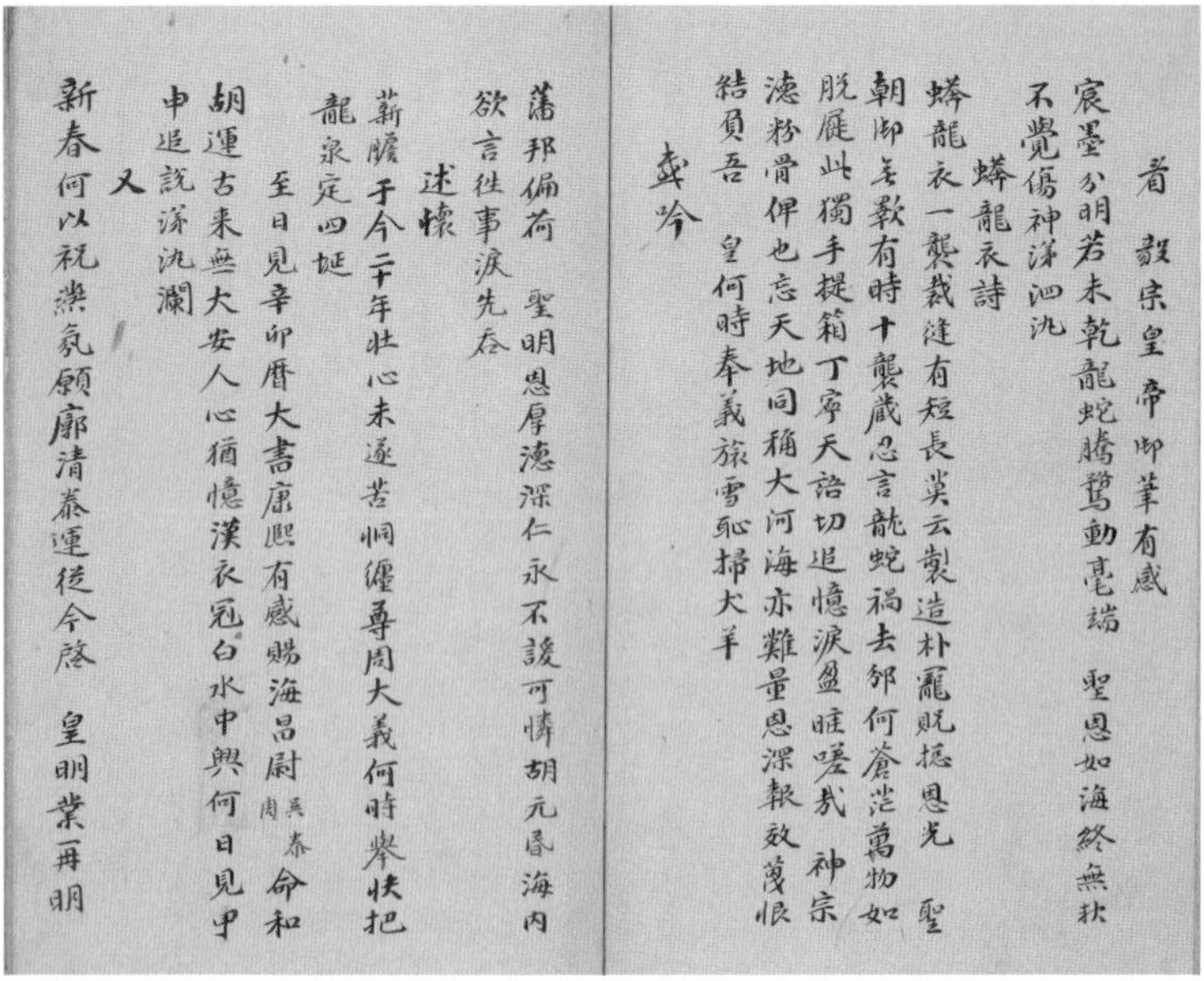
看 毅宗皇帝御筆有感
宸墨分明若未乾龍蛇騰躍動毫端　聖恩如海終無報
不覺傷神淚泗沈
蟒龍衣詩
蟒龍衣一襲裁縫有短長莫云製造朴寵既摠恩光　聖
朝御衣欽有時十襲蔵忍言龍蛇禍去邠何蒼茫萬物如
脱屣此獨手提箱丁寧天語切追憶淚盈眶嗟哉　神宗
德粉骨俾也忘天地同稱大河海亦難量恩深報效蔑恨
結負吾　皇何時奉義旅雪恥掃犬羊
感吟

藩邦偏荷　聖明恩厚德深仁永不諼可憐胡元昏海内
欲言往事淚先呑
述懐
薪膽于今二十年壯心未遂苦悃纏尊周大義何時擧快把
龍泉定四埏
至日見辛卯曆大書康熙有感賜海昌尉兵肉泰命和
胡運古来無大安人心猶憶漢衣冠白水中興何日見甲
申追説淚沈瀾
又
新春何以祝淑氣頋廊清泰運從今啓　皇明業再明

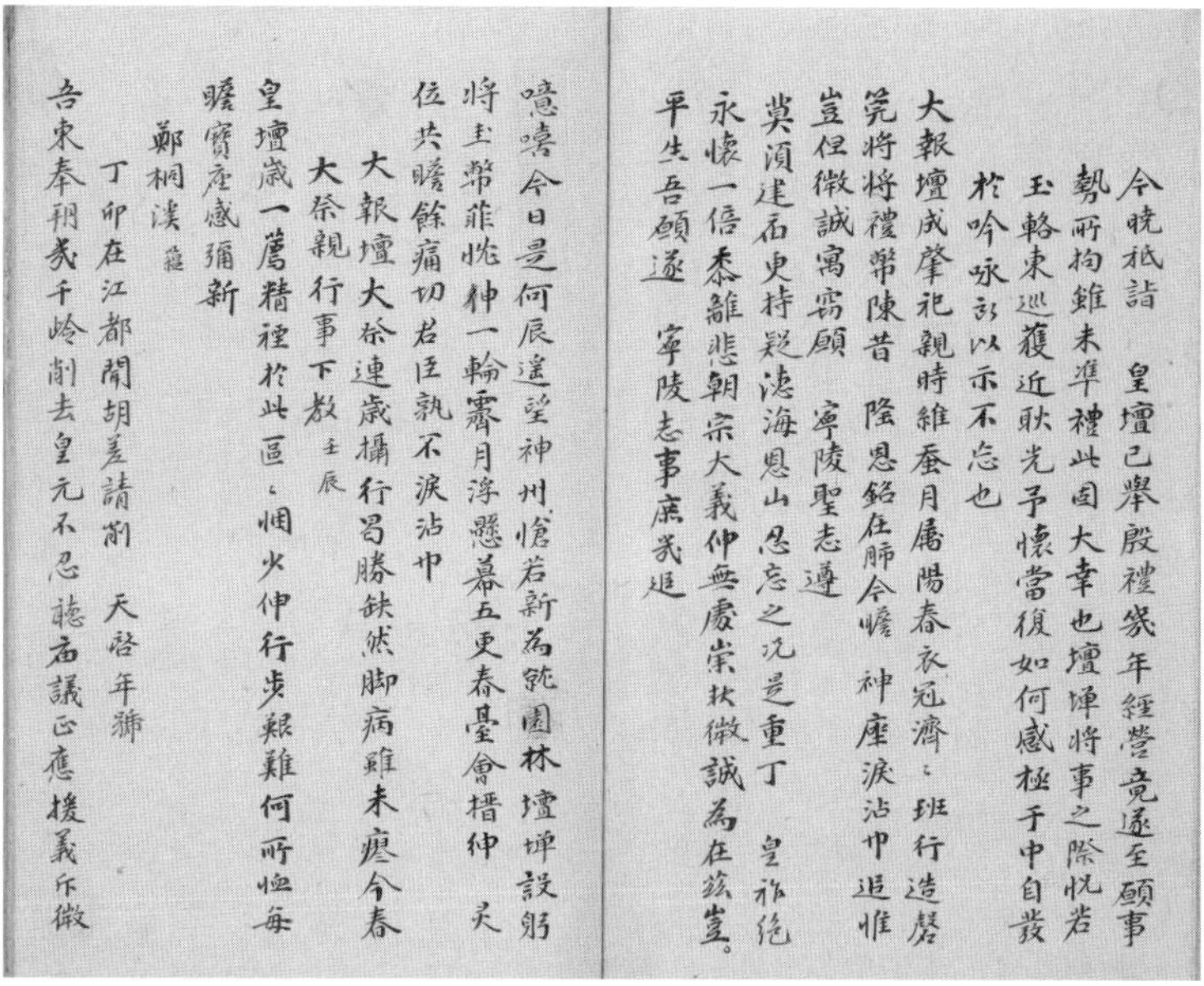

(37丁裏)

今曉祇詣　皇壇已舉殷禮幾年經營竟遂至願事
勢所拘雖未準禮此固大幸也壇墠將事之際恍若
玉輅東巡獲近耿光予懷當復如何感極于中自發
於吟詠聊以示不忘也
大報壇成肇祀親時維蚕月屬陽春衣冠濟〻班行造磬
莞將將禮幣陳昔　隆恩銘在肺今瞻　神座淚沾巾追惟
豈但徵誠寓窮願　寧陵聖志遵
冀須建石更持疑德海恩山忍忘之况是重丁　皇祚絕
永懷一倍添離悲朝宗大義仲無處崇報徵誠為在茲堂。
平生吾願遂　寧陵志事庶幾延

(38丁表)

噫嘻今日是何辰遙望神州愴若新爲就園林壇墠設躬
將圭幣菲恍仲一輪霽月浮懸幕五更春臺會播仲　矣
位共瞻餘痛切右臣孰不淚沾巾
大報壇大祭連歲攝行昌勝缺然脚病雖未瘳今春
大祭親行事下教　壬辰
皇壇歲一薦精禋於此區〻惆火仲行步艱難何所恤每
瞻寶座感彌新
鄭桐溪蘊
丁卯在江都聞胡差請削　天啓年號
吾東奉朔幾千齡削去皇元不忍聽廟議正應援義斥徵

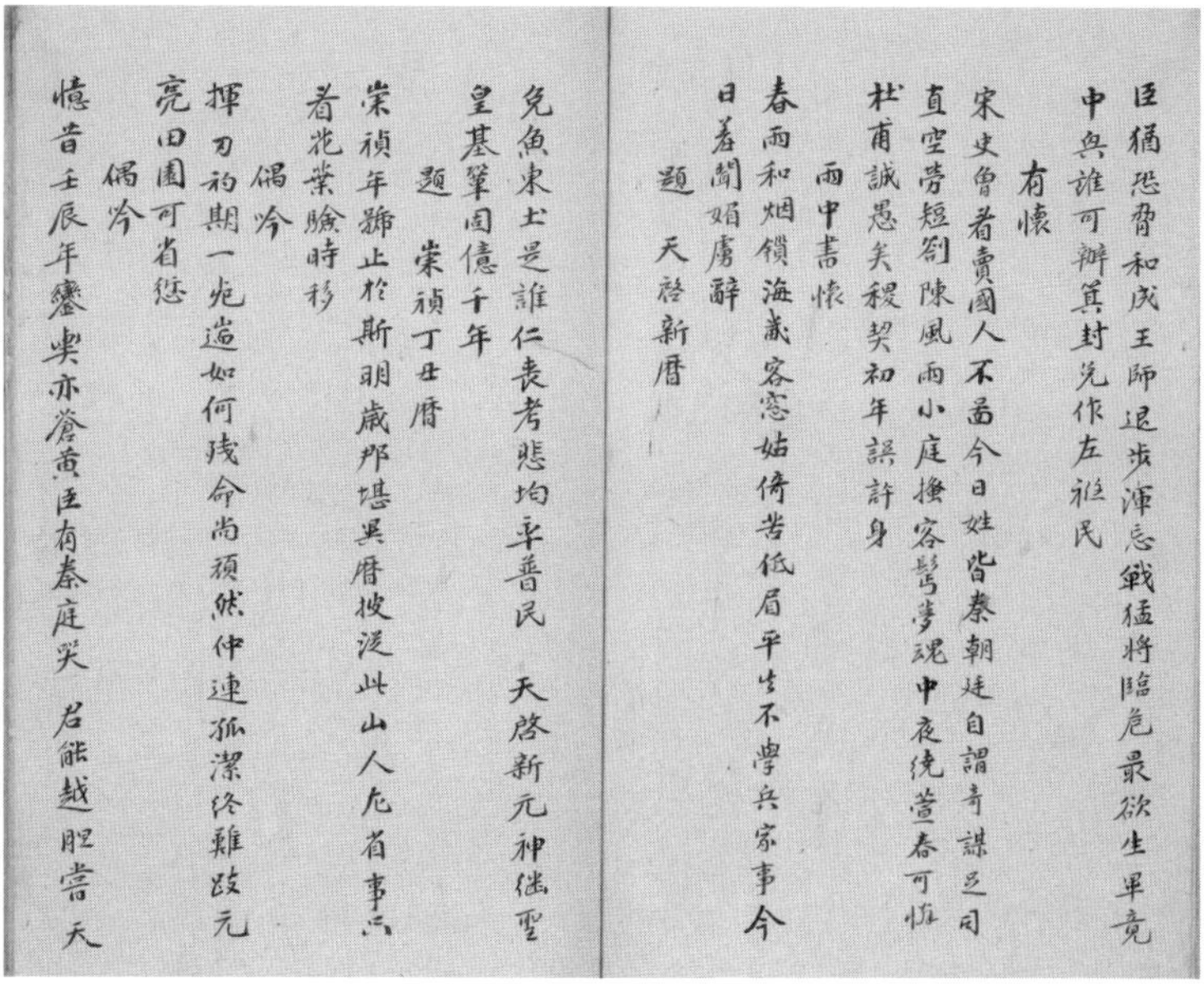

(38丁裏)

臣猶恐脅和戊王師退步渾忘戰猛將臨危最欲生畢竟
中興誰可辨箕封先作左衽民
有懷
宋史曾看賣國人不啚今日姓皆秦朝廷自謂奇謀足司
直空勞短劄陳風雨小庭攙容鬢夢魂中夜繞薑春可憐
杜甫誠愚矣稷契初年誤許身
雨中書懷
春雨和烟鎖海嵗客窓姑倚苦低眉平生不學兵家事今
日羞聞媾虜辭
題　天啓新曆

(39丁表)

免魚東土是誰仁袁考悲均率普民　天啓新元神繼聖
皇基鞏固億千年
題　崇禎丁丑曆
崇禎年號止於斯明歲邦堪異曆披從此山人危省事只
看花葉驗時移
偶吟
揮刀祈期一死遙如何殘命尚頑然仲連孤潔終難效元
亮田園可省愆
偶吟
憶昔壬辰年鑾輿亦蒼黃臣有秦庭哭　君能越膽嘗　天

（39丁裏）

（40丁表）

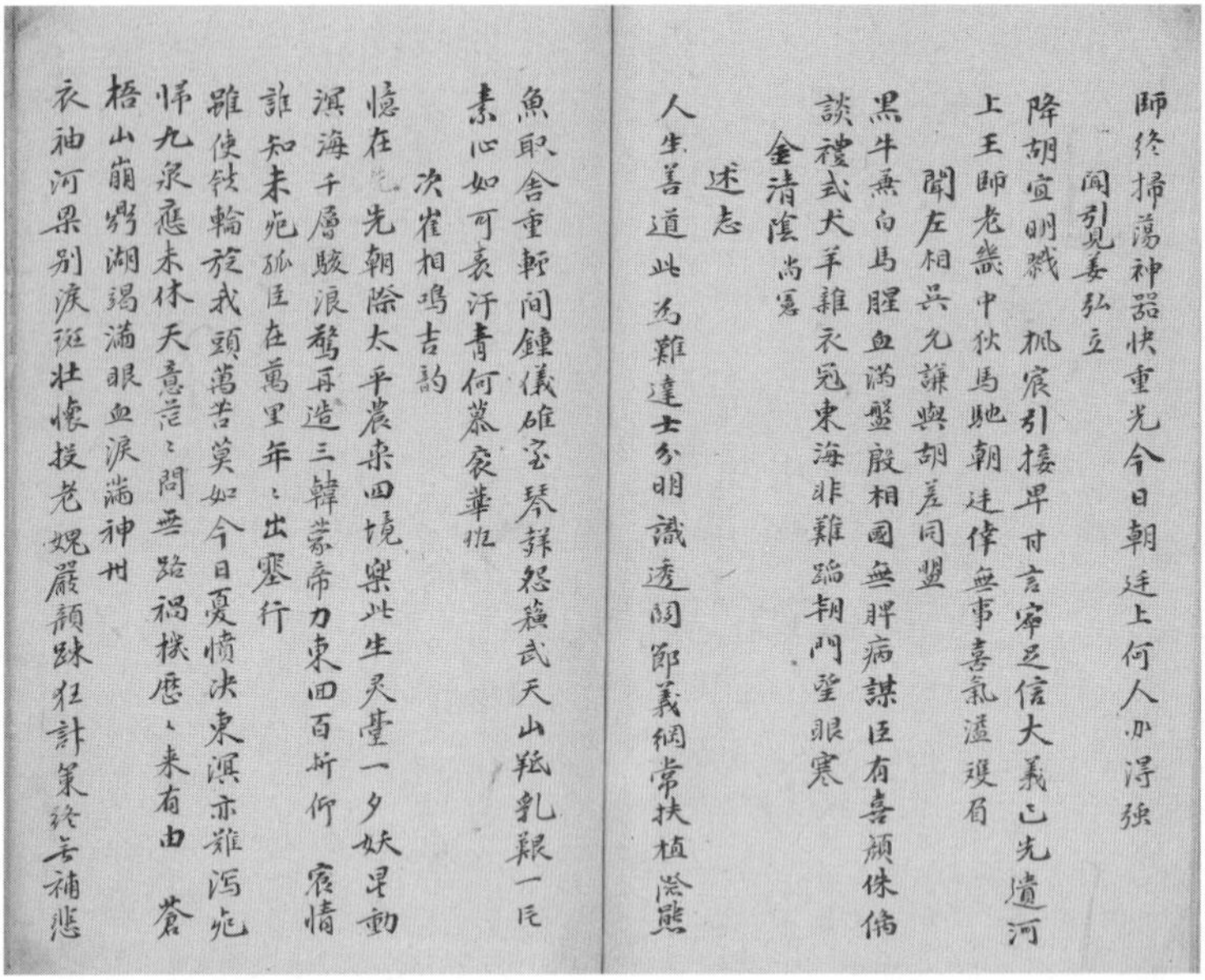
師終掃蕩神器快重光今日朝廷上何人加得強
問引見姜弘立
降胡宣明就　執宸引接畀付言帘足信大義已先遺河
上王師老纔中伏馬馳朝廷偉無事喜氣溢頑眉
聞左相呉允謙與胡差同盟
黒牛無白馬腥血満盤般相國無脾病謀臣有喜顔侏俪
談禮式犬羊雑衣冠東海非難蹈朝門望眼寒
金清陰尚憲
述志
人生善道此為難達士分明識透関節義綱常扶植崇態
魚取舎重輕間鍾儀碓宝琴餅怨藴武天山羝乳艱一飯
素心如可表汗青何慕袞華班
次崔相鳴吉韻
憶在先朝際太平農桑四境楽此生炅壹一夕妖星動
溟海千層駭浪驚再造三韓蒙帝力東四百祈何　宸情
誰知未死孤臣在萬里年年出塞行
雖使鉄輪旋我頭萬苦莫如今日夏憤決東溟亦難泻死
帰九泉恨未休天意茫茫問無路禍楪歴歴来有由　蒼
梧山崩鳴湖渇満眼血涙満神州
衣袖河梁別涙斑壮懐抜老娩嚴顔跡狂計策終無補悲

（40丁裏）

（41丁表）

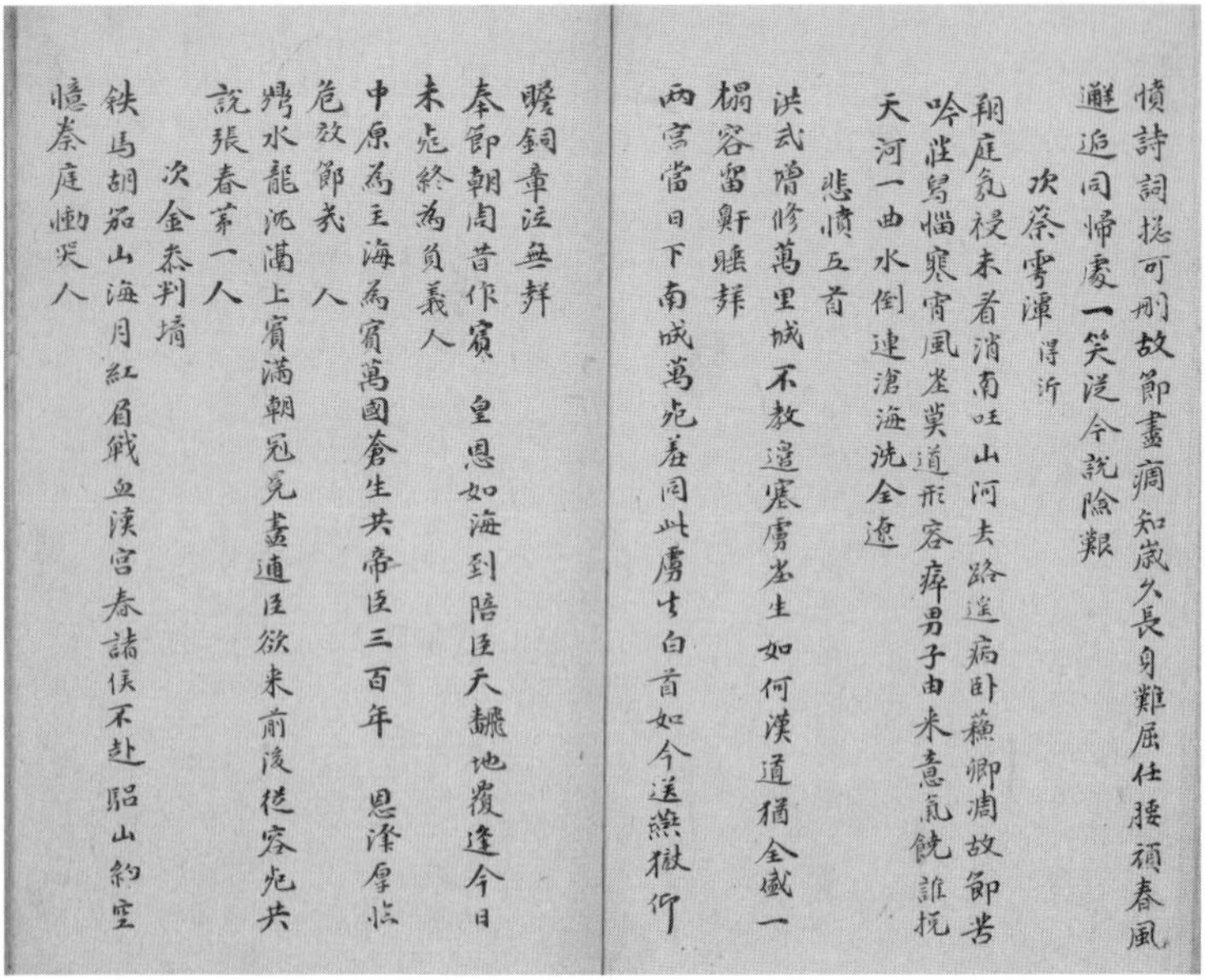
憤詩詞摠可刪故節畫凋知歳久長身難屈任接頑春風
邂逅同帰處一笑従今説険艱
次蔡雪潭得沂
翔庭氣禄未着消南旺山河去路遥病臥蘇卿凋故節苦
吟壮髪惱寒宵風塵莫道形容瘁男子由来意氣饒誰撫
天河一曲水倒連滄海洗全遼
悲憤五首
洪武曽修萬里城不教遼塞虜塵生如何漢道猶全盛一
楊容留射騎
両宮當日下南城萬死差同此虜甘白首如今送燕獄何
曙銅章泣無拝
奉節朝周昔作賓　皇恩如海到陪臣天飜地覆逢今日
未死終為負義人
中原為主海為賓萬國蒼生共帝臣三百年　恩澤厚臨
危敢節義人
鴨水龍流満上賓満朝冠冕盡通臣欲来前後従容死共
説張春第一人
次金參判墳
鉄馬胡笳山海月紅眉戦血漢宮春諸侯不赴驪山約空
憶秦庭慟哭人

（42丁表）　（41丁裏）

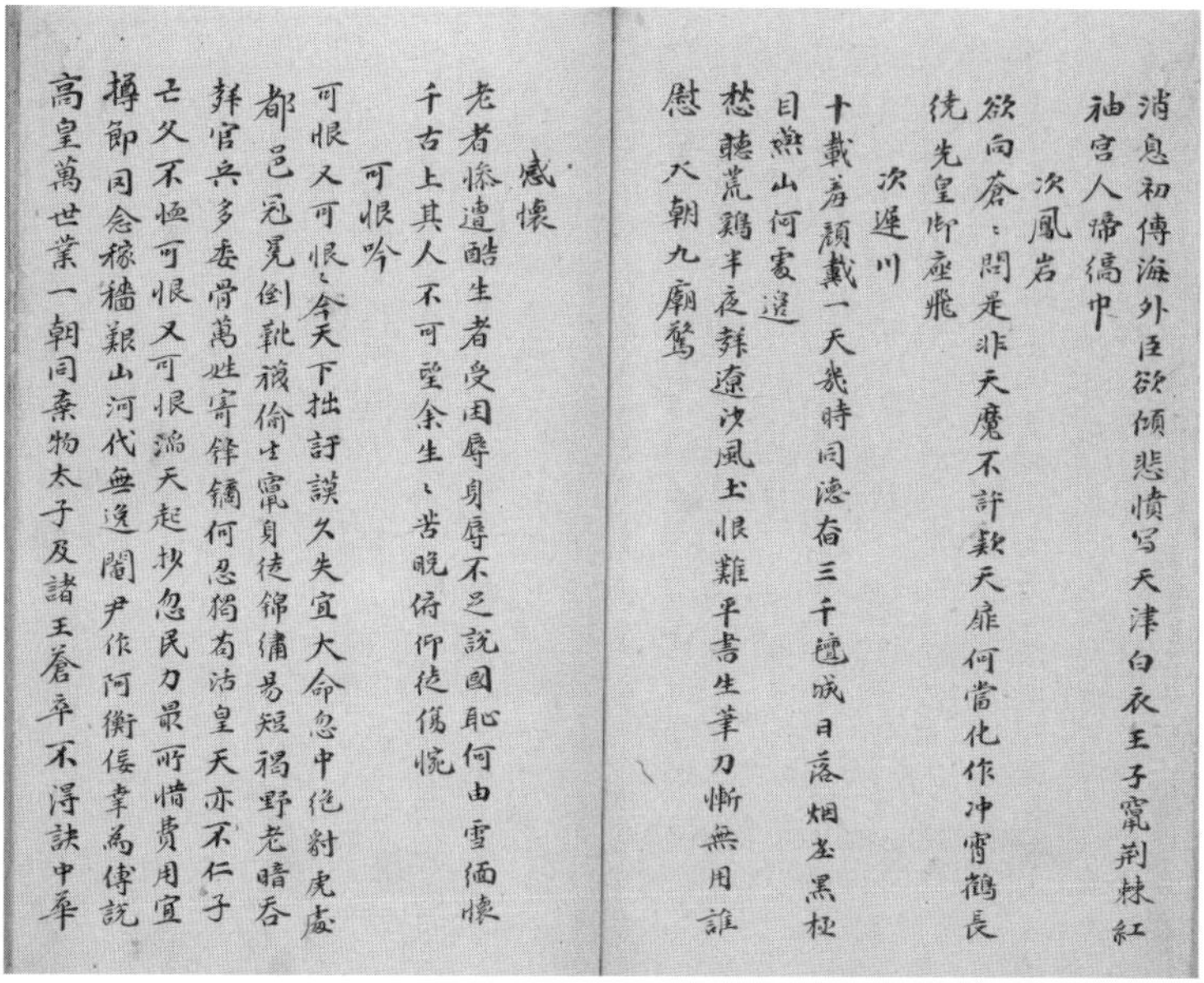

消息初傳海外臣欲傾悲憤寫天津白衣王子竄荊棘紅
袖宮人啼縞巾
次風岩
欲向蒼々問是非天魔不許欺天扉何嘗化作沖霄鶴長
遶先皇御座飛
次遅川
十載爲顔戴一天幾時同德荷三千邇城日落烟塵黒極
目燕山何處邊
愁聴荒鶏半夜鋳遼浈風土恨難平書生筆刀慚無用誰
慰大朝九廟鶩

感懐
老者慘遭酷生者受困辱身辱不足説國恥何由雪価懐
千古上其人不可望余生々苦晩俯仰徒傷悦
可恨吟
可恨又可恨々今天下拙訐謨久失宜大命忽中絶豺虎處
都邑冠冕倒靴襪倫々竄身徒錦㡚易短褐野老暗吞
拜官兵多委骨萬姓寄鋒鏑何忍猶有活皇天亦不仁子
亡父不恤可恨又可恨滔天起抄忽民力最所惜貴用宜
撙節同念稼穡艱山河代無逸閽尹作阿衡倭韋爲傳説
高皇萬世業一朝同棄物太子及諸王蒼卒不得訣中華

（43丁表）　（42丁裏）

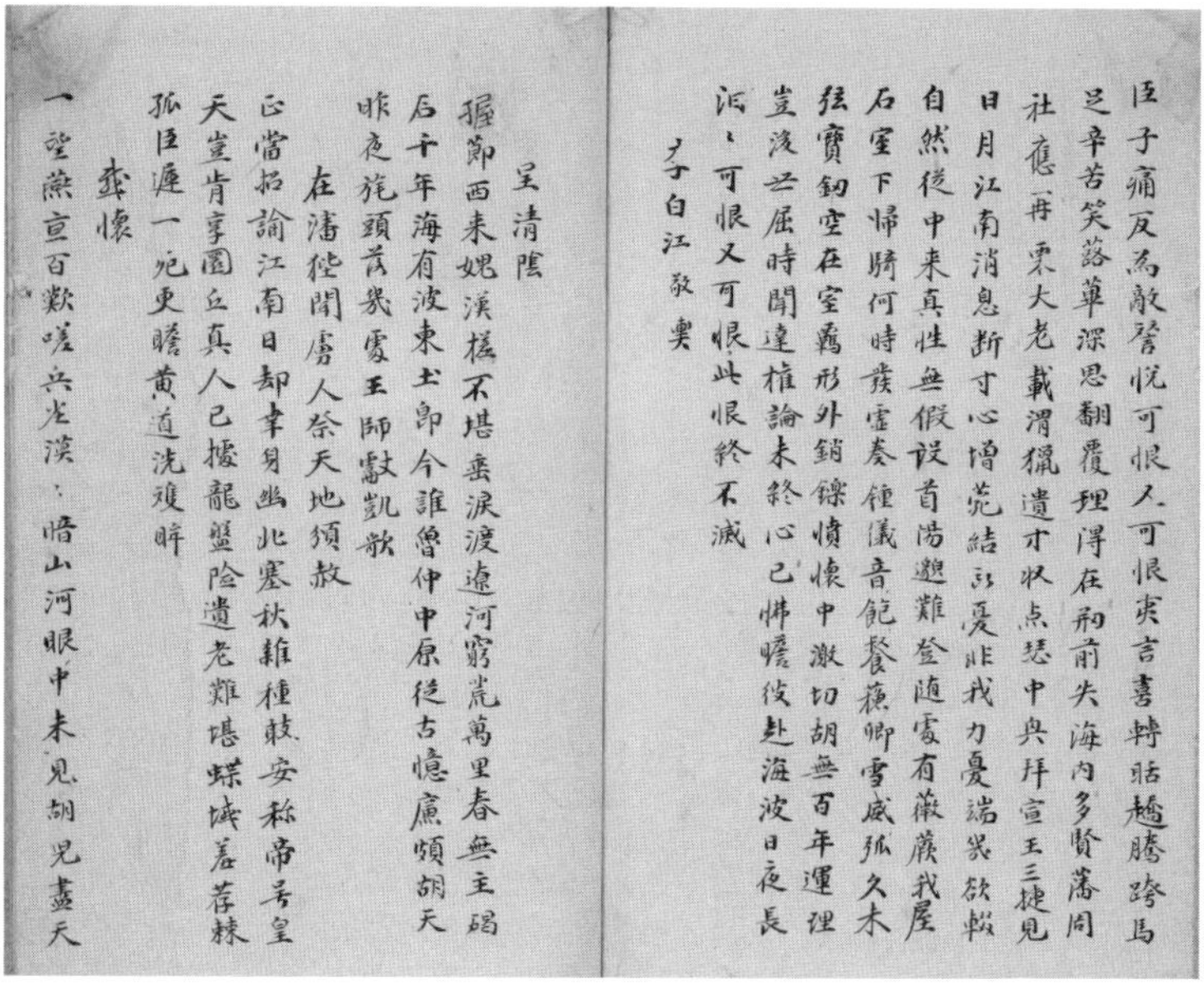

臣子痛反爲敵營悦可恨又可恨炎言書轉貼趨騰跨馬
足辛苦笑落莫深思翻覆理得在酌前失海内多賢蕩周
社稷再東大老載渭猟遺才狀点琵中興拜宣王三捷見
日月江南消息斷寸心增荒結卧憂非我力憂端發欲輟
自然從中来真性無假設首陽邇難登隨處有薇蕨我屋
石室下帰騎何時發靈奏鐘儀音飽餐蘇卿雪感孤久木
弦寶釼空在室爲形外銷鑠憤懐中激切胡無百年運理
豈後世屈時聞達権論未終心已怫譆彼赴海波日夜長
泝々可恨又可恨此恨終不滅
李白江敬叟

呈清陰
握節西来媿漢槎不堪垂涙渡遼河窮荒萬里春無主碣
石千年海有波東土即今誰魯仲中原從古憶廉頗胡天
昨夜旄頭落幾處王師獻凱歌
在瀋從聞虜人奈天地須赦
正當拈論江南日却幸身幽北塞秋雜種敢安稱帝号皇
天豈肯享圜丘真人已握龍盤險遺老難堪蝶域羞荐棘
孤臣遅一死更瞻黄道洗殘眸
感懐
一望燕亘百歎嗟兵戈漢々暗山河眼中未見胡兒盡天

（43丁裏）

（44丁表）

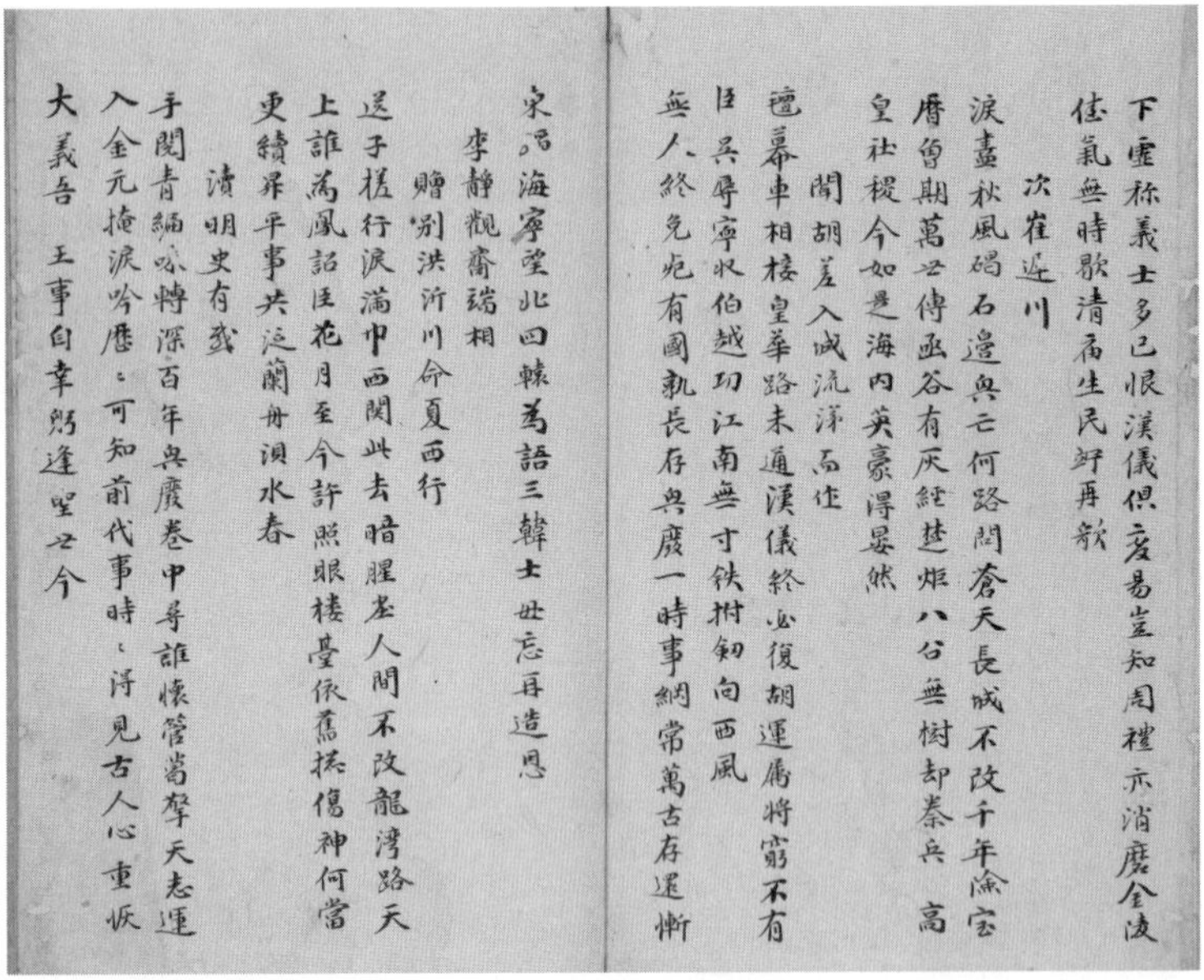
下靈秫義士多已恨漢儀俱変易豈知周禮亦消磨全波
佳氣無時歇清廟生民好再歆
次崔近川
涙盡秋風碣石邊與亡何路問蒼天長城不改千年險宝
曆曾期萬世傳函谷有灰経楚炬八公無樹却秦兵　高
皇社稷今如是海内英豪得晏然
聞胡虜入城流涕而作
氊幕車相接皇華路未通漢儀終必復胡運属將窮不有
臣吾辱寧収伯越功江南無寸鉄樹劍向西風
無人終免死有國孰長存與廢一時事綱常萬古存還晰
宋昭海寧望北回輾爲語三韓士毋忘再造恩
李靜觀齋端相
贈別洪沂川命夏西行
送子槎行涙滿巾西関此去暗腥塵人間不改龍灣路天
上誰爲鳳詔臣花月至今許照眼楼臺依舊掾傷神何當
更續昇平事共泛蘭舟洞水春
讀明史有感
手閲青緗咏轉深百年興廢巻中尋誰懐管嵩擎天志運
入金元掩涙吟歴々可知前代事時々得見古人心　重恢
大義吾　王事自幸縣逢聖世今

（44丁裏）

（45丁表）

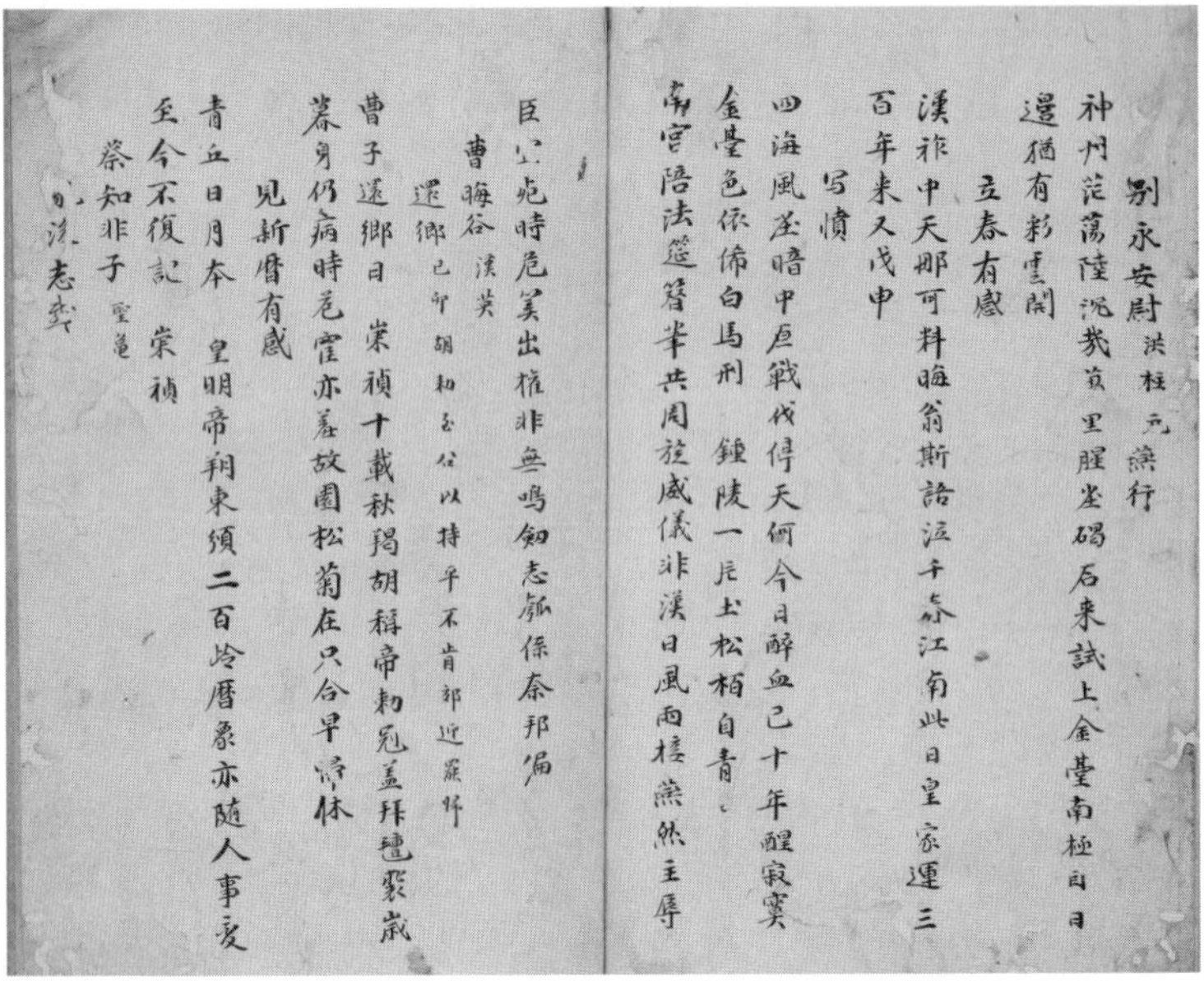
別永安尉洪柱元燕行
神州花蕩陸沉裁貢里腥塵碣石来試上金臺南極白日
還猶有彩雲開
立春有感
漢祚中天那可料晦翁斯語泣千秋江南此日皇家運三
百年来又戊申
写憤
四海風塵暗中原戦伐侍天何今日醉血已十年醒寂寞
金臺色依佈白馬刑　鍾陵一片土松栢自青々
南宮陪法筵簪笔共周旋威儀非漢日風雨楼蕭然主辱
臣宜死時危莫出楂非無鳴劍志觚係奈邦偏
曹晦谷漢英
還郷己卯胡知玄公以持平不肯部近羅仟
曹子還郷日　崇禎十載秋羯胡稱帝制冠盖拝氊裘歳
暮身仍病時危宦亦羞故園松菊在只合早歸休
見新曆有感
青丘日月本　皇明帝翔東須二百齡曆象亦随人事変
至今不復記　崇禎
蔡知非子聖亀
白洲志矣

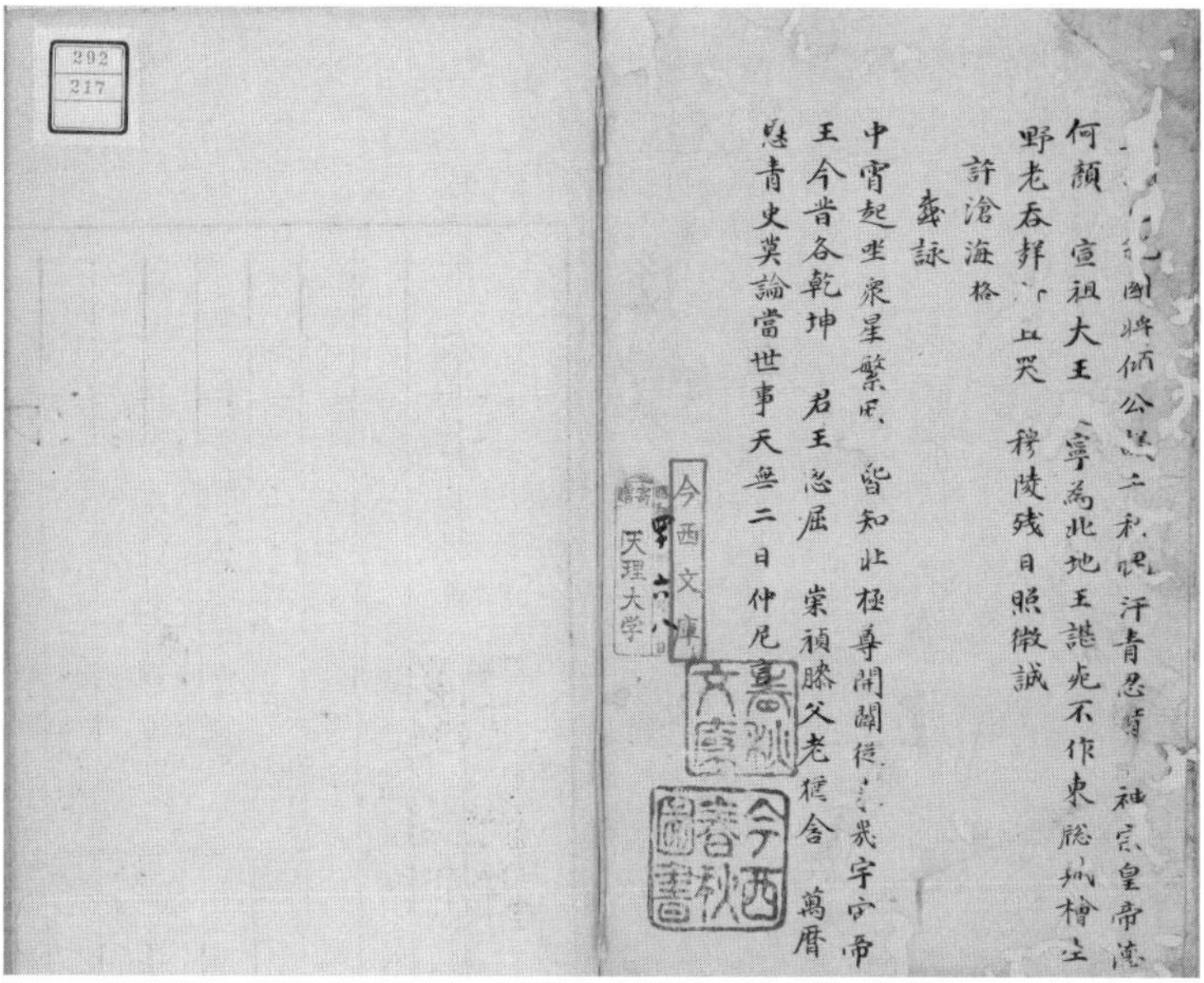

（45丁裏）

（裏表紙）

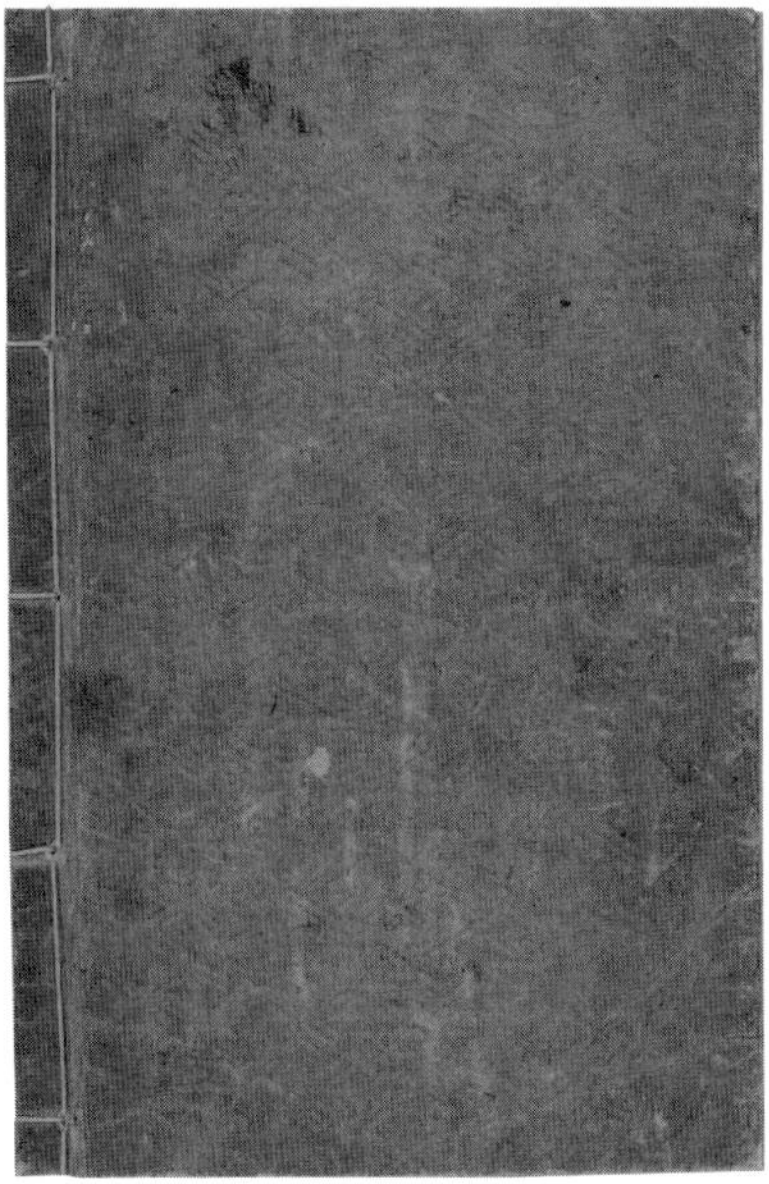

○不鮮明箇所（。印で示す。なお□は不明文字）

1丁表（2行目　印）若干。事。務。

裏（10行目　中間）然後。始。食。

17丁表（1行目　印）然。當

（2行目　印）公。形

45丁裏（1行目　頭）□。□。□。紀。

（2行目　中間）大王□。寧

（8行目　印）仲尼言。

第三章　清末上海沙船の朝鮮漂着に関する一史料

一　諸言

アヘン戦争後における欧米列強をはじめとする外国勢力進出後の中国の航運関係については、これまで多くの研究がされてきたが[1]、こと中国民衆による沿海航運については清代を通じて鑑みてもその研究の蓄積は少ないといえる[2]。その主要な原因は、中国自体に航運関係の史料が少ないことに起因するといえるであろう[3]。この欠を補う意味で、本章は中国外の史料を収集し、中国民衆による沿海航運活動について少しく論じたものである[4]。

史料は膨大で、今後も継続収集していく考えであるが、その過程で、新たに見つかった清末期の上海沙船に関する朝鮮国漂着の一史料をここに紹介するとともに、清末の沙船業の状況[5]ついて一考察を加えてみたい。

二　『各司謄録』所載の漂着中国帆船

李氏朝鮮の政務記録として重要な『備辺司謄録』に見える漂着中国帆船に関する史料としてはすでに「問情別単」について紹介したことがあるが[6]、最近刊行された大韓民国文教部、国史編纂委員会編纂の『各司謄録』中にも、類似する史料が見られる。

『各司謄録』は、おもに李朝末期の哲宗（在位：一八五〇〜一八六三）、高宗（在位：一八六四〜一九〇六）時代に朝鮮国各道の地方官等が朝廷に日々報告した啓牒を中心とする史料集であって、各地の重要な事件が詳細に記されている。そのうち、都京城を中心とする京畿道の部より、一九八一年十一月から逐次出版され、現在、京畿道篇が六冊、忠清道篇が五冊、慶尚道篇が七冊、全羅道篇が四冊、黄海道篇が五冊、江原道篇が二冊、平安道篇が一一冊と一冊の重複を含め三九冊が、我が国においても閲覧可能になったのである。(7)

『各司謄録　一　京畿道篇一』所収の「京畿道右防禦営啓牒謄録」の高宗十五年（光緒四、一八七八）戊寅二月十二日の条に、中国帆船に関する記事が見られる。

同月七日酉の刻に、満斗島に異様な船一隻が碇をおろしているのを見つけ、防禦営より調査に行った。同営中軍の趙正顕の報告によれば、同船は、同八日の戌の刻に同地を離れようとしたが、たまたま猛風に遇い、十日の暁にまた満斗島にいたった。そして卯の刻には臥牛島沖に行き、波が強く近より難かったものの、同船より小舟を出して来たので、この船の事情が判明したのである。(8)

この船の様子について、同書には、

四帆船一隻、長為十七把、廣為四把、前低後高、上設板屋、中載從船、三帆上各挿小紅旗、船體完固、別無所載之物、人物段、頭髪前削、後編鬚髯全削、衣服或青或黒、頭着白氈甘吐、足穿黒皮鞋、語音啁啾難通、以書問情為有如乎。(9)

とあり、四本マストの帆船で、全長が一七把、船幅が四把あり、船首が低く、船尾が高く、甲板に船室があり、船体の中央には小舟を載せており、三本のマストの先端には小紅旗が翻っていた。船体は堅固で、積荷はなく乗組員等の頭髪は弁髪であり、衣服は青や黒色である。頭巾は白色で、靴は黒色の皮製、言葉は小さい声で多言するため聞き取り難いため、筆談で事情を問うたのであった。

この右防禦営中軍の報告を分析すると、乗組員等は頭髪より清朝人であり、しかも同船は『江蘇海運全案』等の諸書の図に見られる沙船であったことが知られる。

三　漂着船の記録

同船に関する質疑応答の様子は次のように知られる。

○光緒四年（一八七八）二月初七日、京畿道満斗島漂着船（『各司謄録　一　京畿道編一』三一九〜三二〇頁）

問、你們是是那國人。

答、南京松江府上海縣人。

問、你們通共幾箇人、那箇月日、在那箇地方上船、向往那裏、做甚料理、逢風到此。

答、我們十四箇人、今年正月二十六日、在登州石島開船、向往錦州、要買青魚、二十七日朝、逢西北風、望東有山、漂蕩到此、水淺路迷、望乞指路。

問、你們船無所傷、人無所病。

答、遇沙船擱、托天無風、船無傷人無病。

問、你們、今日退住何意。

答、遇沙退住。

問、你們、那箇日到我境。

答、二月初一日、在西南山門中向北、今初七日到這。

問、山門那地名。

答、只自兩山間過来。

問、你們船上的、一共十四箇人裏頭誰是、船主、舵工、水手、姓名年歳居住、各各書示。

答、船主馬仁軒、年三十四、住着松江府上海縣。
　舵工鈕正豊、年四十。
　水手傅錦春、年二十三。
　鈕正源、年二十四。
　宋金彩、年四十。
　瞿扣子、年二十八。
　王老五、年二十一。
　蔣茂順、年五十。
　張錦堂、年四十五。
　張錦榮、年四十八。
　王老二、年五十。
　張錫官、年三十。
　朱大忠、年三十二。
　餘吉慶、年三十六、同住上海縣。
問、你們中、或有相為親戚。
答、鈕正豊、是鈕正源之兄、他非親戚。
問、上國安吉。
答、太平年。
問、你們船、官船、私船。

答、商船。

問、你們船名甚。

答、蔣源茂。

問、你們船標、有不有。

答、帯來。

問、你們地方、多種何穀。

答、大小米糖木綿豆太、多多有。

問、上年年景幾何。

答、八分年景。

問、上海縣、大邑小邑。

答、大邑。

問、有城無城。

答、有城。

問、人家多少。

答、多多的。

問、你們賣買青魚、還有多小。

答、我們所以漂風、不得賣買。

問、你們、那箇時開船、向往那裏。

答、候風即向白翎連山頭。

問、白翎連山頭、那地方。
答、貴境。
問、你們、縁何欲向白翎。
答、此是歸路。
問、你們船中、吃水吃米有不有。
答、多多有。
問、你們既要指路、必待上司處分。
答、歸心急急、不可支待、若得東北風、雖無指路、既従舊路回去。
問、你們滞留海上、故如是慰問。
答、幸到貴國、船中太平、又承慰問、感氻厚徳是如。

この船は上海の沙船で、船名を蔣源茂という商船であった。そして、船主は馬仁軒で、彼の持ち船であったと思われ、彼の他に舵工の鈕正豊ら計一四名が乗船していた。

蔣源茂船が上海を出帆したのはいつであるか不明であるが、光緒四年（一八七八）正月二十六日に、山東半島先端にある石島湾の石島より出帆して、遼寧省の錦州へ行って青魚を買い求めようとしていたところ、翌二十七日の朝に西北風に逢い漂流し、満斗島に漂泊したのであった。

同船の乗組員は舵工の鈕正豊と水手の鈕正源が兄弟であるのを除いて親族関係の者はいないが、全員の居住地が上海県であることから、この船は上海帮[10]の沙船であったことは明らかであろう。

四　小結

上述の史料は、前章で述べた『同文彙考』や李朝の政務記録である『備辺司謄録』には見えず、その上、清末期の漂着中国船の記録はほとんど遼寧・山東省沿海船のもので、上海沙船としては珍しい記録である。

この史料はすでに別稿で紹介した「問情別単」と同様な方法で記されていることからも同種の記録として扱うことが出来るであろう。[11]

ところで、この蔣源茂船はなぜ遼寧省の錦州まで行って「青魚」を求めようとしたのであろうか。青魚は「海青魚」の俗称で錦州では入手困難な魚[12]といわれ、しかも錦州海口の出口貨物は「以雑糧為大宗[13]」とされるように穀類が中心であった。

事実、李鴻章も同治元年（一八六二）に、「江、浙、沙、蛋等船、航海往來貿易、其自南往北者、貨不拘一、而自北回南者、総以豆貨為大宗、即滬地生意、向以豆市為最大[14]」と記しているように東北地区や山東方面からは豆貨が最大の積載品であり、最も利益の多い積荷であった。ところが「沙船生計、以北洋豆貨為大宗、自為外國來板船、攘奪其利、沙船日就疲乏[15]」とあるように、咸豊八年（一八五八）の天津条約以降、外国船舶の中国沿海地区への急激な進出により、沙船の搬運品の中心であった北洋の豆貨が外国船舶に奪われ、上海沙船は「今沙船無貲販買、停泊在港（上海）者、以千百號計[16]」とあるように、積荷がなく上海港に停泊したままで、その数が一〇〇〇隻以上にも達していたのである。これは道光期の上海入港沙船から見れば、その三分の一にも該当する。[17]

同様な状況は光緒四年（一八七八）頃においても見られ、「近年沙、寗船生意、為洋船所奪、實形苦累[18]」とあるように沙船や寧波船の輸送すべき主要貨物が外国船舶の進出により奪われ[19]、一〇〇年以上も続いた上海の沙船業者巨盛亨が十数万両もの負債を残して破産[20]するなど、清代の伝統的沿海航運形態が破壊されていたのであった。[21]

このような状況から鑑みて蔣源茂船は錦州に行って青魚を求めざるを得なかったのであり、同船の史料は外国船舶の中国沿海への進出により苦境にある上海沙船が新しい活路を求める一つの状況を如実に示しているといえるであろう。

（1）呂実強『中国早期的輪船経営』中央研究院近代史研究所専刊、一九六二年六月。
Liu Kwang Ching, *Anglo-American Steamship Rivalry in China 1862-1874*, Harvard U.P., 1962.

聶寶璋『中国近代航運史資料』第一輯上・下冊、上海人民出版社、一九八三年十一月。

聶寶璋「十九世紀中国近代航運業發展史的幾個問題」『南開経済研究所年刊　一九八一―一九八二』一九八三年十二月。

汪敬虞『十九世紀西方資本主義対中国的経済侵略』人民出版社、一九八三年十二月。

于醒民・陳兼「十九世紀六十年代的上海輪運業與上海輪船商」『中国社会経済史研究』一九八三年第二期。

（2）郭松義「清代国内的海運貿易」『清史論叢』第四輯、一九八二年十二月。
松浦章「清代における沿岸貿易について――帆船と商品流通――」小野和子編『明清時代の政治と社会』京都大学人文科学研究所、一九八三年三月。松浦章『清代帆船沿海航運史の研究』関西大学出版部、二〇一〇年一月、二六～六〇頁参照。

（3）聶寶璋前掲書上冊、緒編第二章「鴉片戦争前中国木船運輸業概況」においても掲載の中国側史料は極めて少ない。

（4）松浦章前掲「清代における沿岸貿易について――帆船と商品流通――」。
松浦章「十八～十九世紀における南西諸島漂着中国帆船より見た清代航運業の一側面」『関西大学東西学術研究所紀要』第一六輯、一九八三年一月。松浦章前掲『清代帆船沿海航運史の研究』二二七～二八九頁参照。

松浦章「李朝漂着中国帆船の「問情別単」について」上下、『関西大学東西学術研究所紀要』第一七・一八輯、一九八四年三月・一九八五年三月。

松浦章「江南商船の琉球漂着――『白姓官話』を中心に――」『関西大学東西学術研究所々報』第三六号、一九八三年二月。松浦章『清代中国琉球交渉史の研究』関西大学出版部、二〇一一年十月、二三二～二四六頁参照。

（5）蕭国亮「外国資本入侵与上海沙船業的衰落」（『社会科学』（上海）、一九八三年第一期）において外国輪船の進出により沙船業が衰退していたことを指摘されている。

（6）松浦章前掲「李朝漂着中国帆船の「問情別単」について」上下。

（7）京畿道が六篇、全六冊、第六冊に忠清道篇一が収められている（第一冊、一九八一年十一月、第二冊、一九八一年十二月、第三～六冊、一九八二年十二月刊）。

（8）『各司謄録一　京畿道篇二』三一九頁。

（9）『各司謄録一　京畿道篇二』三一九頁。

（10）松浦章「清代江南船商と沿海航運」『関西大学文学論集』第三四巻第三・四号、一九八五年三月、三三頁。松浦章『清代上海沙船航運業史の研究』関西大学出版会、二〇〇四年十一月、四二～六〇頁参照。

（11）松浦章前掲「李朝漂着中国帆船の「問情別単」について」上下。

（12）民国『錦県志』巻一九、物産下、魚類。

（13）民国『錦県志』巻一三、商港。

（14）『李文忠公全集』奏稿一、「上海一口豆石請仍帰華商装運片」同治元年六月十三日。

（15）『李文忠公全集』奏稿九、「海運回空沙船請免北税摺」同治四年十二月初三日。

（16）『李文忠公全集』奏稿七、「収回北洋豆利保衛沙船片」同治三年九月初十日。

（17）松浦章前掲「清代江南船商と沿海航運」四五頁。

（18）『李文忠公全集』奏稿三一「海運霉変請恤船商摺」光緒四年四月初四日。

（19）鄭観応も「洋人連年、奪取沙船之利」（「救時掲要」『鄭観応集』上冊、上海人民出版社、一九八二年九月、五四頁）と外国船が沙船業の経済的基盤に打撃を与えていることを指摘している。

（20）*The North-China Herald and Supreme Court & Consular Gazette*, Jan. 17, 1883, p.55.『申報』光緒八年十二月二十二日に、「巨盛亨沙船號家倒至十有餘萬」とある。

（21）その後、光緒十七年（一八九一）正月二十二日においても江蘇巡撫の剛毅が「自北洋油・豆餅弛禁後、華商貨物、皆由火輪夾板洋船装運、利権為其所奪、遂致沙船日少」（『宮中檔光緒朝奏摺』第六輯、一八頁）と外国船舶の進出が続き、沙船業が窮地にあったことを記している。

第四部　黄海の交渉史——海路による交渉（二）

第一章　天啓期における毛文龍占拠の皮島

一　緒　言

本章では、明代末期の天啓年間において、満洲族の後金国が擡頭し遼東へと南下してくる中で、明国と朝鮮国とを相手に黄海北部海域の島嶼部に根拠地を形成し、一種の海上における独立政権の樹立を企図した毛文龍の活動を考察する。毛文龍の海島における活動を示す史料「毛大将軍海上情形」から、毛文龍はこの海島に遼東からの難民数十万を擁する勢力を形成する経済基盤を築いていたことが知られるのである。

後金国のヌルハチが挙兵し、万暦四十七年（天命四、一六一九）に明軍を薩爾琿《サルホ》の戦いで降し、さらに漸次南下して遼東に進出、長城を目指してさらに南進するが、その南下に対して、抵抗し対峙した明側の軍事勢力に、遼東半島南岸の沿海諸島に拠点をおいた毛文龍の勢力があった。

毛文龍は、天啓元年（天命六、光海君十三、一六二一）より、崇禎二年（天聡三、仁祖七、一六二九）に明軍の武将であった袁崇煥に刺殺されるまでの八年余の間、遼東半島南部沿海の黄海上の島嶼部、とりわけ皮島（平島、椵島）によって後金勢力に対抗したのであった。

毛文龍が、後金勢力に抵抗できたその経済基盤は、主に朝鮮国によっていたことは田川孝三氏の研究によってすでに明らかにされている。[1]ところが毛文龍の独立的な経済基盤の情況を一層詳細にする史料として天啓三年

（天命八、光海君十五、仁祖元、一六二三）に明人の汪汝淳によって著された「毛大将軍海上情形」が残されているのである。

「毛大将軍海上情形」の存在に関して、これまで台湾の李光濤氏が「跋毛大将軍海上情形[2]」を著し、さらに北京の中央民族大学の王鐘翰氏も「毛大将軍海上情形跋[3]」を発表している。しかし両氏の研究は、「毛大将軍海上情形」に関する書誌的研究が中心であって、毛文龍が遼東半島近海の海島に依拠して一種の独立状況にあった問題については検討していない。

「毛大将軍海上情形」は、毛文龍が遼東半島南部沿海の島嶼部において海上勢力として跋扈していた時期の状況を詳細に記している。

本章ではこの汪汝淳の「毛大将軍海上情形」を中心に、毛文龍勢力の海島における経済基盤について考察したい。

二　毛文龍の皮島占拠

『明史』巻二五九、列伝一四七、袁崇煥伝によると、

［袁］崇煥始受事、即欲誅毛文龍。文龍者、仁和人。以都司援朝鮮、逗留遼東。遼東失、自海道遁回、乗虚襲殺大清鎮江守将、（中略）［王］化貞、遂授文龍総兵、累加至左都督、掛将軍印、賜尚方剣、設軍鎮皮島如内地。皮島亦謂之東江、在登、萊大海中、綿亙八十里、不生草木、遠南岸、近北岸、北岸海面八十里即抵大清界、共東北海則朝鮮也。島上兵本河東民、自天啓元年河東失、民多逃島中。文龍籠絡其民為兵、分布哨船、聯接登州、以為椅角計。中朝是之、島事由此起[4]。

とある。遼東における都司であった毛文龍が、鴨緑江中流の右岸にあった鎮江堡を襲撃して、後金軍に打撃を与

えた功績によって広寧巡撫王化貞から推挙され、総兵官、左都督等への昇進の道が開かれた。その後の毛文龍が拠点としたのが海上に浮かぶ皮島であった。皮島は東江とも呼称され、山東半島東部沿海の登州、萊州から八〇里ほどの行程の海上にあった。草木もなく、北岸からは海上八〇里のところが後金勢力との境界に当たり、東北には朝鮮国があった。ここに居住した島民の多くは天啓元年（一六二一）に、満洲族の南下によって遼東から移住してきた人々であり、毛文龍は彼らを兵士として徴用し、さらに海上を哨船によって巡視させるなどしていた。中国本土との連絡は登州を窓口としていたのである。

毛文龍が海上の皮島を根拠地としたことで、後金の擡頭ならびに勢力の拡大を快しと思わない朝鮮国にとって、後金と対峙する毛文龍軍は利用価値の高い勢力と思われた。しかしながら毛文龍軍への軍需物資の援助を行ったことで朝鮮国にとっても難題を抱えることになった。

このことに関して、朝鮮国側の史料である『東史約』朝鮮紀、仁祖上、壬戌十四年（光海君十四、天啓二、天命七、一六二二）の項に「明総兵官毛文龍来龍川椵島、一名東江」の記事が見える。

初、明遣総兵官毛文龍、招集遼民、進駐宣川、虜怨之以奇兵数千突入龍川、兵卒轟被殺、文龍弊然遇之計無所出、府使李尚吉極力藏護偉得脱免、遼民之被虜者、虜令脆坐受箭、一箭不繁、則使之抜箭、來納遼人自抜矢洗拭脆進、虜又射之、難知必死而一承指揮、不敢誰何如失魂之人、見者惨傷、而尚吉乗機済活甚衆、至是、文龍入拠龍川之椵島、設営留鎮、遼民來投遂成大鎮。

毛文龍は遼東の民を招集して後金軍に対抗したが、後金軍の反撃を受けてその作戦は失敗に終わった。その後、毛文龍は朝鮮国の龍川の椵島に根拠地を置いて後金軍に抵抗し、多くの遼東の人々を集め大鎮になったのである。この椵島とは皮島のことであり、平島、東江とも呼称された。

『光海君日記』巻一六七、光海君十三年（一六二一）七月乙丑（二十六日）の条に、義州府尹状啓、廣寧御史遣遊撃、毛文龍招降鎮江、其人相率内應、殺賊署佟養真等七十餘名。⑤

とあり、その注記に、

毛文龍南方人、遼陽城陥時、逸出自旅順口浮東來、寄居龍義間、以爲牽掣之計、始甚単微、其後入據椵島、聲勢日盛、奴賊不能無東顧之虞。既而欺誑中朝托以接濟遼民二三十萬、歳發帑銀二十萬、潜結宦官魏忠賢輩、都不發包、入諸内璫、島粮則專責我國。⑥……

とある。毛文龍は鎮江の人々を招致して椵島に拠点を形成するが、それが朝鮮国にとって、政治的にも経済的にも大きな負担となっていたことは当初より知られていた。

毛文龍が椵島に入った時期に関しては、『続雑録』第二、壬戌、天啓二年、光海君十五年（天命七、一六二二）九月の条に、

毛文龍入龍川椵島、設営留鎮、遼民來投者日衆。⑦

とあり、毛文龍が龍川の椵島に入り軍営を設営すると、そこには遼東から多くの人々が渡来してきた。

『光海君日記』巻一八三、光海君十四年（天啓二、天命七、一六二二）十一月癸卯（十一日）の条によると、

鐵山府使馳啓、毛将不意乗船、入據椵島。⑧

と、朝鮮国の鉄山府の官吏の報告では、毛文龍が天啓二年十一月に、突然に椵島へ渡って来たのであった。同条の割注には、

是後遼民、皆捲入島中、接屋甚盛、作一都会、東南商船、来往如織、近海草木、盡於樵蘇、椵島或称皮島、稜島、至是文龍改以雲従島、以協己名。⑨

とある。毛文龍が拠点とした椵島は、彼の引き連れてきた遼民によって一挙に大都会となり、各地の商船が集まって来るようになった。この椵島は皮島、稜島などと呼称されていたが、毛文龍は自己の名前に依拠して雲従

島と改称したのであった。

椵島の地理的状況について、後日の記録であるが、『英祖実録』巻一五、英祖四年（雍正六、一七二八）正月丙寅（十五日）の条に、

椵島及長尾島、水草甚盛、允合牧馬、昔在高麗、三別抄據濟州而叛、胡元勦滅、是於濟州入於胡元版圖、故出送大宛馬種、牧養島中。……今若求得大宛種牝牡各数十匹、先牧於椵島、稍待肥澤、入送濟州、留養取種、則國内馬可蕃矣。[10]

とあるように、椵島は水草が多く牧草地として適しており、この放牧地で育てた馬を済州に送ることで、高麗時代より知られていた。

『仁祖実録』巻六、仁祖二年五月辛酉（八日）の条に、

遣判敦寧金尚容于毛都督軍門、時遼民之來投椵島者、日以益多、接濟之事、專責於我、朝廷憂之、特遣金尚容、諭以老弱、入送山東之意。[11]

とある。仁祖二年になると、椵島へ避難してくる遼東の人々は急増し、毛文龍に軍需物資を提供する負担は朝鮮国を圧迫するほどになり、朝鮮側では特に老年の者や弱者は、山東半島へ移してはどうかとの考えになっていた。

『続雑録』第二、乙丑、天啓五年、仁祖三年（天命十、一六二五）九月の条によれば、

毛文龍鎮居椵島、軍総五六萬、位高力重、自處驕傲、向我國多有不測之態、西關将士、無不置疑、且常使人往来虜中、似有交通之跡。[12]

とあり、毛文龍が椵島に渡ってほぼ三年の間に、彼の軍勢は五、六万に達し、無視できない勢力となっていた。とりわけ朝鮮国にとって不測の事態が予想されたのである。最大の難題は毛文龍が敵対する後金軍との間に使者を交わして往来していることで、朝鮮国にとって、毛文龍の去就が事前に察知出来ないというもどかしさがあっ

た。毛文龍が後金軍との間で交通していたと朝鮮国が指摘していることに関してはすでに、神田信夫氏の研究によって明らかにされている[13]。

一方後金側の記録では、『満文老檔』天命七年（天啓二、一六二二）六月十八日の条に、鳳凰城・湯山・険山等三カ所の守堡より、

　毛文龍は人を放って常に夜侵入してひそかに視察して行く。兵千人を送れ[14]。

との書を送ってきたので、

　この日HanはEksingge副将に二千の兵を附けて送った[15]。

とあるように、ヌルハチは副将とともに二〇〇〇名の兵を送っている。鳳凰城等三守堡はすべて朝鮮国に接近する地に設けられていた。この時期毛文龍の軍営が鎮江堡付近にあったことは明らかである。

『満文老檔』天命八年（天啓三、一六二三）一月三十日の条のヌルハチの命令書では、

　毛文龍は五十人に書を持たせ離間しに遣はしてゐるといふことである。汝等南の海沿ひに戍守してゐる軍の諸大臣は、各自駐する處の左右の間を空けないやうによく探索させよ[16]。

と配下に命じている。ヌルハチはすでに毛文龍の軍勢が「南の海沿い」の地にあることを熟知していたことがわかる。

また『満文老檔』天命八年四月三日の条に、山海関からやって来て後金軍に投降した明人の密偵から、

　山海関の五十萬の兵と蒙古の十萬の兵が廣寧の道をやって来る。毛文龍の二十萬の兵は南方をやって来る。二道の兵は皆この四月の十九日に到着するやうに來る[17]。

との情報を得ている。これらのことからも後金側は、毛文龍がすでに皮島等に拠点を確保していたことを把握していたことは歴然であろう。それでは、この『続雑録』に五、六万と記され、あるいは『満文老檔』に「毛文龍

の二十万の兵」と呼称された毛文龍の勢力の具体的状況はいかなるものであったかを次節において述べてみたい。

三　毛文龍支配下の皮島

毛文龍は天啓二年（光海君十四、天命七、一六二二）頃には朝鮮国、龍川の皮島（椵島）に拠点を設けたのであるが、その状況はいかなるものであったのか。それを詳細に物語るのが、「天啓癸亥仲秋朔日、天都・汪汝淳書」とある明の汪汝淳によって天啓三年八月一日に記された「毛大将軍海上情形」である。

まず、この「毛大将軍海上情形」の書誌的な情報から若干述べてみたい。

（1）「毛大将軍海上情形」について

管見の限り「毛大将軍海上情形」と題された書が我が国には二部存在する。国立公文書館に一部と、関西大学図書館の内藤文庫に一部の計二部の写本である。

国立公文書館本「毛大将軍海上情形」は、江戸時代初期に写されたとされるもので、林羅山（一五八三〜一六五七）の蔵書であったことを示す「江雲洞樹」という蔵書印が押されている。林羅山は正保四年（一六四七）春に、蔵書を三男鵞峯と四男読耕斎に分譲し、その他の蔵書は明暦三年（一六五七）の江戸の大火で焼失したから[18]、現在国立公文書館に残存する林羅山の旧蔵書は正保四年春以前に入手したと考えられる。このことから、国立公文書館本「毛大将軍海上情形」は、「毛大将軍海上情形」が記された天啓三年八月一日以降より正保四年春までに林羅山が入手し架蔵したと考えられる。

関西大学図書館所蔵の「毛大将軍海上情形」は、内藤文庫に架蔵される内藤虎次郎博士の旧蔵書である。しかし、その入手の経路は不明である。両者の「毛大将軍海上情形」ともに一行一八字、一〇行で全二一葉であり、

表1　林羅山本、内藤本「毛大将軍海上情形」比較表

林　本	内藤本	林　本	内藤本	林　本	内藤本
1丁a	1丁b	8丁a	3丁b	15丁a	12丁b
1丁b	8丁b	8丁b	4丁a	15丁b	16丁a
2丁a	2丁b	9丁a	4丁b	16丁a	16丁b
2丁b	6丁a	9丁b	5丁a	16丁b	17丁a
3丁a	6丁b	10丁a	5丁b	17丁a	17丁b
3丁b	7丁a	10丁b	11丁a	17丁b	18丁a
4丁a	7丁b	11丁a	11丁b	18丁a	18丁b
4丁b	8丁a	11丁b	15丁a	18丁b	19丁a
5丁a	8丁b	12丁a	15丁b	19丁a	19丁b
5丁b	9丁a	12丁b	14丁a	19丁b	20丁a
6丁a	9丁b	13丁a	14丁b	20丁a	20丁b
6丁b	10丁a	13丁b	13丁a	20丁b	21丁a
7丁a	10丁b	14丁a	13丁b	21丁a	21丁b
7丁b	3丁a	14丁b	12丁a		

注：林羅山本、内藤本の各丁数は仮に付したものである。
各丁の丁aは表、丁bは裏を示す。

行数、字数ともに同一で各葉の記述もほとんど同一であるが、林羅山本を基準にすれば、内藤本には表1のように一三葉の錯簡が見られる。

林羅山本の中表紙に「毛大将軍海上情形由庚堂棒」（表1、林羅山本の一丁a、内藤本の一丁b）とあるのは同一である。林羅山本が訓点、返り点、送りカナを施しているのに対して、内藤本は返り点、送りカナのみで、訓点は施されていない。しかし、書写形態は極めて類似している。

さらにもう一部の「毛大将軍海上情形」が北京大学に所蔵されている。これは台湾の淡江大学鄭樑生名誉教授から教示を得て、その複写を頂戴したもので、北京大学図書館に所蔵され、書写の形状は内藤文庫本と丁数、内容も同一であるが、明らかに別筆である。

(2)「毛大将軍梅上情形」に見る皮島の経済基盤

「毛大将軍海上情形」の冒頭は次の文章で始まる。

毛大将軍海上情形

當戊午、奴酋發難于遼左、識者久已知之、蓋庚戌、突闕殺戮之慘、業已昭著於前。

戊午年すなわち明の万暦四十六年（天命三、一六一八）にヌルハチ軍が遼東において大難を発生させたが、それ

は庚戌年、万暦三十八年（一六一〇）の挙兵に始まることを明記して、書き始められている。そして、

　毛大将軍、孤懸海上、猶幸得舒撑天之手、以展其生平島萬一。

とあるように、毛文龍が大将軍として、唯一海上に依拠したことが記されている。

　将軍屯兵平島、開督府于朝鮮之新改舘驛、日以招集遼民、安挿屯種、揀練将士、為事凡帰止之遼民、毎口月給糧三斗、奴自去冬殺阿骨後、残酷日甚、殺戮日衆、故民離怨而歸将軍者日衆、即編剃遼兵逃者亦多歸公、今軍聲大振。

毛文龍は平島（皮島）に軍を集め、朝鮮国の新改館駅に督府を開いて、遼民を集め訓練をほどこし、遼民たちに一か月に三斗を支給した。後金軍が阿骨を殺害して以降、毛文龍に帰属する遼民がますます増加したのであった。それは天啓二年（天命七、一六二二）の冬以降である。

　公初屯駐彌串、往来林畔、及朝鮮館驛、以逼近鎮江、辛酉臘月之戦畏奴馬竊窺、且彌串塁、不能容衆、遂遷平島。

当初、毛文龍は弥串に駐屯していたが、鎮江堡の後金軍を攻撃した天啓元年（天命六、一六二一）十二月の戦いによって、後金の攻勢の前に拠点を失い、平島に移らざるを得なかったのである。毛文龍が移った平島とは、

　平島原名皮島、公更名也。

とあるとおり、もと皮島と呼称されていたものを、毛文龍が平島に改名したのであった。平島の形状をさらに次のように記す。

　環山、峭壁綿亘一二百里、環海通潮、日凡両汐、奴馬不能渡、冬月氷堅、時當嚴防、公招集遼民、安挿屯種、週廻島嶼、星列棋置、如石城。

毛文龍が本拠とした平島は周囲およそ一、二百里あり、一日に二度の引き潮があるが、後金軍の馬では渡ることが出来ない。しかし冬の十、十一、十二月には氷が堅く張るため、その際に防御を厳重にすれば良い状態で

あった。毛文龍は遼民を集めて開墾させた。平島の周りには無数の小さな島があって攻撃は極めて困難な要塞のようであった。石城島の内部には、

　有田萬畝、設参将劉可紳、領兵二千人防守。

とあるように、耕作可能な田地が一万畝ほどあった。同島は参将の劉可紳が二〇〇〇人の手勢を率いて防御していた。毛文龍は平島・石城島のみならず、鹿島・常山島・広禄島にもその軍勢を配していた。そのうちの鹿島は、

　週圍数十里、山環険峻、設游撃朱尚元、領兵一千名防守。

とある。鹿島は険しい山のようであるが、遊撃の朱尚元が一〇〇〇名の兵をもって防御していた。常山島（長山島）は、

　長百餘里、有田萬畝、設守備銭好禮、領兵三百名防守。

とあるように、耕作可能な田地が一万畝程あって、銭好礼が三〇〇名の兵で防御していた。広禄島は、

　有田数萬、設游撃張繼善、領兵三千餘名防守。

とあるように、諸島の中でも最大規模の島嶼であって、耕作可能な田地が数万畝あった。ここは遊撃の張継善が三千余の兵を擁して守備していた。崇禎二年（一六二九）六月の兵科都給事中の張鵬雲の題本には、

　（毛）文龍所居皮島、去奴八百餘里。……数年來、逃難遼民、集聚各島、文龍借之以冒兵、借之以冒餉久矣。
　聞諸島如長山・石城・廣鹿等處、皆有可耕之田、即以之分布各島、各爲屯種。[19]

とある。張鵬雲も指摘しているように、毛文龍軍が占拠していた皮島は、ヌルハチ勢力から八〇〇余里のところにあり、同島へは数年来、遼東の人々が移住してきて、毛文龍配下の軍勢拡大の供給源となっていた。長山、石城、広禄島等には耕作可能な田地があった。「毛大将軍海上情形」には平島（皮島）の兵力、耕作田地は記載されないが、同書に見える石城島等四島の保有兵力と耕作地の面積を表示すれば表2のようになるであろ

う。

表２　石城島等４島の守備兵力と耕作地面積

島　名	守備隊長	守備兵力	耕作面積
石城島	参将　劉可神	2,000名	10,000畝
鹿　島	遊撃　朱尚元	1,000名	—
長山島	守備　銭好穐	300名	10,000畝
広禄島	遊撃　張縫善	3,000余名	数万畝
守備総兵力		6,300余名	

これらの島々の経済力に関して、「毛大将軍海上情形」は、さらに、

去今両歳、開墾頗多、各島除選兵外、合有遼男婦四、五十萬、今秋成便可積穀十餘萬、此招集屯駐之情形也。

とある。天啓初めの二年間における各島の開墾によって、四島の計六千三百余名の兵士以外に遼民の男女四、五十万もの人口を抱えていた。四島における生産力は豊作であれば十余万石の穀物が稔ると見積られていた。しかし、これだけでは不足したようで、朝鮮国や、明本国に援助を仰いでいる。同書に、

餉自朝鮮易主後、月助餉萬石。

とある。朝鮮国の国王が替わって以降とあるのは、光海君が廃されて仁祖に替わったことをいっている。それは天啓三年（天命八、一六二三）三月のことであるから、朝鮮国から平島等に軍餉が送られて来たのは同年の四月以降と考えられる。それ以降、朝鮮国から平島の毛文龍勢力に毎月一万石の援助食料が提供されていたようである。

また、

天津歳三運、登・萊歳二運、合船三百艘、毎船可運米四、五百石、則通歳約共運米十餘萬。

とあるように、この他明朝の天津から一年に三度、同じく山東の登州、萊州より一年に二度、三地から一年に計三〇〇艘の船によって約十余万石の米穀が運ばれていた。これら両国の援助だけではなく、同書に、

登・津商貨往来、如織貨至彼、一従帥府掛號、平價咨鮮易糧、以充軍實、公自給價還商、市参以歸、此一轉移、毎歳亦不下数萬矣。

とあるように、毛文龍は登州や天津からの商船が平島等に来航する方法を考え出した。商船の来航に際して毛文龍の軍府が商船を登録し、積み荷の価格を統制し、商船の来航を絶えさせないようにしたのである。その結果は、上述の『光海君日記』に「東南商船、来往如織」と記されているように、各地からの商船が平島等を目指して来航して来たのであった。

(3) 皮島等からの難民

毛文龍は皮島（平島）等にあたかも独立政権を樹立したかのようであったが、移住して来た遼民にとって、そこでの生活はけっして楽ではなかったようで、その一部は難民として朝鮮国へ逃亡していたことが知られる。『備辺司謄録』仁祖二年（天啓四、天命九、一六二四）三月二十四日の条に、

> 副元帥李守一所捉唐人王廷立、王廷照、王成有、丁有傳等四人、情状極爲殊常、着令坡州牧使、嚴加防護、
> 親自押來、詳細盤問得情、然處置宜當。[20]

とあるように、王廷立・王廷照・王成有・丁有伝ら四人の唐人が朝鮮国側に捕らえられたことが記されている。

さらに、同書四月一日の条には、丁有伝以外は名前が異なるが、彼らの供述と思われる記事が見える。

> 唐人供招、一名王廷趙、年四十七、住遼東城裡、萬曆四十七年、為韃賊所擒、留住寨下、以種田為事、天啓
> 一年、逃來于北兵使營下、留三箇月、上京分遣喬桐僅留二箇月半、又移送于南海、留住三年、至上年十月分、
> 入送于都督營下、未有所属、傭力得食、飢饉日甚、将至人相食、不得已出逃、去三月二十日間、鉄山宣川了、
> 向來過平壤、到開城府、……
> 一名馬有才、年二十七、住瀋陽堡、萬曆四十八年、為金台實軍兵所擒、留住村家、以薪蕉耘耕為事、至八箇
> 月逃來、與本國一人名、同時越江、義州來到……上年六月分上京、十月分入送于都督營下、與王廷趙等、同

時逃來、……
一名王廷有、年二十九、住鉄嶺衛、萬曆四十八年、為韃賊所擒、距賊城一日程、村舎留住、以薪蕉得食、至六箇月、與王廷趙、同時逃來……上年十月分、送于都督營下、此後逃來、……
一名丁有傳、年三十八、住瀋陽、萬曆四十八年六月、為韃賊所擒、留住城外、以耕蕉為事、留四箇月、與上頂王廷趙、王廷有等、一時逃來于北兵營、……上年十月分、入送于都督營下、逃來辭縁段置[21]。

最初の王廷趙は、四七歳で遼東城裡に居住していた。ところが万暦四十七年（一六一九）に満洲族に捕らえられ、農業労働に従事させられた。そして天啓元年（一六二一）に、ここから逃亡し、天啓三年十月頃には毛文龍の配下となるものの、食料が不足し「人相食」事態にいたり、さらに逃亡し天啓四年三月には朝鮮半島に渡って、平壌を経て開城府に逃れてきたのであった。

二人目の馬有才は、二七歳で瀋陽に住居していたが、万暦四十八年、泰昌元年（一六二〇）に後金軍に捕らえられ、八カ月ほど農業労働に従事させられていたが、逃亡して鴨緑江を越えて義州に行き、天啓三年には毛文龍の治下に送られたものの、そこから王廷趙らと一緒に朝鮮国に逃れてきたという。

三人目の一名王廷有は、二九歳で鉄嶺衛に居住していたが、万暦四十八年（泰昌元）に満洲族に捕らえられ、しばらく捕虜状態であったが、王廷趙と同時に逃亡し、天啓三年には毛文龍の配下に送られ、さらにそこからも逃亡してきたのである。

四人目の丁有伝は、三八歳で瀋陽に住んでいたが、万暦四十八年六月に満洲族に捕らえられ、居住する城外の耕作地において四カ月ほど農業労働に従事していた。その後、王廷趙・王廷有らとともに逃れ、天啓三年十月頃に毛文龍の治下に逃亡するが、さらにそこから逃亡して朝鮮に逃れてきた。

この四人の供述に共通するのは、いずれもが遼東に居住していた人々であり、万暦四十七～四十八年頃に後金軍に捕らえられた。しかし後金の支配から脱出して朝鮮国に逃亡したのである。四人とも、朝鮮国に逃れてくる前に、「入送于都督管下」とあるように毛文龍の支配する海島に送られているが、そこでの生活に耐えられず、また朝鮮国に逃げて来たのであった。毛文龍治下の海島での生活は、食料不足が最大の問題点であったろう。『備辺司謄録』に見える朝鮮国官吏の報告にも、彼ら難民に対する同情が記されている。同書、同日の条に次のようにある。

坡州所捉唐人王廷趙・馬有才・王廷有・丁有傅等四人、盤問後所指別単書　啓奏、此人等、曾自虜中走回北道、廃朝時、分配于南海弥島等處、上年冬間、解送于都督衙門矣、渠輩在島中艱食、思恋久住之處、一時逃来云、其情理或然、似無他腸、而都督前、不可不報知、但其飢餓顚臥、将塡溝壑之状、有不忍見、若泛然以逃来移咨、則是置之死地。[22]

朝鮮国においても、四人の処遇に苦慮していた。後金配下から脱出して朝鮮国の北辺に逃れてきた人々は、光海君の時代には朝鮮国内の弥島等に送られたりしていたが、仁祖元年（天啓三、天命八、一六二三）からは毛文龍配下の島中に送られた。しかし、食料不足から朝鮮国に逃れて来ることになったのである。後金軍に捕まって逃亡し、また毛文龍支配の地からも逃亡するという事態は、遼東の人々にとって毛文龍支配地も必ずしも住み心地の良い場所ではなかったことを意味するであろう。

四　小結

毛文龍は遼東南辺の鎮江堡を後金軍の攻撃によって失うと、光海君十四年十一月癸卯（十一日）には遼東半島南沿海にある島嶼に拠点を移して後金軍と対峙した。

毛文龍が海島を占拠して間もない時期の天啓三年八月に、明人の汪汝淳によって著された「毛大将軍海上情形」は、数少ない毛文龍側の事情を伝える貴重な史料である。現在この「毛大将軍海上情形」の存在が知られるのは、管見の限りではあるが、日本では、国立公文書館と関西大学図書館内藤文庫、そして北京大学図書館の三カ所である。

「毛大将軍海上情形」は、毛文龍が占拠した海島の地理的状況やその人口、軍事力に関する内容までも記述している。毛文龍が海島を占拠して後金軍のさらなる南下を阻止するようと企図したことは、明朝側にとってかえって経済的に大きな負担となっていた。それを維持するため天津から一年に三度、同じく山東の登州、萊州より一年に二度、三地から一年に計三〇〇艘の船によって約十余万石の米穀が運ばれていた。

海島における耕作田地はおよそ一〇万畝あったが、仮にそこからすべての収穫が得られたとしても、住民に食料を供給するには、なお不足するような事態にあった。それは、後金軍の南進による難を避けて、皮島などの遼東沿海の島嶼部に渡海して逃れてきた遼東の人々の数が数十万にのぼったと推察されるからである。毛文龍軍配下の島嶼も遼東の民にとって安住の地ではなく、飢餓に近い状態も現出していたのである。

(1) 田川孝三『毛文龍と朝鮮との関係について』青丘叢説、一九三二年。
(2) 李光濤「跋毛大将軍海上情形」『明清檔案論文集』聯経出版、一九八六年、二五一～二五四頁。
(3) 王鐘翰「毛大将軍海上情形跋」『淡江史学』第五期、一九九三年六月、一六九～一七五頁。
(4) 『明史』中華書局、二二一冊、六七一五頁。
(5) 『李朝実録』第三三冊、学習院東洋文化研究所、一九六二年十月、七一七頁。
(6) 『李朝実録』第三三冊、七一七頁。
(7) 『乱中雑録』韓国古典叢書三、民族文化推進会、一九七七年十二月、二三一頁。
(8) 『李朝実録』第三三冊、八〇九頁。

(9)『李朝実録』第三三冊、八〇九頁。
(10)『李朝実録』第四三冊、学習院東洋文化研究所、一九六五年七月、三頁。
(11)『李朝実録』第三四冊、学習院東洋文化研究所、一九六二年十一月、一一七頁。
(12)『乱中雑録』二四四頁。
(13) 神田信夫「『満文老檔』に見える毛文龍等の書簡について」『朝鮮学報』第三七・三八輯、一九六六年一月。
(14)『満文老檔』Ⅱ太祖二（満文老檔研究会訳注、東洋文庫、一九五六年八月）六一四頁。
(15)『満文老檔』Ⅱ太祖二、六一四頁。
(16)『満文老檔』Ⅱ太祖二、六七六頁。
(17)『満文老檔』Ⅱ太祖二、七一〇頁。
(18) 福井保『内閣文庫書誌の研究――江戸幕府紅葉山文庫本の考証――』（日本書誌学大系一二、青裳堂書店、一九八〇年六月）一四二～一四四、一五五～一六〇頁。
(19)『明清史料』甲編第八本、七二二丁表、「兵科都給事中張鵬雲題本」。
(20) 国史編纂委員会編纂『備辺司謄録』一、景仁文化社、一九八二年一〇月、一九九頁。
(21)『備辺司謄録』一、二〇四頁。
(22)『備辺司謄録』一、二〇五頁。

第二章　康熙盛京海運と朝鮮賑済

一　緒言

康熙三二年（一六九三）に盛京地方で見られた凶作は深刻なものであった。このため康熙帝は山東省から海運によって米糧を輸送して飢民を救済する方策を取った。これが清朝の国家事業としての最初の海運であった。その後、凶作は清国だけにとどまらず、まもなく朝鮮半島にも波及した。その惨状がいかなるものであったかは、朝鮮国王粛宗の次の言からも知られる。『増補文献備考』巻一七〇、市羅考八、賑恤二、粛宗二十三年（康熙三十六、一六九七）の条に引かれた粛宗の教に次のように述べられている。

教曰、国家不幸、饑饉荐臻、人民死亡、恰過萬數、予實無楽、南面靡安玉食也(1)。

ここからも明らかなように、朝鮮国における飢饉は一万人もの死者を見るほどの悲惨なものであった。清朝でもこの朝鮮国の飢饉に対応した。光緒『大清会典事例』巻五一三、礼部、朝貢、賙救に、

〔康熙〕三十七年、朝鮮歳饑、表請中江開市、奉旨、准以積貯米穀、水陸共運四萬石、至中江平糶、遣大臣一人前往監糶、欽此。又特發米萬石賞給(2)。

とあるように、清国と朝鮮国との国境の中江において、清国から朝鮮国へ四万石の米穀が売却される市易が開催されている。

十七世紀末における東北アジアを襲った飢饉に対して、清国と朝鮮国がどのように対処したのかを考察してみたい。

二　康熙盛京海運

盛京で発生した飢饉に対処した清朝の最初の記録は、『聖祖実録』巻一六二、康熙三十三年（一六九四）正月乙卯（十七日）の条に「上以盛京歉収、命戸部尚書馬齊、馳驛前往、以倉穀支給兵丁[3]」と見え、康熙帝は盛京で発生した飢饉のために、戸部尚書の馬斉に命じ、兵丁に倉穀を支給するように指示している。

康熙帝の命に対して戸部は直ちに対応している。『聖祖実録』巻一六二、康熙三十三年正月丙辰（十八日）の条に、

> 戸部議覆、盛京戸部侍郎阿喇弥疏言、盛京地方歉収、奉旨、運山東省米石、至三岔口、以濟軍民、今山東運來之糧、現由金州等處、海岸經過、請将所運掟米、酌量截留、減価発売、再遼陽・秀巌・鳳凰城三處之人、向來俱在牛荘買米、亦應照金州等處、将糧米蔵留、行文各該管官、令其到三岔河、購買運去。但運米運穀不同、請将山東穀石、令地方官酌量易米、則需船少、船価亦較省、應如所請、行文山東巡撫等、将穀二石、易米一石輓運、得旨依議速行[4]。

とある。盛京地方の飢饉に対して山東の米糧を海路により輸送する方法で救済することになった。海運の航路は山東より盛京の三岔口に輸送する海路が取られた。

盛京地方における凶作は漸次南下していった。『聖祖実録』巻一六二、康熙三十三年三月丙午（八日）の条に、

> 差往盛京戸部尚書馬齊回京、奏開元等八城、承徳等九州縣倉中所貯米石、散給兵民、均沾實恵、報聞[5]。

とあるように、飢饉は長城北辺付近の承徳府下にも波及していたのである。

山東から盛京地方への米糧輸送は、具体的には三月より始まった。『聖祖実録』巻一六二、康熙三十三年三月丙午（八日）の条に、

命戸部郎中陶岱、将截留山東漕米二萬石、従天津衛出海道、運至盛京三岔口。[6]

とある。戸部郎中の陶岱に北京へ輸送する山東の漕米から二万石を留保させ、それを天津衛から海運によって盛京の三岔口まで輸送するものであった。これに対して康熙帝の上諭は、

上諭之曰、此路易行、但不可欲速、船戸習知水性風勢、必須相風勢而行、毋堅執己見、其一路水勢地形、詳悉識之、此路既開、日後倘有運米之事。全無労苦矣。[7]

とある。海路は便利であるが、特に注意を怠ることのないようにし、今後の海運に路を開くべきことを指示した。海運を指揮した陶岱（Toodai）の伝を記した『国朝耆献類徴初編』巻六五、『満洲名臣伝』巻三三、『清史列伝』巻一〇のいずれにも、

康熙三十三年二月、上以積貯米穀有稗民食、命截留漕米二萬石、従天津海運至三岔口、交盛京戸部収貯、命陶岱督運。[8]

とある。陶岱が海運を命じられたのは康熙三十三年二月のことであった。

天津より盛京への海運の輸送先であった三岔口とは、乾隆二十五年銅版『大清一統輿図』によると、海城県牛荘和屯の近くに「三岔必拉」と見える地であろう。[9]

乾隆『盛京通志』巻二五、山川一、海城県の「海」の項の按語に、

按明時海運、皆自登州抵金州旅順口、本朝康熙三十三年、聖祖仁皇帝、親幸天津、訪海道、自大沽口、達三汊、較便於登州、遂用商船、三晝夜即抵三汊、自後盛京海運、多由直沽。[10]

とある。明代において一時期、東北と登州との間で海運が行われたが、その時は遼東半島の金州・旅順口が漕米

輸送の出港地であった。清朝は天津の大沽海口から三汊河口に達する航路を開いた。大沽口から三汊河口まで三昼夜の航行で到着可能な距離にあった。

三汊河口については、乾隆『盛京通志』巻二五、山川一、海城県に、

三汊河、城西六十里、係遼河、渾河、太子河合流入海處[11]。

とあるように、海城県の西六〇里にあり、遼河と渾河そして太子河が合流する水運の要港であったことがわかる。

盛京の飢饉は、年が明けても改善が見られなかった。『聖祖実録』巻一六四、康熙三十三年七月壬午（十六日）の条によれば、

諭戸部、盛京等處去歳禾稼不登、粒食艱窘、聞今年収穫、亦未豊稔米穀仍貴、倘價値日漸騰湧、則兵民生計、恐致匱乏、盛京等處地方関係緊要、朕心時切珍念、宜預加籌劃[12]。

とあり、康熙帝も盛京地方の度重なる不作に対する救済策の検討を戸部に命じた。

また、『聖祖実録』巻一六四、康熙三十三年八月己亥（四日）の条には、

山東巡撫桑額疏言、登州等處米、請従天津、運至盛京・三岔口[13]。

とあり、山東巡撫の桑額が登州等の漕米を天津より盛京三岔口に輸送する策を上疏した。

これに対して、康熙帝の命令は次のようであった。同書に、

上曰、運米至盛京、實属善政、先所運米、大有稗益、学士陶岱、現在天津、此本著交陶岱、将天津現存米五萬石。従天津海口、運至三岔口之處、會同地方官員、議奏[14]。

とあるように、陶岱をして天津に集荷される五万石の米穀を天津海口より海船により三岔口に輸送するように命じたのである。

ところが、天津では五万石を調達出来なかった。『聖祖実録』巻一六五、康熙三十三年九月癸酉（八日）の条

には、不足分の調達について、

戸部題内閣学士陶岱等遵旨会議、天津現存米、不足五萬石之數、應将直隷近河州縣米、撥足五萬石、俟來春、自天津運至盛京三岔口、應如所請(15)。

とある。陶岱らは天津には海運に提供すべき五万石がないため、直隷省内より徴発して、来春に天津より盛京三岔口へ輸送してはどうかと提案した。

康熙帝はこの案に対して、

上曰、直隷近河州縣之米、著停止起運、俟來春河南・山東運米、過天津、截留五萬石、従天津海口運往(16)。

と命じている。陶岱らの直隷省内から徴収する案ではなく、来春に漕運によって南方から運ばれる河南、山東省の漕米のうちより五万石を割愛して天津にとどめ、それを天津より盛京に輸送すべきとの命令であった。

盛京地方の飢饉は、康熙三十四年（一六九五）になっても改善は見られなかった。『聖祖実録』巻一六七、康熙三十四年五月己丑（二十八日）の条には、

副都統賚蘭布等、自盛京還、奏言、今歳盛京亢旱、麥禾不成、米價翔貴、雖市有鬻粟、而窮兵力不能糴、遂致重盛京根本之地(17)。

とあるように、旱魃が続き穀物が稔らず、米価が騰貴している状況が伝えられたのである。

ついで、『聖祖実録』巻一六七、康熙三十四年七月庚午（十日）の条には、盛京へ赴いて賑済を行った内閣学士の崇祝が、次のように報告している。

上下不等、盛京地方比年失収、今歳雖有収、難支來歳(18)。

盛京地方の収穫は見られるものの、翌年の収穫期までの食糧を維持することは困難であることが報告された。

盛京地方への賑済に対する対応策について、『漕運全書』巻一九、京通投儲、歴年成案および雍正四年（一七

二六）の新修『長蘆塩法志』巻一、詔勅に同文が見える。

康熙三十四年八月、内閣学士陶岱等疏称、康熙三十四年八月初二日、奉上諭、盛京運米最爲緊要、前已有旨、着運米六萬石、盛京連年不甚豊収、運米若多、大有稗益、若運此米、但用商船、恐船不足、今宜効用正項銭粮、酌量修造船隻、俟運完之日、将船分派殷富商人、隨其任用、若有用處、仍舊使用、這事情着学士陶岱、至天津、會同直隷巡撫沈朝聘、長蘆管鹽税官、確議具奏、欽此[19]。

康熙帝は八月二日に盛京地方における連年の飢饉に対して天津からの海運を指示したが、商船だけでは輸送船舶が不足するであろうことから、新たに船舶の造船を命じた。完成後は殷実の商人に任せて輸送にあたらせるという策であった。

それに対して、陶岱は次のように対応した。『漕運全書』巻一九に、

臣等査、堅固商船、不敷装運、議造海船二十隻、所用料價、就近于長蘆鹽課銀内動用、運俟之日、交付管鹽課官員、派殷富商人二十名、給發使用、其造船銀兩、今鹽法道、限五年之内、于領船商人名下、扣完以還原項等、因題准遵行[20]。

とある。米糧輸送に使用する船体堅固な商船は不足していたため、海船二〇隻を造船する。その造船費用は、長蘆塩の塩課より流用し、輸送が終了した時点で、殷実な商人二〇名を選び、彼らにその船を貸与して五年の期限で塩課から流用した原資を返還させるという方法であった。この案は認められたのである。

そして翌年、『聖祖実録』巻一七一、康熙三十五年（一六九六）二月壬辰（六日）の条に、次のようにある。

内閣学士陶岱往盛京賑済、幷以天津海口運米、至盛京事、請訓旨[21]。

陶岱が指揮して天津海口より盛京への米石を輸送した。しかし、天津衛で造船した船舶だけでは輸送に使用する船舶が不足していたのである。それは康熙帝の次の命に見える。

上曰、従天津海口運米、但以新造船與商船轉運、尚恐船少、應遣人往福建将軍督撫處、勤諭走洋商船、使來貿易、至時用以運米、仍給以雇直、其装載貨物、但収正税、概免雑費、往取此船、著各部院衙門、派出賢能司官筆帖式各一員、令馳駅前去。[22]

天津海口から盛京への輸送船舶は新造船と商船を合わせても不足するため、福建に命じて福建の海洋航行船舶の利用を促したのであった。海船の雇用にあたり積載貨物の正税だけの徴収にとどめ、他の雑費の免除を認めたのである。

盛京における飢饉はその後、漸次終息していったようで、康熙帝は「創興盛京海運記」を作成している。同記は『聖祖仁皇帝御製文集第二集』巻三三、記に見えるが年月は記されず、乾隆『盛京通志』巻五には康熙三十六年[23]（一六九七）の作とある。ただ、新脩『長蘆塩法志』巻一四、芸文に見える「聖祖仁皇帝御製海神廟碑文」には「創興海運……命学士陶岱」の記事があって「康熙三十六年七月吉日」とあることからほぼ同時期のものと考えられる。

「創興盛京海運記」によれば、康熙三十三年に、

截留山東漕米二萬石、用商船三十、連檣出津門、海若敢順、三晝夜、即抵三岔。

とある。山東の漕米二万石を三〇隻の商船によって天津海口から三岔口へ三昼夜で輸送したことが知られる。一艘当たり六六〇余石を積載輸送したことになるであろう。

康熙三十六年には、同記によれば、

漕米六萬石、遣部臣偕督撫造新船二十、加運二萬石、既又論増造船十、來歳可運至十二萬石、猶慮運船少也。

と、新造船を三〇艘造らせているが、それでも輸送船舶が不足したので、上述のように、福建将軍等に海船の雇用を命じたのであった。それに応じたのは、同記に、

用天津・浙・閩船、前後轉運、以道盛京者、共数十萬有奇。

とあるように、天津の船舶のみならず、浙江や福建の海船が天津海口から盛京への海運に尽力したのであった。

三　清朝の朝鮮賑済

盛京での飢饉が終息する頃、朝鮮半島で大きな飢饉が発生していた。朝鮮朝廷では、飢饉に対する方策として、清朝との開市によって米穀の輸入が議論されていた。しかし、朝鮮国王粛宗は消極的で、

宣祖朝、壬辰乱後連凶、至丙申始登、人之豊侈飲食、無異常時、凡事不能節約、自古而然矣。[24]

と、豊臣秀吉の朝鮮侵略の起こった壬辰年（一五九二）、いわゆる壬辰倭乱の時から四年間にわたり凶作が続いたが、丙申年（一五九六）にいたって収穫が見られた。今回の飢饉に対し、粛宗は節約しか救済の方法がないとする考えであった。

しかし、事態は深刻なものとなった。『粛宗実録』巻三一、粛宗二十三年（康熙三十六、一六九七）十月庚子（二十三日）の条には、

是歳八路大飢、畿湖尤甚、都城内積屍如山。[25]

とある。康熙三十六年の飢饉は、朝鮮半島全土に及んだのである。当時の朝鮮国は平安道、黄海道、京畿道、忠清道、全羅道、咸鏡道、江原道、慶尚道の八道であり、すべての地で飢饉が見られたが、とりわけ惨状の厳しい地は都のある京畿道と南西部の全羅道であった。

そこで朝鮮国王はついに、清朝に対して米穀輸入を目的とした臨時の開市を要請するのである。

『同文彙考』原編巻四六、交易二、「請市米穀咨」に、康熙三十六年九月三十日付で、清朝の礼部へ送られた咨文には、

朝鮮国王、爲請市米穀以救小邦民命事、竊照小邦比年以來、旱湧連、仍饑荒荐酷、今年大無比前尤甚、百穀卒痒、八路同然（中略）、若自明年春、中江開市、特許出賣米穀[26]。

とある。飢饉を救済する方策として、清朝に対して中江での開市を求め、中国米穀の朝鮮への売却を求めるものであった。

これに対して清朝は次のように対応している。『聖祖実録』巻一八六、康熙三十六年十一月戊戌（二十二日）の条に、

礼部議覆、朝鮮國王李惇疏言、請於中江地方貿易米糧、應不准行得旨、朕撫馭天下、内外視同一體、並無區別、朝鮮國王、世守東藩、尽職奉貢、克効敬慎、今聞連歳荒歉、百姓艱食、朕心深爲憫惻、彼既請糴、以救凶荒、見今盛京積貯甚多、著照該國王所請、於中江地方、令其貿易[27]。

とある。朝鮮国王の中江における米穀交易の要請を康熙帝は認めたのであった。

王一元の康熙六十一年（一七二二）序の『遼左見聞録』にも、

丁丑（康熙三十六年）朝鮮告饑、發盛京倉粟。海運濟之。

と、朝鮮国からの飢饉の訴えに対し、盛京の備蓄米を提供し救済したとある。

朝鮮国からの開市の要請に応じた清朝は、『聖祖実録』巻一八六、康熙三十六年十一月乙巳（二十九日）の条に見えるように、

遣戸部侍郎貝和諾、往奉天、督理朝鮮糴米事務[28]。

と、戸部侍郎の貝和諾をまず奉天に赴かせた。そして朝鮮国への米穀輸送の具体的な方法は次のように決めている。『聖祖実録』巻一八六、康熙三十六年十二月己酉（三日）の条に、

戸部遵旨議覆、盛京所貯米石、運至中江地方貿易、應令殷實誠信之人、取地方官印結、前赴盛京、領來輓運。其米價銀兩、倶照盛京時價、交與盛京戸部、所賣米石、不許過倉石二萬、其朝鮮進貢來使、有貿穀帶去者、

聴其糴去[29]。

とあり、中江における朝鮮国への米穀売却については殷実誠信の人物を選んで地方官の印結を発行して、盛京から陸運により盛京の時価で売却させるが、盛京の倉米二万石を越えない範囲で、朝鮮使節が穀物を買って持ち帰ることを許可するものであった。

さらに、この他に新たな動きがあった。同書に、

鹽商張行等呈稱、情願前往朝鮮貿易、應令将銀買倉米二萬石、運至貿易、俟朝鮮國歳稔之時停止、此時運往米石、令伊國将所産之物、酌量兌換可也[30]。

とある。塩商の張行らが朝鮮国への倉米二万石の輸送による貿易を清朝に求めたのであった。朝鮮国での凶作が終息するまでとの条件付きであるが、米穀輸送を行い、交易は朝鮮国産品との交換とするという内容であった。この方法も認められた。

塩商の張行については、上記の状況を述べた王士禎の『居易録』巻二九に、

朝鮮國王李淳上疏、告饑乞糴、奉特旨賜米二萬石賑之。又以綏哈城、小姐廟二處、所貯米二萬石、運至中江貿易、以戸部右侍郎博和諾、往監糶。又命長蘆鹽商、領帑金五千兩、買米二萬石、由登州府廟島地方、以鶏頭船、運往朝鮮貿易、以吏部右侍郎陶岱、往監運。

とあるように、彼は長蘆塩商の一人であったと考えられる。事実、新脩『長蘆塩法志』巻七、商政に、

天津新増鹽引、除商人張行代認一千引内、酌留七百道外。

と、張行の名が見え、その天津の新たに増加された塩の販売許可である塩引については同書に、

査天津衛新増鹽引、係康熙十七年。

とあることから、塩商の張行は康熙十年代には長蘆塩商の代表的人物であったと考えられる。

朝鮮国への米石輸送の方法として、海上輸送を提案したのは吏部侍郎の陶岱であろう。

『漕運全書』巻一九、京通糧儲、歴年成案に、

康熙三十六年十一月奉旨、朝鮮國比歳薦饑、這中江開市貿穀等事、倶着照該王所請、行盛京所有積貯米穀、作何運至中江貿易之處、該部速議具奏、欽此(31)。

とある。康熙帝が中江への米穀輸送の方法を問うたのに対して、陶岱は、

吏部侍郎陶岱等覆准、泛海船隻、毎年穀雨後、方可行走、河南漕運船隻、正値到時、截留粟米二萬石、交與商人、由海運去貿易、俟商人回時、其米價銀兩、沾時價交與、長蘆鹽道、鮮送戸部(32)。

と、毎年の穀雨、すなわち西暦の四月二十日頃の後に天津方面に来航する海船を利用すれば、河南から運河によって運ばれる漕米も天津に到着し、中江への輸送に便利であるとして、海船の利用による天津から盛京への米糧輸送を提案した。

陶岱の指揮のもとに天津から中国産米穀が朝鮮国に到着したのは、粛宗二十四年（康熙三十七、一六九八）二月のことであった。『粛宗実録』巻三二上、粛宗二十四年二月庚午（二十五日）の条に、

清國於交易米二萬石外、又白給一萬石、別遣吏部侍郎陶岱、従海路領來(33)。

とある。交易米二万石の他に一万石の米を齎した。同書の同年四月庚午（二十六日）の条には、

清吏部侍郎陶岱、領米三萬石、來到中江、大小船総一百十餘隻也(34)。

とあるように、三万石の米を中江まで百十余隻の船で輸送して来たのであった。一隻当たりの米穀積載量を計算すると、平均二百七十余石となり前節で述べた盛京への海運の例に比し比較的少ない。各船には米穀以外の物を多く積載していたと推察される。

同書によれば陶岱は朝鮮国に対して来航の理由を、次のように述べている。

爾主以連歳飢饉、乞請中江開市、皇帝特遣重臣、發倉米一萬石、千里航海順濟、並許貿米二万石、以救爾國萬民之命(35)。

朝鮮国の中江における開市開催の要請に対して、倉米一万石を輸送し、さらに交易米二万石をも海上輸送し、朝鮮国の飢饉の救済に当てたのであった。

しかし、陶岱の本当の目的は別のところにあったようで、『粛宗実録』巻三二上、同年五月甲申（十一日）の条には、朝鮮国の右議政の崔錫鼎が陶岱の言として次のように報告している。

清侍郎言、私米及貨物、可令貴邦商人與皇商定價貿易、（中略）以此観之、則侍郎之令臣主持交易、似専在私米物貨之買賣矣。彼既渉海遠來、托稱皇商、則全然防塞、必致生梗、令京外富民、従願來貿、事渉便當(36)。

陶岱は米穀以外にも貨物を積載して来たのであった。中国商人は朝鮮国の商人との交易を望んでいた。朝鮮国の崔錫鼎は中国側が「皇商」と称していることから仕方がなく、京畿外の富民との間で交易させるのが無難ではないかと粛宗に提案した。

しかし、粛宗は陶岱の姿勢を批判して、同書に、

夷狄禽獣、不可以義理貴之、米則既是救民之物、許之或可、而物貨断不可許買(37)。

とあるように、米穀の交易を認めても貨物の交易は認めない姿勢を示した。

清朝からの交易米の取引交渉は難題であった。『粛宗実録』巻三二上、粛宗二十四年二月壬子（七日）の条に、

清人使米商納價受米、自運開市於中江、蓋米一石直只為白金一兩二錢、而米商稱以道路泥濘、牛畜多死、遂統計雇價一石折直十二兩、我人則折定二兩、互相争執、不得交市(38)。

とある。陸運によって中江へ輸送してきた清商は、米穀一石当たり一二両を要求し、朝鮮側の二両との間には大きな隔たりがあった。

陸運と海運とによる中江での中国米の開市は最終的には次のように決まった。

『同文彙考』原編巻四六、交易二、康熙三十七年五月十八日付の「米穀完市咨」には、

朝鮮國王、爲完市救民事、據接伴使戸曹參判趙亨期馳啓、康熙三十七年二月二十八日、中江開市、先到陸運米二萬石兩、平折價将正銀五萬七千兩、照數交易、分賑遠近賤民訖、續據接伴使戸曹參判金構馳啓、康熙三十七年五月内、中江追到海運米二萬石、将正銀五萬七千兩、平價完市。[39]

とある。康熙三十七年二月に中江へ陸運で運ばれた二万石は、正銀五万七〇〇〇両で、同五月に陶岱の指揮のもとに中江へ運ばれた二万石も正銀五万七〇〇〇両で交易が終了した。いずれも一石当たり銀二両八銭五分という価格であった。当初清商が主張した一二両とは、相当大きな開きがあった。妥当な価格に決着したといえるであろう。

一方、海運米については、『粛宗実録』巻三二上、粛宗二十四年五月癸巳（二十日）の条に、

接伴使啓言、清海運米、閲月争價、始依陸運例、以每一斛銀五兩七錢折定云。[40]

とある。陶岱と朝鮮国との海運による輸送米の価格交渉は難行したが、一斛銀五両七銭で決着した。この一斛とは、『承政院日記』第三七六冊、粛宗二十四年（康熙三十七）戊寅正月初三日己卯の条に、戸曹判書の李世華が次のように報告している。

今此開市咨文中、所謂倉石一石、當爲我國二石云、然則元数四萬石、爲八萬石也。[41]

すなわち、朝鮮国のいう二斛は清朝の一石であるから、一斛銀五両七銭は清朝の一石銀二両八銭五分で先の陸運米の価格と一致する。

その後、『聖祖実録』巻一八九、康熙三十七年七月壬午（十日）の条に、

吏部右侍郎陶岱等疏言、臣等遵旨、賑濟朝鮮、於四月十九日、進中江、臣等随将賞米一萬石、率各司官監視、

給該國王分賑、其商人貿易米二萬石、交與戸部侍郎貝和諾監視貿易。[42]

とあるように、陶岱らは海運による三万石の米石輸送を無事完了したことを報告した。そのことを誇示するように康熙帝は「御製海運賑済朝鮮記」を作成し、それは『聖祖実録』巻一八九、同年七月壬午同日の条[43]に見える。また『聖祖仁皇帝御製文集第二集』巻三三にも収められている。

同記によれば、

［康熙三十七年］二月、命部臣往天津、截留河南漕米、用商船出大沽海口、至山東登州、更用鶏頭船、撥運引路。

とあるように、天津の大沽海口から山東の登州にいたって、さらに鶏頭船を用いて朝鮮国の中江へ向かったとある。しかし、康熙帝の満足とは対称的に朝鮮国では陶岱の交易交渉に不満が残った。『粛宗実録』巻三二下、粛宗二十四年十一月丙戌（十六日）の問安使からの報告にその一端が見える。

聞諸通事文奉先、則去夏私市事、皇帝只欲以米穀救活東民、而吏部侍郎陶岱私持物貨、以一併放賣之意、稟于皇帝、皇帝不答、嘗語曰吾欲救東民、而陶岱乃敢私市、殊極未安云。岱聞即惶懼、急急入去、幾未免罷職矣。[44]

朝鮮国側から朝鮮国での陶岱の私市の件が康熙帝に伝えられた。この報告の通りであったとすれば、康熙帝は陶岱の予期せぬ行為を聞いて驚いたであろう。

しかし、朝鮮国への米石輸送によって一獲千金を目論んだのは陶岱らだけではなかった。そのことは、『同文彙考』原編巻四六、交易二にみえる清朝礼部の朝鮮国宛の咨文に見える。

礼部爲請市米穀、以救小邦民命事、（中略）應行令奉天将軍、盛京戸部、奉天府尹、将往朝鮮貿易、並羅買米石之處、仍照前厳行禁止外、其直隷・山東・福建由海、亦可通朝鮮、應行令直隷・山東・福建、将往朝鮮貿易米石、亦應厳行禁止等因。康熙三十七年七月二十九日題、八月初七日奉旨依議。欽此欽遵[45]。

朝鮮半島に向けて直隷・山東の近沿海の地から、さらには南方の福建から米糧を海上輸送して貿易しようとする商行為を厳禁したのであった。この禁例からも朝鮮国への米糧輸送を目論んだ中国商人がかなりいたことが知られる。

四　小結

康熙三十二年（一六九三）に盛京で発生した凶作は四年近くも続き、さらに続いて朝鮮国においても史上稀な凶作が発生した。盛京で発生した凶作に対する救済策として、清朝は天津方面から救済米糧を海上輸送する策を取り、その経験を生かして朝鮮国における凶作に対する給米にも海上輸送が利用されたのである。

二度に渉る海運に積極的であったのは康熙帝であった。「創興盛京海運記」の康熙三十三年（一六九四）二月の記述には、

親幸天津訪海道、自大沽口、達三岔、較便。

とあるように、康熙帝みずから天津に行幸して海上航路の便利さを確かめたという。また『聖祖仁皇帝御製文集第二集』巻三三、「海運賑済朝鮮記」においても、

遠邁春秋、汎舟之義、實所以普澤藩封、而光昭先徳也。

とある。『聖祖実録』巻一八九では「遠邁春秋、汎舟之義[46]」の八字は省略されているが「汎舟」の語句に、康熙帝の海上輸送に対する積極策が象徴されているように思われる。

（1）『増補文献備考』中冊（上・中・下冊）東国文化社、一九七一年七月、九八六頁。

(2)『清会典事例』第六冊（全一二冊）中華書局影印、一九九一年四月、九三七頁。
(3)『清実録』第五冊、中華書局、一九八五年九月、七七〇頁。
(4)『清実録』第五冊、七七一頁。
(5)『清実録』第五冊、七七五頁。
(6)『清実録』第五冊、七七五頁。
(7)『清実録』第五冊、七七五頁。
(8) 李桓撰『国朝耆献類徴初編』江蘇広陵古籍刻印社、一九九〇年八月、第六冊、五一頁。
(9)「奉天府（盛京）、熱河必拉」、八拝東一、『大清一統輿図』全国図書館文献縮微復制中心、二〇〇三年十月、一〇三頁。
(10) 阿桂等纂修『盛京通志』遼海出版社、一九九七年八月、上冊、四二〇頁。
(11) 阿桂等纂修『盛京通志』上冊、四二〇頁。
(12)『清実録』第五冊、七九一頁。
(13)『清実録』第五冊、七九三頁。
(14)『清実録』第五冊、七九三頁。
(15)『清実録』第五冊、七九五頁。
(16)『清実録』第五冊、七九五頁。
(17)『清実録』第五冊、八一四頁。
(18)『清実録』第五冊、八一七頁。
(19)『漕運全書』北京図書館古籍珍本叢刊五五、史部、政書類、北京・書目文献出版社、四六七頁。
(20)『漕運全書』四六七頁。
(21)『清実録』第五冊、八四六頁。
(22)『清実録』第五冊、八四六頁。
(23) 阿桂等纂修『盛京通志』遼海出版社、一九九七年八月、上冊、一一二頁。
(24)『粛宗実録』巻三一、粛宗二三年九月乙巳（二十八日）の条。『李朝実録』学習院東洋文化研究所、一九六四年十二月、第四〇冊、一二三七頁。

(25)『李朝実録』第四〇冊、一二三九頁。

(26)『同文彙考』第一冊、大韓民国文教部国史編纂委員会、八七二頁。

(27)『清実録』第五冊、九八五頁。

(28)『清実録』第五冊、九八六頁。

(29)『清実録』第五冊、九八六頁。

(30)『清実録』第五冊、九八六頁。

(31)『漕運全書』四六九〜四七〇頁。

(32)『漕運全書』四七〇頁。

(33)『李朝実録』第四〇冊、二五三頁。

(34)『李朝実録』第四〇冊、二五八頁。

(35)『李朝実録』第四〇冊、二五八頁。

(36)『李朝実録』第四〇冊、二六〇頁。

(37)『李朝実録』第四〇冊、二六〇頁。

(38)『李朝実録』第四〇冊、二五二頁。

(39)『同文彙考』第一冊、大韓民国文教部国史編纂委員会、八七五頁。

(40)『李朝実録』第四〇冊、二六一頁。

(41)『承政院日記』第二〇冊、国史編纂委員会、一九六三年四月、三頁。

(42)『清実録』第五冊、一〇〇六頁。

(43)『清実録』第五冊、一〇〇六頁。

(44)『李朝実録』第四〇冊、二八二〜二八三頁。

(45)『同文彙考』第一冊、大韓民国文教部国史編纂委員会、八七七頁。

(46)『清実録』第五冊、一〇〇六頁。

第三章　清末山東半島と朝鮮仁川との帆船航運

一　緒言

山東半島は、『史記』に「燕東有朝鮮、遼東」（列伝巻六九）というように古来より最も近い外国である朝鮮半島の諸国と海域を通じて密接な関係を持続してきた。その関係は現在でも山東半島に進出している韓国企業が中国の他省よりも顕著に多いことからも知られる。このような山東半島と朝鮮半島との関係のうち、清末の事例を中心に、山東半島の海上航運による清末の山東半島と朝鮮半島との関係について述べたい。

特に光緒十一年（一八八五）四月における北洋大臣李鴻章の文称には、光緒十年正月から十二月までの一年間において朝鮮国の仁川口に入港した中国帆船の記録が見られる。この中国帆船の一年間の記録から十九世紀末の山東半島と朝鮮半島との経済交流がどのように行われていたのかを考察してみたい。

二　清代山東沿海の航運

清代において康熙二十三年（一六八四）に海禁政策である「遷界令」が解除されると、沿海の航運は極めて活発化した。[1]とりわけ、山東半島沿海における沿海貿易の状況について雍正十年（一七三二）二月十六日付の河東総督田文鏡の奏摺によれば、

若閩・廣・江浙商船往北貿易者、則順南風由成山頭、一直北上、及回船之時、則又順北風直往南下、倶于大洋颺帆径過多不遠道彎入廟島間、或有入島暫停者、亦止於避風取水、而已得風水、即便開行而去、從無久停。再査閩・廣・江浙等船、因南洋五道沙険絶難行、其富商大賈島蠻珍美奇麗之貨、均不由海而北、不過装載閩糖・南果烟紙等粗糲之物、或至膠州發行、或至天津入口遠、而至於關東販賣、皆係南省各處口岸、經官盤驗帯有印信號票、實在營運商船、方敢偶入廟島候風取水、如稍有來歴明快不敢入此内地。(2)

とあるように、福建や広東や江浙の商船が南より北上してきた天津方面に航行するには山東半島沿海が、航運の上で注意するべき海域であった。そこで山東半島の東北沿海にある廟島が航運の際の「候風取水」の地として注目されている。

雍正十年十一月初八日付の王士俊の奏摺によれば、

臣於六月初八日、自山東濟南府起程、前往青・萊・登等府巡察各處地方、験看塘汛墩舗、臣査三府沿海疆域口岸雖多、其近涯之處、島嶼森列、礁石環護、大船難於収泊、惟萊属之膠州、與登州之蓬萊、最爲緊要、膠州居南、登州居北、皆面臨大海、膠州有商艘聚泊、南接江浙等省、登州係賈舶、經由北連天津・遼東、爲四通八達之區、帆檣絡繹之地、向分南北二汛、各設水師營。……臣査成山頭爲三府極東之境、一切外洋船隻、必過之地、距登州水路六百餘里、距膠州水路將近千里、形成孤懸、更關緊要。(3)

とある。王士俊が赴任の際に山東の青州、萊州そして登州などを巡察したところ、海港として最適の地は山東半島の北では登州の蓬萊、南では萊州の膠州であるとしている。そして山東半島東北端の成山頭は航路上における緊要の地とされた。

その後の山東半島沿海の状況について、特に清代には即墨県に属し、近代以降に中心的な港口となる青島に関して述べてみたい。同治十三年（一八七四）刻『即墨県志』巻一、方輿、島嶼に、

> 東海環圍東南兩面以山爲岸、諸麓咸在巨浸、女姑口、金家口爲海船所泊、顔武島董家灣爲筏網所聚、島外大洋爲商帆所由。(4)

とあり、即墨県の西には帆船の来航に適した女姑口や金家口などがあった。さらに、近海の島嶼部は大型の海洋帆船が寄港するのに適していた。なお青島は同書、巻一〇、藝文、文類中に収録された万暦六年（一五七八）から九年まで即墨知県であった許鋌(5)の「地方事宜議」の通商には、

> 本縣係本省之末邑、僻居一隅、與海爲隣、既非車轂輻輳之地、絶無商賈往來之蹤、近城市者、別無生理。止以耕田度日、濱海洋者、田多鹽鹻、則以捕魚爲生。……本縣淮子口・董家灣諸海口、係淮舟必由之路、而陰島・會海等社、則海口切近之郷。(6)

と記しているように、即墨県の発展は近代以降ではあったが、江南からの船舶にとって寄港に適した地理的位置にあった。

雍正七年（一七二九）閏七月二十三日付の補授漕運総督署理浙江総督印務性桂の奏摺に、

> 至閩・廣與江浙陸路窵隔、惟海道易通、而近年洋面安靜、卽强竊等案、亦甚稀少。(7)

とあるように、福建・広東と江南・浙江との間では陸路による交通では大変不便であるが、海路によれば比較的簡単に往来ができることを指摘しているように、清代の康熙年間末から以降の時代において山東半島沿海のみならず中国沿海の航運は極めて発達していた。

三　光緒十年朝鮮仁川入港の中国帆船と山東烟台との航運

光緒十一年（一八八五）四月初三日付の北洋大臣李鴻章の文称に、光緒十年正月から十二月までの一カ年分の朝鮮国の仁川口に入港した中国帆船の記録が見られる。その関係する箇所を抽出すれば次の通りである。(8)

光緒十年正月分起至十二月分止、帆船進出仁川口装儎担数、船戸名姓、列呈憲覧。

計開

源順興帆船、由烟台進口、装貨九百六十担、正月十二日進口、二月初三日出口。

源順泰帆船、由烟台進口、装貨九百四十担、正月二十三日進口、二月十五日出口。

福順興帆船、由烟台進口、装貨二百担、正月二十八日進口、二月初四日出口。

協隆泰帆船、由烟台進口、装貨六百二十担、二月初六日進口、三月十一日出口。

趙福昌帆船、由烟台進口、装貨八百八十担、二月初八日進口、二月二十四日出口。

苗新春帆船、由烟台進口、装貨九百八十担、三月十二日進口、四月初五日出口。

梁永興帆船、由烟台進口、装貨四百二十担、三月二十四日進口、三月二十九日出口。

王湧裕帆船、由烟台進口、装貨七百担、四月初八日進口、五月初七日出口。

雙源利帆船、由烟台進口、装貨八百四十担、五月十三日進口、五月二十八日出口。

源順興帆船、由烟台進口、装貨四百五十担、閏五月十五日進口、閏五月二十一日出口。

楊長盛帆船、由烟台進口、装貨一百二十四担、七月初一日進口、八月十四日出口。

王長順帆船、由俚島進口、装貨一百二十四担、七月初一日進口、八月十四日出口。

寶成順帆船、由烟台進口、装貨五百二十担、七月十八日進口、八月十六日出口。

呂長興帆船、由威海進口、装貨九十六担、七月二十四日進口、九月二十五日出口。

趙福昌帆船、由烟台進口、装貨八百八十担、八月二十五日進口、九月十八日出口。

于順興帆船、由烟台進口、装貨九十六担、八月十二日進口、九月二十四日出口。

于元利帆船、由俚島進口、装貨九十六担、八月十三日進口、八月二十一日出口。

王長盛帆船、由俚島進口、装貨八十担、八月十六日進口、九月十四日出口。

楚順興帆船、由俚島進口、装貨九十六担、八月十六日進口、九月十六日出口。

周吉利帆船、由石島進口、装貨八十担、九月二十三日進口、十月初四日出口。

陳元興帆船、由俚島進口、装貨八十担、八月二十七日進口、十月二十八日出口。

孫連興帆船、由威海進口、装貨九十六担、八月三十日進口、十月初八日出口。

孫利順帆船、由威海進口、装貨一百二十八担、八月三十日進口、八月初八日出口。

陳福楨帆船、由西島進口、装貨七十担、九月十八日進口、十月二十日出口。

王永利帆船、由威海進口、装貨一百二十八担、九月二十九日進口、十月二十二日出口。

戚二興帆船、由威海進口、装貨九十六担、十月初六日進口、十二月二十五日出口。

二合順帆船、由俚島進口、装貨九十六担、十月初六日進口、十二月二十一日出口。

雙合順帆船、由俚島進口、装貨八十担、十月初六日進口、十二月二十一日出口。

陳興順帆船、由烟台進口、装貨九百六十担、十一月初十日進口、十二月初三日出口。

許増順帆船、由俚島進口、装貨九百六十担、十一月初十日進口、十二月初三日出口。

三合順帆船、由俚島進口、装貨七十担、十一月二十九日進口、十二月二十七日出口。

王永利帆船、由俚島進口、装貨一百二十八担、十二月二十日進口、十二月二十四日出口。

任福興帆船、由烟台進口、装貨八十担、十二月二十一日進口、十二月二十三日出口。

同順興帆船、由烟台進口、装貨三百五十担、十二月二十一日進口、十二月二十五日出口。

孫義順帆船、由烟台進口、装貨三百二十担、十一月二十五日進口、十二月二十九日出口
以上共帆船三十（ママ）(9)六隻

以上の記録を整理すれば表1になるであろう。

光緒十年（一八八四）一年間に仁川港に入港した中国帆船は三五隻を数える。それらを数量的に整理すると、表2のようになり、山東半島中北部の烟台からの帆船が一八隻となり、山東半島東端の俚島からがそれに次いで一〇隻、威海衛からが五隻、山東半島東南端の石島からが一隻と西島から一隻となる。出港地別では烟台からの帆船が群を抜いている。さらに積載貨物量から見ると烟台が一〇、八二〇担と二位の俚島の一八一〇担を圧倒している。そして、出港地別に積載貨物の量を隻数で除した平均担数を示せば烟台が最大の約六〇〇担となり、俚島の一八一担や威海衛の一〇八担を遙かに凌駕していたことから、仁川港に入港した烟台からの帆船は中型ない

表1　光緒10年朝鮮仁川入港の中国帆船一覧

船　名	出港地	積荷量担	入港月日	出港月日
源順興	烟台	960	1.12	2.03
源順泰	烟台	940	1.23	2.15
復順興	烟台	200	1.28	2.04
協隆泰	烟台	620	2.06	3.11
趙福昌	烟台	880	2.08	2.24
苗新春	烟台	980	3.12	4.05
梁永興	烟台	420	3.24	3.29
王湧裕	烟台	700	4.08	5.07
雙源利	烟台	840	5.13	5.28
源順興	烟台	950	U5.15	U5.21
王長順	俚島	124	7.01	8.14
楊長盛	烟台	124	7.01	8.14
寶成順	烟台	520	7.18	8.16
呂長興	威海	96	7.24	9.25
于順興	烟台	96	8.12	9.24
于元利	俚島	96	8.13	8.21
王長盛	俚島	80	8.16	9.14
楚順興	俚島	96	8.16	9.16
趙福昌	烟台	880	8.25	9.18
陳元興	俚島	80	8.27	10.28
孫利順	威海	128	8.30	8.08
孫連興	威海	96	8.30	10.08
陳福利	西島	70	9.18	10.20
周吉利	石島	80	9.23	10.04
王永利	威海	128	9.29	10.22
二合興	俚島	96	10.06	12.21
戚二興	威海	96	10.06	12.25
雙合順	俚島	80	10.06	12.21
陳興順	烟台	960	11.10	12.03
許增順	俚島	960	11.10	12.03
孫義順	烟台	320	11.25	12.29
三合順	俚島	70	11.29	12.27
王永利	俚島	128	12.20	12.24
同順興	烟台	350	12.21	12.25
任福興	烟台	80	12.21	12.23

注：月日1.12は1月12日、Uは閏月を示す。すべて旧暦である。

表2　光緒10年仁川口入港中国帆船数

出港地	隻数
烟台	18
俚島	10
威海	5
石島	1
西島	1
合計	35

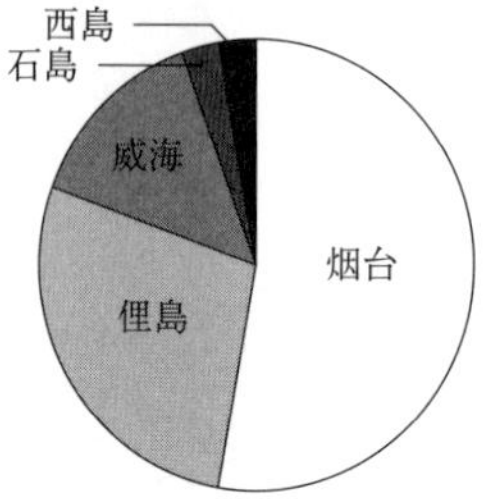

表3　光緒10年仁川口入港中国帆船の総積載量

出港地	総担数
烟台	10,820
俚島	1,810
威海	544
石島	80
西島	70
合計	13,324

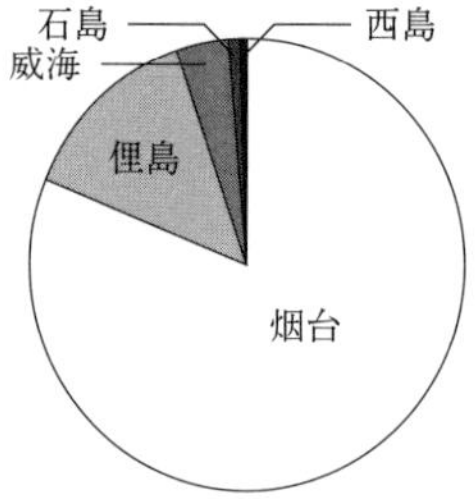

表4　光緒10年仁川口入港中国帆船の平均積載量

出港地	平均担数
烟台	601.1
俚島	181
威海	108.8
石島	80
西島	70
平均	380.7

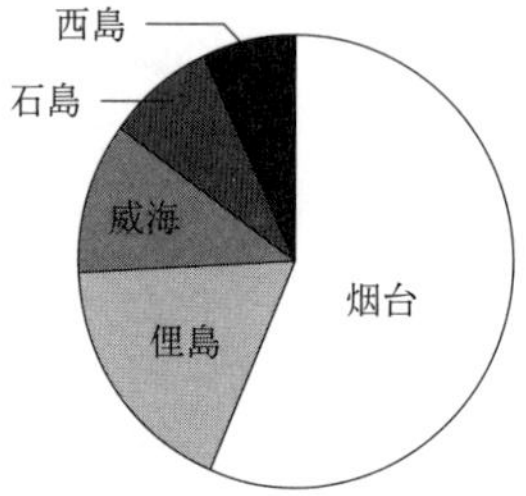

し大型帆船であったと見ることができるであろう。

右の史料は光緒十年という一年間だけであるが、朝鮮の仁川港と山東半島との密接な航運関係が知られる。それではその内実はどのようなものであったろうか。それに関して明治二十三年（光緒十六、一八九〇）に日本の『官報』に掲載された芝罘（烟台）に関する領事報告から見てみたい。

明治二十三年一月十八日付の『官報』第一九六四号に、明治二十二年（一八八九）十二月十五日付の在芝罘帝国領事館報告として「芝罘港穀物商況」が掲載されている。

白米ノ供給漸次缺乏ヲ告ケ、價格頓ニ騰貴セシ景況ハ、既ニ前報ニ詳悉セシカ、爾後江蘇、浙江省等ニ於テモ亦、米穀昂騰、一斛ニ附キ七弗以上ニ達セントスル景況ナリトノ報アリシヨリ、當港ニ於テモ、一層其氣配ヲ強メ、前二週間中百斤ニ附キ上海米ハ二兩五錢六分ヨリ六錢ニ、鹽城米ハ一兩四錢六分ヨリ五錢ニ上進シタレトモ、尚ホ底意強シ故ニ順泰號ノ如キハ、曩ニ輸入セシ朝鮮白米ヲ容易ニ手放スヘキ景況ナク、此他清商中騰貴ヲ氣ニ構ヘ爭ヒテ、朝鮮國仁川港ニ注文セシヨリ、本月（二十二年十二月）一日、同港ヨリ入港ノ肥後丸ニテ五百十三叺、同二日入港ノ敦賀丸ニテ六百七十八叺、合計千百九十一叺（我五百九十五石五斗）ノ朝鮮白米ヲ輸入シタリ。卽チ其輸入者店號及叺數ヲ擧クレハ左ノ如シ。

店號	叺數
三井物産會社	四九八
怡順	一三六
永來盛	五九
興來盛	二〇
履太謙	一一四
雙盛	一七一
高橋洋行	一五
錦盛	五五
新祥和	一六
仁昌	七
公和順	一〇〇

右ノ内、六百七十八叺ハ清商九舖ニテ輸入シ、五百十三叺ハ在仁川港我商人ヨリ當港三井物産會社外一人へ

ノ委托販賣品ニ係レリ。

原來當省民ハ米ノ如キ高價ノ穀類ハ贅澤品ト爲シ、高貴富豪ノ輩ナラテハ常食セサレトモ、陰曆正月ハ烟臺四万ノ商工ハ勿論、近傍府縣ニ至ルマテ、一碗タリトモ膳部ニ米飯ヲ供シ、以テ新年ヲ祝スル慣習アレハ、陰曆十二月ヨリ正月マテハ、實ニ白米需要ニ急ヲ告クルノ季節ナリ。故ニ清商等ハ尚ホ仁川港及本邦ヨリ多クノ米穀ヲ輸入センコトヲ企圖シ居ル景況ナリ。蓋シ仁川港ニアル我商人等モ宜シク此機ニ乘シ變ニ應シテ運動ヲ爲スコト肝要ナルヘシ。然ルニ今回我商人ヨリ三井及高橋洋行等ニ回送セシ米ハ、同時ニ仁川港ヲ積出シタル清商ノ輸入米ニ比スルニ、其品質ニ非常ノ等差アリ。米粒ハ可ナリ齊一ナルモ、精磨頗ル粗ニシテ、清商輸入米ノ如ク純白ナラス。且ツ砂石糟糠等ノ混合物甚タ多キカタメ、随テ其市價モ清商輸入米ヲ上白トシ一斛ニ附キ九兩五錢、我商人ノ分ハ中白ト爲シ、八兩五錢ノ價格ヲ附スルニ至レリ。尤モ今回ノ輸入品ハ、其輸入者ノ何人タルヲ問ハス、一體ニ前回順泰號ニテ輸入セシ品ヨリハ米質劣等、精磨不充分加之甚シク、水分ヲ含メル趣ニテ、其需要甚タ急ナルニ拘ラス、價格ハ前回ニ比シ一割餘ノ低落ナリト云フ。但シ輸入者ハ今後ノ變動ヲ觀察シ、容易ニ手放サヽルモノヽ如シ。又本邦商人ノ最モ注意スヘキハ、今回ノ如キ劣等米ヲ輸入セサルコト是レナリ。何トナレハ該品ノ如キ粗惡ノモノハ上流社會ハ固ヨリ、之ヲ食スルヲ欲セス。然リトテ下流人民ノ食用ニ供センニハ、其價高貴ナルカタメ、容易ク之ヲ購求スルコト能ハサレハナリ。

……

山東半島における白米の供給が欠乏していることにより価格が高騰していたが、さらに江蘇・浙江省などでも「米穀昂騰」していたため、その供給をもとめられた地は対岸の朝鮮半島であった。烟台（芝罘）の順泰号は朝鮮半島から朝鮮白米を輸入していたことや他の清商も米価の騰貴を考え朝鮮国の仁川港へ朝鮮白米を注文し、明治二十二年十二月に、仁川港から日本の汽船肥後丸や敦賀丸を使って朝鮮白米を輸入している。

さらに『官報』第二〇七八号、明治二十三年六月五日付の「芝罘ノ商業習慣及例規」に「問屋」として次の記述が見られる。

烟台市中清國人ノ戸數ハ凡ソ五千ニシテ、其人口三万六千餘モアルヘシ。而シテ其生業ノ種類頗ル多シト雖モ、十中七八ハ商業ニ依リテ生活ヲ爲セリ。又其商業ノ種類モ枚擧スヘカラスト雖モ、重要ノ地ヲ占ムルモノハ烟台市ヲ貫通スル板橋大街竝ニ其左右ノ横路ニ開張スル百五十餘ノ大小行棧、百餘戸ノ油房、八十餘戸ノ絹綿布及雑貨舗トス。以上三百餘戸ノ商估中、廣東、福州、寧波ノ三帮ニ屬スル者十分ノ二三ヲ占メ、餘ハ山東人及開港ノ際他省ヨリ來往セシ者ニ係ル。其資産ニ於テモ各自相同カラス。大成棧ハ八十万、西公順ハ八万、方《（万）》順永ハ二十万、雙盛ハ十万、瑞盛ハ五万、徳盛、裕盛、裕順、同和成、成和昌ハ各々三四万兩ヲ有シ、其他一二万乃至五六千兩ノ遊資ヲ有スル者少カラス。而シテ此等ノ商估外ハ本邦、朝鮮及浦潮斯徳等ニ分店ヲ設ケ、或ハ出張員ヲ派シテ、直接貿易ヲ爲シ、内ハ諸省間ノ百貨ヲ運轉シ、殆ト本港ノ商權ヲ掌握シテ、外國商人ヲ壓倒スルノ勢アリ。其中等以下ノ輩ト雖モ同業者ノ信用ヲ博シ、巧ニ資本ヲ活用スルヲ以テ、實資五六千兩ニ充タサル者モ之ヲ運轉シテ十數万兩ノ費用ヲ爲サシムル者アリト云フ。今屈指ノ問屋中ヨリ本邦、朝鮮及浦潮斯徳間ニ直接ノ關係ヲ有シ、若クハ其輸出入貨物ノ賣買ヲ專業トスル六十餘戸ノ舗號、業種等ヲ掲ケ、本邦商人中、送荷又ハ引合ヲ爲サントスル者ノ參考ニ供ス。但シ表中大成棧、西公順、同和成、丰同豫、源豐、裕盛、震興、成和昌、洪順、源盛、建隆、履太謙等ハ長崎、神戸、横濱、函館ハ勿論朝鮮國仁川、元山二港ニモ聯絡ヲ通シテ取引ヲ爲セリ。殊ニ北海道産昆布ノ如キハ重ニ其手中ニ掌握セリト云フ。又昨年春夏ノ交、本邦ヨリ輸入セル穀物ノ過半ハ該商等ノ手ヲ經タルモノナリ。合順、順泰ハ我唐津炭ノ販賣ヲモ爲セリ。浦潮斯徳ト直接ノ取引ヲ爲ス商店ノ内、西公順、廣徳、公太盛、裕盛、成和昌、洪永成、永興和、同徳、洪順、洪生福等ハ最モ屈指ノモノナリ。其他當港有名ノ商估ニテ日本、朝鮮、浦潮斯徳ノ三處ニ多少ノ關係ヲ有セサル者、幾ト之ナキカ如シ。而シテ其信用ノ有無ニ至リテハ、固ヨリ之ヲ明言スルヲ得サレトモ、大成棧、西公順、建隆、成和昌、合順、震興、福興、瑞盛、雙盛等ノ如キハ、二十餘年間能ク其業ヲ繼續スルヲ見レハ、其生業ノ鞏固ナルヲ推知スヘシ。然レトモ商機測シ難シ、往々其成算ヲ誤リ爲ニ産ヲ傾クル者ナキニアラス。現ニ資本二万餘兩ヲ有スル廣東商新祥和ナル者、昨年中蹉跌シテ閉店スルニ至リシタメ、同業中損失ヲ被リシ者十一二戸ニ及ヒ、其額六千餘兩ニ上レリト。尤モ本港ハ南省ニ比スレハ倒産スル者頗ル少ナシト云フ。表中記載スル資本ノ如キハ、商人中之ヲ公ニセサルモノナレハ、固ヨリ其誤謬ナキヲ保シ難ク、加之其金額ハ該商等カ營業上運轉シ得ル資金ヲ示セシモノニシテ、營業ニ供スル土地、家屋、什器等ハ之ヲ含有セス。聞ク所ニ據レハ、大成棧ノ如キハ十餘戸ノ倉庫、店舗等ヲ有シ、其價額二十万兩以上ナリト。他ノ商估モニ之ニ準シテ推知スヘシ。又油房ノ如キハ殊ニ製造場、器械等ニ費用ヲ要シ、一基ノ製油器六百兩ニ價スルト云ヘハ随テ其資財ノ額モ巨多ナルヘシ。

　問屋一覧表（別掲――筆者注）

表中業種ノ部（行）ハ行棧「（問屋）」、（小行）ハ小行棧、（雜）ハ雜貨、（油）ハ油房、（粮）ハ米穀、（炭）ハ石炭、（織）ハ織物、（昆）ハ昆布、（草）ハ草帽鞭等ナリ。

取引ノ部（日）ハ日本、（朝）ハ朝鮮、（浦）ハ浦潮斯徳ナリ。

貫籍ノ部（東）ハ山東、（福）ハ福建、（廣）ハ廣東、（寧）ハ寧波、（浙）ハ浙江、（潮）ハ潮州ナリ。

　右の史料によれば、烟台（芝罘）において重要な貿易に従事する商店は三百余戸あり、その中でも潮州籍の順泰や広東籍の源盛・聚盛・新太・徳盛・順成冶など、福建籍の震興・兼益豊・建隆や浙江籍の合順などの三帮に属しているものが二、三割をしめていた。残りは山東商人がほぼ占めていて、それ以外の他省から来たものも若干いたようである。

問屋一覧表

店号	貫籍	業種	資本(両)	取引先
大成桟	(東)	(行)、(昆)	800,000	(日)、(朝)
西公順	(東)	(行)、(昆)	80,000	(日)、(朝)、(浦)
万順永	(東)	(織)、穀	200,000	(日)、(朝)、(浦)
裕盛	(東)	(油)、(昆)	50,000	(日)、(朝)、(浦)
裕順	(東)	(行)、(油)	30,000	(日)、(浦)
成和昌	(東)	(行)、(昆)、銅	30,000	(日)、(浦)
恒茂	(東)	(行)	20,000	(日)、(朝)
四合	(東)	(行)	20,000	
源茂	(東)	(行)	20,000	(日)、(朝)
公和盛	(東)	(行)、(草)	20,000	(日)
洪順	(東)	(行)	15,000	(日)、(朝)、(浦)
順泰	(潮)	(雑)、(炭)	10,000	(日)、(朝)
広徳	(東)	(油)、(昆布)	10,000	(朝)、(浦)
丰盛	(東)	鉄	10,000	(日)、(朝)
源盛	(広)	(行)、(油)	10,000	(日)
同源	(東)	(行)、(昆)	10,000	(浦)
永来盛	(東)	(雑)	10,000	(日)、(朝)
北大成	(東)	(行)、(油)	10,000	
同順成	(東)	(行)	10,000	(日)
恒泰興	(東)	(雑)	8,000	(朝)
源興順	(東)	(行)	7,000	(日)、(朝)
震興	(福)	(雑)、(昆)	6,000	(日)、(朝)
洪生福	(東)	(雑)	5,000	(日)
信昌	(東)	銭荘	5,000	
成福	(東)	(行)	5,000	
徳順	(東)	(行)	5,000	(朝)
聚盛	(広)	(行)、(油)	5,000	(朝)
広和成	(東)	(行)、(昆)	4,000	(浦)
新太	(広)	(雑)	3,000	
万元	(東)	(小行)	2,000	(朝)
成和太	(東)	(小行)	2,000	(日)
益泰成	(東)	(小行)、委托	2,000	(朝)
同泰昌	(東)	(小行)	2,000	(日)
雙盛	(東)	(雑)	100,000	(日)、(朝)
瑞盛	(東)	(雑)	50,000	(朝)
同和成	(東)	(行)、(昆)	40,000	(日)、(朝)

店号	貫籍	業種	資本(両)	取引先
徳盛	(広)	(油)	30,000	
北公順	(東)	(行)	30,000	(朝)
謙益豐	(福)	銭荘	20,000	3
興来盛	(東)	(雑)	20,000	(日)、(朝)
裕成桟	(東)	(行)	20,000	(日)、(朝)
丰同豫	(東)	(行)	15,000	(日)、(朝)
合順	(浙)	(雑)、(炭)	10,000	(日)
源豊	(東)	(行)	10,000	(日)、(朝)
建隆	(福)	(雑)、穀	10,000	(日)、(朝)
永興和	(東)	(行)、(昆布)	15,000	(浦)
順成洽	(広)	(行)	10,000	
和成泰	(東)	(行)、(草)	10,000	(日)
東盛	(東)	(行)、衣服	10,000	(朝)
履泰謙	(東)	(行)、昆布	10,000	(日)、(朝)
洪永成	(東)	(雑)、(昆布)	10,000	(日)、(浦)
隆裕	(東)	(行)、(昆)	7,000	(浦)
同徳	(東)	(行)、(昆)	8,000	(浦)、(日)
隆盛徳	(東)	穀	5,000	(朝)
余生成	(東)	(行)	5,000	(日)、(朝)
増順	(東)	(行)、(炭)	5,000	(朝)
和成興	(東)	(行)	5,000	(朝)
公和順	(東)	(行)	5,000	(日)
太元	(東)	(油)	8,000	
錦成	(東)	穀	4,000	(日)
公太盛	(東)	銀坐	3,000	
潤生	(東)	(小行)	2,000	(朝)
公源利	(東)	(小行)	2,000	(朝)
益順盛	(東)	(小行)	2,000	(朝)
永昌泰	(東)	委托	2,000	

山東籍の大成桟は八〇万両、西公順は八万両、方順永は二〇万両、雙盛は一〇万両、瑞盛は五万両そして徳盛、裕盛、裕順、同和成、成和昌などは各々三～四万両の資金を保持し、これらの商店は日本や朝鮮やウラジオストク（浦潮斯徳）等に支店があるか、出張員を派遣していた。各地からの百貨を輸送していた烟台の商店は、その地の商権を掌握していたとされる。そのため外国商人が対抗することが困難であった。烟台を代表する商店の中で、日本や朝鮮そしてウラジオストクとの間において直接取引を行うものが六十余戸あり、大成桟・西公順・同和成・源豊・裕盛・震興・成和昌・洪順・源盛・建隆・履太謙等は日本の長崎・神戸・横浜・函館とも取引を行うのみならず、朝鮮国の仁川や元山二港とも取引を行っていた。その結果、烟台において日本や朝鮮・ウラジオストクの三か所と関係のない商店はないとまでいわれた。その中でも大成桟・西公順・建隆・成和昌・合順・震興・福興・瑞盛・雙盛等は二〇年以上にわたって貿易活動を行う有力商店であったと見られていた。

四　小　結

山東半島は地理的に朝鮮半島とは密接な関係があったが、近代におけるその具体的な関係を示す記録が、光緒十一年（一八八五）四月初三日付の北洋大臣李鴻章の文称である。これは光緒十年正月から十二月までの一年間に朝鮮国の仁川口に入港した中国帆船の記録である。さらに、一八九〇年頃の日本の在芝罘領事館の報告を通じて、十九世紀末の山東半島と朝鮮国との通商関係を見たが、当時の芝罘（烟台）には朝鮮国との経済関係を濃密に維持していた商店が多数存在していたことがわかる。これらの山東籍の商店の中には、朝鮮国の仁川や元山に出張所を設置し、または直接に各商店の関係者を派遣するなどして、朝鮮国との密接な貿易関係を保持していたのである。

とりわけ芝罘は一八五八年の天津条約によって山東半島唯一の開港地となると、中国沿海の商人のみならず、外国商人が中国の貿易拠点として進出してきたのであったが、地理的に朝鮮半島と近距離であったために密接な貿易関係を維持していたのであった。

(1) 松浦章「清代における沿岸貿易について——帆船と商品流通——」、小野和子編『明清時代の政治と社会』京都大学人文科学研究所、一九八三年三月、五九五～六五〇頁。

(2)『宮中檔雍正朝奏摺』第一九輯、国立故宮博物院、一九七九年五月、四四四頁。

(3)『宮中檔雍正朝奏摺』第二一輯、国立故宮博物院、一九七九年六月、七九六頁。

(4)『中国地方志集成』山東県志輯四七、鳳凰出版社・上海書店・巴蜀書社、二〇〇四年十月、三六頁。

(5)『中国地方志集成』山東県志輯四七、八六頁。許鋌の伝は同書、一三一頁、同治『即墨県志』巻八、名宦、吏治に「許鋌、號静峰。武静、進士。萬暦六年知縣事、獨身之身、會旱至之夕雨輒澍清吏蠹定戸、則墾荒田招流、移築堤岸、通商艘戢、營軍禁衙役、修志學文教、斐然、任五年、陞兵部主事」とある。

(6) 同書、二四八頁。

(7)『宮中檔雍正朝奏摺』第一三輯、国立故宮博物院、一九七八年十一月、九二五頁。

(8) 本史料はすでに、古田和子「仁川貿易をめぐる日中商人と上海ネットワーク——一八九〇年代初期の東アジア——」『上海ネットワークと近代東アジア』東京大学出版会、二〇〇〇年十月、九九頁において利用されているが、山東半島との航運関係については充分に吟味されていない。

(9) 中央研究院近代史研究所編『清季中日韓関係史料』第四巻、一七七〇～一七七五頁。

終　章　近世中国と朝鮮国との交渉史の意義

中国と朝鮮国（李朝）との交渉の歴史は六〇〇余年の永きにわたり善隣関係が維持された、東アジア世界においても稀有な例といえる。朝鮮国から見れば最初は漢民族によって建国された明朝であり、その後は満洲族によって建国された清朝との関係であった。この両国の関係を維持すべく、朝鮮国は毎年定期的に使節を派遣し、中国王朝に帰順し、正朔を奉じて中華世界の伝統的な朝貢国の代表的国家となっていた。

朝鮮国にとって中国との関係はさまざまな文化を吸収するという面のみならず、経済面でも重要であった。中国と朝鮮国はともに永らく銀経済の世界に位置していた。両国にとって重要であった銀による経済交流の一端は、序章において述べた。北京に赴く使節に随行する商人の荷車が数十里にわたり、商人が銀を持って北京に行くことが常態化し、その銀で購入された中国製品の一部は、最終的には釜山にある倭館に転売された。これらの製品[1]は、さらに日本へ再輸出されたのであり、倭館でもそれをすべて購入できないほどに膨れあがった時期もあったとされている。

形式としては朝鮮国から中国への政治的使節の派遣ではあったが、その使節団に関わるさまざまな要因が東アジア世界の経済交流に少なからざる影響を与えていたのである。

第一部では、毎年定期的に朝鮮国から中国の北京に派遣された使節の問題、特にその経路や北京での滞在施設について述べた。『通文館志』巻三、事大上に「赴京使行[2]」と見られるように、朝鮮国から中国の首都北京に派遣される使節は「赴京使」と呼ばれた。

朝鮮王朝にとって、北京で清朝中国の動勢のみならず諸外国の情報を収集することが重要な要件であったこと[3]は、第二部「朝鮮情報に見る中国」においてその一端を述べた。とはいえ、北京へ派遣された朝鮮使節にとっては、中国情報を収集することが大きな任務の一つで、多くの記録が残されている。それらは「燕行録」と呼称され[4]、特に近年大部の史料集として刊行され注目されている。[5]さらに清初の清朝中国と朝鮮王朝との間で交わされた国書等が張存武氏と葉泉宏氏[6]によって翻刻され利用しやすくなった。その後の時代の記録に関しては『同文彙考』として刊行されている。『同文彙考』[7]には、朝鮮使節が北京で収集した中国および海外諸国関係の情報が多く収録されている。これらは朝鮮国が中国情報をいかに重視していたかを示す具体的な事例である。

中国と朝鮮国は鴨緑江と豆満江（図們江）を挟んで国境を接し永らく陸路による通交関係が維持されていたが、一方で渤海・黄海・東シナ海などの海域を隔てて近距離に位置する関係にもあった。ところが両国の政策などにより、海域交流が行われることは基本的には稀であった。しかし両国の船舶が海難事故に遭遇して、しばしば相互の国へ漂着している。両国の船舶の漂着問題に関してはこれまで関心をもたれていなかったが、近年注目の研究課題の一つとなっている。特に比較的多く残された史料に、朝鮮国の官吏が書き残した中国帆船の漂着に関する記録がある。それらは、清代帆船が朝鮮半島に漂着した際に、朝鮮官吏と中国帆船の乗組員との間に筆談によって交わされた問答記録である。[8]これらの記録によって中国帆船の航運記録が具体的に明らかになり、清代帆船の航運史料として大いに活用できるのである。[9]こうした史料の検討は周縁からみた中国史の一端ともいえるであろう。

本書では第三部・第四部で、陸路によらず海を介してなされた中国と朝鮮国との交渉に関してとりあげた。このような視点で究明された成果は従来極めて少なかったといえるであろう。

中国帆船の朝鮮半島への漂着記録の一つが『備辺司謄録』に見られる。同書は、朝鮮王朝の成宗十三年（成化十八、一四八二）に辺境防備の緊急の必要から、辺事に精通する堂上官より選抜し、辺務備禦を合議したことに端を発し、明宗十年（嘉靖三十四、一五五五）には庁舎が創建され定制化した備辺司の日々の記録である。本記録は、朝鮮王朝の政務に関する籌議遂行の典拠となる唯一の秘本として保存されていたが、一九五九年四月から一九六〇年十月にかけて大韓民国国史編纂委員会より謄写原稿をもとに全二八冊に分冊し影印出版された[10]。同時期の朝鮮・日本・中国の対外関係史を専攻するものにとっても欠くことの出来ない史料である。

この『備辺司謄録』に、朝鮮王朝時代の朝鮮半島に漂着した清朝時代の中国帆船（一件だけ明代のものを含む）の記録が見られる。一般的には中国帆船が漂着した地名や通訳の名を付して「問情別単」「漂人問情別単」「漂漢問情別単」等々と題され、乗組員の構成・航海目的・積荷・船客の渡航目的、さらにその当時の中国の現状等についての数々の質問と返答が詳細に記録されていて、同時代の中国側史料には見られない貴重な情報が含まれている。筆者はかつて管見に入った四〇例を順次、影印本の『備辺司謄録』全二八冊から整理した[11]。清代帆船の漂着事例の記録は大別すると沿海貿易船と海外貿易船に分けられる。これらの記録は、船舶の出帆地・目的地・乗員の状況・積荷の内容など船舶の航運状況や中国沿海の社会状況などを知る上で貴重な史料といえる。その他に『各司謄録』にも同様な記録が残されていることを本書の第三部第三章において述べた。このような事実は朝鮮国の官吏が丁寧に記録を残したことから判明するものである。

このように、朝貢使節の派遣などによる基本的な往来とは異なる偶発的に発生した海難事故による交渉は、両国の直接交渉とは次元を異にするが、両国の重要な交渉の一端を形成し、しかも両国の社会、文化史研究に有効な史料を提供している。こうした史料の存在は、中国や朝鮮国にとって周縁史料が本国史研究に有用であることの好例なのである。

第四部では東北部に満洲族が興起して明朝と覇権を争っていた時期に明朝の毛文龍が朝鮮半島近海の皮島を占拠してある種の軍閥政権を樹立しようとし、明朝と後金政権、朝鮮王朝を手玉に取って海上王国の状況を現出したこと、朝鮮王朝の飢饉に際して康熙帝が海運を利用して朝鮮国に救助の手を差し伸べようとしたが、現実には中国官吏の思惑が皇帝の救済の心理とは別の方向に進展したこと、十九世紀末の中国のみならず朝鮮国も開国政策を進展させた時期に、山東半島から朝鮮仁川へ貿易に赴いた帆船航運の実態など黄海を舞台とした交渉に関して述べたが、これまでこのような問題は等閑視されてきたといえる。

上述のように本書では、先行研究が中国と朝鮮国との関係においてあまり注視してこなかった問題をとりあげ、赴京使による陸路を主とした交渉と、海路による交渉との両面から考察した。中国と朝鮮国との関係は中国の朝貢体制に大いに影響されたことは事実であり、中国にとって朝鮮国は複数の朝貢国の一つにすぎなかったが、重要な友好国の一つであった。他方、朝鮮国が朝貢関係を維持するために毎年のように赴京使、燕行使の派遣という方法を継続し、永きにわたり国家を維持してきたことは、朝鮮国の国家存亡に大いに関係していたといえるであろう。

（1）全漢昇『中国経済史論叢』香港・崇文書店、一九七二年。
全漢昇『中国経済史研究』香港・崇文書店、一九七六年。
田代和生『近世日朝通交貿易史の研究』創文社、一九八一年。
林満紅『銀銭——一九世紀的世界与中国——』江蘇人民出版社、二〇一一年十一月。

（2）『通文館志』民昌文化社、一九九一年八月、二三頁。

（3）杉本正介「英仏軍の北京侵入と朝鮮」『民族と歴史』第六巻第一巻、一九二一年七月、一〇一～一〇五頁。
松浦章「明朝末期の朝鮮使節の見た北京」岩見宏・谷口規矩雄編『明末清初期の研究』京都大学人文科学研究所、一九八九年三月。本書第二部第一章。

三好千春「両次アヘン戦争と事大関係の動揺――特に第二次アヘン戦争時期を中心に――」『朝鮮史研究会論文集』第二七号、一九九〇年三月、四七～六八頁。

（4）張存武「介紹一部中韓関係新史料――燕行録選集――」『思与言』第四巻第五期、一九六七年一月、四一～四二頁。
張徳信・松浦章「一部研究中朝関係的重要史料――『朝天録』評価之一権近『奉使録』――」『史学集刊』一九九九年第三期、七〇～七五頁。

（5）林基中編『燕行録全集』全一〇〇冊、東国大学校出版部、二〇〇一年十月。
夫馬進「日本現存朝鮮燕行録解題」『京都大学文学部研究紀要』第四二号、二〇〇三年三月、一二七～二三八頁。

林基中編『燕行録全集』全五〇冊、東国大学校出版部、二〇〇八年三月。

（6）張存武・葉泉宏編『清入関前与朝鮮往来国書彙編　一六一九―一六四三』国史館、二〇〇〇年九月、五八一頁。

（7）『同文匯考』中朝史料【二】、吉林文史出版社、二〇〇四年十月。

（8）松浦章編著・卞鳳奎編訳『清代帆船東亞航運史料彙編』台北・楽学書局、二〇〇七年二月、一～二一六頁に『備辺司謄録』から四〇件ほどの朝鮮官吏と中国帆船の乗員との筆談によって残された問答記録を収録している。

（9）松浦章『清代帆船沿海航運史の研究』関西大学出版部、二〇一一年一月。

（10）田川孝三「影印備辺司謄録」（『朝鮮学報』第二五輯、一九六二年十月）に明快な紹介がある。

（11）松浦章「李朝漂着中国帆船の「問情別単」について」『関西大学東西学術研究所紀要』第一七・一八輯、一九八四年三月・一九八五年三月。
松浦章『清代帆船沿海航運史の研究』七五～二〇七頁。

◆初出一覧◆

（既発表論文は本書所収にあたり補訂している）

序　章　近世中国朝鮮交渉史の課題（新稿）

第一部　朝鮮使節の北京への道程――赴京使による交渉（一）

第一章　袁崇煥と朝鮮使節　「袁崇煥と朝鮮使節」『史泉』第六九号、一九八九年三月

第二章　朝鮮使節の記録に見る北京の会同館　「明清時代北京の会同館」神田信夫先生古稀記念論集『清朝と東アジア』山川出版社、一九九二年三月

補　論　北京の智化寺　「北京の智化寺」『阡陵』第四〇号、二〇〇〇年三月

第三章　朝鮮使節の客死（新稿）

第二部　朝鮮情報に見る中国――赴京使による交渉（二）

第一章　明朝末期における朝鮮使節の見た北京
「明朝末期の朝鮮使節の見た北京」岩見宏・谷口規矩雄編『明末清初期の研究』京都大学人文科学研究所、一九八九年三月

第二章　清代朝鮮使節の台湾情報・林爽文の乱
「清代朝鮮使節の台湾情報・林爽文の乱について」『南島史学』第六五・六六合併号、二〇〇五年八月

第三章　朝鮮国に伝えられた康熙帝の訃報
「清朝皇帝康熙帝の訃報と東アジア世界」『或問』第一六号、二〇〇九年七月

第四章　乾隆太上皇帝の死と朝鮮使節（新稿）

第三部　中国漂着朝鮮船と朝鮮漂着中国船――海路による交渉（一）

第一章　明代中国に漂着した朝鮮船

「明代における朝鮮船の中国漂着について」『関西大学文学論集』第五一巻第三号、二〇〇二年一月

第二章　中国船の朝鮮漂着――顕宗八年の明船漂着と「漂人問答」――

「李朝時代における漂着中国船の一資料――顕宗八年（一六六七）の明船漂着と「漂人問答」を中心に――」『関西大学東西学術研究所紀要』第一五輯、一九八二年三月

第三章　清末上海沙船の朝鮮漂着に関する一史料

「清末上海沙船の朝鮮漂着に関する一資料」『関西大学東西学術研究所所報』第四二号、一九八五年一二月

第四部　黄海の交渉史――海路による交渉（二）

第一章　天啓期における毛文龍の皮島占拠と後金国と朝鮮国

「毛文龍の椵島占拠とその経済基盤」山根幸夫教授追悼記念論叢『明代中国の歴史的位相』下巻、汲古書院、二〇〇七年六月

第二章　康熙盛京海運と朝鮮賑済

「康熙盛京海運と朝鮮賑済」石橋秀雄編『清代中国の諸問題』山川出版社、一九九五年七月

第三章　清末山東半島と朝鮮仁川との帆船航運

「清末山東半島と朝鮮半島との経済交流」『関西大学東西学術研究所紀要』第四二輯、二〇〇九年四月

終　章　近世中国朝鮮交渉史の意義（新稿）

跋

本書は、清朝中国と朝鮮国との文化交渉の一端をまとめたものである。関西大学は二〇〇七年に文部科学省グローバルCOE関西大学文化交渉学教育研究拠点に選定され、五年間のプログラムを遂行し、二〇一二年三月に終了、最終評価でも高い評価を受けた。筆者もそのプログラムの一員に加えられ、近代東アジア海域における文化交渉を中心とする研究を行ってきた。

その成果の一端は、先に思文閣出版から刊行された『近世東アジア海域の文化交渉』（二〇一〇年十一月）としてまとめ、中国と琉球との文化交渉に関しては、関西大学出版部から『清代中国琉球交渉史の研究』（二〇一一年十月）として上梓することができた。さらに本書は、清朝中国と朝鮮国の文化交渉に関するこれまでの成果をまとめ、思文閣出版の御協力を得て刊行することになったのである。

清朝中国と朝鮮国との交渉は、清朝が中国を統治する以前の中国東北部に拠点を持っていた後金時代から始まるが、その発端は平和的な交渉ではなかった。漢民族の中華帝国であった明朝との間に永きにわたる文化交渉を築いてきた朝鮮国にとって、伝統的な中華の文化を持たない女真族との交渉は不本意なものであり、圧倒的武力を誇る女真族の前に屈し、やむをえず明朝との関係が絶たれることになったのであった。ついで後金を経て中国を統治する王朝となった満洲族の清朝との交渉が始まると、伝統的な朝貢関係が変質しながら維持されたのである。その朝貢関係のなかで育まれたさまざまな交渉の一端を本書の第一部、第二部において赴京使による交渉として述べた。

これに対して朝鮮国と清朝中国との間には黄海という東アジアの海域が存在しているため、閉関政策を堅持した朝鮮国においてもさまざまな形態で中国との船舶による文化交渉が見られた。これまでこのような視点からの研究は看過され、成果も多く見られない。しかしながら、膨大な漢字文献を記録し残している朝鮮王朝の史書には、注目されずに光を当てられることもなかった中国との接触、文化交渉の記録が数多く見られる。そこで本書の第三部、第四部は海路による交渉としてそのような実態の一端を述べた。

出版に際して、今回も編集の田中峰人氏に大変お世話になり本書を上梓することが出来た。末筆ながら謝意を表する次第である。

諸賢の御批正を希う。

二〇一三年六月二八日

松浦　章

索　引

き

く

け

こ

さ

せ

そ

た

近世中国与朝鲜的交涉史的研究

松浦　章

中文要旨

关于明清时期中国与朝鲜国之间的外交往来情况，我们从《大明会典》、《大清会典》中所记载的朝贡规定中得到答案。万历《大明会典》就把各国的朝贡规定、往来相关情况根据国名分别编纂，康熙、雍正《大清会典》也沿用了这样的编纂形式，即将各国的相关情报采用列记的方式记载。但是，乾隆《大清会典》却未采用先前的编纂形式，而是更加详细的记录了各国的朝贡关系，并将其细化为勅封、贡期、贡道、贡物、朝仪、赐予、迎送、市易、賙卹、拯救、从人、官生肆业、馆舍、象译等十四项。嘉庆《大清会典事例》也更好的体现了此种记载形式，其表现更详细亦更加明确。

在嘉庆《大清会典事例》中，礼部朝贡为卷三百九十二到卷四百一，计十部。记载项也细分为勅封、贡期、贡道、贡物、朝仪、赐予、迎送、市易、賙卹、拯救、从人、官生肆业、馆舍、象译等十四项。笔者认为跟朝贡相关的所有事项皆记录在此了。

这样的编纂行式在光绪《大清会典事例》中也得到沿袭。因此，若要具体的探讨两国间人员交流的情况，那么最先必需要着眼的便是何时开始接触。

在万历《大明会典》卷百五、朝鲜国的记载中，即可看到当时中国与朝鲜国的往来情况。

> 永楽初、賜印誥、自後每岁聖節・正旦（嘉靖十年、外夷朝正旦者、俱改冬至。）与皇太子千秋節、皆遣使奉表朝賀貢方物。

由此可知，明朝规定朝鲜国每年要向中国派遣朝贡使节三次，即中国皇帝生日、元旦、皇太子生日时期。虽然嘉靖十年（1531）年之后将元旦的朝贡变更为冬至时节，但每年朝贡三次的的规定是基本不变的。

若是清朝时期的朝鲜朝贡规定，则可以参考嘉庆《大清会典》卷三十一、礼

部、<凡入贡各定其期>中所记载的下列文字。

> 朝鲜每年四貢、於歳杪合進。琉球間歳一貢、越南二年一貢。四年遣使來朝一次、合両貢並進。

朝鲜国每年朝贡四次，和琉球国越南国的两年一贡相比，即可看出确实受到了清朝特别的礼遇。

明清时期，中朝两国之间的交流一般皆由朝鲜定期向中国派出使节的方式所进行的。关于定期派遣使节的详细情况可参考万历《大明会典》卷百五、礼部六十三、朝鲜国的以下记载。

> 貢道、由鴨緑江歴遼陽、廣寧、入山海関達京師。又中国漂流人口至本国者、量給衣量送回。

此外，清代嘉庆《大明会典》卷三十一中亦有相关的如下记载。

> 朝鮮貢道、由鳳凰城至盛京入山海関。

因此我们可以得知，朝鲜使节的贡道为从朝鲜半岛出发渡过鸭绿江，再穿过中国东北地区经由山海关到达北京。

本书正是记述了清代中国与朝鲜王朝的交涉交往史。

第一部以<从朝鲜通往北京>为题，着眼于朝鲜使节的相关问题。第二部则是着眼于朝鲜使节如何通过中国的朝贡活动，进而了解探求中国情报。特别是对明末清初时期，清初台湾还未纳入清朝领土的时期。此外，对朝鲜国得知康熙帝和乾隆太上皇驾崩等情报的应对方法亦加以了探讨。第三部题为<漂着中国的朝鲜船・漂着朝鲜的中国船>，与第一部所研究对象——定期派遣的朝鲜使节不同，探讨的是不定期发生在两国间的交流情况，即关于遭遇海难船只的救助送还等问题

中朝两国虽相隔鸭绿江、图满江，陆路交通方便，但是通过黄海这条海上交通线的往来事例亦很常见。第四部以明末在渤海黄海附近活动、暗地活跃于中朝间的毛文龙，以及清政府通过海运粮食救助朝鲜国的饥荒，清末中国帆船往来于朝鲜仁川的航运活动等为例，探讨了中朝海上交往的情况。

近年，作为研究中国与朝鲜交涉史的重要史料之一，即记载关于朝鲜使节的燕行录——《燕行录全集》由林基中编辑出版。除此之外，越南使节前往北京的相关记载——《越南汉文燕行文献集成》也由上海复旦大学文史研究院与越南的

汉喃研究院合作出版。从这些史料我们可以看到越南自陈朝时代开始历经后黎朝、西山朝、阮朝等朝的近八十种史料记载。不仅是中国与朝鲜，近世东亚世界交涉史的研究环境也得到了拓展。若本书能够成为这类研究发展进步的基石，实属荣幸。

目　录

（翻訳：関西大学大学院東アジア文化研究科博士後期課程王竹敏）

◎著者略歴◎

松浦　章（まつうら・あきら）

1947年生。1976年3月、関西大学大学院博士後期課程（日本史学専攻東洋文化史専修）単位修得退学。1989年3月、関西大学文学博士、2011年9月、関西大学博士（文化交渉学）、現在、関西大学アジア文化研究センター長、関西大学文学部教授。

〔主著〕

『清代海外貿易史の研究』（朋友書店、2002年）、『江戸時代唐船による日中文化交流』（思文閣出版、2007年）、『東アジア海域の海賊と琉球』（榕樹書林、2008年）、『海外情報からみる東アジア―唐船風説書の世界』（清文堂出版、2009年）、『明清時代東亞海域的文化交流』（江蘇人民出版社、2009年）、『清代帆船沿海航運史の研究』（関西大学出版部、2010年）、『近世東アジア海域の文化交渉』（思文閣出版、2010年）、『清代中国琉球交渉史の研究』（関西大学出版部、2011年）、『清代上海沙船航運業史研究』（江蘇人民出版社、2012年）、『汽船の時代―近代東アジア海域』（清文堂出版、2013年）など。

近世中国朝鮮交渉《きんせいちゅうごくちょうせんこうしょう》史《し》の研究《けんきゅう》

2013(平成25)年10月10日発行

定価：本体6,000円(税別)

著　者　松浦　章

発行者　田中　大

発行所　株式会社　思文閣出版

〒605-0089 京都市東山区元町355

電話 075-751-1781(代表)

印　刷
製　本　株式会社 図書印刷 同朋舎

ISBN978-4-7842-1709-0　C3022

◆既刊図書案内◆

松浦章著

近世東アジア海域の文化交渉

ISBN978-4-7842-1538-6

海によって隔てられた東アジア諸地域間の交流は、波濤を越えた船の往来によって支えられていた。本書は清代帆船やその後に登場した汽船に乗って海を渡った人・物・書籍や文化をとりあげ、中国・日本・朝鮮・琉球などの人々の交流の諸相を明らかにする。

▶A5判・472頁／定価9,450円

李元植著

朝鮮通信使の研究

ISBN4-7842-0863-1

江戸時代、日本と朝鮮の善隣外交において、その根幹をなしていた朝鮮通信使——彼らが訪日して果した重要な役割を、政治外交と文化交流の両側面からとらえる。数多くの貴重な文献・史料の検証から、両国交歓の実態を明らかにすると同時に、両国文化の異同・相互の認識と理解、そして筆談唱和のもつ意義と影響について究明する。

▶A5判・736頁／定価15,750円

笠谷和比古編

一八世紀日本の文化状況と国際環境

ISBN978-4-7842-1580-5

さまざまな局面において独自性にみちた文化的発展をみせ、近代化に多大な影響を与えた日本の18世紀の文化的状況はいかに形成され、それらは東アジア世界、また西洋世界までふくめたグローバルな環境下で、いかに影響を受けつつ独自の展開を示したか。多角的にアプローチした国際日本文化研究センターでの共同研究の成果23篇。

▶A5判・582頁／定価8,925円

倉地克直著

漂流記録と漂流体験

ISBN4-7842-1225-6

1830年、19名の船員を乗せて岡山を出航し、2カ月あまり太平洋上を漂流したのちフィリピンの無人島に流れ着いた神力丸。その漂流記録を丁寧に比較検討し、漂流記録の史料的価値についてひとつの試論を示す。さらに記録を通して漂流民の異国認識や異国交流の実態を探る。史料篇では神力丸漂流事件の典型的な記録を翻刻。

▶A5判・352頁／定価7,875円

松田利彦・陳姃湲編

地域社会から見る帝国日本と植民地

朝鮮・台湾・満洲

ISBN978-4-7842-1682-6

「支配される側」の視点と「帝国史」という視点——、異なるレベルの問題に有機的関係を見いだすため、国内外の朝鮮史・台湾史研究者が多彩な問題関心を持ち寄り植民地期の地域社会像を浮かび上がらせる。国際日本文化研究センター共同研究の成果24篇。

▶A5判・852頁／定価14,490円

小野容照著

朝鮮独立運動と東アジア

1910-1925

ISBN978-4-7842-1680-2

朝鮮独立運動はいかなる国際的要因によって展開していたのか。同時代の日本・中国・台湾の社会運動や民族運動との相互作用を明らかにし、その検討作業から、朝鮮独立運動を朝鮮固有の運動ではなく、東アジア全体の社会・運動・思想状況との相互関係の中で展開した運動として捉え直す試み。

▶A5判・424頁／定価7,875円

思文閣出版　（表示価格は税5％込）